가난한 찰리의 연감

Poor Charlie's Almanack: The Essential Wit & Wisdom of Charles T. Munger
Written by Charles T. Munger, Edited by Peter D. Kaufman
Published in the United States by Stripe Press in 2023

Korean edition is published by arrangement with Stripe Matter, Inc. c/o Nordlyset Literary
Agency through Duran Kim Agency.

버크셔 해서웨이의 전설, 찰리 멍거의 모든 것

가난한 찰리의 연감

찰리 멍거 지음 피터 코프먼 엮음

김태훈 옮김

김영사

POOR CHARLIE'S ALMANACK
The Essential Wit & Wisdom of Charles T. Munger

가난한 찰리의 연감

1판 1쇄 발행 2024. 11. 8.
1판 7쇄 발행 2024. 12. 2.

지은이 찰리 멍거
엮은이 피터 코프먼
옮긴이 김태훈

발행인 박강휘
편집 심성미 박완희   디자인 홍세연 윤석진   마케팅 이헌영   홍보 이한솔 강원모
발행처 김영사
등록 1979년 5월 17일 (제406-2003-036호)
주소 경기도 파주시 문발로 197(문발동) 우편번호 10881
전화 마케팅부 031)955-3100, 편집부 031)955-3200 | 팩스 031)955-3111

값은 뒤표지에 있습니다.
ISBN 978-89-349-1138-8 03320

홈페이지 www.gimmyoung.com   블로그 blog.naver.com/gybook
인스타그램 instagram.com/gimmyoung 이메일 bestbook@gimmyoung.com

좋은 독자가 좋은 책을 만듭니다.
김영사는 독자 여러분의 의견에 항상 귀 기울이고 있습니다.

찰리 멍거에게 이 책을 바칩니다.
그는 육성으로 이런 말을 들려줄 겁니다.

"세상을 살아가는 지혜를 얻고 거기에 맞춰서 행동을 바꾸세요.
바꾼 행동 때문에 주변 사람들에게
잠시 약간의 인기를 잃는다 해도 신경 쓰지 말아요."

차례

|제4장| 찰리 멍거의 11강　073

투자자에게 평생 남을 통찰
_존 콜리슨

2023년 4월, 더블린에서.

20대 때 처음 《가난한 찰리의 연감》을 우연히 접했다. 당시 나는 기업을 성공적으로 성장시키는 모든 요소를 배우려 애쓰고 있었다. 《가난한 찰리의 연감》의 커다란 페이지들에는 금융에 관한 통념을 깨부수는 신선한 시각이 담겨 있었다. 찰리는 보기 드문 단순성과 솔직함으로 자신의 관점을 펼쳤다. 존경받는 기업인이 투자와 금융, 나아가서 세상에 대해 그토록 신랄하게 통찰을 언급하는 것을 이전에는 한 번도 들어보지 못했다. 멍거가 즐겨 쓰는 표현대로 후츠파chutzpah(히브리어로 과감하게 도전하는 배포를 뜻함) 정신이 넘쳤다. "숫자를 다룰 줄 모르면, 엉덩이 걷어차기 대회에 나간 외다리나 마찬가지다." 같은 구절을 읽으면 키득거릴 뿐 아니라 약간 더 현명해지기 마련이다.

나는 '가난한 찰리'와의 첫 대면 이후 오랜 세월이 지나서야 로스앤젤레스 자택에서 찰리를 만나는 영광을 누렸다. 그가 책에서 드러나는 모습처럼 실제로도 매력적이고 지적 호기심이 많은 사람이라 기뻤다. (알고 보니 그는 또한 나보다 훨씬 기운이 넘쳤다. 저녁 식사를 하고 4시간 넘게 지났을 때, 나는 잠자리에 들고 싶었지만 찰리는 전혀 피곤한 기색을 보이지 않았다.) 그날 밤 우리는 스키 리조트의 경제학부터 자녀 양육, 뉴스 산업의 진화까지 온갖 주제에 대해 폭넓은 대화를 나누었다. 찰리의 비상한 지적 넓이와 다학문적multidisciplinary 추론 방식을 직접 목격하니 그와 이 책에 대한 호감이 더욱 높아졌다.

《가난한 찰리의 연감》은 여러 분야에 걸친 사고의 힘을 보여주는 증거다. 이 책은 단순한 투자서가 아니다. 당신을 둘러싼 세상을 이해하기 위해 스스로 생각하는 법을 배울 수 있는 지침서다. 찰리의 철학은 그가 잠깐이나마 관심을 가졌던 거의 모든 분야의 통찰을 종합한다. 거기에는 경영과 금융뿐 아니라 수학, 물리학, 역사학, 윤리학 등이 포함된다. 그는 99년 동안 (그리고 지금까지 계속) 유지해온 특유의 불경한 태도로 자신의 철학을 피력한다. 물론 그의 에세이는 자유 기업 체제의 미덕을 칭송한다. 그러나 동시에 올바른 방식으로 정직하고 엄격하게 사업하는 것, 일에는 아주 진지하게 임하되 결코 자만심에 빠지지 않는 미덕도 칭송한다.

오늘날 세상은 찰리가 네브래스카주 오마하에서 태어난 거의 100년 전과 많이 달라졌다. 그때는 대공황 이전이자 양차 대전 사이 그리고 아일랜드자유국(1922년 아일랜드 국민의회가 영국-아일랜드 조약을 비준하면서 탄생한 자치령으로, 아일랜드공화국의 옛 이름)이 건국된 지 겨우 2년 후였다. 그럼에도 찰리는 변함없는 모습을 유지했다. 배움에 대한 끝없는 욕구, 복잡한 재무제표보다 더 신뢰도 높은 분석 결과를 보여주는 단순한 틀을 통해 기업을 평가하는 불가사의한 능력, 10대 시절 워런의 할아버지가 운영하는 식료품점에서 일할 때 소박하게 시작되어 사상 최고의 성공을 거둔 투자 동반자로 결실을 맺은 버핏 가문과의 협력은 호황과 불황을 거치며 수십 년 동안 이어졌다. 찰리와 워런이 돈과 믿음을 투자한 수많은 존경받는 기업들도 그랬다.

찰리는 복리 성장이라는 개념을 고안하지 않았다. 그러나 그의 성공과 버크셔 해서웨이의 성공은 그 존재를 증명한다. 호기심과 관대함 그리고 미덕에 대한 송가頌歌라 할 수 있는 《가난한 찰리의 연감》의 실용적 지혜도 마찬가지로 불어날 것이다. 진취적인 독자들이 이 책에서 얻은 교훈을 대를 이어 주위에 퍼트릴 것이기 때문이다.

당신이 노련한 투자자든, 열정 넘치는 초보든, 또는 사업체를 운영하든, 일상생활에서 의사 결정 기술을 개선하고 싶든 열린 마음으로 호기심을 갖고 찰리의 연설문과 에세이를 읽을 것을 권한다. 그러면 평생 남을 통찰로 보상받을 것이다. 찰리가 말한 대로 "미래를 파악하는 데 역사보다 나은 교사는 없다. 30달러짜리 역사책에 수십억 달러 가치를 지닌 답이 있다." 《가난한 찰리의 연감》에 대해서도 같은 말을 할 수 있다. 이 책을 읽는 것은 궁극적인 가치 투자다.

이 고전적인 글들을 엮은 피터 코프먼 그리고 반박할 수 없는 지혜와 관대한 가르침을 베푼 찰리 멍거에게 깊이 감사드린다. 더 보탤 말은 없다.

동업자 선택에 관한 조언
_ 워런 버핏

벤저민 프랭클린은 1733년부터 1758년까지《가난한 리처드의 연감》을 통해 유용하고 시대를 초월한 조언을 제공했다. 그가 칭송한 미덕 중에는 검소함, 의무감, 근면성, 단순성이 있었다. 이런 주제들에 관해서는 2세기간 벤저민의 사상이 결정판으로 여겨져왔는데, 찰리 멍거가 등장했다.

초기에 벤저민의 제자에 불과했던 찰리는 곧 새로운 지평을 열었다. 벤저민이 '권장'한 것을 찰리는 '요구'했다. 벤저민이 푼돈이라도 아끼라고 장려했다면, 찰리는 그 단위를 높였다. 벤저민이 시간을 지키라고 말했다면, 찰리는 약속 장소에 일찍 나가라고 말했다. 규칙을 따르는 벤저민의 삶은 찰리가 제시하는 엄격한 삶과 비교하면 매우 수월해 보였다.

게다가 찰리는 자신이 설교(얼마나 열성적이었는지 모른다)한 내용을 꾸준히 실천했다. 벤저민은 복리의 마법을 가르치기 위해 소규모 자선기금을 두 개 만들라는 유언을 남겼다. 찰리는 사후死後 프로젝트를 통해 가르치기에는 그것이 너무나 중요한 주제라고 일찍이 판단했다. 그래서 복리에 대해서는 스스로 살아 있는 교훈이 되는 쪽을 택했다. 그는 모범에 흠집을 낼 만한 '모든' 사소한 지출을 피했다. 그 결과 찰리의 가족은 장거리 버스 여행의 즐거움을 배웠다. 반면, 전용기에 갇힌 부유한 친구들은 삶을 풍요롭게 만드는 경험을 놓치고 말았다.

찰리가 벤저민의 사상 중에 개선하려 하지 않은 특정 영역도 있다. 벤저민이 쓴 '정부情婦 선택에 관한 조언'이라는 에세이가 그중 하나다. 찰리는 그 문제에 대해 버크셔 연례 주주총회에서 그의 트레이드마크가 된 "더 보탤 것은 없다."는 태도를 취했다.

나로 말할 것 같으면 '동업자 선택에 관한 조언'을 하고 싶다.

먼저, 당신보다 더 똑똑하고 현명한 사람을 찾아라. 그런 사람을 찾은 다음에는 그 우월성을 과시하지 말라고 요청하라. 그래야 그 사람의 생각과 조언에서 나온 수많은 성과에 대한 공을 누릴 수 있다. 당신을 절대 의심하지 않고, 당신이 값비싼 실수를 저질렀을 때 토라지지 않을 동업자를 찾아라. 또한 자신의 돈을 넣고도 적은 돈을 받고 일할 관대한 사람을 찾아라. 끝으로, 먼 길을 함께 걸어가는 동안 꾸준히 즐거움을 더할 사람과 동행하라.

앞서 한 말은 모두 훌륭한 조언이다. (나는 자율 채점 시험에서 A 학점 미만을 받은 적이 없다.) 사실 너무나 훌륭해서 나도 1959년부터 맹목적으로 따랐다. 모든 면에서 나의 청구 명세서에 맞는 동업자는 단 한 명, 찰리뿐이었다.

벤저민은 앞서 언급한 유명한 에세이에서 정부는 연상이어야만 합당하다고 말한다. 뒤이어 왜 그런지 그 이유를 여덟 가지나 제시한다. 그중 결정적 이유는 "끝으로 그들은 당신에게 대단히 고마워하기" 때문이다.

찰리와 나는 지금까지 45년 동안 동업자로 지냈다. 그가 나를 선택한 다른 일곱 가지 이유가 있는지는 모르겠다. 하지만 나는 분명 벤저민이 말한 여덟 번째 요건을 충족한다. 찰리에게 너무나 감사할 따름이다.

계몽이 필요하지 않는 동업자

내가 워런을 크게 계몽시켰다는 생각에는 약간의 허구가 있다고 생각한다. 그는 그다지 계몽이 필요하지 않았다. 솔직히 나는 내가 과도한 공치사를 받았다고 믿는다. 워런이 벤저민 그레이엄 밑에서 일하며 큰돈을 벌었기 때문에 그의 생각에 다소 굳은 부분이 있는 건 사실이다. 너무나 잘 통하는 것을 바꾸기는 어려운 법이다. 하지만 찰리 멍거가 없었다 해도 워런은 여전히 지금과 거의 같은 기록을 남겼을 것이다.

워런이 해가 갈수록 더 나아지는 것은 믿기 어려운 일이다. 영원히 지속되지는 않겠지만 실제로 그는 발전하고 있다. 정말 놀랍다. 대다수 70대 노인은 발전하지 않는다. 하지만 워런은 발전한다. 버크셔에는 돈이 넘쳐난다. 우리는 돈을 찍어내는 뛰어난 기업들을 갖고 있다. 워런이 떠나면 버크셔의 기업 인수 부문은 (양호하긴 해도) 예전만큼 성과를 올리지 못할 것이다. 하지만 나머지 부문은 괜찮을 것이다.

아마도 새 CEO는 워런만큼 똑똑하지 않을 것이다. 그래도 "40년 동안 워런 버핏과 일하는 영광을 선사한 후에 그보다 못한 녀석을 안겨주는 건 대체 어떻게 된 세상이야?"라고 불평하는 건 어리석은 일이다.

멍거의 결정과 그 이유

_피터 코프먼

당신은 이제 좀 더 나은 투자와 의사 결정을 향한 특별한 여정에 오를 것이다. 그 여정의 끝에서 삶을 한층 잘 이해할지도 모른다. 그렇다면 그것은 모두 찰리 멍거의 위트와 지혜 그리고 벤저민 프랭클린에 대한 우리 세대의 화답이라 할 수 있는 그의 강연과 글 덕분일 테다. 찰리의 독특한 세계관과 다학문적 접근법은 명확하고 단순한 사고를 위해 그가 독자적으로 개발한 것이다. 하지만 그의 개념과 모형은 전혀 단순하지 않다. 찰리의 사상이 시간의 시험을 얼마나 잘 견뎌냈는지 보라. 이 모음집에 담긴 초기 강연은 거의 20년이 지난 것이다. 그럼에도 그의 생각은 처음 그날처럼 지금도 여전히 유효하다. 곧 알게 되겠지만 찰리의 관점과 결론은 근원적 본성, 본질적 진실 그리고 폭넓은 학문의 핵심 원칙에 기반한다.

찰리는 이 책 전체에 걸쳐 자신의 지성, 위트, 가치관 그리고 끝없는 수사학적 재능을 폭넓게 드러낸다. 그의 백과사전적 지식은 고전시대 웅변가부터 18~19세기 유럽 지식인, 현대 대중문화의 아이콘까지 수많은 사람의 생각과 말을 넘나든다. 데모스테네스와 키케로를 조니 카슨과 비교하고, 오늘날의 투자 운용역을 니체와 갈릴레오 그리고 '엉덩이 걷어차기 대회에 나간 외다리'에 비교하는 경우를 다른 어디에서 볼 수 있을까? 벤저민 프랭클린과 버니 콘펠드가 세속적 지혜의 전투에서 맞붙는 것은 또 어떤가? 찰리는 자기비판과 상상력을 매우 효과적으로 활용한다. 가령 자신을 숫자를 셀 줄 아는 말에 유쾌하게 비교하거나, 마케팅 요소를 뺀 코카콜라의 라벨로 '설탕과 카페인을 넣은 글로츠의 물'을 제안하며, 자신이 "적어도 젊은 시절에는 완전한 얼뜨기는 아니었다."고 주장한다.

찰리는 심지어 한 강연('실용적 사고에 관한 실용적 사고?')에서 2조 달러 규모의 기업을 처음부터 일구는 가상 도전에 나선다. 그리고 뒤이어 그 엄청난 위업을 달성하기 위해 다양한 사고 모형mental model을 하나씩 짚어나간다.

이 책에 나오는 인용구, 강연, 연설은 찰리가 본받은 것으로 알려진 미국 중서부 지역의 전통적 가치관에 뿌리를 둔다. 평생에 걸친 배움, 지적 호기심, 술과 마약을 멀리하는 것, 시기심과 원한을 피하는 것, 신뢰, 다른 사람의 실수를 보고 배우는 것, 끈기, 객관성, 자신의 신념을 시험하려는 의지 등이 그것이다. 하지만 그의 조언은 요란한 훈계 형태를 띠지 않는다. 그 대신 찰리는 유머와 (위대한 대수학자 카를 야코비의 "항상 수식을 뒤집어보라."는 조언을 따르는) 뒤집기 그리고 역설을 활용해 인생의 가장 힘든 난관들에 대해 현명한 조언을 제공한다.

찰리는 또한 역사적·사업적 사례를 매우 효과적으로 활용한다. 이런 사례를 통해 은근하면서도 짜임새 있게 요점을 전달한다. 이때 이론을 추상적으로 진술하는 게 아니라 이야기 형태를 지닌 맥락을 활용하는 경우가 많다. 마구 쏟아내는 팩트와 수치가 아니라 재밌는 일화와 감동적 이야기로 청중에게 즐거움을 선사한다. 그는 복잡하고 세부적인 정보를 전달하는 전통적 이야기꾼의 역할을 잘 알고 있으며, 이를 현명하게 활용한다. 그 결과 그가 던지는 교훈은 지식이라는 반듯한 격자 속에서 어우러져 필요할 때 상기하고 꺼내어 적용할 수 있다.

찰리가 이런 강연과 연설에서 투자에 관한 결정보다 삶에 관한 결정을 더 중시했다는 점은 명확하다. 우리가 상상할 수 있는 모든 학문에 바탕을 둔 그의 사고 모형은 거듭 되풀이되며, 결코 '사업 포트폴리오 전략'이나 '베타beta' 또는 '자본 자산 가격 결정 모형CAPM'에 초점을 맞추지 않는다. 그보다는 근본적 진실, 인간적 성취나 약점, 지혜에 이르는 고된 길에 중점을 둔다. 찰리는 "존 메이너드 케인스 경처럼 독립적으로 살기 위해 부자가 되고 싶었다."고 말한 적이 있다. 찰리는 부를 통해 독립을 달성하려고 했지 그 반대가 아니었다.

이 책에 관하여

이 책은 오마하에서 소박하게 살던 소년 시절부터 엄청난 재정적 성공을 거두기까지, 찰리의 진전을 기록한 전기로 문을 연다. 그다음에는 삶, 배움, 의사 결정, 투자에 관한 멍거식 접근법을 정리한다. 여기서는 그의 놀라운 성공을 이끈 쌍두마차, 즉 비관습적 사고방식과 탁월한 노동 윤리를 자세히 다룬다.

이 책의 나머지 부분은 찰리가 청중을 대상으로 한 20년간의 강연을 담고 있다. 앞선 3판(증보판)에서는 서던캘리포니아대학교 굴드 로스쿨 졸업식 축사(2007년 5월 13일)도 새로 추가했다. 그 결과 초판에 실린 10개의 꼭지는 끝자리가 딱 떨어지지 않는 11개로 늘어났다. 이 강연은 찰리의 폭넓은 관심사를 포괄한다. 그 내용은 세속적 지혜를 얻는 방법부터 복수의 사고 모형을 사업에 적용하는 방법, 투자 전략을 활용해 자선단체의 활동을 개선하는 방법까지 다양하다. 마지막 11강은 찰리가 이번 4판을 위해 특별히 '인간적 오판의 심리학'이라는 주제로 작성한 것이다.

각각의 강연은 거기서 얻는 재미뿐 아니라 찰리가 활용하는 다양한 아이디어와 관행에서 흡수할 수 있는 교훈 측면에서도 시간을 들일 가치가 충분하다. 실로 똑똑하고 솔직한 사람에게서 교훈을 얻을 수 있기에 이보다 나은 기회는 아마 절대 찾지 못할 것이다. 찰리는 그저 마음을 열고 있는 그대로 이야기한다. 참고로, 찰리가 줄줄이 늘어놓는 여러 표현과 사례는 의도된 것이다. 그가 추구하는 심도 있는 '유창성'을 위해서다. 그는 반복이 교육의 핵심이라는 걸 알고 있었다.

이 책의 편집과 구성에 대해 간략히 언급하고자 한다. 찰리는 삶에서 마주치는 거의 모든 것에 엄청난 호기심을 가졌다. 그래서 강연에서 다양한 인물, 장소, 주제를 언급한다. 우리는 그런 부분이 나올 때마다 관련 정보를 추가해 내용을 보완했다. 또한 각 강연에 달린 주는 개념을 설명하거나, 뒷받침하는 목소리를 추가하거나, 찰리의 주요 사상을 강조하는 역할을 한다. 편집자의 주가 정보 제공에 그치지 않고 여러분이 스스로 해당 주제를 더 깊이 탐구하도록 자극하길 바란다.

여러분이 이 책을 재미있게 읽었으면 좋겠다. 또한 찰리 멍거를 아는 사람들이 소중히 여기는, 그에게서 기대하는 명민함과 천연덕스러운 유머의 가치를 깨달았으면 좋겠다.

제 1 장

찰리 멍거의 99년에 대해

A Portrait of Charles T. Munger

마이클 브로기

POOR CHARLIE'S ALMANACK

버크셔 해서웨이가 만든 특별한 이야기의 이면에는 두 명의 금융 천재가 있다. 널리 알려진 워런 버핏과 그의 '조용한 동업자'로서 드러나지 않는 자리를 즐기는 찰리 멍거가 그들이다.

찰리는 워런의 친구이자 변호사, 자문, 비판자다. (워런은 한때 찰리를 '진저리 나는 노맨no-man'이라고 부른 적이 있다.) 또한 미국 기업사에서 가장 성공한 상장사 한 곳의 최대 주주 중 한 명이기도 하다. 워런이 (그리고 몇 년 후에는 찰리가) 경영을 맡은 1964년 이후 버크셔의 시가총액은 1천만 달러에서 약 1,350억 달러로 무려 1만 3,500배나 불어났다. 게다가 유통 주식 수는 크게 늘지도 않았다. 이런 기록적 성장은 잘난 체하지 않는 이 두 중서부 출신이 이룬 독보적 성취다. 그들은 서로의 능력을 합쳐 시너지 효과를 발휘해 다른 기업인들이 줄곧 간과하는 기회를 알아보고 붙잡는다.

워런은 미국에서 가장 많이 존경받는 기업계 리더 중 한 명이다. 반면, 찰리는 의도적으로 이목을 피해 가면서 상대적으로 덜 알려지는 쪽을 택했다. 이 복잡하고 매우 은밀한 기업인을 더 잘 이해하려면 처음부터 알아가야 한다. 찰스 토머스 멍거는 1924년 1월 1일 미국의 심장부 네브래스카주 오마하에서 태어났다. 많은 유명 인사, 예를 들면 윌 로저스, 헨리 폰다, 존 퍼싱, 해리 트루먼, 월트 디즈니, 앤 랜더스, 제럴드 포드 그리고 당연히 워런 버핏이 같은 중서부 출신이다.

찰리는 성장기 때 버핏 앤드 선에서 일하며 처음 버핏 가문과 연을 맺었다. 버핏 앤드 선은 오마하의 고급 식료품점으로, 멍거의 집에서 약 여섯 구역 떨어진 곳에 있었다. 워런의 할아버지 어니스트가 식료품점

대표이자 공동 오너였다. 엄격한 원칙주의자인 어니스트는 어린 직원들에게 식사 시간이나 휴식을 제공하지 않고 12시간 교대 근무를 시켰다. 찰리에 따르면, 그는 강경한 반反사회주의적 태도를 반영한 규칙을 적용했다. 교대 근무를 마친 직원이 새로 제정된 사회보장법 때문에 발생한 비용을 충당하기 위해 2페니를 내야 하는 규칙도 그중 하나였다. 당시 직원들은 일당 2달러를 보수로 받았는데, 사회주의라는 악에 대한 장황한 설교도 덤으로 받았다.

버핏 식료품점의 고된 노동환경은 찰리와 워런 모두에게 오랫동안 지속적인 영향을 미쳤다. 찰리보다 여섯 살 어린 워런은 미래의 동업자가 일을 그만둔 후 몇 년 동안 어니스트 할아버지 밑에서 힘든 시간을 보냈다.

찰리의 정식 교육은 던디초등학교에서 시작되었다. 그는 이곳에서 여동생 메리, 캐럴과 함께 도덕적 훈계를 받았다. 당시 교사들은 약간 아는 체하는 경향이 있는 똑똑한 아이로 찰리를 기억한다. 그는 수많은 책, 특히 전기를 게걸스레 읽으면서 쌓은 지식으로 교사들과 급우들의 통념에 도전하는 걸 즐겼다. 언제 처음 벤저민 프랭클린의 경구들을 접했는지 기억하지 못하지만, 그것들은 박학하면서도 유별난 정치인이자 발명가인 프랭클린에 대한 사라지지 않는 존경심을 불러일으키기에 충분했다. 찰리의 부모 앨 멍거와 플로렌스 멍거는 독서를 권장했다. 그들은 크리스마스 때마다 여러 권의 책을 선물했고, 찰리와 여동생들은 대개 그날 밤에 그 책들을 모조리 탐독했다.

멍거의 집 이웃에는 가깝게 지내는 데이비스 가족이 살았다. 찰리는 자주 그 집을 방문해 에드 데이비스 박사가 소장한 의학 저널을 읽곤 했다. 데이비스 박사는 앨 멍거의 절친한 친구이자 주치의였다. 일찍부터 데이비스 박사의 의학 서적을 접하고 과학에 평생 관심을 가졌다.

조숙한 학습자였던 찰리는 열네 살 무렵 데이비스 박사와 매우 친해졌다. 의학에 너무나 관심이 많아 비뇨기과 의사인 데이비스 박사의 수술 영상까지 보았고, 그 분야의 비슷한 치료법에 의한 통계적인 결과에 매혹되었다.

찰리는 햄스터 사육에 재미를 붙여 주기적으로 다른 아이들과 햄스터를 교환하곤 했다. 이때부터 영리한 협상 능력을 드러냈는데, 대개 몸집이 더 크거나 털 색이 독특한 햄스터를 차지했다. 하지만 햄스터가 35마리까지 불어나자 어머니의 인내심도 한계에 달했다. 지하실에 마련한 햄스터 집에서 악취가 올라왔기 때문이다. 훗날 여동생 중 한 명이 회고한 바에 따르면, 가족들은 찰리가 집에 돌아와 사료를 먹이기 전까지 햄스터들이 허기 때문에 끝없이 찍찍대는 소리를 견뎌야 했다.

찰리는 대학 입시 준비를 잘하기로 유명한 대형 공립학교인 센트럴고등학교에 입학했다. 주로 여성인 교사들은 자신의 일과 학생들에게 헌신했다. 센트럴고등학교의 교과 과정은 전통적인 고전 교육을 제공했는데, 찰리는 논리적 사고와 탐구심 덕분에 우수한 성적을 낼 수 있었다.

찰리는 초등학교와 중학교 시절 내내 급우들보다 어리고 작았다. 초등학교 때 어머니에게 소리 내어 읽는 법을 배워 월반했기 때문이다. 고등학교에 입학해서는 일반 스포츠에서 다른 학생들과 경쟁하기엔 덩치가 너무 작아 사격 팀에 들어갔다. 사격 팀에서 그는 우수 선수 패치를 받고, 나중에는 주장이 되었다. 찰리의 기억에 따르면 "아주 작은 가슴팍에 커다란 패치를 단" 스웨터가 여학생들의 이목을 끌었다. 그들은 찰리처럼 비쩍 마른 아이가 어떻게 우수 선수 패치를 받았는지 의아해했다. 다행스러운 점은 아버지가 열성적인 야외 활동가이자 오리 사냥꾼이어서 아들 찰리의 사격 솜씨를 흡족해했다는 것이다.

1920년대의 오마하는 말 그대로 용광로였다. 다양한 인종과 종교가 사회적·상업적 측면으로 뒤섞였다. 그럼에도 범죄는 사실상 거의 없었다. 사람들은 집 대문과 자동차 문을 잠그지 않았다. 또한 말만으로도 암묵적인 신뢰를 형성했다. 아이들은 더운 여름날 저녁이면 깡통 차기 놀이를 했고, 토요일에는 극장에 가서 찰리가 여덟 살 때 좋아하던 〈킹콩〉 같은 유성영화를 관람했다.

1930년대는 힘든 시기였다. 오마하는 대공황의 고통에 시달렸다. 찰리는 당시 가난한 사람들이 고생하는 모습에서 오래도록 남을 깊은 인상을 받았다. 구걸하며 거리를 돌아다니는 부랑자와 샌드위치를 받고 기꺼이 어느 집의 진입로나 현관을 청소하는 사람들을 보았다. 그는 부모의 인맥 덕분에 거리의 보행자 수를 세는 따분한 일자리를 얻었다. 급여는 시간당 40센트였는데, 그래도 식료품점에서 무거운 상자를 옮기는 것보다는 나았다.

찰리의 할아버지는 명망 있는 연방 판사였다. 아버지는 부친의 뒤를 이어 돈 잘 버는 변호사로 성공했다. 그래서 찰리의 가족은 대공황 때도 큰 타격을 입지 않았다. 그러나 일부 친척은 그렇지 못했다. 이 시대는 어린 찰리에게 진정한 학습 경험을 제공했다. 그는 할아버지가 관대한 태도와 사업적 수완으로 네브래스카주 스트롬스버그에 있는 작은 은행을 구제하는 걸 목격했다. 그 은행의 소유주는 찰리의 삼촌인 톰이었는데, 처참한 경제 상황과 가뭄 피해 때문에 농업에 종사하는 고객들이 대출금을 갚지 못했다. 결국 미상환 대출금이 3만 5천 달러에 이르자 톰은 찰리의 할아버지에게 도움을 청했다. 할아버지는 자기 자산의 거의 절반을 잃을 위험을 감수하면서 3만 5천 달러의 부실채권을 우량채권 (제1순위 저당채권)으로 교환해주었다. 그 덕분에 톰은 루스벨트 대통령의 은행 휴업bank holiday 조치 이후에도 은행 문을 열 수 있었다. 할아버지는 한참 시간이 걸리기는 했지만 결국 투자금을 대부분 회수했다.

할아버지는 또한 음악가이던 사위를 약대에 보낸 후, 상권이 좋은데도 대공황 때문에 폐업한 약국을 사들일 수 있도록 도와주었다. 이 약국이 잘되면서 찰리의 고모는 안정된 미래를 보장받을 수 있었다. 찰리는 이때 가족끼리 서로 도우면 역사상 최악의 경제 위기도 버틸 수 있다는 교훈을 얻었다.

다행히 앨 멍거의 법률사무소는 대공황 동안에도 번창했다. 그리고 그가 대리한 작은 비누 제조업체의 세금 소송에 대해 대법원이 재심 결정을 내리면서 도약의 발판을 마련했다. 마침 대기업인 콜게이트 팜올리브도 대법원 판결에 영향을 받을 상황에 처했는데, 그들은 대형 재판 경험이 부족한 중서부 지역의 변호사가 대법원에서 변론을 잘할 수 있을지 우려했다. 그래서 앨 멍거에게 사례금을 넉넉히 지불하고 물러서게 한 다음, 뉴욕의 유명 변호사에게 일을 맡겼다. 그러나 이 대도시 변호사는 소송에서 지고 말았다. 반면, 앨은 두둑한 사례금을 챙겼다. 앨은 훗날 자신이 훨씬 적은 수임료를 받고도 패소할 수 있었다고 농담하곤 했다. 사례금이 얼마였는지는 밝혀지지 않았다. 그러나 다른 고객들에게 벌어들인 수입을 합치면 멍거 가족이 대공황기에 편하게 살기에 충분한 금액이었다. 이때도 찰리는 스스로 용돈을 벌어 가족을 도왔다. 그리고 그 과정에서 재정적 독립의 가치를 몸소 깨달았다.

대서양 건너편에서 치열한 전쟁이 한창이던 1941년, 센트럴고등학교를 졸업한 찰리는 오마하를 떠나 미시간대학교에 입학했다. 수학적 논리와 추론의 매력에 이끌린 그는 수학을 전공으로 택했다. 또한 이공계 필수 학점을 따기 위한 기초 강의를 듣고서는 물리학의 가치를 발견했다. 그는 물리학과 그 무한한 영향력에 매료되었다. 특히 아인슈타인 같은 물리학자가 미지의 세계를 탐구하는 여정에 깊은 인상을 받았다. 물리학식 문제 해결은 그가 열정적으로 추구하는 방식이 되었다. 또한 그것은 삶의 문제를 규정하는 데 유용한 기술이기도 했다. 그는 성공하고 싶은 사람이라면 누구든 물리학을 공부해야 한다고 자주 말했다. 물리학의 개념과 공식이 타당성이라는 이론의 힘을 너무나 훌륭하게 보여주기 때문이었다.

당시 군에서는 남자 대학생들에 대한 수요가 많았다. 미시간대학교 2학년 과정을 마치고 이제 막 열아홉 살이 된 찰리는 육군항공대에 입대했다. 특별 과정을 밟아 소위로 임관한 그는 뉴멕시코대학교 앨버커키 캠퍼스에서 과학 및 공학을 공부했다. 그리고 캘리포니아 패서디나에 있는 명문 캘리포니아공과대학교(칼텍)로 편입해 조종사 필수과목인 열역학과 기상학을 배웠다. 칼텍에서 공부를 마친 후에는 알래스카 놈에 있는 보직 부대로 파견되었다.

군에 있는 동안 찰리는 패서디나 출신의 낸시 허긴스와 결혼했다. 그녀는 스크립스대학에 다니던 여동생 메리의 친구였다. 두 사람은 찰리가 1946년 전역할 때까지 앨버커키와 샌안토니오에서 생활했다. 그리고 전역 직후 얻은 첫아들에게 '테디'라는 이름을 지어주었다.

찰리는 여러 대학교를 다녔지만 아직 학사 학위가 없었다. 다행히 제대군인지원법GI Bill을 활용해 하버드 로스쿨에 지원할 수 있었다. 아버지도 하버드 로스쿨 출신이었다. 찰리는 학사 학위가 없어서 탈락할 뻔했는데, 아버지의 친구이자 전 학장인 로스코 파운드가 중재에 나선 덕분에 학사 과정을 먼저 마쳐야 한다는 행정처의 결정에도 불구하고 로스쿨 입학 허가를 받을 수 있었다.

결과적으로 찰리는 하버드 로스쿨에서 별다른 어려움 없이 뛰어난 성적을 얻었다. 비록 두어 사람의 짜증을 돋우기는 했지만 말이다. 지능이 높았기 때문인지 (육군에서 측정한 그의 지능지수는 최상위급이었다.) 찰리에게는 난데없이 불쑥 나서는 경향이 있었다. 그의 이런 태도는 무례한

짓으로 오해받는 경우가 잦았다. 사실 그는 성격이 급했을 뿐이며, 강의실에서의 의례적인 인사에도 별로 신경 쓰지 않았다. 그럼에도 학우들은 찰리를 좋아했고, 그는 사교적 측면에서 대학 생활을 십분 즐겼다.

찰리는 1948년 우등생 12명 중 한 명으로 하버드 로스쿨을 졸업했다. (졸업생은 총 335명이었다.) 그는 아버지의 법률사무소에 취직하는 것을 고려했다. 하지만 아버지와 의논한 후 더 큰 도시에서 일해보는 게 좋겠다는 결론을 내렸다. 칼텍 재학 시절 좋아하게 된 서던캘리포니아로 이사한 그는 캘리포니아 변호사 시험에 합격한 후 법무법인 라이트 앤드 개릿에 취직했다. (나중에 뮤직 필러 앤드 개릿으로 이름이 바뀐다.) 그리고 사우스패서디나에 건축가 삼촌인 프레더릭 스톳이 설계한 집을 지었다. 이곳에서 찰리 부부는 세 명의 자녀, 테디, 몰리, 웬디를 키우며 살았다.

겉보기와 달리, 찰리의 삶이 언제나 화창한 것은 아니었다. 찰리 부부의 결혼 생활에 문제가 생긴 것이다. 결국 두 사람은 1953년에 이혼했다. 얼마 지나지 않아 사랑하는 아들 테디가 백혈병에 걸려 위독한 지경에 이르렀다. 스물아홉 살의 찰리에게는 엄청난 역경이었다. 골수 이식 기술이 개발되기 전인 당시에는 가망이 전혀 없었다. 한 친구의 기억에 따르면, 찰리는 죽어가는 아들을 병문안하고선 패서디나 거리를 울며 걸어 다녔다고 한다.

이 슬픈 시기에 친구이자 파트너 변호사인 로이 톨스가 친구를 통해 낸시 배리 보스윅을 소개해주었다. 로스앤젤레스에 거주하는 그녀는 스탠퍼드대학교를 졸업했으며, 찰리의 딸들과 나이가 비슷한 어린 아들이 둘 있었다. 찰리와 낸시는 공통점이 많아 함께 즐겁게 시간을 보냈다. 두 사람은 몇 달 동안 데이트를 한 후 약혼했다. 결혼식은 1956년 1월 가족끼리 모인 자리에서 조촐하게 치렀다. 네 명의 자녀(네 살부터 일곱 살에 이르는 찰리의 딸들과 낸시의 아들들) 모두 결혼식에 참석했다.

그들은 웨스트로스앤젤레스에 있는 낸시의 집에서 몇 년 동안 살았다. 그 후 찰리의 통근 시간을 줄일 요량으로 행콕파크로 이사했으며, 지금도 거기서 살고 있다. 찰리 부부가 지은 집은 새로 얻은 아들 셋과 딸 하나까지 총 여덟 명도 함께 살기에 충분히 컸다. 다행히 두 사람 모두 아이들을 좋아했다. 그들은 또한 골프, 해변, 사교 클럽도 좋아했다. 그래서 곧 유니버시티 클럽, 캘리포니아 클럽, 로스앤젤레스 컨트리 클럽, 비치 클럽의 회원이 되었다.

책임져야 할 가족이 더 늘어나자 찰리는 열심히 변호사 일에 매달렸다. 그럼에도 수입은 만족스럽지 않았다. 시간당 수임료와 연공서열에 따라 급여가 결정됐기 때문이다. 그는 수석 파트너 변호사보다 더 많이 벌고 싶었다. 법무법인 고객 중에서 최고의 자산가, 특히 나중에 자신의 이름을 딴 대학교까지 세웠으며 널리 존경받는 하비 머드처럼 되기를 원했다. 그는 낸시의 내조를 받으며 외부 사업과 다른 수입원으로 눈길을 돌렸다. 그래도 할아버지로부터 배운 합당한 원칙, 당면한 과제에 집중해야 한다는 것과 지출을 통제해야 한다는 것을 결코 잊지 않았다.

찰리는 이 보수적인 접근법에 따라 부를 쌓을 기회를 잡았다. 주식에 투자하기 시작한 것이다. 또한 고객이 운영하는 전자기기 업체의 지분을 획득하기도 했다. 이는 1950년대 중반과 1960년대에 변호사들 사이에서 흔한 관행이었다. 이러한 투자는 서로에게 이득이었다. 찰리는 사업에 관해 귀중한 지식을 얻었고, 고객은 법률 서비스뿐 아니라 다른 많은 분야에 박학다식한 변호사의 적극적 관심을 받을 수 있었다.

찰리는 1961년 고객이자 친구인 오티스 부스와 손잡고 처음으로 부동산 개발 프로젝트에 뛰어들었다. 칼텍 인근 부지에 콘도를 짓는 이 사업은 대성공을 거두었다. 두 사람은 10만 달러를 투자해 무려 30만 달러의 수익을 올렸다. 뒤이어 패서디나에서 다른 건설 및 개발 프로젝트까지 성공시켰다. 나중에 찰리는 캘리포니아주 알햄브라에서도 비슷한 사업에 참여했다. 그는 협상과 계약을 처리하면서 영업 기술을 연마했다. 모든 수익은 부동산 프로젝트에 투자했다. 그래서 사업 규모를 계속 키울 수 있었다. 1964년 일을 그만두었을 때 부동산 사업으로만 번 돈이 140만 달러에 달했다.

찰리는 1962년 2월 뮤직 필러 앤드 개릿에서 같이 일하던 네 명의 동료와 함께 새 법무법인을 차렸다. 초창기 파트너는 로이 톨스, 로드 힐스, 딕 에스벤셰이드, 프레드 워더 그리고 찰리였다. 거기에 로드의 아내 카를라와 개인 변호사이자 힐스의 친구인 제임스 우드가 합류했다. 법무법인 이름은 멍거 톨스 앤드 힐스로 정했다. 이 법무법인은 시간이 흐르면서 여러 번 이름을 바꾸었지만, 앞에는 항상 멍거와 톨스의 이름이 붙었다. 나중에 론 올슨이 합류하면서 최종 명칭은 멍거 톨스 앤드 올슨, 줄여서 멍거 톨스 또는 MTO가 되었다.

당시 찰리에게 법무법인의 성공은 최종 목표라기보다 발판에 가까웠다. 실제로 새 법무법인을 출범할 무렵 이미 거기서 발을 빼기 위한 계획을 신중하게 마련하고 있었다. 그는 잭 휠러와 투자 합자회사를 만들었다. 뒤이어 앨 마셜이 합류했다. 이 합자회사는 찰리가 몇 년 전부터 구상하던 것이었다. 당시 아버지가 세상을 떠나는 바람에 오마하로 돌아가 유산을 관리해야 했다. 찰리의 귀향을 환영하기 위해 친구이자 의학 스승인 에드 데이비스의 자녀들이 디너파티를 준비했다. 데이비스의 아들 에디 주니어와 닐은 모두 찰리의 어린 시절 친구였으며, 의사로 일하고 있었다. 그들의 여동생 윌라는 오마하에서 활동하는 사업가 리 시먼과 결혼했다. 디너파티는 윌라와 리, 닐과 그의 아내 조앤 그리고 워런 버핏이라는 인물이 참석한 가운데 열렸다.

찰리는 버핏 식료품점에서 일한 적이 있어 워런이 그 집안사람임을 알았다. 한편 워런은 몇 년 전 오마하에서 투자 자금을 모으던 중 찰리라는 이름을 들은 터였다. 그는 데이비스 박사와 그의 아내 도로시를 만나 자신의 투자 철학을 설명한 적이 있었다. 두 사람은 평생 모은 10만 달러 중 상당액을 워런한테 맡기는 데 동의했다. 왜 그랬을까? 데이비스 박사는 워런이 찰리 멍거를 연상시켰기 때문이라고 설명했다. 워런은 찰리가 누구인지 몰랐지만, 어쨌든 그를 좋아할 만한 타당한 이유가 적어도 하나는 생긴 셈이었다.

귀향 축하 파티에서 찰리와 워런은 서로의 생각이 매우 비슷하다는 사실을 깨달았다. 테이블에 앉은 다른 사람들은 둘의 대화가 잘 통한다는 것을 분명하게 알 수 있었다. 밤이 깊어가는 동안 두 젊은 남자(워런은 스물아홉, 찰리는 서른다섯)는 사업, 금융, 역사의 여러 측면을 아우르는 폭넓은 대화에 빠져들었다. 한쪽이 많이 아는 분야의 경우, 다른 쪽은 새로운 것을 배운다는 생각에 들떴다.

워런은 찰리가 계속 변호사로 일하는 것에 미지근한 반응을 보였다. 그는 변호사 일이 좋은 취미일 수는 있지만, 자신이 하는 일보다는 훨씬 덜 유망한 사업이라고 말했다. 워런의 논리는 찰리가 형편이 되는 대로 최대한 빨리 변호사 일을 그만두기로 결정하는 데 도움을 주었다.

찰리가 로스앤젤레스로 돌아온 후에도 둘은 전화, 때로는 아홉 장에 이르는 장문의 편지로 대화를 이어나갔다. 두 사람은 같이 사업을 해야 할 운명임을 분명하게 깨달았다. 정식 동업 관계나 계약 관계 같은 건 없었다. 두 사람의 악수로 유대는 형성되었고, 이는 말의 가치에 대한 중서부 사람들의 이해와 존중으로 뒷받침되었다.

두 사람의 동업은 우정, 투자 기회, 서로의 생각과 시각을 이해하는 고유한 능력 등 여러 혜택을 안겨주었다. 나중엔 그들이 각각 이끌었던 사업체도 이득을 보았다. 워런은 투자나 인수에 나설 때 멍거 톨스에 법률 업무를 맡겼다. 그는 최고 법무법인 중 하나를 이용할 수 있는 혜택을 누렸다. 한편, 멍거 톨스는 워런에게서 수임료를 벌었을 뿐 아니라, 그의 명성 덕분에 다른 우량 고객을 끌어들이는 이득도 보았다.

멍거 톨스가 돈벌이에만 몰두한 건 아니었다. 찰리가 추구한 개인적 삶의 방식에 따라 로스앤젤레스의 가난하고 불우한 사람들에게 티 내지 않고 무료 법률 상담을 제공하는 바람직한 활동도 했다. 지금도 찰리는 소속 변호사들에게 계속 영향을 미치고 있다. 그래서 "최후의 한 푼까지 가지려 해서는 안 된다."고, "친구를 고를 때처럼 고객을 골라야 한다."고 상기시킨다. 찰리는 3년 만인 1965년에 변호사 일을 그만두고 멍거 톨스를 떠났다. 그러나 그의 영향은 지울 수 없다. 지금도 175명의 소속 변호사 명단 중 제일 위에 그의 이름이 있다는 사실이 이를 증명한다. 그는 멍거 톨스를 떠날 때 지분을 빼지 않았다. 그 대신 그 돈을 젊은 파트너 프레드 워더의 유산으로 돌렸다. 워더는 아내와 자녀들을 유족으로 남긴 채 암으로 사망했다.

재정적 독립을 위한 찰리의 계획은 곧 큰 성공을 거두었다. 그는 잭 휠러와 함께 만든 투자회사 휠러 멍거 앤드 코퍼레이션의 자산을 구축하는 데 많은 시간을 들였다. 또 다양한 부동산 개발 프로젝트를 진행하는 일에도 열정을 쏟았다. 모든 일이 큰 차질 없이 계획대로 진행되었다. 휠러 멍거에서 찰리는 자신의 돈과 다른 사람의 돈으로 주식 투자를 했다. 그는 신규 고객을 끌어들이는 일보다 자신의 자본을 운용하는 데 더 집중했다. 잭 휠러는 퍼시픽 코스트 주식거래소에 두 개의 회원권을 보유하고 있었다. 그래서 휠러 멍거는 낮은 거래 수수료를 지불하는 한편, 간접비를 거의 없는 수준으로 유지했다.

시간이 흐르는 동안에도 찰리와 워런은 잦은 통화와 서신을 통해 아이디어를 나누고 투자를 구상했다. 같은 기업에 투자하는 데 동의하는 때도 있었고, 다른 방향으로 나아가는 때도 있었다. 이윽고 두 사람의 포트폴리오에 겹치는 부분이 생겼다. 워런은 블루 칩 스탬프스에 투자해 최대 주주가 되었다. 찰리는 2대 주주가 되었으며, 나중에는 버크셔 해서웨이가 블루 칩 스탬프스를 인수했다.

찰리는 1962년부터 1975년까지 휠러 멍거를 키웠다. 첫 11년 동안은 실적이 아주 좋았다. 누적 총수익률이 다우지수의 6.7퍼센트보다 훨씬 높은 28.3퍼센트(순수익률 20퍼센트)에 달했다. 게다가 한 해도 손실을 낸 적이 없었다. 그러나 1973년과 1974년의 지독한 약세장에서는 큰 타격을 입었다. 이 두 해에 각각 31.9퍼센트, 31.5퍼센트의 손실이 났다. 휠러 멍거의 최대 투자 종목인 블루 칩 스탬프스와 뉴 아메리카 펀드의 주가가 급락한 것이 원인이었다. 찰리의 말에 따르면 "결국에는 주요 투자 종목을 시장 가격보다 높게 팔 수 있다는 것이 확실한"데도 불구하고 하락한 종목이다. 그래도 휠러 멍거는 1975년 73.2퍼센트의 수익률로 확실하게 반등했다. 그에 따라 14년 동안의 전체 실적은 누적 연간 수익률 기준으로 다우지수의 5퍼센트보다 훨씬 높은 19.8퍼센트(순수익률 13.7퍼센트)를 기록했다.

찰리는 이 힘겨운 경험 이후 워런과 같은 결론에 이르렀다. 즉, 더 이상 투자자들을 위해 직접 자금을 운용하고 싶은 마음이 없었다. (워런은 1969년에 투자회사를 접었다.) 그 대신 그들은 지주사를 통한 주식 보유로 자산을 구축하기로 결심했다. 휠러 멍거가 사업을 청산할 때 주주들은 블루 칩 스탬프스와 디버시파이드 리테일링의 주식을 받았다. 나중에 이 주식들은 버크셔 해서웨이의 주식으로 전환되었다. 버크셔 해서웨이의 주가는 1975년 말 38달러였지만 지금은 8만 5천 달러를 넘어섰다. 덕분에 찰리는 〈포브스〉 400대 부호 명단에 이름을 올렸다. 그는 부를 마다하지는 않지만, 그런 명단에 이름이 오르는 것은 유감스러워한다. 자아상이 긍정적이긴 해도 익명으로 남는 쪽을 선호하기 때문이다.

버크셔 해서웨이가 워런과 찰리의 리더십 아래 거둔 엄청난 성공에 관한 이야기는 다른 곳에서 여러 번 언급되었다. 그러니 여기서 자세한 이야기는 반복하지 않겠다. 다만, 요약해서 말하자면, 두 사람은 저평가된 기업을 찾아낸 다음 주식 시장에서 대량의 지분을 사들이거나 바로 인수하는 방식으로 놀라운 실적을 기록했다. 후자의 경우 존스 맨빌, 버팔로 이브닝 뉴스, 플라이트 세이프티 인터내셔널, 넷제츠, 쇼 카펫, 벤저민 무어, 가이코, 데어리 퀸 등 다양한 종류의 기업을 인수했다. 또한 그들은 워싱턴 포스트, 코카콜라, 질레트, 아메리칸 익스프레스 같은 상장 기업의 지분도 의미 있는 수준으로 사들였다. 대부분의 경우 그들은 주요 투자 종목을 장기간 보유했다. 사실상 바로 인수한 거의 모든 기업의 지분을 지금도 여전히 보유하고 있다.

찰리는 벤저민 프랭클린이 정부, 기업, 금융, 산업 분야에서 폭넓은 경력을 쌓게 된 과정을 잘 알고 있다. 이는 그의 수많은 강연과 (몇 명이 되었든) 청중이 있는 자리에서 했던 말을 통해 드러난다. 가령 시즈 캔디 75주년 기념행사에서는 이렇게 말했다.

저는 전기광傳記狂입니다. 현실에서 통하는 뛰어난 개념을 가르치려 할 때는 그것을 개발한 사람의 삶이나 인격과 연계하는 것이 좋습니다. 아마 애덤 스미스를 친구로 만들면 경제학을 더 잘 배울 수 있을 겁니다. '사망한 위인'과 친구가 된다는 말이 우습게 들릴 수 있습니다. 하지만 올바른 사상을 지닌 사망한 위인들의 삶을 따라가며 그들과 친밀해지는 방식은 삶과 교육에 큰 도움이 될 것입니다. 그냥 기본적인 개념을 제시하는 방식보다는 훨씬 낫습니다.

프랭클린은 스스로의 노력으로 부를 쌓아 재정적 독립을 달성했다. 사회 발전에 집중하기 위해서였다. 찰리는 스승의 그런 면을 존경했으며, 본받으려고 노력했다. 그는 로스앤젤레스에 있는 굿 서매리턴 병원과 하버드-웨스트레이크 스쿨의 운영에 오랫동안 참여했다. 두 곳의 이사회 의장을 맡기도 했다. 그와 낸시는 또한 스탠퍼드대학교와 캘리포니아주 샌마리노에 있는 헌팅턴 도서관·미술관·식물원을 오랫동안 후원했다. 헌팅턴이 대규모 확장 사업으로 멍거연구센터를 짓는 데 필요한 자금도 지원했다. 찰리는 자칭 보수파 공화당원이다. 그러나 후원하는 주요 단체 중 하나가 가족계획연맹〔대표적인 낙태권 옹호 단체〕이다. 그는 모든 아이가 어머니에게 환영받으며 태어날 자격이 있다고 믿는다. 또한 환경 및 교육의 질을 개선하기 위한 노력도 지원한다. 여덟 명의 자녀와 열여섯 명의 손주를 둔 그는 미래 세대가 더 나은 세상을 물려받을 수 있도록 돕는 것이 자신의 유산이라 여긴다.

제 2 장

아버지 찰리 멍거에 대해

Remembering:
The Children on Charlie

찰스 멍거 주니어의 회상

내가 열다섯 살 무렵, 우리 가족은 휴가 동안 스키를 타러 선밸리로 떠났다. 마지막 날, 아버지와 나는 집으로 돌아가기 위해 눈 쌓인 도로를 달렸다. 아버지는 빨간색 지프에 기름을 넣으려고 10분 정도 길을 돌아갔다. 집으로 가는 비행기를 타려면 시간이 촉박했고 기름이 반이나 남았는데도 아버지가 주유소로 들어가는 걸 보고 놀랐다. 나는 아버지에게 기름이 충분한데 왜 그러느냐고 물었다. 아버지는 "다른 사람의 차를 빌렸을 때는 항상 기름을 가득 채워서 돌려줘야 해."라고 훈계했다.

스탠퍼드대학교 1학년 때 지인이 내게 차를 빌려주었다. 그 사람이 나를 잘 알아서가 아니라 우리가 서로 아는 친구들이 은근히 강요했기 때문이다. 기름 탱크는 절반이 차 있었고, 차종은 빨간색 아우디 폭스였다. 나는 옛날 일을 떠올렸다. 그래서 차를 돌려주기 전에 기름 탱크를 가득 채웠다. 그 사람이 그걸 알았고, 이후 우리는 좋은 시간을 많이 보냈다. 그는 내 결혼식 때 들러리를 서주기도 했다.

나는 스탠퍼드대학교를 졸업한 후 그 옛날 휴가 때 우리 가족이 릭 게린의 집에 머물렀으며, 지프도 그분이 빌려준 거라는 사실을 알았다. 릭은 아버지의 친구 중 한 명이었다. 당시 그가 선밸리로 돌아왔을 때 지프를 빌려주기 전보다 기름이 줄었는지 어땠는지 몰랐을 것이다. 설령 알았다 해도 신경 쓰지 않았을 게 분명하다. 그럼에도 아버지는 공정성과 배려심을 저버리지 않았다. 나는 그날 좋은 친구를 얻는 법뿐 아니라 친구 사이를 계속 유지하는 법도 배웠다.

웬디 멍거의 회상

아버지는 온 가족이 모이는 저녁 식사 시간을 활용해 자녀들을 훈육하는 일이 많았다. 아버지가 즐겨 사용하는 훈육 도구는 도덕적 문제에 직면한 어떤 사람이 올바른 길을 택한다는 '교훈담'이나, 반대로 잘못된 선택을 하는 바람에 재난과도 같은 개인적·직업적 손실을 입는다는 '추락담'이었다.

아버지의 전문 분야는 추락담이었는데, 파국적 대가라는 주제에 실로 심취한 듯했다. 또한 너무나 극단적이고 끔찍한 사례를 들었다. 그래서 우리는 이야기가 끝났을 때, 신음 소리와 웃음소리를 동시에 내는 경우가 많았다. 아버지는 부정적 결과와 거기서 얻는 교훈을 설명하는 데 독보적인 경지에 올라 있었다.

아버지의 교훈담은 좀 더 단순했다. 아버지가 다섯 살부터 스물다섯 살에 이르는 자녀들에게 당신의 회사 중 한 곳에서 일하는 재무 담당 직원의 이야기를 들려주던 일이 기억난다. 그 직원이 실수를 하는 바람에 회사가 수십만 달러의 손실을 입었다. 그는 자신의 실수를 깨닫자마자 사장을 찾아가 이실직고했다. 아버지의 이야기에 따르면, 당시 사장은 이렇게 말했다고 한다. "끔찍한 실수야. 다시는 그런 실수를 저지르지 말게. 사람은 누구나 실수하기 마련이지. 그 점은 용서할 수 있어. 실수를 인정한 건 잘한 일이야. 실수를 숨기려 들었거나 잠시라도 덮어두려 했다면 자넨 회사에서 쫓겨났을 거야. 지금으로서는 자네가 계속 회사에 남았으면 해." 나는 정부 관료가 실수를 솔직하게 털어놓기보다 덮는 쪽을 선택했다는 뉴스를 들을 때마다 이 이야기를 떠올린다.

아버지가 저녁 식사 시간에 자녀들을 훈육한 이야기를 내가 왜 과거형으로 말했는지 모르겠다. 아버지의 자녀들은 나이가 들어 60대를 바라보고 있다. 그리고 이제 저녁 식사 자리는 손주들로 북적거린다. 그럼에도 아버지는 여전히 이야기를 들려주는 독특한 방식으로 우리를 올바른 길을 인도한다. 아버지가 저녁 식사 자리의 상석에 앉아 계신 덕분에 우리는 운이 너무나 좋다.

윌리엄 (헬) 보스윅의 회상

찰리와 나의 어머니가 결혼한 지 거의 50년이 흘렀다. 멋지고도 아름다운 시간이었다. 그동안 나는 찰리에게 나를 훈육할 많은 기회를 주었다. 그중 두 가지 교훈을 들어보겠다.

애초에 일을 제대로 해야 한다

이 이야기는 우리가 미네소타에서 살던 시절로 거슬러 올라간다. 나는 10대 시절부터 차를 몰았다. 내게 주어진 임무 중 하나는 캐스레이크라는 곳에 사는 가정부를 차에 태워서 데려오고 데려다주는 것이었다. 그냥 조금만 운전하면 되는 일이 아니었다. 배를 타고 호수를 건너야 했고, 정박지에서 시내까지 차를 몰고 가야 했다. 나중에는 그 과정을 반대로 거쳐야 했다. 아침에 해야 하는 또 다른 일은 시내에서 신문을 가져오는 것이었다.

그런데 어느 날 강한 폭풍우가 불었다. 비, 파도, 바람이 엄청났다. 나는 잔뜩 긴장한 채 힘들게 시내로 가서 가정부를 데려왔다. 문제는 신문을 깜박했다는 것이다. "신문은 어디 있니?" 찰리가 질문을 했고, 1초 정도 정적이 흘렀다. "가서 신문을 가져와. 그리고 절대 다시는 잊지 마!" 그래서 나는 폭풍우와 넘실대는 파도를 뚫고 신문을 가져왔다. 그러는 동안 다시는 이런 일이 생기지 않도록 하겠다고 스스로 다짐했다.

책임감을 가져야 한다

찰리의 어머니는 매년 여름 직접 차를 몰고 오마하에서 미네소타까지 왔다. 우리는 볼일이 있을 때 그분의 차를 썼다. 차 키는 하나뿐이었다. 나는 호수에서 요트를 타고 친구들과 놀다가 차 키를 1.5미터 아래 탁한 물속에 빠트리고 말았다. 집에 돌아와 그 사실을 털어놓았다. 물론 그레이트노스우즈에는 열쇠공이 많지 않았다. 찰리는 그런 멍청한 짓에 대한 인내심이 별로 없었다. 이번에도 역시 약 1초 후, 찰리의 해결책이 나왔다. "친구들하고 같이 가서 차 키를 찾을 때까지 계속 잠수해. 못 찾으면 집에 오지 마." 나는 해 질 무렵까지 2시간가량 잠수를 거듭했다. 마침내 물풀 속에서 금속의 빛이 기적처럼 내 눈앞에서 반짝였다. 덕분에 나는 겨우 집에 돌아올 수 있었다.

미네소타 시절에는 이런 소중한 일화가 많다. 그 무렵에는 찰리가 너무나 열심히, 너무나 오래 일했기 때문에 그와 의미 있는 시간을 같이 보낸 건 이런 때뿐이었다. 그는 주중엔 해가 뜨기 전에 출근했고, 저녁 식사 시간 무렵에 퇴근했다. 그러고도 S&P 지수를 분석한 후 두어 시간 동안 워런과 통화했다.

데이비드 보스윅의 회상

오래전 일이다. 우리 가족은 미네소타 호숫가에 오두막을 갖고 있었는데, 아버지가 몇 년 전 그곳에 만든 테니스장에 테니스 연습용 기계를 설치하기로 했다. 당연히 아이들의 스트로크 실력을 키운다는 게 명분이었다. 하지만 그것 말고도 다른 속셈이 있었다. 아버지는 누구보다 자주 테니스장을 애용했다. 아버지는 기계의 각도를 조절해놓고 네트 근처에서 끝없이 발리 연습을 했다. 얼마 지나지 않아 아버지는 좋은 위치에 떨어져 쉽게 쳐낼 수 있는 발리에 능숙해졌다. 다른 사람들은 본능적으로 강하게 때리다가 대개 네트에 걸리거나 3미터 바깥으로 아웃되는 종류의 샷이었다. 아버지는 골프로 치면 단거리 샷을 연마한 셈이다. 그런 샷을 굳이 연습하는 사람은 드물었다.

아버지는 평생 그랬던 것처럼 정당하면서도 짜증스럽기 그지없는 경쟁 우위를 확보했다. 나는 아버지와 테니스를 치는 게 두려웠다. 특히 네트 플레이가 정말로 중요한 복식경기는 더욱 그랬다. 그게 사업이 아니라 테니스였기에 얼마나 다행인지 모른다.

아버지를 생각하면 오래전에 본 우스꽝스러운 맥주 광고가 떠오른다. 그 광고는 말쑥한 정장을 입은 남자가 테이블에 앉아 있는 모습으로 시작된다. 그는 맥주에 너무나 빠져든 나머지 성난 황소가 바로 앞에 있는 투우사한테 달려드는 것도 모른다. 심지어 테이블이 산산조각이 나는데도 꼼짝하지 않는다. 이때 "실로 특별한 경험을 하고 싶다면 이 맥주를 마셔보세요."라는 식의 내레이션이 나온다.

여기서 맥주를 상장 기업 목록이나 건축 계획 또는 케인스 전기로 대체해보라. 그러면 매일 밤 당신이 좋아하는 의자에 앉아 뭔가를 들여다보던 아버지의 모습을 정확하고도 우습게 재현한 셈이다. 그럴 때면 아버지는 야단법석을 떠는 아이들, 시끄러운 텔레비전, 저녁 먹으러 오라고 부르는 어머니의 소리를 거의 듣지 못했다.

아버지는 책을 읽지 않을 때도 자주 깊은 생각에 잠겼다. 몰리와 웬디를 패서디나로 다시 데려다주는 일상적인 여정이 샌버나디도까지 가는 여행으로 바뀌기도 할 정도였다. 어머니가 정확한 고속도로 분기점을 알려주지 않으면 그런 일이 생겼다. 그때 아버지가 무슨 생각을 했는지는 모른다. 하지만 축구 경기 결과나 망친 골프 샷에 대한 생각은 아니었다. 아버지는 한번 어떤 생각에 몰입하면 아무리 한눈을 팔게 만드는 것이라도 만리장성으로 막아내는 능력이 있었다. 이는 아버지의 주의를 끌려고 할 때 재미있기도 하고 짜증스럽기도 한 것이었다. 그러나 그 능력은 다른 어떤 것만큼이나 아버지가 이룬 성공에 크게 기여했다.

몰리 멍거의 회상

나는 1966년 대학에 입학했다. 그 무렵 아버지의 영향을 크게 받은 것은 대단히 운 좋은 일이었다. 나는 분노와 급진주의의 시대에 학교 정문 바로 앞에 있는 가판대에서 〈월스트리트 저널〉과 〈포천〉을 샀다. 그것들을 옥스퍼드 천으로 만든 상의의 겨드랑이에 끼운 채 경제학과 경영학 강의를 들으러 씩씩하게 걸어갔다. 다른 학생들은 총장 사무실을 점거했고, 감옥에 들어갔다. 나는 러몬트도서관 지하에서 대차대조표 읽는 법을 배웠다.

아버지는 우리를 회의적이고 심지어 반골적인 아이들로 키웠다. 덕분에 1960년대 말의 혼돈기로 들어서는 데 특히 유용한 사고방식을 가질 수 있었다. 아버지는 오랫동안 준스트리트에 있는 우리 집 서재에 앉아 우스운 이야기를 자주 들려주었다. 맹목적으로 집단을 추종하거나 반사적으로 분노를 터트린 사람들에 대한 이야기였다. 아버지는 그들에 대해 '미친' '부적응' '거만한' '자만심 강한' 따위의 표현을 썼다. 우리는 그런 표현을 통해 (아버지가 생각하기에) 어떤 사람들을 피해야 하는지 깨달았다.

아버지는 미네소타에서 같은 메시지를 체득시키는 방법을 찾아냈다. 오래된 라슨 보트를 이용해 우리에게 맞는 아쿠아플레인을 만든 것이다. 아쿠아플레인은 보트가 끄는 무거운 나무판으로, 그 위에 설 수 있었다. 아버지는 판을 빠르게 돌리면서 우리가 계속 서 있는지 확인했다. 물에 빠지는 창피스러운 일을 피하는 유일한 길은 계속 체중을 옮겨가며 급격한 방향 전환에 대처하는 것이었다. 그 이후로 나는 항상 한 방향이나 다른 방향으로 너무 멀리 나아가는 모든 생각이나 행동을 체질적으로 두려워하게 되었다.

내가 대학에 다닐 때 아버지는 다른 자녀 일곱 명을 키웠고, 스프링 스트리트의 낙후된 구역에서 일했으며, 엔진 첨가제를 만드는 작고 지저분한 회사만 보유하고 있었다. 하지만 아버지는 그때가 혼돈의 시기임을 알았다. 아버지는 훨씬 잘사는 집의 아버지들처럼 내게 용돈을 많이 보내주었다. 덕분에 나는 잘 다린 셔츠를 입고 반듯해진 느낌으로 지낼 수 있었다. 아버지는 그렇게 4,800킬로미터나 떨어진 곳에서도 내가 균형을 잡도록 도와주었다.

더 많은 이야기를 할 수도 있다. 다만, 우리 아버지는 항상 다른 많은 역할뿐 아니라 부모로서도 어떻게 해야 하는지 알았다고 말하는 것으로 충분하다. 그 점이 너무나 고마웠고, 지금도 그렇다.

에밀리 오그덴의 회상

"당신 손, 아버님하고 닮았어." 같이 와인을 마시던 중 남편이 불쑥 말했다. 약간 놀라서 남편을 바라보았다. 아버지의 손과 내 손을 비교한 게 아니라 텔레파시가 통한 게 놀라워서. 나는 아버지에 대한 짧은 글을 구상하던 중이었고, 바로 그 주제를 생각하고 있었다.

우리 장남의 손이 할아버지와 닮았다는 걸 이미 알고 있었다. 손끝이 약간 네모나고, 손톱 뿌리 부분은 타원형이 아니라 찻잔 모양이다. 하지만 서로 닮았다는 생각을 처음 불러일으킨 것은 손을 두는 위치였다. 아버지와 아들 그리고 나는 모두 특정한 방식으로 뒷짐을 진다. 우리는 걸어 다닐 때 마음이 다른 곳에 가 있으면 왼손으로 오른 손목을 쥔다.

나는 남편에게 물었다. "어떤 점 때문에 아버지 손이 떠올랐어?"

남편은 내 손을 들어 보여주며 말했다. "뭔가를 잡을 때 이렇게 검지와 엄지가 U 자 모양이 돼."

어린 시절이 생각난다. 가끔 아버지는 내 머리 위로 두 손을 내밀었다. 다른 손가락은 오므리고 엄지만 펴서 자전거 핸들처럼 서로를 가리키도록 하고서. 나는 가냘픈 손을 뻗어 아버지의 두 엄지를 잡았다. 그러면 아버지는 나를 들어 올렸고, 나는 좋아하며 힘이 다 빠질 때까지 매달렸다. 한 아이가 '엄지 놀이'를 하기에 너무 커버리면, 항상 다른 아이가 있었다. 그렇게 엄지 놀이는 손주까지 이어졌다.

때로 우리는 아버지가 〈월스트리트 저널〉을 내려놓고 '샌드위치 놀이'를 하게 만들었다. 아버지가 서재의 녹색 안락의자에 앉아 있을 때, 우리가 샌드위치의 베이컨, 양상추, 토마토처럼 함께 몸을 겹치는 것이다. 그러면 아버지는 그 위에 누워 모두를 안아주었다.

아버지와 함께 '부활절 부녀 달걀 토스 대회'에 나간 적이 있다. 아버지는 완벽한 달걀을 골랐다. 그 덕분에 우리 부녀가 우승을 했고, 내가 지금 가장 좋아하는 물건 중 하나를 상으로 받았다. 실제 크기의 황금색 달걀이 놓여 있는, 금박 아칸서스 잎을 새긴 대리석 큐브다. 지금도 내 책상 위에 있는 이 트로피를 보면, 서로가 던진 달걀이 서로의 손에서 깨지지 않도록 아버지가 너무나 집중하고 조심하던 여름날이 떠오른다.

아버지는 손이 예민해서 감촉만으로 여러 낚싯줄의 인장 강도를 구분할 수 있었다. 형광 연두색 가짜 미끼나 평범하고 오래된 낚싯바늘을 묶었다. 이로 매듭을 물어서 여분의 낚싯줄을 끊어낼 때 손을 입술로 가져갔다. 미끼통으로 들어간 아버지의 손은 젖어 있었다. 그는 꿈틀대는 검은색 거머리 또는 "반드시 물고기를 잡거나, 죽을 때까지 그러려고 노력할 것을 보장한다."는 리로이의 유명한 피라미를 낚싯바늘에 꿰었다. 아버지는 손으로 황록색 징거버거나 너무 매워서 웃음이 나오는 피클, 땅콩 버터와 머스터드 소스를 바른 샌드위치를 잡았다.

아버지의 손은 다른 신체 부위와 함께 일찍 일어나 신문 비즈니스 면의 모서리를 잡는다. 아버지는 미네소타에서 살던 시절, 신문지를 공처럼 뭉쳐 피라미드 모양으로 쌓고, 긴 성냥에 불을 붙인 다음, 삽처럼 생긴 목재 풀무를 눌렀다. 불이 붙으면 벤저민 프랭클린이 발명한 나무 스토브 위에서 블루베리 메밀 팬케이크를 구웠다. 낡은 나무 손잡이가 달린 주걱은 빨간 도색이 군데군데 벗겨져 있었다.

낱말 맞추기 놀이를 하면서 '찰리 멍거의 손'이라는 힌트가 주어지면 누구라도 먼저 '책'이라고 대답할 것이다. 어디에 있든 아버지의 손에는 항상 책이 들려 있었다. 대개는 벤저민 프랭클린의 전기나 유전학에 관한 최신 논문이었다. 아버지가 건물 설계도 했기 때문에 어떤 사람은 '모눈종이'라고 대답할지도 모른다.

아버지의 손을 생각하면, 해마다 오마하에서 청중 수천 명을 앞에 두고 연단 위에 앉아 있던 모습이 떠오른다. 아버지의 손가락은 다이어트 코크를 움켜쥐거나, 땅콩 사탕 또는 딜리 바를 집거나, 럼 누가를 찾거나, 몰래 시즈 캔디 통을 더듬었다. "더 보탤 말은 없다."고 말하며 머리를 흔드는 동안, 아버지의 손은 깍지를 꼈다. 긴 철학적 답변을 하는 동안에는 박자에 맞춰 움직이기도 했다. 그리고 체육관에 모인 모든 사람이 박수를 치게 만들었다.

다채로운 농담과 삶의 지침이 되는 이야기를 할 때마다 제스처를 취하던 아버지의 손은 조각가의 손처럼 나를 빚어냈다. 아버지의 손이 나의 손과 내 아들의 손을 잡아주는 것이 그저 기쁘고 고마울 따름이다.

배리 멍거의 회상

몇 년 전, 캘빈 트릴린이 쓴 《아버지의 메시지》라는 책을 우연히 접했다. 그의 아버지 에이브에 대한 회고록이었다. 에이브는 우크라이나에서 태어나 미주리에서 자랐으며, 캔자스시티에서 동네 식료품점을 운영하며 대부분의 삶을 보냈다. 그는 절약을 덕목으로 삼았고, 청구서가 들어온 당일에 대금을 지급했다. 또한 일주일에 6일은 새벽 4시에 일어나 가게에서 팔 물건을 골랐다. 그는 말수가 적었지만 쾌활했고, 날카로운 유머 감각을 지녔으며, 아이들과 말이 잘 통했다. 카드 놀이도 잘했다. 또한 냉소적이지만 그 이면에는 적당한 외모와 성격만 갖추면 세상을 살아갈 수 있다는 낙관적 태도가 있었다.

아버지에겐 좋은 채소를 알아보는 능력은 없지만 에이브와 비슷한 면이 많다. 그러나 그 사실만으로는 내가 이 가볍고 능란하게 여러 일화를 들려주는 작은 책에 이끌리는 이유를 설명할 수 없다. 이 책을 읽으면 왠지 아버지가 생각난다. 삶의 큰 윤곽을 보면 에이브 트릴린과 거의 아무런 공통점이 없는데도 말이다. 다만, 아버지는 한때 오마하에 있는 버핏 앤드 선이라는 식료품점에서 아르바이트를 하기는 했다.

에이브 트릴린은 아버지처럼 다정했지만 기본적으로 과묵했다. 이는 부분적으로 중서부 출신의 특성이다. 그는 차를 오래 운전하거나 낚시를 갈 때도 그다지 대화를 나누지 않았다. 통화를 길게 하는 법도 없었다. 그의 아들은 훗날 "책에서 읽은 것처럼 부자父子가 서재나 보트 또는 차 안에서 마음을 나누는 일이 없었는데도 아버지가 너무나 많은 가르침을 준 것"에 감탄했다. 《아버지의 메시지》라는 제목은 아버지가 일종의 암호화된 메시지를 통해 자신의 뜻을 알렸을 거라는 저자의 추측에서 비롯된 것이다. 저자는 "아버지가 너무나 은근해서 나는 그런 게 있는지조차 몰랐던 암호를 썼을 수도 있다."라고 썼다.

우리 아버지를 아는 사람은 그의 표현 방식이 항상 은근하지는 않다는 걸 안다. 그래도 아버지는 수많은 방식으로 메시지를 전달한다. 가령 브리지 게임의 파트너가 패를 내는 방식이 마음에 들지 않으면 "배관공처럼 플레이하는군."이라고 말한다. 반면, 자식들에게 진지한 조언을 하고자 할 때는 일화 형식으로 메시지를 전한다. 이럴 때는 여럿이 모인 자리를 선호한다. 그래야 누구도 배제되지 않기 때문이다. 두 경우 모두 아버지는 직설적이면서도 친근하다. 그것은 흉내 낼 수 없는 아버지의 면모다. 아버지는 카드 테이블에서는 악의 없이 다른 사람을 놀리기 위해 직설적으로 말하지만, 저녁 식사 자리에서는 감정이 상하지 않도록 간접적인 화법을 쓴다. 즉, 보기보다 은근한 면이 있다.

근래에 내 친구가 아버지에 대한 일화를 들려주었다. 그는 "네 아버지가 러시모어산처럼 의자에 앉아 있었는데" 하고 운을 뗐다. 나는 그 의미를 알았다. 그저 천 의자에 앉아 있는 것만으로 1,700미터 높이의 산과 네 대통령의 얼굴을 상기시키는 사람은 많지 않다. 나의 아버지가 그중 한 명이다. 멍거 가문의 모든 자녀는 어떤 부탁을 하려고 러시모어산 같은 아버지한테 다가간 적이 있을 것이다. 내 경우엔 그럴 때면 보통 오즈에게 다가가는 도로시가 된 기분이 들곤 했다. 오즈가 말이 더 많기는 했지만 말이다. 아버지가 항상 응답을 한 건 아니었다. 때로 아버지는 목구멍의 성대를 울리는 낮고 일정한 소리로 대답을 대신했는데, 마치 러시모어산이 화산으로 변한 것 같았다. 그 의도가 무엇인지 해석하기는 쉽지 않았다. 침묵하는 것보다 더 은근한 방식이 있을까?

아버지는 에이브 트릴린과 달리 실제로 메시지를 보낸다. 그 메시지는 아버지가 쓴 연설문, 여러 사람과 주고받은 편지, 사회 정책과 심리학, 기업 윤리, 법률 등 여러 주제에 관해 다양한 곳에 실은 기고문의 형태를 띤다. 그중 다수가 이 책에 나온다. 빠진 것은 아버지가 동봉한 쪽지에 끼적인 메모 정도다. 그 글은 대개 아주 짧으며, 그냥 '수신자' 목록인 경우가 많다. 그러나 가끔은 짓궂은 농담을 적을 때도 있었다. 가령 1996년 스웨덴에 있는 버크셔 해서웨이 주주가 보낸 긴 감사 편지에 아버지는 이렇게 썼다. "이 말이 재미있을지 모르겠지만, 내가 다른 데서 행사하는 영향력을 아내와 아이들에게도 행사할 수 있다면 정말 좋겠네요!"

나는 트릴린의 책을 다 읽고 나서 아버지에게 보냈다. 아버지가 그 책에서 자신의 모습을 보지 못할 수도 있다. 그래도 거기에 담긴 중서부 환경, 이민자로서 트릴린 가족이 겪은 고생담, 유머를 즐길 것이라 생각했다. 이 책에서는 넘치는 애정이 느껴진다. 나는 그걸 통해 간접적으로 아버지에 대한 애정을 전달하고 싶었다. 그러는 편이 더 좋을 거라고 생각했다. 최소한 아버지에게 자신의 메시지가 내게 전달되었다는 확신을 줄 수 있을 테니 말이다. 자식들이 그 메시지를 항상 따른 것은 아니지만 말이다.

약 일주일 후, 책이 완충재를 넣은 봉투에 담겨 돌아왔다. 주소 라벨은 비서가 쓴 모양이었다. 따로 쪽지가 들어 있지는 않았다. 그래서 아버지가 책을 읽었는지, 아니면 그냥 돌려보냈는지 알 수 없었다. 다만, 책을 건드린 것 같지는 않았다. 그래서 나는 내 메시지가 수신되지 않았다는 결론을 내렸다. 페이지들이 뜯겨서 러시모어산에 흩뿌려진 듯했다. 그러나 아버지의 시야에서 벗어날 수 있는 것은 많지 않았다. 알고 보니, 아버지가 비서를 통해 온 가족에게 그 책을 보낸 것이었다.

필립 멍거의 회상

아버지에 대한 가장 애틋한 기억은 브룩스 브라더스와 마크스 앤드 스펜서에서 옷을 샀을 때였다. 대부분의 사람들은 아버지가 패션에 그다지 신경 쓰지 않는다는 것을 잘 안다. 아버지는 자신이 행동과 의견 측면에서 비非순응주의자 기질이 강하므로 옷이라도 아주 반듯하게 입는 게 합당하다고 말한 적이 있다. 또한 일반적인 사회 관습을 따르고 유머 감각을 활용한 덕분에 때로 발끈하는 성격임에도 사람들과 어울릴 수 있다고 말했다.

아버지와 함께 나의 첫 정장을 사러 로스앤젤레스 시내에 있는 브룩스 브라더스에 갔던 일이 지금도 생생하다. 그때는 브룩스 브라더스가 목재 패널을 두른 아름다운 건물에 입주해 있었다. 내 나이는 아마 열한 살이나 열두 살이었을 것이다. 윤이 나는 청동 엘리베이터 문이 열리던 광경이 떠오른다. 우리는 진열대 여러 곳을 살펴보았다. 아버지는 줄무늬가 들어간 진회색 정장을 골랐다.

내가 열여섯 살 때, 우리는 또 다른 정장을 사러 갔다. 이번에는 쓰리피스 정장이었다. 나는 토론 대회에 나갈 때면 어김없이 이 정장을 입었는데, 노스웨스턴대학교에서 대회가 진행되는 동안 호수에서 불어

오는 차가운 바람을 막아주곤 했다. 우리는 내가 데일리 저널에서 하계 인턴으로 일할 때 신을 윙팁 구두도 같이 샀다. (이는 아버지가 아들들에게 요구하던 성년 의식이기도 했다.) 그 구두를 지금도 신고 다닌다.

이 이야기에는 다른 주제도 있다. 런던에 있는 마크스 앤드 스펜서에서 갈색 트위드 상의를 샀을 때 아버지는 "이건 주름이 항상 잡혀 있어."라고 말했다. 아버지는 두 매장을 좋아했다. 오래갈 회사인 데다 제품의 내구성이 좋고 가격도 적당했기 때문이다. 아버지가 보기에 내구성은 의식 및 전통과 더불어 언제나 으뜸가는 미덕이었다. 아버지는 프랭클린처럼 옷과 관련된 것이든 다른 어떤 것이든, 일단 기본 습관을 들이면 절대 바꾸려 하지 않았다.

나는 지금도 브룩스 브라더스에서 쇼핑을 한다. 그 부분적인 이유는 아버지가 해마다 크리스마스 때 겨울 세일 기간에 딱 맞춰서 모든 자녀에게 기프트 카드를 주기 때문이다. 하지만 나는 그때 말고도 브룩스 브라더스에 가곤 한다. 한번은 아버지가 준 기프트 카드로 주름 바지를 샀다. 아버지는 새 바지를 곁눈으로 보더니 "재즈 드러머처럼 보이고 싶니?"라고 말했다. 뉴욕에 있는 브룩스 브라더스는 여전히 웅장하고 오래된 건물에 자리 잡고 있다. 거기에 갈 때마다 아버지가 생각난다. 그래서 깊은 애착심을 느낀다.

1988년 겨울 내가 옥스퍼드대학교로 공부하러 갈 때, 아버지는 1940년대부터 입던 오래된 브룩스 코트를 내게 주었다. 황갈색과 올리브색이 약간 섞여 있고, 안감에 지퍼를 단 따뜻한 코트였다. 매일 밤 보들리언도서관에서 집으로 걸어갈 때 끔찍하고, 습하고, 살을 에는 영국의 추위도 그 코트를 뚫지는 못했다. 미국으로 돌아왔을 때, 버스에 코트를 두고 내렸다는 사실을 깨닫고는 한참을 울었다. 지금도 그 코트가 그립다.

제 3 장

인생, 배움, 의사 결정에 대해

The Munger Approach to Life, Learning, and Decision-Making

POOR CHARLIE'S ALMANACK

벤저민 프랭클린은 주로 독학을 했음에도 저널리즘, 출판, 인쇄, 자선, 공직, 과학, 외교, 발명 같은 다양한 분야에서 엄청난 성공을 거두었다. 그가 거둔 성공의 많은 부분은 근본적인 성품, 특히 열심히 노력하는 자세 덕분이었다. 그러나 끝없는 호기심과 끈기도 적지 않게 기여했다. 무엇보다 그는 기민하고 의지력 강한 정신을 갖고 있었다. 그래서 한번 해보자고 마음먹은 각각의 새로운 분야에 쉽게 통달했다. 찰리 멍거가 프랭클린을 최고의 영웅으로 여기는 것은 놀라운 일이 아니다. 멍거도 대부분 독학했고, 프랭클린이 지닌 고유한 성격 중 다수를 공유했기 때문이다. 찰리는 프랭클린처럼 자신을 준비성, 인내심, 절제력, 객관성의 대가로 만들었다. 또한 개인적 삶과 사업, 특히 투자에서 이런 속성을 큰 성공의 밑거름으로 삼았다.

찰리에게 성공적 투자는 단지 세심하게 조직하고 초점을 맞춰 삶에 접근하는 태도의 부산물일 뿐이었다. 워런 버핏은 이렇게 말한 적이 있다. "찰리는 어떤 거래든 누구보다 빠르고 정확하게 분석하고 평가할 수 있다. 그는 문제가 될 만한 약점을 60초 만에 모두 포착한다. 동업자로서 완벽하다." 버핏이 왜 이토록 찰리를 극찬했을까? 그 답은 삶과 배움 그리고 의사 결정에 관한 멍거의 확연히 독창적인 접근법에 있다. 그것은 이 글의 핵심 주제이기도 하다.

시작하기 전에 일러둘 말이 있다. 찰리의 접근법은 상당히 복잡하다. 그 점을 고려할 때 이 책 제3장의 내용은 예비 투자자들에게 투자법을 알려주지 않는다. 그보다는 그가 취한 접근법을 전반적으로 아우르는 개요에 가깝다. 우리의 목표는 그 기본적인 윤곽을 제시하는 것이다.

그래서 뒤에 나오는 방대한 세부 내용을 소화할 준비를 하도록 돕고자 한다. 찰리의 육성을 그대로 옮긴 11개의 강연은 폭넓은 주제에 관해 조언을 얻을 수 있는 최고의 원천이다. 여기서는 찰리가 투자를 고려할 때 따르는 일반적 사고 절차에 이어 그가 지침으로 삼는 투자 원칙의 개요를 제시하는 데 만족할 것이다.

멍거의 복수 사고 모형

투자에 관한 찰리의 접근법은 대다수 투자자들이 활용하는 기본적인 시스템과 많이 다르다. 그는 기업의 재무 정보를 인위적·개별적으로 평가하지 않는다. 그 대신 투자 후보 기업의 상태와 그 기업이 속한 좀 더 크고 통합적인 생태계를 포괄적으로 분석한다. 그는 이러한 검토에 활용하는 도구를 복수 사고 모형이라고 부른다. 뒤에 나오는 여러 강연(특히 2강, 3강, 4강)에서 길게 다루는 이 모형들은 정보를 수집하고, 가공하고, 행동에 반영하는 기틀 역할을 한다. 또한 역사학·심리학·생리학·수학·공학·생물학·물리학·화학·통계학·경제학 등 여러 전통적 학문의 분석 도구, 방법론, 공식을 토대로 삼으며 그것들을 깔끔하게 엮어낸다.

투자의 세계를 자연의 생태계처럼 바라보고 분석하는 찰리의 접근법에는 확고한 논리가 있다. 거의 모든 시스템은 복수의 요소로 구성된다. 따라서 시스템을 이해하려면 다양한 학문에 기반한 복수의 모형을 능숙하게 적용할 수 있어야 한다. 존 뮤어는 자연의 상호 연결성에 관해 이렇게 말했다. "어떤 것이든 따로 가려내려 해도 우주의 다른 모든 것과 묶여 있음을 알게 된다."

찰리는 각각의 투자 후보 종목과 묶여 있는 우주를 발견하려 애쓴다. 그 방법은 내적·외적 환경을 구성하는 모든 또는 최소한 대부분의 연관 요소를 확실하게 파악하는 것이다. 찰리의 복수 사고 모형(그가 추정하기로는 약 100개)은 적절하게 수집하고 구성하면 맥락 또는 격자를 제공한다. 이는 삶의 목적과 속성에 관한 놀라운 통찰로 이어진다.

이 책을 엮은 우리의 목적과 좀 더 관련 있는 측면을 언급하자면, 그의 모형은 분석 구조를 제공한다. 이러한 분석 구조는 복잡한 투자 문제에 내재된 혼돈과 혼란을 명확한 일련의 근원적 요소로 줄여준다. 특히 중요한 모형으로는 공학의 다중화 및 백업 시스템 모형, 수학의 복리 모형, 물리학과 화학의 중단점과 전환점 그리고 자가 촉매 모형, 생물학의 현대 다윈주의 종합 모형, 심리학의 인지적 오판 모형이 있다.

이런 폭넓은 스펙트럼 분석은 투자 후보 종목에 영향을 미치는 수많은 요소가 서로 뒤섞이고 연결되는 양상을 더 잘 이해할 수 있게끔 해준다. 때로 이러한 이해는 2차적 효과 또는 파급 효과의 존재를 드러낸다. 또한 분석에 활용된 요소가 모여 좋든 나쁘든 거대한 '롤라팔루자lollapalooza(매우 인상적이고 매력적인 대상을 가리키는 표현) 수준'의 결과를 만들어내기도 한다. 찰리는 이런 기틀을 활용해 대다수 투자자와 다른 세계를 살아간다. 그의 접근법은 투자 문제가 본질적으로 복잡하다는 현실을 받아들인다. 또한 전통적 투자보다는 과학적 탐구의 엄격성을 더 많이 따른다. 그래서 놀라운 수준의 준비와 폭넓은 조사로 투자 문제를 공략한다.

찰리는 투자 문제에 '거대한 학문의 거대한 사상'을 활용해 접근한다. 이는 확실히 기업계에서는 드문 방식이다. 그 기원도 마찬가지다. 찰리는 기존의 접근법이 투자 문제를 다루는 데 적절하지 않다고 판단했다. 그래서 주로 독학으로 독자적 시스템을 개발했다. '독학'이라는 표현은 과장이 아니다. 그는 "지금까지 어디서도 화학이나 경제학, 심리학, 경영학 강의를 들은 적이 없다."고 밝혔다. 그럼에도 이런 학문, 특히 심리학은 그가 구축한 시스템의 토대를 이룬다.

이 같은 특유의 접근법은 찰리의 강력한 지성과 기질 그리고 수십 년에 걸친 관련 경험으로 뒷받침된다. 그는 이런 접근법 덕분에 비즈니스 패턴 인식의 장인이 되었다. 버핏은 이 점을 대단히 소중하게 여겼다. 찰리는 체스 그랜드마스터처럼 논리, 본능, 직관을 통해 가장 유망한 투자 행동을 결정한다. 이런 모습은 그의 통찰이 쉽게, 심지어 간단하게 나온 것이라는 환상을 자아낸다. 그러나 오해하지 말라. 이 간단함은 이해에 이르는 긴 여정의 (처음이 아니라) 끝에서만 나오는 것이다. 그의 명확성은 평생에 걸쳐 인간 행동의 패턴과 비즈니스 시스템 그리고 다른 수많은 과학 분야를 공부한 끝에 힘들게 얻은 결실이다.

찰리는 준비성, 인내심, 절제력, 객관성을 가장 근본적인 투자 원칙으로 삼는다. 그는 집단역학이나 감정적 충동 또는 "이번에는 다르다."는 통념과 무관하게 이런 원칙에서 벗어나지 않는다. 이 같은 지침을 충실하게 따르면 널리 알려진 멍거의 투자 성향 중 하나로 이어진다. 바로 자주 매매하지 않는 것이다.

멍거도 버핏처럼 성공적인 투자 경력은 몇몇 결정에 달려 있다고 믿는다. 그래서 어떤 기업이 마음에 들면 아주 크게 베팅하며, 대개 장기간 포지션을 유지한다. 찰리는 그것을 '깔고 앉는 투자'라고 부른다. 그가 말하는 장점은 "증권사에 내는 수수료가 줄고, 헛소리를 적게 들으며, 성공하면 연간 1퍼센트에서 3퍼센트의 추가 세제 혜택을 받는다."는 것이다. 그의 관점에 따르면, 포트폴리오에 세 종목만 들어 있으면 충분히 분산된 셈이다. 따라서 그는 투자 자본의 이례적으로 높은 비율을 개별적이고 '집중된' 기회에 기꺼이 할당한다. 월가 관계자나 투자 자문 또는 뮤추얼 펀드매니저 중에서 이런 말을 할 수 있는 사람이 있는지 찾아보라!

찰리의 투자 방식은 버핏에게 인정받았을 뿐 아니라 상당한 실적까지 올렸다. 그런데 왜 사람들은 그의 투자 관행을 꾸준히 모방하지 않을까? 그 답은 찰리의 다학문적 접근법이 대다수 사람에게는 너무 어렵기 때문이다. 게다가 찰리처럼 대세를 추종하지 않아 어리석게 보이는 걸 마다하지 않는 투자자는 드물다. 찰리는 객관성을 종교처럼 따른다. 그래서 대중적 의견이라는 물살에 맞서, 필요하다면 언제까지라도 침착하게 헤엄친다. 이는 일반 투자자에게서는 보기 힘든 성향이다. 이런 행동은 때로 그냥 고집스럽거나 반골 기질이 있는 것처럼 보일 수 있다. 그러나 이것이 핵심 특성은 아니다. 찰리는 그저 자신의 판단력을 신뢰할 뿐이다. 설령 통념에 어긋난다 해도 말이다.

찰리의 기질 중에서 이런 외로운 늑대 같은 면은 그가 대다수 일반인보다 높은 수익률을 꾸준히 올리는 이유다. 그럼에도 이를 제대로 이해하는 사람이 드물다. 이런 성향이 타고난 기질이라면 노력·지성·경험이 얼마나 대단하건 간에 그 자체만으로는 찰리 멍거처럼 뛰어난 투자자를 만들기에 충분하지 않을 수 있다. 앞으로 살펴보겠지만, 유전적으로 이미 결정된 올바른 사고 회로가 필요할지도 모른다.

2004년 버크셔 해서웨이 연례 주총에서 한 젊은 주주가 버핏에게 성공적인 삶을 사는 방법에 대해 물었다. 버핏이 자신의 생각을 들려준 후, 찰리가 이렇게 말을 보탰다. "코카인을 하지 마세요. 열차와 경주하지 마세요. 에이즈에 걸릴 상황을 피하세요." 많은 사람이 그의 가벼운 답변을 그저 농담으로 치부할 것이다. (분명 농담이기는 하다.) 그러나 사실 이 답변은 삶에서 문제를 피하는 포괄적인 시각과, 투자에서 실수를 피하는 특정한 방법을 모두 충실하게 반영한다.

이 사례처럼 찰리는 대개 피해야 할 것, 즉 하지 말아야 할 것에 먼저 초점을 맞춘다. 그런 다음 주어진 상황에서 취할 수 있는 긍정적 단계를 고려한다. 그가 즐겨 하는 농담 하나가 있다. "내가 어디서 죽을지 알았으면 좋겠다. 거기는 절대 안 갈 테니까."

그는 삶뿐 아니라 사업에서도 같은 방식으로 엄청난 이점을 누린다. 즉, 체스판의 전망 없는 부분은 즉각 제거하고, 좀 더 생산적인 부분에 시간과 주의를 투입한다. 그는 복잡한 상황에 직면했을 때, 감정을 배제한 채 가장 기본적이고 근원적인 것을 돌아보려고 노력한다. 또한 이렇게 합리성과 단순성을 추구하는 과정에서 신중하게 이른바 물리학 선망physics envy을 피해간다. 물리학 선망은 엄청나게 복잡한 시스템(가령 생태계 시스템)을 모든 경우에 들어맞는 뉴턴식 방정식으로 환원하려는 흔한 인간적 욕구를 말한다. 그보다는 "과학 이론은 최대한 단순화해야 하지만 그보다 더 단순해서는 안 된다."는 아인슈타인의 충고를 충실하게 따른다. 찰리는 이 말을 다른 식으로 표현했다. "우리의 특정한 행동이 분명 손해보다 많은 이득을 안길 거라고 확신하지 말아야 한다. 우리는 모든 것이 다른 모든 것과 상호작용하는 매우 복잡한 시스템을 상대하고 있기 때문이다."

또 다른 벤저민(벤저민 프랭클린이 아니라 벤저민 그레이엄)은 찰리가 투자 관점을 형성하는 데 상당히 큰 역할을 했다. 그레이엄이《현명한 투자자》에서 제시한 개념 중 가장 오래 기억되는 것 가운데 하나는 미스터 마켓Mr. Market이다. 대개 미스터 마켓은 차분하고 합리적이다. 그러나 어떤 날에는 비합리적 공포나 탐욕에 사로잡힌다. 그레이엄은 투자자들에게 흔히 나타나는 금융 시장의 조울증적 움직임에 의존하지 말고, 감정이 배제된 독자적인 가치 판단을 신중하게 활용하라고 조언한다. 마찬가지로 찰리는 뛰어난 능력과 동기를 가진 사람이라 해도 항상 오로지 이성적 판단에 따라 결정하지는 않는다는 사실을 알고 있다. 그래서 오판을 초래하는 심리적 요소를 투자 기회에 적용할 수 있는 중요한 사고 모형 중 하나로 여긴다.

개인적으로 저는 이제 일종의 투 트랙two-track 분석을 활용하게 되었습니다. 먼저 합리적인 고려를 통해 이해관계를 진정으로 좌우하는 요소가 무엇인지 살핍니다. 그런 다음 무의식적 차원에서 뇌가 자동으로 미치는 영향이 무엇인지 살핍니다. 이런 과정은 대부분 유용하지만 기능장애를 일으키는 경우도 흔합니다. 한 가지 접근법은 브리지 게임에서 문제를 해결할 때처럼 합리성을 활용하는 겁니다. 다시 말해, 진정한 이해관계, 진정한 확률 등을 평가합니다. 다른 접근법은 무의식적 차원의 결론을 초래하는 심리적 요소를 평가하는 겁니다. 그런 결론은 틀리는 경우가 많죠.

이 주제에 관해 좀 더 구체적으로 알고 싶으면 11강을 보라. 여기서 찰리는 심리학 분야의 사고 모형을 적용해 오판을 초래하는 25가지 흔한 원인을 설명한다.

분명 지금까지 설명한 방법은 대학교 강의실이나 월가에서 배울 수 없다. 이는 찰리가 자신의 까다로운 요건을 충족하기 위해 처음부터 개발한 것이다. 그래서 나름의 제목이 필요할지도 모르겠다. 가령 "하지 말아야 할 일은 신속하게 제거하고, 능숙한 다학문적 접근법으로 남은 것들을 공략하며, 올바른 여건이 충족되었을 때에만 결단력 있게 행동하라." 같은 제목 말이다.

이런 접근법을 개발하고 고수하기 위해 노력할 가치가 있을까? 다음과 같은 말을 들어보면 찰리는 그렇다고 생각하는 듯하다. "좀 더 객관적이고 다학문적인 사고를 훈련해 자신에 비해 훨씬 똑똑한 사람보다 더 나은 생각을 하는 건 재미있다. 게다가 이 일에는 아주 많은 돈이 걸려 있다. 그건 나의 개인적 경험으로 증명할 수 있다."

멍거의 투자 평가 절차

앞서 언급한 대로 찰리는 투자를 자주 하지 않는다. 그의 접근법은 IBM의 창립자 토머스 왓슨 시니어의 말로 가장 잘 정리할 수 있을 것이다. "나는 천재가 아니다. 내가 똑똑하게 잘하는 분야가 있고, 그 분야에 머무를 뿐이다." 찰리가 아는 것이 있다면 그건 바로 자신의 분야, 즉 자기 능력을 잘 발휘할 수 있을지 신중하게 파악한 분야다. 그는 이런 분야에 머물기 위해 먼저 기본적이고 전반적인 선별 기준을 적용한다. 이 기준은 투자 분야를 '단순하고 이해하기 쉬운 후보'로만 한정하기 위한 것이다. 그의 말에 따르면 "투자에는 '예스'와 '노' 그리고 '이해하기 너무 힘듦'이라는 세 개의 바구니가 있다."

찰리는 잠재적 '예스' 후보를 파악하기 위해 쉽게 이해할 수 있을 뿐 아니라 모든 시장 환경에서 지속적으로 번창할 수 있는 지배적 사업 프랜차이즈를 찾는다. 물론 이 첫 번째 배제 작업에서 살아남는 기업은 소수다. 가령 제약업체이나 기술업체처럼 많은 투자자가 선호하는 기업은 '이해하기 너무 힘듦' 바구니로 직행한다. 떠들썩한 '계약'과 상장도 즉시 '노'로 분류된다.

첫 번째 키질에서 살아남은 후보는 찰리의 사고 모형 접근법에 따라 선별과 심사를 거친다. 이 절차는 집중적이고 다원주의적이지만 효율적이기도 하다. 찰리는 작은 금 알갱이를 찾기 위해 수많은 모래를 걸러내는 사금 채취 방식을 싫어한다. 그 대신 '거대한 학문의 거대한 사상'을 적용한다. 그래서 때로 땅 위에 뻔히 놓여 있는데도 사람들이 알아보지 못하는 커다란 금덩어리를 찾아낸다.

찰리는 철저한 평가 과정에서 데이터베이스에 얽매이지 않는다. 그는 파악하거나, 측정하거나, 수치로 환원하기 어렵다 해도 기업 및 산업의 내외부를 통틀어 모든 측면을 고려한다. 이처럼 꼼꼼하게 살핀다고 해서 생태계의 전반적인 주제를 망각하는 것은 아니다. 때로 최대화나 최소화를 통해 단일 요소(특히 코스트코의 창고형 할인 매장과 관련해 그가 즐겨 지적하는 전문화)가 훨씬 중요해질 수도 있다.

찰리는 재무 보고서와 그 이면의 회계를 중서부 특유의 회의적인 태도로 대한다. 그것들은 기껏해야 내재적 가치에 대한 적절한 계산의 시작일 뿐 끝이 아니다. 그가 살피는 추가 요소의 목록은 끝이 없어 보인다. 거기에는 현재 및 잠재적 규제 여건, 노동자와 공급업체, 고객 관계, 기술 변화의 잠재적 파급력, 경쟁 측면의 강점 및 약점, 가격 결정력, 규모화 가능성, 환경 문제 그리고 특히 숨겨진 리스크의 존재 등이 포함된다. (찰리는 무無리스크 투자 후보 같은 것은 없다는 사실을 알고 있다. 그래서 리스크가 적고 쉽게 이해할 수 있는 후보를 찾는다.)

그는 재무 보고서의 모든 수치를 자신의 현실적 시각에 맞춰 재구성한다. 거기에는 창출되는 실제 잉여 현금 흐름 또는 오너 현금 흐름, 재고 및 기타 운전 자본(원료나 연료처럼 한 번 써서 그 가치가 생산물로 바뀌는 자본) 자산, 고정 자산, 영업권처럼 흔히 과대평가하는 무형 자산 등이 포함된다. 그는 스톡옵션, 연금 제도, 은퇴자 의료 혜택이 현재와 미래에 미치는 실질적 파급 효과도 평가한다. 또한 대차대조표에 나타나지 않는 항목도 꼼꼼하게 조사한다. 가령 보험 유동액insurance float(오랫동안 보험금으로 지불되지 않을 보험료 수입) 같은 채무를 올바른 여건 아래서는 자산으로 좀 더 적절하게 판단하기도 한다. 그는 특히 기업 경영진을 관습적인 수치 분석을 넘어서는 수준까지 평가한다. 구체적으로는 얼마나 "유능하고, 신뢰성 있고, 오너 지향적인지"를 따진다. 그래서 현금을 어떻게 쓸 것인지, 오너 입장을 대변해 현명하게 배분할 것인지, 아니면 자신에게 과도한 보상을 하고 자기중심적 성장만을 추구할 것인지 살핀다.

무엇보다 찰리는 제품, 시장, 상표, 직원, 유통 채널, 사회적 추세 등 모든 측면에서의 경쟁 우위와 그 지속성을 평가하고 이해하려 노력한다. 그는 기업의 경쟁 우위를 해자垓子, 즉 적의 급습을 막는 사실상의 물리적 장벽이라고 부른다. 우월한 기업에는 갈수록 넓어져서 지속적으로 방어할 수 있는 깊은 해자가 있다. 찰리는 이런 측면에서 장기적으로 대다수 기업을 공격하는 경쟁적 파괴를 세심하게 고려한다. 멍거와 버핏은 이 문제에 엄청나게 집중한다. 그들은 오랜 사업 경력을 통해 여러 세대에 걸쳐 살아남는 기업은 소수에 불과하다는 교훈을 때로는 고통스럽게 습득했다. 그래서 힘겨운 확률을 뚫을 가능성이 큰 기업만 찾아내 인수하려고 애쓴다.

끝으로, 찰리는 전체 사업의 내재적 가치를 계산한 다음, 잠재적 실질 가치 하락을 고려함으로써 적절한 주당 가치를 파악하고 시장 가격과 비교한다. 이러한 비교, 즉 가치(얻는 것)와 가격(지불하는 것)의 비교가 전체 프로세스의 근본 목적이다. 이 주제와 관련해 찰리는 "아주 좋은 기업을 적당한 가격에 사는 것이 적당한 기업을 아주 좋은 가격에 사는 것보다 낫다."는 관점을 유지하는 것으로 유명하다. 워런 버핏은 이러한 접근 방식의 지혜를 자신한테 알려준 찰리에게 종종 경의를 표했다. "찰리는 그걸 일찍이 알았고, 나는 늦게 배웠다." 찰리의 통찰은 버핏이 순수한 벤저민 그레이엄 스타일 투자에서 워싱턴 포스트, 가이코, 코카콜라, 질레트 같은 우량 기업에 초점을 맞추는 투자로 옮겨가도록 도와주었다.

찰리는 지극히 꼼꼼하면서도 때로는 다른 사람들이 얽매이는 사소한 세부 사항과 방해 요소를 무시한다. 투자 변수 역시 다른 모든 변수처럼 따로 제거 과정을 거친다. 분석이 끝날 무렵이면, 투자 후보의 가장 두드러진 요소만 남는다. 그래서 어느 정도의 자신감을 품고 행동에 나설지 말지 결정할 수 있다. 결과적으로, 평가 작업은 수학적이라기보다 철학적인 성격을 띤다. 종국에는 어떤 '감'이 생기는데, 이는 분석 과정과 찰리가 평생 패턴을 인식하면서 쌓은 경험 및 기술의 산물이다.

이 시점이 되면 매우 우월한 후보만 남는다. 그래도 찰리는 당장 달려가서 매수하지 않는다. 적절한 가치 평가에 필요한 동반자는 적절한 타이밍이라는 사실을 알기 때문이다. 그래서 더욱 세밀한 심사 기준인 '방아쇠를 당기기 전' 체크리스트를 적용한다. 이는 이른바 아슬아슬한 후보를 평가하는 데 특히 유용하다. 여기에는 '현재 가격, 거래량, 트레이딩 고려 사항은 무엇인가?' '공시 일정 또는 다른 민감한 사항이 있는가?' '비상 탈출 전략이 있는가?' '지금 또는 잠재적으로 가용한 자본을 더 잘 활용할 수 있는가?' '현재 충분한 유동 자산을 보유하고 있는가, 아니면 돈을 빌려야 하는가?' '해당 자본의 기회비용은 무엇인가?' 등이 포함된다.

찰리의 철저한 심사 절차는 상당한 자제력을 요구하며, 겉으로 보기에는 오랫동안 아무 투자도 하지 않는 결과로 이어진다. 그러나 찰리가 말한 대로 "전략을 찾아서 완벽하게 다듬거나 실행하는 데는 노력이 필수 요소다." 찰리와 워런에게 노력은 투자로 이어지든 아니든(대개는 아니다) 꾸준히 신경 써야 하는 것이다. 이처럼 행동보다 학습과 생각에 훨씬 많은 시간을 들이는 습관은 우연히 생기지 않았다. 그것은 한 분야의 진정한 장인들이 보여주는 절제와 인내의 혼합물, 이를테면 "내가 가진 카드로 최선을 다하겠다."는 확고한 의지의 표현이다. 찰리는 세계적 브리지 선수 리처드 젝하우저처럼 어떤 판을 이겼는지가 아니라, 얼마나 플레이를 잘했는지를 기준으로 자신을 평가한다. 멍거와 버핏의 세계에서 부실한 결과는 용납할 수 있다. 어떤 결과는 통제 범위를 벗어나기 때문이다. 그러나 부실한 준비와 의사 결정은 결코 용납할 수 없다. 그것은 통제 가능하기 때문이다.

모든 여건이 적절해 찰리가 투자에 나서는 경우는 비교적 드물다. 이때는 과감한 대규모 베팅을 할 가능성이 크다. 그는 조금씩 들어가거나, 초기 포지션을 잡거나, 투기적인 소규모 투자를 하지 않는다. 이런 행동은 불확실성을 시사한다. 찰리가 두는 수는 드물기는 해도 전혀 불확실하지 않다. 자신의 말에 따르면 그는 "극단적 인내와 극단적 결단력을 결합"하고자 한다. 찰리의 자신감은 누가 또는 얼마나 많은 사람이 그의 생각에 동의하는지 여부가 아니라, 스스로를 객관적으로 바라보고 평가하는 능력에 기반한다. 이런 자기 인식은 자신의 실제 지식, 경험, 사고의 정확성을 매우 객관적으로 측정하도록 한다. 이런 점에서도 절제력, 인내심, 차분함, 독립성 같은 올바른 기질적 특성이 중요한 역할을 한다는 사실을 알 수 있다. 이런 것들 없이 찰리와 같은 수준의 투자 실적을 올리는 일은 불가능하다.

찰리에게 탁월한 사업 모델의 요소는 무엇일까? 그가 추천하는 책들이 약간의 지침을 제공한다. 《총균쇠》《이기적 유전자》《다윈의 맹점》은 모두 특정한 주제를 다룬다. 바로 경쟁적 파괴라는 문제 그리고 일부 개체가 그럼에도 불구하고 장기적으로 적응하고, 생존하며, 심지어 지배할 수 있는 이유에 대한 분석이 그것이다. 이 주제를 투자 종목 선택이라는 문제에 적용하면 멍거가 선호하는 기업이 드러난다. 그중

에는 경쟁을 잘해서 번성하는 기업도 있고《이기적 유전자》 방식), 협력을
잘해서 번성하는 기업도 있다(《다윈의 맹점》 방식). 이 점에서도 폭넓은
분야에 걸친 찰리의 풍부한 지식이 작동하는 것을 볼 수 있다.

대단히 다양하고 정교한 요소를 찰리처럼 꾸준히 고려하는 투자자
가 얼마나 될까? 몇 가지 예를 들면 그는 전환, 즉 열역학 법칙이 경제
학 법칙과 교차하는 양상(가령 종이와 석유가 가정으로 배달되는 신문으로 바
뀌는 양상), 심리적 경향과 인센티브(특히 이것들이 좋거나 나쁜 방식으로 행
동에 제기하는 극단적 압력), 장기간에 걸친 근본적인 지속 가능성(해자 같은
긍정적 요소와 경쟁적 파괴에 따른 참화 사이의 지속적이면서도 흔히 치명적인 상
호작용) 같은 요소를 꾸준히 고려한다. 그는 투자할 때 염두에 두는 이례
적인 요소들의 체크리스트와 그 기반을 이루는 다양한 학문에 대한 깊
은 지식이라는 측면에서 아마도 타의 추종을 불허할 것이다.

멍거의 투자 원칙 체크리스트

앞서 포괄적 측면에서는 사고, 구체적 측면에서는 투자에 대한 찰리
의 접근법을 살펴보았다. 지금부터는 어떻게 그런 일을 하는지 확인하
려는 우리의 의도에 맞춰, 찰리가 내세우는 체크리스트 방법론을 활용
해 그의 접근법을 정리할 것이다. (체크리스트의 가치와 중요성에 대한 그의
지혜로운 언급은 5강에 나온다.) 다만, 찰리는 체크리스트라는 형식이 시사
하는 것처럼 항목별로 또는 한 번만 그걸 활용하지 않는다는 사실을 명
심하라. 또한 명백한 중요도 내지 상대적 중요도에 따라 우선순위가 정
해지는 것도 아니다. 그보다 각 항목은 투자 분석 절차라는 복잡한 전
체 또는 게슈탈트 gestalt(단순한 부분의 합을 넘어 유기적 구조를 지닌 전체를

뜻하는 형태심리학 용어)의 일부로 고려해야 한다. 이는 개별적인 타일이 더 큰 모자이크의 일부인 것과 마찬가지다.

리스크

투자를 위한 모든 평가는 리스크, 특히 평판 측면의 리스크를 측정하는 것에서 시작해야 한다.

- 적절한 안전 마진을 확보하라.
- 인성이 의심스러운 사람과의 거래를 피하라.
- 감수한 리스크에 대해 적절한 보상을 요구하라.
- 큰 실수, 영구적인 자본 손실을 피하라.

독립성

"황제들은 동화 속에서나 자신이 발가벗었다는 소리를 듣는다."

- 객관성과 합리성은 사고의 독립성을 요구한다.
- 다른 사람들이 동의하거나 동의하지 않는다고 해서 자신이 맞거나 틀린 것은 아니라는 사실을 명심하라. 중요한 것은 오직 분석과 판단의 정확성이다.
- 대중을 흉내 내는 것은 평균(그저 그런 수준의 실적)으로 회귀하는 일이다.

준비

"성공하는 유일한 길은 노력하고, 노력하고, 또 노력하는 가운데 약간의 통찰을 얻기를 바라는 것이다."

- 탐독을 통해 평생에 걸친 독학자로 거듭나라. 호기심을 키우고 매일 조금씩 더 현명해지도록 노력하라.

- 성공하려는 의지보다 준비하려는 의지가 더 중요하다.
- 주요 학문에 기반한 숙달된 사고 모형을 개발하라.
- 똑똑해지고 싶다면 "왜, 왜, 왜?"라고 끊임없이 물어야 한다.

지적 겸손
모른다는 사실을 인정하는 것이 지혜의 여명이다.
- 명확하게 정의된 능력 범위 안에 머물러라.
- 반증反證을 파악하고 수용하라.
- 잘못된 정확성이나 확실성 등에 대한 조바심을 물리쳐라.
- 무엇보다 절대 자신을 속이지 말고, 자신이 속이기 가장 쉬운 사람임을 명심하라.

분석적 엄격성
과학적 방법론과 효과적 체크리스트의 활용은 오류와 누락을 최소화한다.
- 가격과 가치, 활동과 진전, 규모와 부를 구분해서 파악하라.
- 난해한 사실을 이해하는 것보다 명백한 사실을 명심하는 것이 더 낫다.
- 시장, 거시경제 또는 증권 애널리스트가 아니라 기업 애널리스트가 되어라.
- 리스크와 효과를 전반적으로 고려하라. 항상 잠재적인 2차 여파 및 더 복잡한 수준의 여파를 살펴라.
- 내다보고 돌아보라. 항상 뒤집어라.

배분
투자자의 최우선 과제는 자본의 적절한 배분이다.

- 최고 및 최선의 활용은 언제나 차선의 활용에 대비해 측정된다는 사실을 명심하라(기회비용).
- 좋은 아이디어는 드물다. 성공 가능성이 클 때는 크게 베팅(배분)하라.
- 투자 대상과 사랑에 빠지지 마라. 상황에 맞추고 기회를 추구하라.

인내

행동하려는 인간적 편향에 저항하라.

- "복리는 세계의 여덟 번째 불가사의다."(아인슈타인) 절대 불필요하게 복리를 중단시키지 마라.
- 불필요한 거래세와 마찰 비용을 피하라. 행동을 위한 행동을 절대 취하지 마라.
- 행운이 찾아오는 때를 눈여겨보라.
- 수익과 더불어 과정을 즐겨라. 과정이 당신이 살아가는 곳이기 때문이다.

결단력

적절한 여건이 조성되면 결단력과 확신을 갖고 행동하라.

- 다른 사람들이 탐욕을 부릴 때 공포를 느끼고, 다른 사람들이 공포를 느낄 때 탐욕을 부려라.
- 기회는 자주 오지 않으니, 왔을 때 붙잡아라.
- 준비된 마음과 기회의 만남, 그것이 핵심이다.

변화

변화와 더불어 살아가고, 제거할 수 없는 복잡성은 받아들여라.

- 당신을 둘러싼 세상의 진정한 속성을 인식하고 거기에 맞춰라. 세

상이 당신에게 맞출 것이라 기대하지 마라.

- 가장 아끼는 아이디어는 계속 시험하고 기꺼이 수정하라.
- 설령 마음에 들지 않는다 해도 현실을 인식하라. 특히 마음에 들지 않을 때 더욱 그래야 한다.

집중

상황을 단순하게 유지하고, 처음에 무엇을 목표로 했는지 기억하라.

- 평판과 도덕성은 가장 귀중한 자산이지만, 순식간에 잃을 수도 있음을 명심하라.
- 오만과 권태의 여파를 막아내라.
- 사소한 문제에 매몰되어 명백한 사실을 간과하지 마라.
- 불필요한 정보나 잡동사니를 세심하게 배제하라. "작은 구멍이 큰 배를 침몰시킬 수 있다."
- 중대한 문제에 대응하라. 그걸 옆으로 제쳐두지 마라.

사람들은 투자를 시작한 이래 돈벼락을 맞을 수 있는 마법의 공식이나 쉬운 비법을 찾아왔다. 알다시피 찰리의 탁월한 실적은 그런 마법의 공식이나 경영대학원식 시스템에서 나온 것이 아니다. 그것은 찰리가 말하는 "더 잘 생각하는 방법에 대한 끊임없는 추구"에서, 엄격한 준비를 통한 '선불先拂' 의지에서, 다학문적 조사 모형의 대단한 성과에서 나왔다. 이는 결국 찰리가 지침으로 삼는 가장 기본적인 원칙, 즉 삶에 대한 근본적 철학으로 귀결된다. 그 핵심은 준비성, 절제력, 인내심, 결단력이다. 각각의 속성은 다른 속성이 없으면 힘을 잃는다. 이 속성들이 한데 뭉쳐서 역동적인 임계질량을 형성한다. 그에 따라 멍거를 유명하게 만든 긍정적 효과의 연쇄작용(롤라팔루자)이 일어난다.

마지막으로, 찰리의 투자 철학을 정리한 내용이 무엇을 살지에 많은 초점을 맞추는 반면, 언제 팔지에는 별로 초점을 맞추지 않는 이유를 간략히 설명하겠다. 다음과 같은 찰리의 언급은 고도로 집중적인 멍거식 투자법을 멋지게 요약한다.

우리는 또 다른 결정을 내릴 필요가 없는 곳에 큰돈을 넣는 편을 선호합니다. 저평가되었다는 이유로 어떤 주식을 산다면, 주가가 자신이 계산한 내재적 가치에 접근할 때 매도를 생각해야 합니다. 이는 어려운 일입니다. 하지만 몇몇 대단한 종목을 살 수 있다면 길게 갈 수 있습니다. 그건 좋은 일이죠.

찰리 멍거는 그의 영웅인 벤저민 프랭클린처럼 개인적·사업적 측면에서 고유한 접근법을 힘들여 모색하고 완벽하게 다듬었다. 그는 이 방법론과 더불어 건실한 평생의 습관을 개발하고 유지함으로써 엄청난 성공을 거두었다.

제 4 장

찰리 멍거의 11강

Eleven Talks

POOR CHARLIE'S ALMANACK

찰리 멍거는 솔직하게 비판하고 건설적으로 조언하는 데 전혀 주저함이 없다. 그는 부패한 사업 관행이든, 학문적 실패든, 재무 스캔들이든 어떤 이슈에 주목하면 가차 없이 비판을 퍼붓는다. 그렇다고 해서 그가 항상 삶의 부정적 측면에 초점을 맞춘다는 얘기는 아니다. 평생에 걸친 배움의 가치나 성공적인 결혼의 기쁨에 대해 이야기하기도 했다. 그는 주제가 무엇이든 있는 그대로 허심탄회하게 말하는 경향이 있다. 20년 넘게 강연을 하면서 항상 그래왔다.

다음은 찰리의 강연 중에서 가장 뛰어난 11개의 목록이다. 여기에는 이 책을 위해 그가 따로 준비해둔 특별 편집본(11강)도 포함되어 있다. 재미있게 읽으시길.

1. 하버드 스쿨 졸업식 축사(1986)
2. 기초적이고 세속적인 지혜에 관한 교훈(1994)
3. 기초적이고 세속적인 지혜에 관한 교훈 후속편(1996)
4. 실용적인 사고에 관한 실용적인 사고?(1996)
5. 전문가의 다학문적 기술의 필요성(1998)
6. 주요 자선 재단의 투자 관행(1998)
7. 자선원탁회의 조찬모임 강연(2000)
8. 2003년의 대형 재무 스캔들(2000)
9. 강단 경제학의 강점과 약점(2003)
10. 서던캘리포니아대학교 굴드 로스쿨 졸업식 축사(2007)
11. 인간적 오판의 심리학(2005+2023)

불행을 보장하는 처방

하버드 스쿨 졸업식 축사

Harvard School
Commencement Speech

1986년 6월 13일
로스앤젤레스 하버드 스쿨

찰리는 1986년 로스앤젤레스에 있는 하버드 스쿨에서 "앞으로 다시 하지 않을 단 한 번의 졸업식 축사"를 했다. 아마 전 세계 학생들은 그가 생각을 바꾸길 바랄 것이다. 이날은 찰리의 다섯 아들 중 막내인 필립 멍거가 하버드 스쿨을 졸업하는 자리이기도 했다. (사립인 하버드 스쿨은 원래 남자 고등학교였으나 지금은 '하버드-웨스트레이크'라는 이름의 남녀공학으로 바뀌었다.)

찰리는 "중요한 대중 연설을 한 경험"이 부족하다며 겸손한 태도를 보였지만, 이 짧은 연설에서 인상적인 수사적 재능을 선보였다. 또한 찰리의 가치관과 위트도 음미할 수 있다. 대부분의 졸업식 축사는 행복한 삶을 위한 처방을 늘어놓는다. 반면, 찰리는 이 축사에서 자신이 추천한 뒤집기 원칙을 활용해 설득력 있는 반증을 제시한다. 즉, 비참한 지경에 이르게 만드는 일들이 무엇인지 말해준다.

교훈과 재미를 얻고 싶지 않다면, 이 부분을 절대 읽지 말라.

베리스포드 교장 선생님은 가장 나이 많고 오랫동안 재임한 이사인 제게 졸업식 축사를 맡겼습니다. 그래서 다들 궁금해할 다음 두 가지 의문에 답하지 않을 수 없습니다.

1. 왜 그런 선택을 했을까?
2. 축사가 얼마나 길까?

첫 번째 질문에 대해서는 베리스포드 교장 선생님과 오랜 시간을 함께한 경험을 토대로 답변하겠습니다. 베리스포드 교장 선생님은 자기 말이 숫자를 7까지 셀 수 있다고 자랑하는 사람과 같은 방식으로 우리 학교의 명성을 높이려 하고 있습니다. 그 사람은 숫자를 7까지 세는 게 대단한 수학적 업적이 아니라는 걸 압니다. 그래도 사람들에게 인정받고 싶어 합니다. 그걸 하는 게 말이라는 사실을 고려하면 칭찬할 만하니까요.

축사의 길이에 관한 두 번째 질문에 대해서는 미리 답변하지 않겠습니다. 그랬다가는 생생한 호기심과 명백하고 강렬한 기대로 가득한 여러분의 표정이 사라질 테니까요. 저는 어떻게든 그 표정을 계속 보고 싶습니다.

다만, 축사의 길이에 대한 저의 고려가 축사의 주제를 결정했다는 사실은 말씀드리겠습니다. 축사 요청을 받았을 때 마음이 들떴습니다. 저는 중요한 대중 연설을 한 경험은 없지만 '후츠파'에 있어서는 유단자입니다. 그래서 즉시 데모스테네스와 키케로를[1] 롤 모델로 고려했고,

데모스테네스의 연설 중에서 무엇을 가장 좋아하냐는 질문을 받았을 때 키케로가 했던 칭찬을 받고자 노력할 생각이었습니다. 키케로는 그 질문에 "가장 긴 연설입니다."라고 대답했지요.

그러나 여러분에게는 다행스럽게도 저는 또한 새뮤얼 존슨이[2] 존 밀턴의[3] 시 《실낙원》에 대해 한 유명한 말도 생각했습니다. 그는 "누구도 이 시가 더 길기를 바란 적이 없다."라고 정확하게 말했죠. 이 말은 지금까지 제가 들었던 스무 번의 졸업식 축사 중에서 더 길기를 바랐던 것이 있었는지 생각하게 만들었습니다. 유일하게 떠오른 것은 조니 카슨이[4] 불행한 삶을 보장하는 처방을 자세히 설명하던 축사였습니다. 그래서 저는 카슨의 축사를 따라 하기로 결정했습니다. 다만, 저 자신의 처방을 약간 추가해 내용을 늘렸습니다. 어쨌든 저는 그 축사를 하던 때의 카슨보다 나이가 많습니다. 또한 더 젊은 나이에 축사를 하던 매력적인 그 코미디언보다 견디기 힘든 실패와 불행을 더 많이 겪었죠. 그러니까 제게 카슨의 주제를 확장할 자격은 충분한 셈입니다.

카슨이 졸업생들에게 한 말은, 행복해지는 법은 알려줄 수 없지만 개인적 경험을 통해 확실히 불행해지는 법은 알려줄 수 있다는 것이었습니다. 불행을 보장하는 카슨의 처방에는 다음과 같은 것들이 있었죠.

1. 기분이나 인식을 바꾸기 위한 화학물질 섭취
2. 시기심
3. 원한

이런 것들에 가끔 빠질 때마다 매번 불행해졌다고 확고하게 말하던 카슨의 모습이 지금도 생각납니다.

첫 번째 처방인 화학물질 섭취는 쉽게 이해할 수 있습니다. 저도 목소리를 보태고자 합니다. 제게는 젊은 시절 가까운 친구 네 명이 있었습니다. 아주 똑똑하고, 도덕적이고, 재미있는 친구들인데 인기가 많고 집안도 좋았습니다. 하지만 두 명은 술 때문에 오래전에 죽었고, 세 번째 친구는 살아 있지만 알코올의존증 환자입니다. 살아도 산 게 아니죠.

취약성은 사람마다 다르지만, 누구나 자기도 모르게 중독에 빠질 수 있습니다. 그 과정은 끊어내기엔 너무 단단하고 인식하기엔 너무나 가벼운 고리로 이어져 있습니다. 저는 지금까지 60년을 넘게 살았는데, 이처럼 기만적인 멸망을 두려워하고 회피해서 나락으로 떨어진 사람은 본 적이 없습니다.

물론 시기심도 화학물질과 함께 불행을 초래한 대가로 물량공세 부문 상을 받을 만합니다. 시기심은 모세 5경에서 비판을 받기 오래전부터 피해를 초래했지요. 시기심이 여러분의 불행에 기여하게 만들고 싶다면, 훌륭한 기독교인인 새뮤얼 존슨의 전기를 절대 읽지 말 것을 권합니다. 그의 삶은 시기심을 극복할 가능성과 그 이점을 흥미롭게 보여주니까요.

원한은 항상 제게, 카슨이 받은 것과 같은 영향을 미쳤습니다. 불행해지고 싶다면 원한을 더없이 추천합니다. 인생은 쓰디쓴 원한을 곱씹지 않아도 이미 충분히 쓰다는 존슨의 말은 옳습니다.

불행을 바라는 사람에게는 원한을 절대 끊을 수 없는 사람들을 위한 디즈레일리의 절충도 삼갈 것을 권합니다. 디즈레일리는 위대한 총리로 부상하는 과정에서 복수심을 행동의 동기로 삼지 않는 법을 배웠지요. 그 대신 분노를 쏟아낼 약간의 배출구는 남겨두었습니다. 자신에게 잘못한 사람들의 이름을 종이에 적어서 서랍에 넣어두는 것이었습니다. 그러고는 때로 그 이름들을 다시 확인하면서, 자신이 거들지 않아도 세상이 자기 적들을 처치해주는 것을 지켜보며 즐거워했습니다.

카슨의 세 가지 처방에 대한 이야기는 이만하면 된 것 같습니다. 지금부터는 제가 추가한 네 가지 처방에 대해 이야기하겠습니다.

첫째, 신뢰할 수 없는 사람이 되십시오. 여러분이 맡은 일을 충실히 수행하지 마십시오. 이 한 가지 습관만 터득하면 아무리 대단한 미덕을 지녔다 해도 여러분의 모든 미덕을 합친 효과를 상쇄하고도 남을 것입니다. 사람들에게 불신받고, 최선의 기여와 좋은 사람들로부터 멀어지고 싶다면 이 처방을 따르세요. 이 한 가지 습관을 터득하면 동화에 나오는 토끼 역할을 줄곧 맡게 될 것입니다. 다만, 뛰어난 거북이 한 마리에게만 지는 게 아니라 수많은 평범한 거북이들, 심지어 목발을 짚은 거북이에게도 지게 될 것입니다.

경고하는데, 첫 번째 처방을 따르지 않으면 불행해지기 딱 좋은 상태로 출발해도 결국 불행에 이르지 못할 수 있습니다. 대학 시절 저의 룸메이트는 심한 난독증에 시달렸습니다. 그럼에도 그는 제가 아는 가장 신뢰할 만한 사람이었죠. 그는 지금까지 멋진 삶을 살고 있습니다. 훌륭한 아내와 자식들이 있고, 대기업의 최고위층 임원이 되었죠. 이렇게 주류 문화와 기득권에 속하는 관습적인 결말을 피하고 싶다 해도, 신뢰받는 사람이 되기를 고집하면 여러분의 발목을 잡는 다른 핸디캡에 의존해도 소용없습니다.

앞서 제 친구가 '지금까지 멋진' 삶을 살고 있다고 말했습니다. 여기서 삶의 조건이 지닌 '지금까지'라는 측면을 강조하지 않을 수 없습니다. 그래서 한때 세상에서 가장 부유한 왕이었던 크로이소스의[5] 말을 반복하고자 합니다. 나중에 수치스럽게도 포로가 된 그는 산 채로 화형당할 위험에 처했을 때 이렇게 말합니다. "삶이 끝나기 전까지는 행복한 삶이라고 말하지 말아야 한다'는 역사학자 솔론의 말이 생각난다."

불행을 위한 저의 두 번째 처방은 자신의 경험에서 얻을 수 있는 모든 교훈을 얻되, 산 자든 죽은 자든 다른 사람의 좋거나 나쁜 경험에서 얻는 간접적인 교훈을 최소화하라는 겁니다. 이는 불행을 낳는 확실한 처방이자 질 낮은 성취입니다.

다른 사람의 실수에서 배우지 않으면 어떤 결과를 초래하는지는 주위만 둘러봐도 알 수 있습니다. 음주 운전에 의한 사망, 난폭 운전에 의한 사지 절단, 치료할 수 없는 성병, 똑똑한 대학생이 파괴적인 사이비 종교에 빠져 세뇌당한 좀비가 되는 것, 전임자들의 명백한 실수를 반복하는 데서 비롯된 사업 실패, 다양한 형태의 집단적 어리석음 등 인간에게 생기는 흔한 재난은 전혀 새로울 게 없습니다. 부주의하고 흔한 실수로 심각한 문제에 봉착하는 일과 관련해 기억해두면 좋은 말이 있습니다. 바로 "처음에 성공하지 못할 거라면 행글라이딩은 안 하는 게 낫다."는 현대의 속담입니다.

간접적인 방식으로 지혜를 얻지 않는 또 다른 방법은 이전에 다른 사람들이 일궈낸 최선의 성과로부터 배우지 않는 것입니다. 즉, 이 처방은 최대한 배움을 얻지 않는 것입니다.

짧은 역사적 사례를 들면 아마 여러분이 피해야 할 바람직한 결과를 더 잘 파악할 수 있을 것입니다. 해석기하학 분야에서 시작이 좋지 않았고 아주 힘든 시기를 겪었음에도 뛰어난 선구자들의 성과를 열심히 공부한 사람이 있었습니다. 그의 연구는 결국 널리 주목받았는데, 그러한 자신의 성과에 대해 그는 "제가 다른 사람들보다 조금 멀리 볼 수 있었던 이유는 거인들의 어깨 위에 서 있었기 때문"이라고 말했습니다. 그는 지금 웨스트민스터 사원에 묻혀 있습니다. "여기 아이작 뉴턴의[6] 필멸必滅의 흔적이 잠들어 있다."라는 특별한 묘비명과 함께 말이죠.

불행을 위한 저의 세 번째 처방은 삶의 투쟁에서 첫 번째나 두 번째 또는 세 번째로 심하게 밀려났을 때 엎드린 채 그대로 있는 겁니다. 세상에는 수많은 역경이 있습니다. 심지어 운 좋고 현명한 사람도 예외는 아닙니다. 그래서 이 처방은 때가 되면 여러분이 영원히 불행에 빠지도록 보장해줄 것입니다. 에픽테토스가[7] 직접 쓴 적절한 묘비명에 담긴 교훈을 무조건 무시하십시오. 거기에는 "여기 노예이자 불구였고, 더없이 가난했으나 신들의 가호를 받은 에픽테토스가 묻혀 있다."라고 적혀 있습니다.

흐릿한 생각으로 불행하게 사는 삶을 위한 저의 마지막 처방은 제가 아주 어렸을 때 들었던 어느 시골 사람에 대한 이야기를 무시하는 겁니다. 그는 "내가 어디서 죽을지 알았으면 좋겠어. 절대로 거긴 가지 않게 말이야."라고 말했다고 합니다. 대다수는 여러분처럼 그의 무지에 웃느라 그의 근본적인 지혜를 간과합니다. 저의 경험을 참고한다면, 불행해지고 싶어서 환장한 사람은 그의 접근법을 무조건 피할 겁니다. 여러분의 실패를 돕기 위해 말하자면, 그의 접근법을 유용한 메시지가 아닌 단순한 괴설이라고 폄하하세요. 카슨도 축사에서 같은 접근법을 쓰기는 했지만 말입니다.

카슨은 X를 만드는 방법을 연구할 때 반대 방향에서 접근했습니다. 즉, X가 아닌 것을 만드는 방법을 연구했죠. 위대한 대수학자 야코비도 카슨과 같은 접근법을 썼습니다. 그는 또한 "항상 뒤집어라."라는 구절을 끊임없이 반복한 것으로 유명했습니다. 야코비는 많은 어려운 문제는 거꾸로 푸는 게 가장 좋다는 사실을 알았습니다. 가령 다른 사람들 거의 모두가 제임스 클러크 맥스웰의[8] 전자기장 법칙을 뉴턴의 운동 법칙에 끼워 맞추려 노력할 때, 아인슈타인은[9] 180도로 방향을 돌려 맥스웰의 법칙에 맞게 뉴턴의 법칙을 수정하다가 특수상대성 원리를 발견했습니다.

공인된 전기傳記 애호가인 제가 보기에, 찰스 다윈이[10] 하버드 스쿨에 다녔다면 1986년 졸업반에서 중간 정도의 성적을 냈을 겁니다. 그러나 그는 지금 과학사에서 유명한 인물이 되었습니다. 타고난 자질에 기반한 성과를 기필코 최소화하고자 한다면 이 사례에서 아무런 교훈도 얻지 말아야 합니다.

다윈이 이룬 성과는 대부분 연구하는 방법 덕분이었습니다. 그의 연구 방식은 제가 불행 보장 비결로 알려드린 모든 규칙에 위배되며, 뒤집기에 따른 반전을 특히 강조했습니다. 그래서 힘들게 얻고 소중히 여기던 기존 이론을 부정하는 증거를 항상 우선시했죠. 반면, 사람들은 대개 먼저 성과를 내고 나중에 결론에 짜맞추는 식으로 새로운 반증을 무시하는 경향을 강화합니다. 그들은 SF 작가 필립 와일리가 말한 "이미 아는 것과 절대 배우지 않을 것 사이에 빈틈이 없는" 사람이 됩니다.

다윈의 삶은 거북이가 어떻게 토끼를 앞지를 수 있는지 보여줍니다. 거북이는 극단적인 객관성 덕분에 토끼를 이겼습니다. 이는 '당나귀 꼬리 달기 게임'에서 객관적인 사람이 결국에는 유일하게 술래가 되지 않도록 도와줍니다.

객관성을 최소화하면 다윈의 교훈뿐 아니라 아인슈타인의 교훈도 간과하게 됩니다. 아인슈타인은 자신의 성공적인 이론이 "호기심, 집중력, 끈기, 자기비판"에서 비롯되었다고 말했습니다. 자기비판이란 자신이 아끼는 아이디어를 시험하고 파괴하는 것을 뜻합니다.

끝으로 객관성을 최소화하는 것은 세속의 물질을 보유하는 데 따른 타협과 부담을 더는 데 도움을 줄 것입니다. 객관성은 위대한 물리학자와 생물학자에게만 통하는 것이 아니기 때문입니다. 객관성은 미네소타주 베미지에서 일하는 배관공에게도 힘을 보태줍니다. 따라서 자신에게 충실하기 위해서 청년 시절의 모든 생각을 유지해야 한다고 생각한다면, 무지를 극대화할 뿐 아니라 사업에서의 불쾌한 경험을 통해 불행을 얻는 길로 안전하게 걸어가게 될 것입니다.

역설적인 축사는 역설적인 말로 끝내는 것이 맞을 듯합니다. 이 말은 엘리후 루트가[11] 자주 했던 이야기에서 영감을 얻었습니다. 개가 '한 걸음씩 걸어서' 영국의 도버까지 갔다는 이야기 말입니다. 1986년 졸업생 여러분, 모두가 긴 생의 매일 매일 낮은 곳을 바라보며 높이 부상하기를 바랍니다.

1강을 다시 살펴보며

1986년에 한 이 강연을 2006년에 다시 살펴보니 바꿀 내용이 하나도 없다. 오히려 이제는 1) 신뢰성이 진전하는 데 필수적이고, 2) 양자역학은 모든 사람이 배울 수 없지만 신뢰성은 거의 모두가 배워서 큰 이득을 누릴 수 있음을 더욱 굳게 믿는다.

실제로 나는 명문대에서 강연할 때, 신뢰성과 관련된 발언으로 인기를 잃는 경우가 많다. 그것은 맥도날드가 존중할 만한 기업 중 하나라는 것이다. 뒤이어 학생들의 얼굴에 충격받은 표정이 떠오르는 가운데, 나는 그 이유를 설명한다. 첫째, 맥도날드는 어려운 처지인 수백만 명의 10대들에게 오랫동안 첫 번째 일자리를 제공해왔다. 둘째, 맥도날드는 그들 중 다수에게 가장 필요한 한 가지 교훈을 성공적으로 가르쳤다. 성실하게 출근해서 책임감 있게 일해야 한다는 것이다. 그런 다음 나는 대부분의 명문대가 맥도날드만큼 합리적인 가르침을 준다면 세상이 더 나아질 거라고 말한다.

인생의 원칙이 곧 투자의 원칙

기초적이고 세속적인 지혜에 관한 교훈

A Lesson on Elementary, Worldly Wisdom as It Relates to Investment Management and Business

1994년 4월 14일
서던캘리포니아대학교 마셜 경영대학원

〈아웃스탠딩 인베스터 다이제스트〉[12] 1995년 5월 5일 자에 실려서 잘 알려진 이 강연은 1994년 서던캘리포니아대학교에서 길포드 배브콕 교수의 경영학 수업 시간에 진행되었다. 찰리는 교육 시스템부터 심리학, 상식적인 지식과 상식을 벗어난 지식을 모두 갖추는 것의 중요성까지 다양한 주제를 이야기한다. 또한 경영 관리를 분석하면서 기업에 피해나 혜택을 줄 수 있는 심리적 파급력을 명민하게 설명한다. 아울러 투자와 사업 그리고 (그의 관점에서 무엇보다 중요한) 일상에서의 의사 결정과 관련해 탁월한 원칙들을 제시한다.

이 강연을 읽는 데 투자한 시간은 여러분의 의사 결정 능력에 미칠 효과를 통해 즉각 보상받을 것이다.

저는 오늘 여러분에게 약간의 속임수를 쓰려고 합니다. 제 강연의 주제인 종목 선정 기술을 세속적인 지혜를 얻는 기술의 하위 요소로 다룰 것이기 때문입니다. 그러면 제가 관심 있는 훨씬 폭넓은 주제, 곧 세속적인 지혜에 관해 이야기할 수 있을 테니까요. 현대의 교육 시스템에서는 세속적인 지혜를 너무 적게 가르칩니다. 적어도 효과적인 방식으로 가르치는 일은 드물죠. 이 강연은 일부 행동심리학자들이 말하는 '할머니의 규칙grandma's rule'을 따라 진행될 것입니다. 즉, 디저트를 먹으려면 먼저 당근을 먹어야 한다고 말하는 할머니의 지혜를 활용할 것입니다.

이 강연의 당근 부분은 세속적인 지혜라는 일반적 주제에 관한 것입니다. 강연을 시작하기에 아주 좋은 방식이죠. 현대 교육 이론에 따르면 전문 교육을 받기 전에 일반 교육을 받아야 합니다. 저는 종목 선정을 잘하려면 일반적인 교육을 받아야 한다고 어느 정도는 생각합니다. 따라서 제가 가끔 보충 학습용 세속적 지혜라고 익살스레 말하는 것에 중점을 두고 몇 가지 기본 개념을 먼저 가볍게 이야기하겠습니다.

기초적이고 세속적인 지혜란 무엇일까요? 첫 번째 규칙은 개별적인 팩트만 기억했다가 다시 떠올리려고 하면 하나도 제대로 알 수 없다는 것입니다. 이론이라는 '틀'로 묶이지 않은 팩트는 활용 가능한 형태를 갖추지 못합니다. 머릿속에 '모형'이 있어야 합니다. 이 모형이라는 틀에 맞춰서 여러분의 직간접적 경험을 배열해야 합니다. 여러분도 다른 학생들이 그저 어떤 내용을 암기하고 억지로 다시 머릿속에 집어넣으려 애쓰는 모습을 봤을 겁니다. 그런 학생들은 학교에서도, 인생에서도 실패합니다. 여러분의 경험을 머릿속에 있는 모형이라는 틀에 넣어야 합니다.

모형은 무엇일까요? 첫 번째 규칙은 복수의 모형을 가져야 한다는 겁니다. 한두 개의 모형만 활용해서는 안 됩니다. 인간 심리의 속성상 현실을 왜곡해서 자신의 모형에 맞추거나 적어도 그게 맞는다고 생각할 테니까요. 그러면 당연히 의료계의 멍청한 척추 교정사와 비슷한 사람이 됩니다. "망치만 가진 사람에게는 모든 문제가 못처럼 보인다."는 오래된 속담과 같은 거죠. 물론 척추 교정사는 그런 방식으로 치료합니다. 하지만 그건 세상을 살아가는 방식으로는 완벽하게 잘못된 거예요.

모형은 복수의 학문에 기반해야 합니다. 세상의 모든 지혜를 하나의 작은 학문에서 찾을 수는 없으니까요. 시학詩學 교수들이 대부분 세속적인 측면에서 너무나 현명하지 못한 이유가 거기에 있습니다. 머릿속에 충분한 모형을 갖지 못했기 때문이에요. 따라서 여러분은 폭넓은 학문을 아우르는 모형을 갖춰야 합니다.

'벌써부터 너무 어려운 일을 하라고 하네.'라고 생각할 수도 있어요. 하지만 다행히 그렇게 어렵지는 않습니다. 80~90개의 중요한 모형이 세속적으로 현명한 사람이 되는 데 필요한 짐의 약 90퍼센트를 짊어지니까요. 게다가 아주 무거운 짐은 그중에서 소수의 모형이 짊어집니다.

그러면 기본적인 지식을 구성하는 모형과 기법은 무엇인지 간략하게 살펴봅시다. 기본적인 지식은 종목 선정 같은 협소한 기술에 정말로 뛰어난 사람이 되기 전에 모두가 갖춰야 할 것입니다.

첫째, 수학이 있습니다. 당연히 수와 양을 다루는 기본적인 계산을 할 수 있어야 합니다. 복리 다음으로 대단히 유용한 모형은 순열과 조합 같은 기초 수학입니다. 우리 때는 고등학교 2학년 수학 시간에 배웠죠. 아마 지금은 좋은 사립학교의 경우 중학교 2학년 정도로 빨라졌을 겁니다. 아주 간단한 대수학이에요. 파스칼과 페르마가[13] 약 1년 동안 서신을 주고받으며 모든 걸 만들었죠. 두 사람의 작업은 일련의 서신을 통해 수월하게 이루어졌습니다.

그걸 배우는 일은 그렇게 어렵지 않습니다. 어려운 건 살아가는 동안 거의 매일 꾸준히 활용하는 습관을 들이는 겁니다. 페르마·파스칼 시스템은 세상이 돌아가는 방식과 상당히 일치합니다. 또한 근본적인 진리이기도 합니다. 그러니 그냥 익혀둬야 해요.

아주 충분치는 않지만 많은 교육기관이 이 사실을 깨달았습니다. 하버드 경영대학원에는 1학년생들을 한데 묶는 뛰어난 수학적 구심점이 있습니다. 이른바 의사 결정 분지도decision tree 이론이 그것입니다. 고등학교 대수학을 현실 문제에 적용하는 겁니다. 학생들은 그걸 아주 좋아합니다. 다들 고등학교 대수학이 삶에서 통한다는 걸 알고 놀라죠.

하지만 사람들은 대개 그 일을 자연스럽게 그리고 자동적으로 하지 못합니다. 기초적인 심리학을 이해하면 그 이유가 실로 단순하다는 걸 알게 됩니다. 우리 두뇌의 기본적인 신경망은 폭넓은 유전적·문화적 진화를 거쳐 형성되었습니다. 그 방식은 페르마·파스칼 시스템과 다릅니다. 아주 투박하고 단축적인 근사치를 쓰죠. 페르마·파스칼 시스템의 요소가 있기는 하지만 뛰어나지는 않습니다. 그러니 이 아주 기초적인 수학을 매우 유용한 방식으로 익히고 삶에서 꾸준히 활용해야 합니다. 스윙을 배우지 않고 본능대로 채를 휘둘러서는 골퍼가 될 수 없습니다. (자연적 진화에 따른) 자기 몸에 편한 방식이 아니라 골프에 적합한 방식으로 휘둘러야 골퍼로서 잠재력을 최대한 발휘할 수 있습니다.

이 기초적이지만 다소 부자연스러운 확률론을 여러분의 레퍼토리에 넣지 못하면 엉덩이 걷어차기 대회에 나간 외다리처럼 긴 생을 살아가게 됩니다. 다른 모든 사람이 엄청난 우위를 점하겠죠. 오랫동안 저와 같이 일한 버핏 같은 사람이 지닌 우위 중 하나는 사고 과정에서 자동으로 의사 결정 분지도 및 순열과 조합의 기초 수학을 따른다는 겁니다.

당연히 회계도 알아야 합니다. 회계는 실용적인 비즈니스 생활을 위한 언어입니다. 또한 문명에 기여해온 대단히 유용한 수단이었습니다. 제가 듣기로는 베네치아를 통해 회계가 문명 세계로 들어왔다고 합니다. 베네치아는 물론 한때 지중해 지역의 주요 상업 강국 중 하나였습니다. 복식부기는 엄청난 발명품이었죠. 이해하기도 그렇게 어렵지 않습니다. 다만, 회계에 대해 충분히 알아야 그 한계도 이해할 수 있습니다. 회계는 출발점이 되기는 하지만 투박한 근사화近似化에 불과합니다. 그 한계는 그다지 어렵지 않게 이해할 수 있습니다. 가령 제트기 같은 것들의 내구연한은 대충 추정할 수밖에 없다는 것은 모두가 압니다. 숫자로 분명하게 감가상각률을 표시한다고 해서 그걸 제대로 아는 것은 아닙니다.

회계의 한계와 관련해 제가 좋아하는 이야기가 있습니다. C. F. 브라운 엔지니어링 컴퍼니를[14] 만든 칼 브라운이라는 아주 뛰어난 기업인에 관한 이야기입니다. 이 회사는 정유소를 설계하고 건설했습니다. 아주 어려운 일이에요. 그래도 정유소가 제때 가동되고, 폭발하지 않으며, 효율적으로 돌아가도록 만들었습니다. 정말 대단한 기술이죠.

브라운은 게르만 민족답게 성격이 철두철미했지만 유별난 구석이 많았습니다. 그중 하나가 정유소 건설에 표준 회계가 적용되는 방식을 보고 '터무니없다'고 생각한 것이었습니다. 그는 회계사들을 모두 쫓아냈습니다. 그러고는 엔지니어들을 모아놓고 "정유소 건설 과정을 처리할 우리만의 회계 시스템을 고안할 것"이라고 말했습니다. 뒤이어 브라운의 생각을 많이 반영한 방식으로 회계를 처리했습니다. 이처럼 그는 아주 강한 의지와 재능을 갖춘 사람으로서 회계의 중요성뿐 아니라 그 한계를 아는 일의 중요성을 모두 보여주었습니다.

브라운은 심리학에 바탕을 둔 다른 규칙도 갖고 있었습니다. 지혜를 얻는 데 관심이 있다면 순열과 조합의 기초 수학처럼 이 규칙도 여러분의 레퍼토리에 넣어두어야 합니다. 그는 회사 내의 모든 의사소통에 '5W' 규칙을 적용했습니다. 누가Who, 무엇을What, 어디서Where, 언제When, 왜Why 하는지 알려야 한다는 규칙입니다. 회사에서 누구에게 어떤 일을 하라고 말하면서 그 이유를 제시하지 않으면 해고될 수도 있었죠. 실제로 그런 잘못을 두 번 저지르면 해고당했습니다.

'그게 왜 그렇게 중요하지?'라는 생각이 들 겁니다. 다시 말하지만, 그건 심리학에 바탕을 둔 규칙입니다. 기본적으로 "왜?"라는 질문에 답하는 모형에 맞춰서 지식을 배열하면 더 잘 생각할 수 있습니다. 마찬가지로 항상 어떤 일을 해야 하는 이유를 말해주면 더 잘 이해할 수 있고, 더 중요하게 여기게 되며, 그 지시를 따를 가능성이 더 커집니다. 그러니 세속적인 지혜를 얻고 싶다면 "왜?"라고 묻는 것을 철칙으로 삼으십시오. 모든 일에 대해 다른 사람과 소통할 때 "왜?"라고 묻는 과정을 포함하세요. 이유가 명백하다 해도 이 규칙을 고수하는 것이 현명합니다.

어떤 모형이 가장 신뢰성 있을까요? 당연히 과학과 공학 분야에 바탕을 둔 모형이 세상에서 가장 신뢰성이 높습니다. 공학적 품질 관리, 요컨대 적어도 여러분과 저 그리고 전문 엔지니어가 아닌 사람들에게 중요한 본질은 페르마와 파스칼의 기초 수학에 기반을 두고 있습니다. 비용이 너무 많이 든다거나, 이만큼 비용을 들이면 부서질 위험이 훨씬 줄어든다거나 하는 것은 모두 기초적인 고등학교 수학입니다. 그걸 정교하게 만든 게 에드워즈 데밍이[15] 일본에 전수한 품질 관리 기법입니다.

사람들 대부분이 통계를 아주 잘 알아야 할 필요는 없다고 생각합니다. 가령 저는 가우스분포Gaussian distribution의 발음조차 정확하게 알지 못합니다. 그래도 그게 어떤 형태인지 알고, 세상에서 일어나는 일과 현실의 커다란 측면이 그런 양상으로 분포된다는 사실을 압니다. 그래서 대략 계산할 수 있죠. 하지만 가우스분포를 활용해 소수점 10자리까지 계산하라고 하면 할 수 없습니다. 저는 파스칼의 이론을 잘 몰라도 포커를 잘 치는 플레이어와 같습니다. 그래도 충분히 잘 통합니다. 다만, 여러분은 적어도 제가 이해하는 만큼은 종형 곡선을 이해해야 합니다.

또한 백업 시스템이라는 공학 분야의 아이디어는 당연히 아주 강력한 아이디어입니다. 중단점中斷點이라는 아이디어도 아주 강력한 모형입니다. 물리학 분야에서 나온 임계질량이라는 개념 역시 아주 강력한 모형입니다.

이 모든 것은 평범한 현실을 살피는 데 대단히 유용합니다. 비용 편익 분석이라는 것도 전부 기초적인 고등학교 대수학입니다. 화려한 전문 용어로 약간 꾸며진 것일 뿐입니다. 아주 간단하게 증명할 수 있습니다. 일어나지 않는 많은 일을 보고, 일어나고 있는 많은 일을 보지 못하는 아주 평범한 마술사의 공연을 관람할 사람은 이 자리엔 없겠죠.

다음으로, 가장 신뢰할 수 있는 모형은 생물학과 생리학에서 나온다고 생각합니다. 결국 우리는 모두 유전적 구성이 상당히 비슷하게 프로그래밍되어 있으니까요.

물론 이어서 심리학으로 들어가면 문제가 훨씬 더 복잡해집니다. 그래도 세속적인 지혜를 얻고자 한다면 심리학은 극히 중요한 학문입니다. 그 이유는 인간의 지각 수단 안에 지름길이 있기 때문이죠. 우리 두뇌의 회로는 무한하지 않습니다. 그래서 누군가가 지름길을 활용해 뇌가 특정한 방식으로 오판하도록 유도하면 여러분은 실제로는 없는 것을 보게 됩니다.

이제 지각 기능과는 다른 인지 기능으로 넘어갑시다. 이 부분에서도 여러분은 마찬가지로, 실은 더 많이 오도될 가능성이 큽니다. 앞서 말한 대로 한정된 회로 등의 문제 때문에 여러분의 두뇌는 자동으로 온갖 작은 지름길을 취합니다. 그래서 특정한 여건이 조성되면, 또는 보다 흔하게는 어떤 사람이 마술사처럼 인지적 기능장애를 초래해 의도적으로 조종하면, 여러분은 호구가 됩니다. 따라서 어떤 연장을 활용할 때 그 한계를 알아야 하듯 인지 수단을 활용할 때도 그 한계를 알아야 합니다. 참고로 이런 지식은 다른 사람을 통제하고 고무시키는 데 활용할 수 있습니다.

심리학에서 가장 유용하고 실용적인 부분, 제 개인적 생각으로는 똑똑한 사람이라면 일주일 만에 배워서 가르칠 수 있는 부분은 아주아주 중요합니다. 하지만 누구도 제게 그걸 가르쳐주지 않았습니다. 나이가 든 후에야 한 번에 하나씩 스스로 배워야 했습니다. 상당히 힘들었죠. 그럼에도 너무나 기초적인 내용이라 다 알고 나니 저 자신이 완전히 멍텅구리처럼 느껴졌습니다. 맞아요. 저는 칼텍과 하버드 로스쿨 같은 데서 공부했습니다. 그런 명문대들도 여러분과 저 같은 사람들을 잘못 가르치고 있는 겁니다.

심리학의 기초적인 부분, 이른바 오판의 심리학은 엄청나게 중요합니다. 거기에는 약 20개의 원칙이 있습니다. 이 요소들은 상호작용합니다. 그래서 약간 복잡해지죠. 그래도 그 핵심은 말로 표현할 수 없을 만큼 중요합니다. 엄청나게 똑똑한 사람도 거기에 주의를 기울이지 않아서 완전히 바보 같은 실수를 저지릅니다. 사실 저도 지난 2~3년 동안 아주 중요한 실수를 여러 번 저질렀습니다. 어리석은 실수는 절대로 완전히 만회할 수 없습니다.

제가 항상 사상사에서 실로 정확한 지적 중 하나라고 여기는 파스칼의 또 다른 말이 있습니다. 그는 "인간의 정신은 우주의 영광인 동시에 수치"라고 말했죠. 딱 맞는 말입니다. 인간의 정신은 엄청난 힘을 지닙니다. 그러나 일반적인 기능장애 때문에 잘못된 결론에 이르는 경우도 많습니다. 또한 다른 사람에게 아주 쉽게 조종당하기도 합니다. 가령 히틀러의 군대 중 약 절반은 신실한 가톨릭교도였습니다. 충분히 영리한 방식으로 심리를 조종하면 인간은 실로 흥미로운 일들을 합니다.

개인적으로 저는 이제 일종의 투 트랙 분석을 활용하게 되었습니다. 먼저 이해관계를 진정으로 좌우하는 요소가 무엇인지 합리적으로 고려합니다. 그런 다음 무의식적 차원에서, 뇌가 우리 판단에 미치는 영향이 무엇인지 살핍니다. 이런 과정은 대부분 유용하지만 기능장애를 일으키는 경우도 흔합니다. 한 가지 접근법은 브리지 게임에서 문제를 해결할 때처럼 합리성을 활용하는 겁니다. 다시 말해, 진정한 이해관계, 진정한 확률 등을 평가합니다. 다른 접근법은 무의식적 차원의 결론을 초래하는 심리적 요소를 평가하는 겁니다. 그런 결론은 틀리는 경우가 많죠.

이제 신뢰성이 다소 덜한 다른 형태의 지혜로 넘어갑시다. 바로 미시경제학입니다. 이 문제와 관련해 저는 자유시장경제 또는 부분적인 자유시장경제를 일종의 생태계로 보는 관점이 상당히 유용하다고 생각합니다.

이는 대단히 인기 없는 사고방식입니다. 다윈이 등장한 초기에 강도남작robber baron(불공정한 사업 관행을 이용해 막대한 재산을 축적한 사업가를 가리키는 경멸적인 용어) 같은 사람들은 적자생존의 법칙에 따라 자신들에게 권력을 누릴 자격이 있다고 여겼기 때문입니다. "나는 돈이 가장 많다. 따라서 내가 최고다. 그게 하느님의 뜻이다."라는 식이었죠. 사람들은 이런 태도를 아주 못마땅해했습니다. 그래서 경제를 생태계로 보는 관점은 인기를 잃었죠. 하지만 사실 경제는 생태계와 많이 비슷합니다. 똑같은 결과가 나오는 경우도 많습니다. 생태계에서 그런 것처럼 협소한 전문성을 가진 사람은 작은 틈새시장을 차지하는 데 특화되었습니다. 동물들이 틈새 영역에서 번성하듯 특정 사업의 세계에 전문성을 가졌고, 그래서 아주 능통한 사람은 틈새를 노리지 않는다면 다른 방식으로는 찾을 수 없는 좋은 사업 방식을 자주 찾아냅니다.

미시경제학 분야로 들어서면 규모의 이점이라는 개념과 마주치게 됩니다. 이제 우리는 투자 분석에 더 가까워지고 있습니다. 사업의 성패라는 측면에서 규모의 이점은 정말 중요합니다.

가령 전 세계의 모든 경영대학원에서 가르치는 규모의 커다란 이점 중 하나는 이른바 경험 곡선experience curve에 따른 비용 절감입니다. 자본주의의 인센티브에 따라, 복잡한 일을 대량으로 처리하는 것만으로도 개선할 동기를 자극받는 사람은 그 작업을 점점 더 효율적으로 수행할 수 있습니다. 운영 과정을 통해 많은 물량을 처리하다 보면 더 잘하기 마련이죠. 이는 엄청난 이점이며, 사업의 성패와 큰 관련이 있습니다.

불완전하기는 하지만 규모를 키워서 얻을 수 있는 이점의 목록을 하나씩 살펴봅시다. 일부 이점은 단순한 기하학에서 나옵니다. 원형 탱크를 만들 때 크기를 키우면 표면에 쓰이는 강철의 양은 평방 단위로 늘어나고 부피는 입방 단위로 늘어납니다. 그래서 치수를 늘릴수록 탱크는 강철의 단위면적당 훨씬 큰 부피를 감당할 수 있습니다.

이처럼 단순한 기하학 또는 단순한 사실이 규모의 이점을 안기는 온갖 일들이 있지요. 가령 텔레비전 광고에서도 규모의 이점이 작용합니다. 텔레비전 광고가 처음 등장했을 때, 음성이 나오는 컬러 화면이 처음 우리의 거실에 나타났을 때, 그 효과는 믿을 수 없을 정도로 강력했습니다. 게다가 초기에는 방송사 세 곳이 시청자의 90퍼센트 정도를 확보하고 있었습니다.

프록터 앤드 갬블은 새로운 광고 방식을 활용할 형편이 되었습니다.

캔과 병에 담긴 제품을 엄청나게 팔아치웠기 때문에 지상파 텔레비전의 아주 비싼 광고비도 감당할 수 있었죠. 중소기업은 그럴 수 없었습니다. 광고를 부분적으로도 활용할 방법이 없었죠. 사실상 대량 판매를 하지 못하면 가장 효과적인 수단인 텔레비전 광고를 활용할 수 없었던 겁니다. 그래서 텔레비전이 등장했을 때, 이미 덩치를 키운 브랜드 기업들은 커다란 이점을 얻었습니다. 실제로 그들은 계속 번창했고요. 나중에 일부 기업은 적어도 일부 사람들에게는 둔하고 멍청해 보이는 지경까지 이르렀습니다. 사업이 번창하다 보면 그렇게 되기도 하죠.

규모는 정보 측면에서도 이점을 안길 수 있습니다. 제가 지방의 한 가게에서 위글리 껌과 글로츠 껌 중 하나를 고른다고 가정해봅시다. 저는 위글리 껌이 만족스러운 제품이라는 걸 압니다. 반면, 글로츠 껌에 대해서는 아는 게 없습니다. 위글리 껌은 40센트, 글로츠 껌은 30센트입니다. 그렇다고 해서 제가 겨우 10센트를 아끼자고 잘 모르는 껌을 사서 상당히 사적인 공간인 제 입에 넣을까요? 결국 위글리는 사실상 아주 잘 알려짐으로써 규모의 이점을 얻습니다. 이는 정보 측면의 이점이라고 부를 수 있습니다.

또 다른 규모의 이점은 심리학에서 나옵니다. 심리학자들은 '사회적 증거social proof'라는 개념을 씁니다. 우리는 모두 다른 사람의 행동과 그들이 인정하는 것을 보고 무의식적으로 그리고 어느 정도는 의식적으로 영향을 받습니다. 그래서 어떤 제품을 모두가 사면 그게 더 나은 제품이라고 생각합니다. 우리는 대세를 벗어나는 사람이 되기를 원치 않습니다. 다시 말하지만, 이런 생각은 무의식적 차원에 속하는 것도 있고 그렇지 않은 것도 있습니다. 때로 우리는 의식적으로 그리고 이성적으로 '나는 이것에 대해 잘 몰라. 그들은 나보다 잘 알아. 그러니까 그냥 따라 하면 되지 않을까?'라고 생각합니다.

심리학에서 나온 사회적 증거라는 현상은 가령 엄청난 대규모 유통이 대규모 이점을 안긴다는 것입니다. 물론 그렇게 하기는 어렵습니다. 코카콜라가 지닌 한 가지 이점은 세상의 거의 모든 곳에서 살 수 있다는 것입니다.

여러분이 소규모로 청량음료 제품을 만든다고 가정합시다. 어떻게 전 세계에 유통할 수 있을까요? 대기업이 서서히 구축하는 세계적 유통망은 커다란 이점이 됩니다. 생각해보세요. 이런 유형의 이점이 충분하다면 다른 기업이 몰아내기가 아주 어려워질 수 있습니다.

규모의 이점엔 다른 유형도 있습니다. 일부 업종에서는 한 기업의 점유율이 눈덩이처럼 불어나는 경향이 있습니다. 가장 명백한 사례가 일간지입니다. 미국에는 소수의 아주 큰 도시를 제외하고 두 개 이상의 일간지가 있는 곳이 사실상 거의 남아 있지 않습니다. 이 역시 규모의 문제죠. 발행 부수가 많으면 광고도 많이 확보하게 됩니다. 한 일간지가 가장 많은 발행 부수와 광고를 확보했는데, 적은 정보가 담긴 얇은 신문을 원할 사람이 있을까요? 그래서 승자독식 상황으로 스노볼 효과가 나타나죠. 이는 규모의 이점 현상이 다른 형태로 구현되는 경우입니다.

마찬가지로 규모의 경제에 따른 이러한 모든 커다란 이점은 기업 내에서 전문화를 강화합니다. 그래서 각자가 자기 일을 더 잘할 수 있게 됩니다. 이런 규모의 이점은 대단히 큽니다. 가령 잭 웰치는[16] 제너럴 일렉트릭을 이끌게 되었을 때 이렇게 말했습니다. "다 필요 없어요. 우리가 진출한 모든 분야에서 1등이나 2등을 할 테고, 안 그러면 접을 겁니다. 인원을 얼마나 많이 해고해야 하고, 무엇을 팔아야 하는지는 신경 쓰지 않겠습니다. 1등이나 2등을 하든지 아니면 접든지 둘 중 하나입니다."

이는 대단히 거친 태도입니다. 하지만 주주의 부를 극대화하기엔 매우 정확한 결정이라고 생각합니다. 또한 사회에도 나쁜 일이 아니라고 생각합니다. 잭 웰치가 있어서 제너럴 일렉트릭이 더 강해졌으니까요.

규모의 불이익도 존재합니다. 가령 우리, 그러니까 버크셔 해서웨이는 캐피털 시티즈/ABC의 최대 주주입니다. 우리는 거기서 여러 잡지를 발행했습니다. 하지만 경쟁사들에 밀려서 폐간되었죠. 그들이 우리를 이긴 방식은 좁은 영역에서 전문화를 추구하는 것이었습니다. 우리가 비즈니스 여행 잡지를 만들면, 누군가가 오로지 기업 출장 담당 부서만을 위한 잡지를 만드는 식이었죠. 생태계처럼 갈수록 좁은 영역에서 전문화가 강화되는 겁니다.

그러면 효율성이 훨씬 높아집니다. 출장 담당 부서를 운영하는 사람들에게 더 많은 걸 알려줄 수 있거든요. 게다가 그들이 관심 없는 내용을 인쇄하느라 잉크와 종이를 낭비하지 않아도 됩니다. 더욱 효율적인 시스템이 되는 거죠. 우리가 폭넓은 내용을 다루는 잡지에 의존하는 동안 경쟁사들은 우리를 무너트렸습니다.

〈새터데이 이브닝 포스트〉 같은 잡지들이 그런 일을 당했습니다. 모두 폐간되고 말았죠. 지금 우리가 소유한 건 〈모토크로스〉뿐입니다. 오토바이로 공중제비를 도는 대회에 참가하는 괴짜들이 읽는 잡지죠. 하지만 그들은 그걸 소중하게 여깁니다. 그들에게는 그게 삶의 주된 목적이거든요. 〈모토크로스〉라는 잡지가 그들에겐 꼭 필요한 겁니다. 그 덕분에 군침이 돌 만한 수준의 이윤이 남죠. 그런 잡지가 얼마나 좁은 영역의 독자들을 대상으로 하는지 생각해보세요. 그래서 가끔은 규모를 줄이고 집중하는 게 큰 이점을 안깁니다. 더 큰 게 항상 더 나은 건 아니라는 거죠.

규모를 키우는 데는 중대한 결점도 있습니다. 그 점이 게임을 흥미롭게 하고, 덩치가 크다고 해서 반드시 이기지는 못하게 만들죠. 요컨대 덩치가 커지면 관료주의가 생깁니다. 관료주의는 영역성territoriality을 수

반하고요. 이 역시 인간의 본성에 내재되어 있습니다. 문제는 여기서 잘못된 인센티브가 발생한다는 겁니다. 가령 제가 젊었던 시절의 AT&T는 관료주의가 심했습니다. 주주나 다른 것들을 신경 쓰는 사람이 없었죠. 관료주의적 조직에서는 업무를 자신의 수신함에서 다른 사람의 수신함으로 넘기면 일이 끝납니다. 물론 실제로는 끝난 게 아니죠. 내야 할 실적을 내기 전에는 끝난 게 아니니까요. 그렇게 크고, 비대하고, 멍청하고, 의욕 없는 관료주의가 생깁니다.

또한 덩치가 커지면 부패하는 경향이 있습니다. 다시 말해, 두 개의 부서가 권한을 공유하는 경우, 무언의 규칙 같은 게 생깁니다. "당신들이 우리를 귀찮게 굴지 않으면 우리도 당신들을 귀찮게 하지 않을 테니 둘 다 행복해질 것"이라는 규칙 말입니다. 그래서 중복에 따른 불필요한 경영 및 관련 비용이 발생합니다. 이 모든 중복 구조를 정당화하다 보면 성과를 내는 데 무한정 시간이 걸립니다. 결정을 내리는 속도가 너무 느리다 보니 기민한 사람들이 앞질러 갑니다.

규모가 내리는 끊임없는 저주는 거대하고 멍청한 관료주의를 초래한다는 겁니다. 물론 그것이 가장 심하고 나쁜 형태로 나타나는 곳은 정부입니다. 정부의 인센티브는 정말 문제가 많습니다. 그렇다고 해서 정부가 필요 없다는 얘긴 아닙니다. 정부는 필요합니다. 다만, 거대한 관료주의가 작동하게 만드는 건 끔찍한 문제입니다. 그래서 사람들은 여러 방책을 강구합니다. 가령 탈중심적인 소규모 조직과 그럴듯한 동기부여 및 훈련 프로그램을 만듭니다. 제너럴 일렉트릭은 대기업임에도 불구하고 놀라운 기술로 관료주의를 타파했습니다. 하지만 그건 천재성과 열의를 갖춘 사람이 회사를 경영했기 때문입니다. 게다가 그는 젊은 나이에 경영자 자리에 올랐기 때문에 오랫동안 재임할 수 있었죠. 물론 제가 말하는 사람은 잭 웰치입니다.

관료주의는 끔찍합니다. 조직이 아주 강해지고 커지면 정말로 잘못된 행동을 할 수 있습니다. 웨스팅하우스를 보세요. 그들은 여러 부동산 개발업체에 멍청하게 대출을 해주는 바람에 수십억 달러를 날렸습니다. 정확하게는 모르지만, 냉장고 판매 같은 것으로 경력을 쌓은 사람이 경영을 맡은 게 문제였습니다. 그가 호텔을 짓는 부동산 개발업체에 난데없이 돈을 빌려주었습니다. 상대가 안 되는 게임을 벌인 거죠. 결국 나중에는 수십억 달러를 모두 잃고 말았습니다.

CBS는 심리학의 또 다른 규칙, 바로 파블로프식 연상의[17] 흥미로운 사례를 제공합니다. 사람들이 여러분에게 정말로 듣기 싫고 불쾌한 말을 하면 거의 자동적으로 반감이 생깁니다. 그렇게 되지 않도록 자신을 훈련시켜야 합니다. 반드시 그렇게 되라는 법은 없지만, 생각하지 않으면 그렇게 되는 경향이 있으니까요.

텔레비전은 초기에 CBS라는 하나의 방송국이 지배했고, 설립자 페일리는 신이었습니다. 그는 듣기 싫은 말은 듣지 않으려 했습니다. 직원들은 곧 그 사실을 알게 되었죠. 그래서 그에게 듣기 좋은 말만 했습니다. 그는 결국 현실과 동떨어진 작은 고치 속에 살게 되었고, 다른 모든 것이 부패했습니다. 방송이 아주 좋은 사업이었는데도 말입니다. 시스템에 스며든 저능함이 그 거대한 조류를 타고 흘러갔습니다. 페일리가 이끈 마지막 10년 동안은 〔《이상한 나라의 앨리스》에서의〕 미친 모자 장수의 티 파티나 다름없었습니다.

절대로 CBS가 유일한 사례는 아닙니다. 기업 고위층이 심각한 잘못을 저지르는 경우는 많습니다. 물론 여러분이 투자를 한다면 엄청나게 큰 차이를 만들겠지만요. 페일리가 CBS를 매입한 후 인수했던 건을 보십시오. 투자 은행가나 경영 컨설턴트 등 두둑한 보수를 받는 멍청한 자문들이 조언한 그 인수 건들은 정말로 끔찍했습니다.

결국 삶은 한편으로는 규모의 이점을 살리려는 힘 그리고 다른 한편으로는 미국 농무부처럼 그저 복지부동하려는 힘, 이 두 힘 사이의 끊임없는 투쟁입니다. 농무부가 무슨 일을 하는지는 잘 모릅니다. 다만, 유용한 일은 거의 하지 않는다는 건 알고 있습니다.

규모의 경제에 따른 이점이라는 주제와 관련해 체인점은 상당히 흥미롭습니다. 생각해보세요. 체인점이라는 개념은 흥미로운 발명품입니다. 우선 상당한 구매력이 생깁니다. 즉, 상품 구입 비용을 낮출 수 있죠. 또한 수많은 체인점을 작은 연구실 삼아 여러 실험을 할 수 있습니다. 전문화도 가능합니다. 한 사람이 세일즈맨들한테 휘둘리며 27종의 상품을 매입하면 멍청한 결정을 많이 내릴 수밖에 없습니다. 반면, 본부에서 수많은 매장을 대표해 상품을 매입하면 이야기가 달라집니다. 냉장고 같은 것들에 대해 아주 잘 아는 똑똑한 사람들이 매입하니까요.

한 사람이 모든 상품을 매입하는 작은 가게는 그 반대 사례입니다. 옛날이야기에 나오는 오래된 가게 같은 곳이죠. 그 가게 벽은 소금 봉지로 도배되어 있습니다. 한 손님이 들어와 그걸 보고는 주인에게 "소금을 많이 파는 모양이네요."라고 말합니다. 그러자 주인은 이렇게 대꾸하죠. "아니에요. 소금 파는 사람이 영업을 잘해요."

이처럼 규모를 키우면 구매력 측면에서 큰 이점이 생깁니다. 또한 모두가 각자 잘하는 일을 하게 만드는 영리한 시스템도 갖출 수 있습니다. 그래서 체인점은 환상적인 사업이 될 수 있습니다.

월마트가[18] 아칸소에서 단일 매장으로 출발해 유명세, 평판, 엄청난 자금력을 지닌 시어스와 경쟁한 과정은 대단히 흥미롭습니다. 아칸소주 벤턴빌에 살던 무일푼의 사내가 어떻게 시어스를 앞질렀을까요? 그것도 자신이 살아 있는 동안 그 일을 해냈습니다. 실은 생의 후반기 동안이죠. 작은 매장 하나를 열었을 때 이미 나이가 상당히 많았으니까요.

샘 월턴은 그 누구보다 체인점 게임을 더 열심히 했고, 더 잘했습니다. 그는 사실상 아무것도 발명하지 않았습니다. 그저 다른 사람들이 했던 똑똑한 일들을 모두 모방했죠. 그걸 더 열성적으로 했고, 직원들도 더 잘 다스렸습니다. 그래서 그들 모두를 앞지를 수 있었던 겁니다.

월턴은 또한 초기에 아주 흥미로운 경쟁 전략을 갖고 있었습니다. 그는 아주 좋은 기록을 내서 결승에 진출하고, 텔레비전에 나와서 큰 인기를 얻고 싶어 하는 권투 선수 같았습니다. 그래서 어떻게 했냐고요? 42명의 서투른 선수들과 싸웠습니다. 그렇죠? 그 결과는 42번의 KO승이었습니다. 영리한 그는 초기에 다른 소도시 상인들을 사실상 파산시켰습니다. 한층 효율적인 그의 시스템으로도 당시에는 대기업에 정면으로 달려들 수 없었습니다. 그래도 더 나은 시스템으로 소도시 상인들은 확실하게 무너트릴 수 있었죠. 그래서 그 일을 계속해나갔습니다. 그러다 덩치가 커지자 큰 기업들을 무너트리기 시작했습니다. 이는 매우, 매우 영리한 전략이었습니다.

"그게 올바른 방법인가요?"라고 물을 수 있습니다. 사실 자본주의는 상당히 매정하니까요. 하지만 저는 개인적으로 월마트가 있어서 세상이 더 나아졌다고 생각합니다. 소도시의 삶을 이상적으로 그릴 수는 있습니다. 하지만 저는 소도시에서 상당히 많은 시간을 보냈어요. 그래서 말하는데, 그가 무너트린 모든 가게를 너무 이상화해서는 안 됩니다. 게다가 월마트에서 일하는 많은 직원은 착한 아이들을 키우는 매우 뛰어나고 활달한 사람들입니다. 열등한 문화가 우월한 문화를 무너트렸다는 생각은 전혀 들지 않습니다. 거기에는 향수와 착각이 있을 뿐입니다. 어쨌든 월마트는 규모와 열의가 결합해 강력한 힘을 낸 흥미로운 모형입니다.

그 반대편에 또 다른 흥미로운 모형이 있습니다. 관료주의라는 결점이 온갖 대단한 이점을 지닌 시어스에 어떻게 그토록 끔찍한 타격을 입혔을까요? 시어스에는 직위마다 필요 없는 사람들이 있었습니다. 또한 관료주의가 극심하고, 생각하는 속도가 느렸습니다. 사고방식도 굳어 있었습니다. 사람들이 새로운 아이디어를 제시해도 시스템이 막아섰습니다. 기능장애에 빠진 거대한 관료주의 조직에 대해 여러분이 예상할 수 있는 모든 문제가 있었죠.

공정성을 유지하자면, 좋은 측면도 많았습니다. 하지만 월턴만큼 날렵하고, 기민하고, 교묘하고, 효율적이진 않았습니다. 결국 시어스가 지닌 모든 이점은 월마트와 그 밖의 다른 비슷한 유통업체의 선전을 막기에 역부족이었습니다.

우리가 풀지 못한 문제가 있습니다. 어쩌면 여러분이 우리보다 잘 풀 수 있을지도 모르겠네요. 많은 시장은 두세 개 또는 대여섯 개의 큰 경쟁자만 남깁니다. 그중 일부 시장에서는 누구도 이렇다 할 만큼 돈을 벌지 못합니다. 반면, 다른 시장에서는 모두가 아주 좋은 실적을 올립니다. 우리는 투자자의 관점에서 일부 시장은 주주들에게 도움이 되도록 합리적인 경쟁이 이루어지는 반면, 다른 시장에서는 주주들의 부를 무너트리면서 파괴적인 경쟁이 이루어지는 이유를 파악하려고 오랫동안 애썼습니다.

비행기 좌석처럼 단순한 일상품인 경우, 누구도 돈을 벌지 못하는 이유를 이해할 수 있습니다. 항공사들이 세상에 어떤 혜택을 안겼는지 생각해보십시오. 안전한 여행, 더 좋은 경험, 사랑하는 사람들과의 시간 같은 것들 말입니다. 하지만 키티호크에서 라이트 형제가 비행에 성공한 이후 항공사 주주들이 번 돈을 계산해보면 마이너스, 그것도 상당한 마이너스입니다. 경쟁이 너무나 심해서 규제가 풀린 다음부터는 항공사 주주들의 부를 황폐화했습니다.

하지만 다른 분야, 가령 시리얼 같은 분야에서는 거의 모든 대기업이 성공하고 있습니다. 중급 시리얼 제조사도 투자 자본 대비 15퍼센트의 수익률을 올립니다. 정말로 잘하는 경우는 수익률이 40퍼센트나 됩니다. 그러면 시리얼은 왜 판촉과 쿠폰 그리고 다른 모든 수단으로 미친 듯이 경쟁하는데도 그토록 수익률이 좋을까요? 저는 잘 모르겠습니다.

물론 시리얼의 경우, 항공 산업에는 없는 브랜드 정체성이라는 요소가 있습니다. 그건 두 산업이 다른 이유를 설명하는 주된 요소가 분명합니다. 또한 시리얼 제조사들은 대체로 시장 점유율을 놓고 싸울 때 덜 미치는 방법을 배웠을지도 모릅니다. 시장 점유율을 높이는 데 혈안이 된 기업이 하나만 있어도 문제가 되니까요. 가령 제가 켈로그이고[19] 시장의 60퍼센트를 차지하기로 마음먹었다고 칩시다. 그러면 시리얼로 얻을 수 있는 이익을 대부분 취할 수 있으니까요. 그 과정에서 켈로그는 망가질 겁니다. 그래도 저는 그렇게 할 수 있다고 생각하죠.

일부 사업의 경우, 참가자들이 노망난 켈로그처럼 행동합니다. 다른 사업에서는 그렇지 않아요. 안타깝게도 저는 어떻게 그런 일이 일어날지 예측하는 완벽한 모형을 갖고 있지는 않습니다. 가령 음료 시장을 살펴보면, 펩시와 코카콜라 등 두 탄산음료 업체가 모두 큰돈을 버는 시장이 많은 한편, 두 업체의 수익 대부분을 파괴하는 다른 시장도 많습니다. 이는 자본주의에 적용하는 개별적 양상의 특수성으로 귀결됩니다. 그래서 해당 시장과 관련된 사람들을 알아야 어떤 일이 벌어지는지 제대로 이해할 수 있다고 생각합니다.

물론 미시경제학에는 특허, 등록상표, 독점 프랜차이즈[20] 같은 개념들이 있습니다. 특허는 상당히 흥미롭습니다. 저는 젊은 시절에는 특허에서 얻는 돈보다 거기에 들어가는 돈이 더 많다고 생각했습니다. 이전에는 판사들이 실제로 발명된 부분과 과거 기술에 의존한 부분에 관한 논쟁을 토대로 특허권을 폐기하는 경향이 있었습니다. 그런 문제는 완전히 명확할 수 없습니다. 그런데 그게 바뀌었습니다. 법이 바뀐 게 아니라, 모든 관련 소송이 특허법원으로 가도록 행정 처리를 한 거죠. 현재 특허법원은 상당히 친특허적입니다. 그래서 지금은 사람들이 특허 보유로 돈을 많이 버는 것 같습니다.

물론 등록상표는 사람들에게 항상 많은 돈을 벌어다 주었습니다. 등록상표 시스템은 대기업에 아주 좋은 시스템입니다. 등록상표가 잘 알려져 있다면 말이죠.

독점 프랜차이즈도 아주 좋을 수 있습니다. 대도시에 세 개의 텔레비전 채널만 허용되고, 여러분이 그중 하나를 보유했다고 가정해봅시다. 하루에 여러분의 방송을 송출하는 시간은 한정되어 있습니다. 그래서 케이블 방송이 나오기 이전에는 과점 상태에서 자연스럽게 입지를 확보할 수 있었죠. 또한 여러분이 공항에 있는 유일한 식당의 운영권을 갖고 있다면 손님은 이미 확보된 셈입니다. 일종의 작은 독점권을 가진 것이죠.

미시경제학의 뛰어난 가르침은 기술이 여러분을 도울 때와 죽일 때를 구분해야 한다는 것입니다. 대다수 사람은 이 구분을 머릿속에서 제대로 할 줄 모릅니다. 하지만 워런 버핏 같은 사람은 할 줄 알죠. 가령 우리는 직물 사업을 한 적이 있습니다. 끔찍한 일상품 사업이죠. 게다가 우리가 만드는 건 진짜 일상품인 저가 직물이었습니다. 어느 날, 회사 사람들이 워런에게 와서 "기존 방직기보다 두 배나 많은 직물을 만드는 신형 방직기가 개발되었습니다."라고 알렸습니다. 그러자 워런은 "맙소사! 그게 잘 작동하지 않았으면 좋겠네요. 잘 작동한다면 공장 문을 닫아야 하니까요."라고 말했습니다. 그의 말은 진담이었습니다.

워런은 무슨 생각을 한 걸까요? 그는 이렇게 생각했습니다. '이건 형편없는 사업이야. 기준치에 못 미치는 수익을 올리는데도 단지 나이 많은 노동자들을 배려해서 계속 운영하고 있는 거야. 형편없는 사업에 거액의 신규 자금을 투입할 수는 없지.' 그는 일상품 제조에 더 나은 기계가 도입되어 생산성이 크게 높아지면 그 혜택이 모두 직물 구매자에게 돌아갈 것을 알았습니다. 오너인 우리의 배를 불릴 건 없었다는 겁니다.

이는 대단히 명백한 개념입니다. 놀랍고 새로운 온갖 발명이 오너에게는 여전히 형편없는 사업에 훨씬 많은 돈을 쓸 기회 말고는 아무것도 주지 않죠. 돈은 여전히 오너에게 들어오지 않습니다. 뛰어난 개선에서 비롯된 모든 이점은 소비자에게 흘러갑니다.

반대로 여러분이 위스콘신주 오시코시에 있는 유일한 신문사를 보유하고 있는데, 좀 더 효율적인 신문 제작 방식을 고안했다고 가정해봅시다. 이 경우 오래된 기술을 버리고 성능 좋은 신형 컴퓨터 같은 것을 도입하면, 그에 따라 절감되는 돈은 모두 실적에 바로 반영됩니다.

기계를 파는 사람들 그리고 대개는 그걸 사라고 압박하는 내부의 관료적인 사람들조차 그 신기술을 현재 가격으로 도입할 때 아끼게 될 금액을 항상 제시합니다. 그들은 두 번째 단계의 분석을 하지 않습니다. 그건 절감분 중 얼마가 회사에 남는지 그리고 얼마가 소비자에게 흘러가는지 파악하는 것입니다. 저는 평생 이 두 번째 단계까지 포함한 예측을 단 한 번도 본 적이 없습니다. 그렇지 않은 예측은 항상 봅니다. 거기에는 항상 이렇게 적혀 있죠. "이 자금을 지출하면 엄청 많은 돈을 절감해 3년이면 비용을 회수할 수 있다."

그래서 여러분은 3년이면 비용을 회수할 수 있는 것들을 계속 사들입니다. 그렇게 20년 동안 하고 난 후에도 연간 수익률은 겨우 4퍼센트 수준에 불과합니다. 그게 직물 사업입니다. 새로 도입한 기계가 더 낫지 않은 건 아닙니다. 다만, 비용 절감분이 여러분 몫이 되지 않는 겁니다.

비용 절감은 좋은 일입니다. 하지만 그 혜택이 기계를 구입한 사람에게 가지 않습니다. 이는 아주 단순하고 기본적인 내용입니다. 그런데도 잊어버리는 경우가 너무 많습니다.

제가 보기에 대단히 흥미로운 또 다른 미시경제학의 모형이 있습니다. 우리 사회처럼 기술이 빠르게 발전하면 이른바 '경쟁적 파괴'라는 현상이 일어납니다. 여러분이 최고의 말채찍 생산 공장을 갖고 있는데, 갑자기 말 없는 작은 마차가 등장하는 거죠. 그러면 머지않아 여러분의 말채찍 사업은 망합니다. 다른 사업을 하든지 그냥 죽는 거예요. 즉, 여러분은 파괴된 겁니다. 이런 일은 계속 반복됩니다.

새로운 사업이 생기면 초기 진입자들은 커다란 이점을 누립니다. 그들에게 적용되는 모형을 저는 서핑이라 부릅니다. 서퍼가 파도에 올라타면 가만히 있어도 아주 멀리 갈 수 있죠. 반대로, 파도에서 떨어지면 얕은 물에 갇히게 됩니다. 파도의 끝자락에 서 있으면 아주 오래 탈 수 있습니다. 초기의 내셔널 캐시 레지스터를[21] 비롯해 마이크로소프트나 인텔 같은 기업들이 그런 경우에 해당하죠.

현금등록기는 문명에 크게 기여한 발명품 중 하나였습니다. 아주 놀라운 이야기죠. 존 헨리 패터슨은 돈을 전혀 벌지 못하는 작은 소매상이었습니다. 어느 날, 누군가가 그에게 조잡한 현금등록기를 팔았습니다. 그는 그걸 가게에 들여놓았죠. 그러자 갑자기 흑자가 나기 시작했습니다. 직원들이 돈을 훔치기가 훨씬 어려워졌거든요.

패터슨은 '가게에 도움이 되네.'라고 생각하는 게 아니라, '현금등록기 사업을 해야겠어.'라고 생각하는 유형의 사람이었습니다. 그래서 내셔널 캐시 레지스터를 만들었고, 파도에 올라탔습니다. 그는 최고 유통 시스템과 최다 특허를 비롯해 모든 것에서 최고를 달렸습니다. 또한 기술이 발전하는 과정에서 중요한 모든 것에 열정적으로 매달렸습니다.

제가 가진 파일에는 내셔널 캐시 레지스터의 초기 발표 자료가 있습니다. 패터슨이 자신의 경영 방식과 목적을 설명하는 내용이 담겨 있죠. 현금등록기 사업에 대한 그의 구상을 들어보면, 초기에 지분을 사는 것이 100퍼센트 확실한 방법임을 잘 교육받은 오랑우탄도 알 수 있었습니다. 물론 투자자는 그런 기회를 찾아야 합니다. 긴 인생을 살아가는 동안 큰 수익이 기대되는 기회가 적어도 두어 번은 옵니다. 기회를 잡는 지혜와 의지를 갖추기만 한다면 말이죠. 어쨌든 서핑은 아주 강력한 모형입니다.

하지만 버크셔 해서웨이는 대개 복잡한 기술로 서핑을 하는 사람들에게 투자하지 않습니다. 결국 여러분도 눈치챘겠지만 우리는 괴팍하고 유별납니다. 워런과 저는 우리가 하이테크 분야에서 큰 우위를 지닌다고 생각하지 않습니다. 오히려 소프트웨어나 컴퓨터 칩 같은 분야에서 이루어지는 기술적 발전의 성격을 이해하는 일에 있어서는 크게 불리하다고 생각합니다. 그래서 우리의 개인적 자질 부족 때문에 그런 것들을 피하는 편입니다.

다시 말하지만, 이건 대단히 강력한 생각입니다. 모든 사람에게는 역량의 범위가 있습니다. 그 범위를 넓히기는 대단히 어렵습니다. 제가 음악가로 먹고살아야 한다면 어떨까요? 우리 사회에서 음악이 능력의 척도가 된다면 제가 속할 등급이 얼마나 낮을지 설명하기 어려울 정도입니다. 그러니 여러분이 무엇을 잘하는지 알아야 합니다. 다른 사람들은 잘하는데 여러분은 못하는 게임을 하면 지기 마련입니다. 그건 거의 확실하게 예측할 수 있습니다. 여러분이 어디서 우위를 점하는지 알아야 합니다. 여러분의 역량 범위 안에서 플레이해야 합니다.

세계 최고의 테니스 선수가 되고 싶다면, 먼저 자기가 얼마나 잘하는지 시험해볼 수 있습니다. 그러면 곧 가망이 없다는 걸 알게 되겠죠.

다른 사람들이 여러분보다 잘하니까요. 하지만 베미지에서 최고의 배관업자가 되고 싶다면 여러분 중 3분의 2는 아마 가능할 겁니다. 물론 의지와 지능이 필요합니다. 하지만 시간이 지나면 베미지에서 배관업을 하는 데 필요한 모든 것을 점차 알게 되고, 거기에 통달할 겁니다. 그건 충분히 노력하면 달성 가능한 목표입니다. 한 번도 체스 대회에서 우승하거나, 주요 테니스 토너먼트에서 센터 코트에 서지 못한 사람도 천천히 역량을 키우면 상당히 높은 삶의 고지까지 오를 수 있습니다. 자신이 타고난 것과 노력을 통해 서서히 개발한 것이 합쳐져서 그런 결과가 나오게 됩니다.

이처럼 어떤 우위는 획득할 수 있습니다. 삶이라는 게임에서 사람들 대부분은 어느 정도는, 베미지의 뛰어난 배관업자처럼 되려고 노력합니다. 체스 세계 대회에서 우승하도록 선택받은 사람은 극소수입니다. 여러분 중 일부는 인텔이나 마이크로소프트 같은 새로운 하이테크 분야에서 서핑할 기회를 얻을지 모릅니다. 사람들이 자기는 그런 일을 아주 잘한다고 생각하지 않아 멀찍이 거리를 두었다고 해서 여러분이 그걸 하는 게 비합리적인 것은 아닙니다.

기본적인 미시경제학 모형과 약간의 심리학, 약간의 수학이 제가 말하는 세속적인 지혜의 일반적 하부 구조를 만드는 데 도움이 된다는 이야기는 충분히 한 것 같습니다. 이제 당근에서 디저트로 넘어가고 싶다면, 종목 선정으로 주제를 돌리겠습니다. 이야기하는 동안 일반적인 세속적 지혜도 참고하도록 하겠습니다.

신흥 시장이나 채권 차익 거래 같은 건 다루고 싶지 않습니다. 아주 평범한 종목 선정 이야기만 하겠습니다. 그것만 해도 충분히 복잡하니까요. 일반적인 종목 선정만 해도 그렇습니다.

첫 번째로 제기할 질문은 "주식 시장의 속성은 무엇인가?"입니다.

이 질문은 제가 로스쿨을 졸업하고 한참 후에 엄청난 인기를 끈 '효율적 시장 이론'으로 곧장 이어집니다. 이는 매우 흥미로운 일입니다. 버핏이 경영을 맡은 초창기부터 지금까지 내내 버크셔 해서웨이의 주요 주주인 세계적인 경제학자가 있습니다. 그가 쓴 교과서는 주식 시장이 완벽하게 효율적이며, 누구도 주식 시장을 이길 수 없다고 줄곧 가르쳤습니다. 하지만 그는 자기 돈을 버크셔에 넣었고, 부자가 되었습니다. 유명한 파스칼의 내기(신이 존재하는 경우와 존재하지 않는 경우의 결과를 따질 때 존재한다고 믿는 편이 이득이라는 논리)처럼 자신의 베팅이 틀릴 경우를 대비한 것이죠.

주식 시장은 사람들이 이기지 못할 만큼 효율적일까요? 효율적 시장 이론은 분명 대체로 맞습니다. 시장은 상당히 효율적이며, 누구라도 단지 영리하고 엄격한 종목 선정만으로 시장을 크게 이기기는 상당히 어렵습니다. 실제로 평균적인 결과는 평균적인 결과여야 합니다. 본질적으로 모두가 시장을 이길 수는 없습니다. 제가 항상 말하는 대로, 삶의 철칙은 오직 20퍼센트의 사람만이 상위 5퍼센트에 들 수 있다는 겁니다. 그게 현실입니다. 따라서 답은 효율적인 부분도 있고, 비효율적인 부분도 있다는 겁니다.

그건 그렇고 제가 효율적 시장 이론을 극단적으로 따르는 사람들을 부르는 말이 있습니다. 바로 '또라이'입니다. 효율적 시장 이론은 지적인 면에서는 일관성 있는 이론으로, 그들이 멋들어진 수학을 할 수 있게끔 해줍니다. 그래서 수학적 재능이 뛰어난 사람들에게 매력적입니다. 다만, 근본적인 가정이 현실과 잘 맞지 않는다는 어려움이 있습니다. 다시 말하지만, 망치를 가진 사람에게는 모든 문제가 못처럼 보이는 법입니다. 고등수학을 일관성 있게 조작하는 일을 잘한다면 그걸 활용하게끔 가정하지 못할 이유가 있을까요?

제가 주식 시장에서 일어나는 일을 단순하게 표현하기 위해 즐겨 쓰는 모형은 경마장의 상금 배당 시스템입니다.[22] 생각해보면 이 시스템은 일종의 시장입니다. 모두가 가서 베팅을 하고, 베팅에 따라 확률이 변하죠. 주식 시장에서도 그런 일이 일어납니다.

아무리 멍청하다고 해도 무게가 가볍고 승률이 높고 좋은 위치를 차지한 말이, 기록이 나쁘고 추가 무게를 지는 말보다 우승할 확률이 높다는 걸 알 수 있습니다. 문제는 배당률입니다. 나쁜 말은 1 대 100인 반면, 좋은 말은 2 대 3이 나옵니다. 그러면 페르마와 파스칼의 수학을 활용할 때 어느 쪽이 통계적으로 최고의 베팅인지 분명하지 않습니다. 시스템을 이기기 아주 어렵게 배당률이 바뀌었습니다. 게다가 경마장에서 수수료를 17퍼센트나 떼어갑니다. 그래서 다른 모든 경마꾼을, 그것도 큰 폭으로 이겨야 합니다. 그래야 평균을 냈을 때 17퍼센트의 수수료를 경마장에 떼어주고 남는 돈을 가질 수 있지요.

이런 계산을 감안하면, 지능만 가지고 경마로 돈을 벌 수 있을까요? 지능은 어느 정도의 우위를 제공합니다. 아무것도 모르는 많은 사람이 그냥 운이 좋을 것 같은 번호에 돈을 거니까요. 그래서 말의 능력만 생각하는 영리하고 수학적인 사람은 상당한 우위를 점할 수 있습니다. 경마장 수수료라는 마찰 비용이 없다면 말이죠.

안타깝게도 영리한 경마꾼이 누리는 우위는 대부분 평균 손실을 줄이는 데 그칩니다. 한 시즌 동안 평균적인 결과를 냈을 때 입는 손실을 17퍼센트에서 10퍼센트 정도로 줄일 뿐이죠. 다만, 17퍼센트의 수수료를 내고도 돈을 버는 소수가 실제로 있습니다.

저는 젊은 시절 마차 경주 도박만 하면서 상당한 돈을 버는 사람과 포커를 치곤 했습니다. 마차 경주는 비교적 비효율적인 시장입니다. 일반 경마만큼 깊이 있는 지식을 갖고 베팅하는 사람이 드물죠. 제 포커

친구는 마차 경주 도박을 직업으로 여겼습니다. 그는 배당률이 잘못된 경주가 나올 때만 베팅을 했습니다. 그렇게 해서 경마장에 17퍼센트 정도의 수수료를 지불하고도 상당한 돈을 벌 수 있었죠.

그런 경우는 아주 드물다고 볼 수 있습니다. 하지만 경마 시장은 완벽하게 효율적이지 않습니다. 또한 17퍼센트라는 높은 수수료가 아니었다면 수많은 사람이 경마에서 다른 수많은 사람을 꾸준히 이겼을 겁니다. 물론 경마 시장은 효율적입니다. 완벽하게 효율적이지 않을 뿐입니다. 그래서 충분한 수완과 열의를 가진 사람은 다른 사람들보다 나은 결과를 얻을 수 있습니다.

주식 시장도 수수료가 훨씬 낮다는 게 다를 뿐 마찬가지입니다. 호가 스프레드(매수 호가와 매도 호가의 차이)에 수수료를 더한 거래 비용을 보면 너무 자주 매매하지 않는 한 상당히 낮다고 말해도 무방합니다. 그래서 충분한 열의와 절제력을 갖춘 일부 영리한 사람들은 반드시 평균보다 훨씬 나은 결과를 내게 될 것입니다.

그게 쉬운 일은 결코 아닙니다. 그리고 물론 50퍼센트는 하위 50퍼센트에, 70퍼센트는 하위 70퍼센트에 머물 것입니다. 그러나 일부는 우위를 누릴 것입니다. 그들은 상당히 낮은 거래 비용을 내면서 종목 선정을 통해 평균보다 나은 결과를 낼 것입니다.

어떻게 하면 상대적 의미에서 패자가 아닌 승자가 될 수 있을까요? 앞서 말한 상금 배당 시스템을 참고해야 합니다. 저는 어제 순전히 우연으로 샌타애니타 경마장 대표와 저녁을 먹었습니다. 그는 경마장과 외상 거래를 하는 두세 명의 경마꾼이 있다고 말했습니다. 장외 베팅을 하는 그들은 실제로 돈을 법니다. 경마장은 수수료를 제한 상금을 그들에게 보냅니다. 많은 경우 라스베이거스로 보내죠. 돈을 따는 사람들은 실제로 수수료를 제한 후에도 약간의 수익을 냅니다. 경마처럼 예측하기 어려운 분야에서도 수완을 발휘하는 거죠.

모든 것에 대해 모든 것을 아는 재능 같은 건 인간에게 없습니다. 하지만 그렇게 되려고 열심히 노력하는 사람, 배당률이 잘못된 경주를 찾아 세상을 살피는 사람들은 가끔 기회를 잡습니다. 또 현명한 사람은 세상이 그런 기회를 줄 때 많이 베팅합니다. 확률이 자신에게 유리하면 크게 베팅합니다. 그렇지 않을 때는 베팅하지 않고요. 아주 간단하죠.

이는 아주 단순한 개념입니다. 제게는 상금 배당 시스템뿐 아니라 다른 모든 경험에서 볼 때 명백히 옳은 개념이기도 합니다. 하지만 투자 운용 측면에서는 사실상 누구도 그렇게 하지 않습니다. 우리는, 그러니까 버핏과 멍거는 그렇게 합니다. 우리만 그러는 게 아닙니다. 하지만 대다수 사람은 머릿속에 다른 정신 나간 생각을 품고 있습니다. 그들은 거의 확실한 기회를 기다렸다가 낚아채지 않습니다. 그 대신 조금만 더 열심히 노력하거나 경영대학원 출신을 더 많이 채용하면, 항상 모든 것에 대해 모든 것을 알게 된다고 생각하는 것 같습니다. 제가 보기에는 완전히 미친 생각입니다.

얼마나 많은 통찰이 필요할까요? 저는 평생 살아가는 동안 많은 통찰이 필요한 건 아니라고 봅니다. 버크셔 해서웨이 그리고 버크셔 해서웨이가 축적한 수십억 달러의 수익을 생각해보십시오. 그 대부분이 10개의 가장 뛰어난 통찰 덕분에 벌어들인 것입니다. 또한 아주 명민한 사람이 거기에 평생을 바쳤습니다. 워런은 저보다 훨씬 유능하고 절제력이 대단합니다. 그가 10개의 통찰만 가졌다는 말이 아닙니다. 단지 수익 대부분이 10개의 통찰에서 나왔다는 겁니다.

여러분도 돈을 벌 줄 아는 경마꾼처럼 생각하면 대단히 좋은 투자 실적을 올릴 수 있습니다. 투자에 대해서, 이길 확률이 상당히 낮고, 헛소리와 광기로 가득하며, 가끔 배당률이 잘못된 판이 나오는 게임이라고 생각하세요. 아마 여러분은 평생에 걸쳐 그런 판을 수천 개씩 찾아낼 만큼 똑똑하지 않을 겁니다. 그러니 몇 번의 드문 판이 열렸을 때 정말로 크게 가야 합니다. 아주 단순합니다.

워런은 경영대학원에서 강연할 때 이렇게 말합니다. "제가 여러분의 재정 상태를 궁극적으로 개선할 방법이 있습니다. 여러분에게 20개의 칸이 있는 카드를 주는 겁니다. 도장을 20번 찍을 수 있게 말입니다. 그건 여러분이 평생 동안 하게 될 투자 횟수를 나타냅니다. 카드에 도장이 다 찍히면 더 이상 투자할 수 없습니다. 이런 규칙하에서는 여러분이 할 일을 정말로 신중하게 생각하기 마련입니다. 신중하게 결정한 종목에 크게 투자할 수밖에 없고요. 그러면 실적이 훨씬 나아질 겁니다."

다시 말하지만, 이건 제게는 실로 명백한 개념입니다. 워런에게도 그렇습니다. 하지만 미국의 경영학 강의실에서 누구라도 그렇게 말하는 일은 드물죠. 통념에 어긋나니까요.

제가 보기에 돈을 벌려면 대단히 선택적으로 베팅해야 한다는 말은 당연한 겁니다. 아주 어렸을 때부터 그랬습니다. 다른 많은 사람은 왜 그렇게 생각하지 않는지 모르겠습니다.

사람들이 투자 운용을 실로 바보처럼 하는 이유가 있습니다. 제가 만난 인조 미끼 판매자 이야기가 그 이유를 잘 말해줍니다. 저는 그 사람에게 "세상에! 보라색과 초록색이네요. 물고기들이 정말로 이걸 물어요?"라고 물었습니다. 그러자 그가 "이봐요, 내 고객은 물고기가 아니에요."라고 대꾸하더군요.

투자 자산 운용사들은 그 인조 미끼 판매자와 같습니다. 그들은 이미 소금을 너무 많이 가진 가게 주인에게 소금을 파는 세일즈맨과 같죠. 세일즈맨은 가게 주인이 소금을 사는 한 계속 팔 겁니다. 하지만 투자 자문을 구하는 사람들에게는 대개 그런 방식이 도움이 되지 않습니다.

투자 자산 운용사들이 버크셔 해서웨이 스타일로 투자하면 지금처럼 많은 보수를 받기 어려울 겁니다. 월마트나 코카콜라 또는 다른 기업의 주식을 대량으로 보유하기만 할 테니까요. 그냥 깔고 앉는 겁니다. 그래도 고객은 부자가 됩니다. 하지만 시간이 지나면 고객은 이렇게 생각할 겁니다. '그냥 좋은 주식을 갖고만 있으면 되는데 1년에 0.5퍼센트의 수수료를 왜 줘야 하지?'

그래서 투자자에게 타당한 방식은 운용사에게 타당한 방식과 다릅니다. 사람의 일이 대개 그렇듯이 행동을 좌우하는 것은 의사 결정자에 대한 인센티브이며, 인센티브를 올바로 설정하는 일은 대단히 중요합니다.

인센티브와 관련해 모든 기업 중에서 제가 가장 좋아하는 사례는 페덱스, 곧 페더럴 익스프레스입니다.[23] 그들의 서비스를 온전하게 만드는 시스템의 핵심은 야간에 모든 비행기를 한자리에 모은 다음, 화물을 이 비행기에서 저 비행기로 옮기는 겁니다. 이 과정이 지연되면 고객에게 온전한 서비스를 제공하지 못합니다. 그런데 항상 문제가 생겼습니다. 제시간에 작업을 마무리한 적이 한 번도 없었습니다. 회사는 도덕적 설득이나 협박 등 온갖 수단을 동원했습니다. 하지만 아무것도 통하지 않았죠. 마침내 누군가가 급여 지급 기준을 작업 시간이 아니라 작업 물량으로 바꾸고, 모든 물량을 처리하면 퇴근시키자는 아이디어를 제시했습니다. 그러자 하룻밤 사이에 문제가 해결되었습니다.

이처럼 인센티브를 올바로 설정하는 일은 대단히 중요합니다. 페더럴 익스프레스에는 해결책이 무엇인지 명확하지 않았습니다. 하지만 앞으로 여러분에게는 해결책이 명확하게 보이는 경우가 좀 더 많을 것입니다.

좋습니다. 이제 우리는 시장이 상금 배당 시스템과 같은 수준의 효율성을 지닌다는 사실을 알았습니다. 경마에서는 사람들이 선호하는 말이 부진한 말보다 좋은 성적을 낼 가능성이 큽니다. 하지만 그런 말에 베팅한다고 해서 반드시 우위를 달리는 것은 아닙니다.

뛰어난 경쟁사와 강성 노조에 시달리는 일부 철도회사 주식은 주식시장에서 장부 가치의 3분의 1 가격에 살 수 있습니다. 반면, IBM은 전성기 때 장부 가치의 여섯 배 가격으로 거래되었습니다. 상금 배당 시스템과 같은 거죠. 제아무리 멍청이라도 IBM의 사업 전망이 철도회사보다 낫다는 걸 압니다. 하지만 주가를 고려하면 두 주식 사이에서 하나를 선택하는 매수자에게 무엇이 최선일지는 그렇게 명확하지 않습니다. 이는 상금 배당 시스템과 많이 비슷합니다. 그래서 이기기가 꽤 어렵지요.

투자자가 시장을 이기기 위해서는, 다시 말해 장기적으로 평균 이상의 수익률을 올리기 위해서는 어떤 스타일로 종목을 선정해야 할까요? 많은 사람이 매력을 느끼는 표준적인 기법은 이른바 업종 순환입니다. 이 기법은 가령 정유주가 유통주 등보다 나은 수익률을 올릴 때를 파악합니다. 그래서 시장의 인기 업종만 쫓아다니면 다른 사람들보다 나은 선택을 하게 되겠죠. 그걸 장기적으로 하면 앞서나가는 겁니다.

그러나 저는 이 방식으로 부자가 된 사람을 알지 못합니다. 일부 사람들은 그렇게 할 수 있을지도 모릅니다. 불가능하다는 게 아닙니다. 하지만 제가 아는 수많은 부자는 모두 그렇게 하지 않습니다.

두 번째 기본적인 접근법은 워런과 제가 깊이 존경하는 벤저민 그레이엄의[24] 접근법입니다. 그중 한 가지 요소는 오너의 개인적 가치라는 개념입니다. 즉, 기업이 매각될 경우 오너는 얼마의 가치를 지니느냐 하는 것입니다. 그 가치는 많은 경우 계산 가능합니다. 그런 다음 주가에 발행 주식 수를 곱한 값이 매각 가치의 3분의 1 이하라면, 그레이엄은 상당히 유리한 입장에 서게 된다고 말합니다. 늙은 술꾼이 운영하는 고루한 회사라도 이 정도로 주당 실질 가치가 크게 초과하면 온갖 좋은 일이 일어날 수 있습니다. 상당한 초과 가치를 확보해두면 그레이엄이 말하는 이른바 '안전 마진'이 커집니다.

하지만 그레이엄은 세상이 1930년대의 셸 쇼크Shell Shock〔전쟁으로 인한 심리적 충격〕에서 아직 벗어나지 못했을 때 활동했습니다. 당시는 영미권에서 약 600년 만에 경기가 가장 심하게 위축되던 시기였죠. 제가 알기로 리버풀의 밀 가격이 물가 상승률을 반영했을 때 600년 만에 최저 수준으로 내려갔습니다. 이후로 오랫동안 사람들은 극심한 여파에 시달렸습니다. 그레이엄은 1930년대의 폭락이 초래한 여파에 자신만의 가이거 계수기Geiger counter를 대어보고, 주가가 주당 운전 자본 등의 기준보다 낮다는 사실을 확인했습니다. 당시에 운전 자본은 사실상 주주들 소유였습니다. 직원들이 더 이상 쓸모없어지면 그냥 모조리 해고해버리고, 운전 자본은 오너의 호주머니로 들어갔죠. 당시에는 그렇게 자본주의가 굴러갔습니다.

물론 지금은 그런 회계 방식이 현실적이지 않습니다. 사업이 위축되기 시작하는 순간, 상당한 자산이 사라지기 때문입니다. 사회규범과 새로운 법률에 따라 직원들에게 아주 많은 자산이 할당됩니다. 그래서 기업이 주춤하는 순간 대차대조표의 일부 자산은 더 이상 거기에 없습니다.

다만, 작은 자동차 매장을 혼자 운영하는 경우라면 그렇지 않을 수도 있습니다. 직원 의료보험 혜택 같은 것 없이 운영할 수 있으니까요. 그래서 사업이 어려워지면 운전 자본을 갖고 집에 가면 됩니다. 하지만 IBM은 그럴 수 없었거나, 최소한 그렇게 하지 않았습니다. IBM이 기술적 환경 변화와 시장에서의 입지 약화로 사업 규모 축소를 결정했을 때 대차대조표에서 무엇이 사라졌는지 보십시오.

사업을 어떻게 망칠 수 있는지 보고 싶다면 IBM은 적절한 사례입니다. 거기서 일한 사람들은 똑똑하고 기강이 잡혀 있었습니다. 하지만 기술 변화에 따른 혼란이 너무 심해서 60년 동안 성공적으로 서핑을 하던 IBM은 파도에서 튕겨 나가고 말았습니다. 엄청난 몰락이었죠. 이는 기술 부문의 어려움을 알려주는 생생한 교훈이며, 워런과 멍거가 기술 부문을 그다지 좋아하지 않는 이유 중 하나입니다. 우리는 우리가 거기서 잘할 수 있다고 여기지 않으며, 오히려 이상한 일들이 일어날 수 있다고 생각합니다.

어쨌든 제가 말하는 고전적인 벤저민 그레이엄식 개념의 문제점은 세상 사람들이 점차 현명해지고, 실질적이고 명확한 할인 종목이 사라진다는 겁니다. 그래서 그 잔해에 가이거 계수기를 대어봐야 검출되는 게 없지요.

하지만 앞서 말한 대로 망치를 가진 사람에게는 모든 문제가 못처럼 보이기 마련입니다. 그래서 벤저민 그레이엄 추종자들은 가이거 계수기의 설정을 바꾸는 방식으로 대응했습니다. 사실상 할인 종목을 다른 방식으로 정의하기 시작한 거죠. 또한 그들은 항상 하던 일을 그대로 할 수 있도록 정의를 계속 바꾸었습니다. 그래도 여전히 아주 잘 통했습니다. 그만큼 벤저민 그레이엄의 현명한 시스템은 아주 좋았습니다.

물론 가장 뛰어난 부분은 '미스터 마켓'이라는 개념입니다. 그레이엄은 시장이 효율적이라고 생각하지 않았습니다. 오히려 매일 찾아오는 조울증 환자로 여겼습니다. 그래서 어느 날에는 "당신이 생각하는 가치보다 훨씬 싸게 팔게요."라고 말하다가도, 다른 날에는 "당신이 생각하는 가치보다 훨씬 비싸게 살게요."라고 말합니다. 이때 여러분은 더 많이 사거나, 이미 가진 것 중 일부를 팔거나, 아무것도 하지 않는 것 중에서 선택할 수 있습니다.

그레이엄이 보기에 항상 이런 일련의 선택지를 제공하는 조울증 환자와 거래하는 것은 축복이었습니다. 이는 아주 중요한 관점입니다. 성인이 된 후로 버핏에게 내내 대단히 유용한 관점이기도 했죠. 하지만 그레이엄의 고전적인 방식을 그대로 따르는 데 머물렀다면 우리가 올린 실적을 절대 올리지 못했을 겁니다. 그 이유는 그레이엄이 우리처럼 하려고 시도하지 않았기 때문입니다.

가령 그레이엄은 경영자와 대화하기를 원한 적이 없습니다. 그 이유는 대중을 고려하는 훌륭한 교수처럼 누구나 활용할 수 있는 시스템을 고안하려 했기 때문입니다. 그는 일반인이 경영자와 대화해서 새로운 것들을 배울 수 있다고 생각하지 않았습니다. 그는 또한 경영자들이 눈속임을 꾀하고 정보를 매우 교묘하게 포장하는 경우가 많다고 생각했습니다. 그래서 아주 어려운 일이었죠. 물론 인간의 본성은 변하지 않기 때문에 지금도 그 점은 똑같습니다.

그래서 우리는 그레이엄주의자로 출발했고, 그의 방식이 잘 통하기는 했지만 점차 더 나은 통찰을 얻었습니다. 가령 장부 가치의 두세 배 가격에 매매되는 일부 기업의 주식은 여전히 엄청나게 저렴하다는 사실을 깨달았습니다. 그 이유는 주가의 위치에 내재된 모멘텀momentum〔주가 추세의 속도가 증가하고 있는지 감소하고 있는지 측정한 지표〕때문이었습니다. 이 모멘텀은 때로 일부 개인이나 시스템에서 뚜렷하게 드러나는 드문 경영 기술과 결합했습니다. 우리는 그레이엄이 기겁할 정량적 척도를 토대로 할인 종목을 파악할 수 있다는 사실을 깨달았습니다. 이 난관을 넘어선 후에는 더 나은 기업에 대해 생각하기 시작했죠.

버크셔 해서웨이가 벌어들인 수십억 달러 중 상당 부분은 뛰어난 기업에 대한 투자에서 나왔습니다. 초반에 얻은 2억 달러나 3억 달러의 수익은 가이거 계수기를 들고 바삐 뛰어다닌 결과물이죠. 하지만 수익의 대부분은 대단한 기업에 투자한 데서 나왔습니다. 심지어 초기 자금 중 일부는 잠시 대단한 기업의 주식을 보유한 덕분에 벌어들인 것이었습니다. 가령 버핏 파트너십은 아메리칸 익스프레스와 디즈니의 주가가 크게 하락했을 때 두 회사의 주식을 보유하기도 했습니다.

고객은 투자 운용사들이 많은 것에 대해 많은 것을 알기를 기대합니다. 대다수 투자 운용사가 그런 게임에 참여하고 있습니다. 버크셔 해서웨이에는 우리를 해고할 고객이 없었습니다. 그래서 그런 태도에 휘둘리지 않아도 되었습니다. 또한 우리는 배당률이 잘못된 베팅 기회를 찾아내고, 맞는다는 자신감이 들면 크게 간다는 생각을 하게 되었습니다. 그래서 분산화는 아주 적게 했죠. 저는 우리의 시스템이 훨씬 낫다고 생각합니다.

공정하게 말하자면 많은 자산 운용사들이 우리의 시스템을 따르면서 성공적으로 영업할 수 있으리라 생각하지 않습니다. 하지만 어떤 연기금에 40년 동안 투자하는 경우, 결국에는 모두 잘 풀리기만 한다면 출발선부터 결승선까지 가는 길이 약간 더 험하거나, 다른 모든 사람이 가는 길과 약간 다르다고 해서 무슨 차이가 있을까요? 약간의 추가 변동성이 있는 게 무슨 상관일까요? 오늘날의 투자 운용에서는 모두가 돈을 벌기를 원할 뿐 아니라, 상승 방향 말고는 절대 표준 경로에서 크게 벗어나지 않기를 원합니다. 이는 대단히 인위적이고 정신 나간 생각입니다. 정말로 자신에게 족쇄를 채우는 짓입니다.

투자 운용사는 "그렇게 해야 합니다. 우리를 평가하는 기준이 그러니까요."라고 말할 겁니다. 현재 사업의 구성 방식을 감안하면 맞는 말일지도 모릅니다. 하지만 합리적인 소비자의 관점에서 보면 전체 시스템이 엉터리이며, 수많은 인재를 사회적으로 쓸모없는 활동에 끌어들입니다. 버크셔의 시스템은 엉터리가 아닙니다. 똑똑한 사람도 다른 매우 똑똑하고 열심히 일하는 사람들과 맞붙는 대단히 경쟁적인 세상에서는 실로 귀중한 통찰을 하는 것은 드뭅니다. 이는 너무나 기초적인 사실입니다.

또한 항상 모든 것에 대해 모든 것을 아는 척하기보다 매우 드물지만 귀중한 통찰을 했을 때 크게 가는 것이 합리적입니다. 처음부터 타당하지 않은 일을 하기보다, 타당한 일을 하려고 들면 잘할 확률이 훨씬 높습니다. 너무나 당연한 것 아닌가요? 여러분 중에서 동일한 정도로 확신하는 56개의 명민한 통찰을 지닌 사람이 얼마나 될까요? 손들어보세요. 반대로, 어느 정도 확신하는 두세 개의 통찰을 지닌 사람은 얼마나 될까요? 이 질문으로 저의 주장을 마무리하겠습니다.

우리는 실제로 우량 기업들을 통해 돈을 벌었습니다. 전체 기업을 사들인 적도 있고, 주식만 대량으로 사들인 적도 있었습니다. 지난 실적을 분석해보면 큰돈은 우량 기업들을 통해 벌었습니다. 큰돈을 번 사람들 대다수도 그랬습니다.

버크셔 해서웨이의 시스템은 투자 문제의 진정한 속성에 적응해가고 있다고 생각합니다. 장기적으로 보면 주식이 해당 기업보다 훨씬 나은 수익률을 내기는 어렵습니다. 어떤 기업이 40년 동안 연 6퍼센트의 자본 수익률을 올린다고 가정합시다. 그 기업의 주식을 40년 동안 보유해도 총수익률이 연 수익률과 크게 다르지 않을 겁니다. 크게 할인된 가격에 매수했다고 해도 말이죠. 반면, 어떤 기업이 20년 내지 30년 동안 18퍼센트의 자본 수익률을 올린다면 어떨까요? 그 주식에 비싸 보이는 가격을 지불한다 해도 결국에는 엄청난 실적을 올릴 겁니다. 따라서 더 나은 기업에 투자하는 게 비결입니다. 이는 모멘텀 효과를 고려할 수 있는 모든 규모의 이점을 수반합니다.

어떻게 하면 대단한 기업에 투자할 수 있을까요? 한 가지 방법은 제가 말하는 소형주 발굴입니다. 즉, 덩치가 작을 때 사들이는 거죠. 가령 월턴이 월마트를 처음 상장시킬 때 사들이는 식입니다. 많은 사람이 그렇게 하려고 노력합니다. 이는 상당히 묘한 매력이 있는 생각입니다. 제가 젊다면 실제로 그렇게 할 겁니다. 하지만 버크셔 해서웨이에는 더 이상 통하지 않습니다. 돈이 너무 많으니까요. 그런 식으로는 우리 규모에 맞는 기업을 하나도 찾을 수 없습니다. 게다가 우리의 방식은 이미 정해졌습니다. 그래도 저는 소형주 발굴이 완벽하게 현명한 접근법이라고 생각합니다. 엄격한 기준으로 시도한다면 말이죠. 다만, 저는 해본 적이 없습니다.

대형주 발굴은 경쟁 때문에 명백히 아주 어렵습니다. 지금까지 버크셔는 그 일을 해냈습니다. 하지만 앞으로도 계속할 수 있을까요? 우리가 투자할 차세대 코카콜라는 어디일까요? 이 질문에 대한 답은 '모른다'입니다. 제가 보기에는 갈수록 어려워지는 것 같습니다.

우리가 많이 했던 이상적인 투자는 대단한 경영자가 있는 대단한 기업에 투자한 겁니다. 경영은 중요하니까요. 가령 웨스팅하우스를 맡았던 사람 대신 잭 웰치가 들어온 건 제너럴 일렉트릭에 엄청난 차이를 만들었습니다. 정말로 엄청난 차이였죠. 그러니 경영도 중요합니다. 경영자에 대해서는 어느 정도 예측이 가능합니다. 천재가 아니라도 잭 웰치가 다른 기업의 경영자들보다 더 통찰력 있는 사람이자 더 나은 경영자라는 걸 알 수 있습니다. 또한 디즈니가 대단히 강력한 근원적인 모멘텀을 갖추고 있으며, 마이클 아이즈너와 프랭크 웰스가[25] 매우 비범한 경영자라는 것도 알 수 있습니다.

그러니 대단한 경영자가 이끄는 대단한 기업에 투자할 드문 기회를 잡으세요. 물론 그건 축복받은 일이죠. 그런 기회가 왔을 때 크게 가지 않는 건 큰 실수입니다.

가끔은 너무나 재능이 뛰어나서 평범한 사람은 하지 못하는 일을 할 수 있는 사람을 봅니다. 저는 영국 기업 마크스 앤드 스펜서의 2대 경영자, 사이먼 마크스가[26] 그런 사람이었다고 생각합니다. 내셔널 캐시 레지스터의 패터슨도 마찬가지입니다. 월턴도 그런 사람이었습니다. 이런 사람들은 가끔 나타나며, 많은 경우 그리 어렵지 않게 알아볼 수 있습니다. 그들이 적절한 능력을 지녔다면, 그러니까 이런 사람들이 열의와 지능을 지녔다면 그들의 경영은 큰 중요성을 지닐 수 있습니다.

그러나 평균적으로는 기업의 질을 보고 베팅하는 것이 경영의 질을 보고 베팅하는 것보다 낫습니다. 다시 말해, 하나를 선택해야 한다면 경영자의 자질이 아니라 사업적 동력을 보고 베팅하세요. 다만, 경영자가 너무나 뛰어나서 평범해 보이는 기업이라도 투자하는 게 현명한 경우가 아주 드물게 있긴 합니다.

투자 운용역이나 다른 사람들이 논의하는 것을 본 적이 거의 없는 또 다른 아주 단순한 효과는 세금의 효과입니다. 30년 동안 15퍼센트의 누적 연간 수익률을 올리고 마지막에 35퍼센트의 세금을 내면, 결과적으로 세후 연간 13.3퍼센트의 수익이 남습니다.

반면, 같은 상품에 투자했지만 매년 15퍼센트의 수익에 대해 35퍼센트의 세금을 내면 어떻게 될까요? 누적 연간 수익률은 15퍼센트 빼기 15퍼센트의 35퍼센트, 즉 9.75퍼센트밖에 되지 않습니다. 3.5퍼센트 넘는 차이가 나는 거죠. 30년이라는 오랜 기간에 걸쳐 3.5퍼센트가 미치는 효과는 실로 놀랍습니다. 대단한 기업의 주식을 아주 오랫동안 깔고 앉아 있으면, 소득세 절감만으로 엄청난 우위를 얻을 수 있습니다.

연 10퍼센트의 수익률을 올리는 경우도 30년 후 마지막에 35퍼센트의 세금을 내면, 세후 누적 연간 수익률이 8.3퍼센트입니다. 반면, 마지막에 한 번이 아니라 해마다 35퍼센트의 세금을 내면, 연간 수익률은 6.5퍼센트로 줄어듭니다. 배당 지급률이 낮은 기업에 투자해 역사적 수준의 평균 수익률만 올린다 해도 세후 거의 연 2퍼센트의 수익률을 더 할 수 있는 거죠.

다만, 제가 오랫동안 지켜본 바에 따르면 사람들이 사업적 측면에서 흔히 저지르는 실수가 있습니다. 세금을 너무 많이 줄이려 드는 것은 실로 멍청한 실수를 초래하는 주된 원인 중 하나입니다. 사람들은 세금 문제를 과도하게 신경 쓰다가 끔찍한 실수를 저지릅니다. 워런과 저는 면세 혜택이 상당하다고 해도 유전을 파지 않습니다. 우리는 세금을 착실하게 냅니다. 그래도 지금까지 상당히 잘해왔습니다. 앞으로 누가 여러분에게 세금을 줄여주겠다고 제안해도 거절하세요. 높은 수수료에 200쪽짜리 사업 설명서를 들이밀어도 거절하세요. 이 멍거의 규칙을 따르면 가끔은 틀린 결정을 하게 될 겁니다. 하지만 평생에 걸쳐 따져보면 훨씬 앞서나가게 될 겁니다. 또 인간에 대한 애정이 식어버리는 불쾌한 경험도 많이 피하게 될 겁니다.

소수의 뛰어난 종목에 투자하고 그냥 깔고 앉아 있는 것은 개인에게 이득이 있습니다. 증권사에 내는 수수료가 줄고, 헛소리를 덜 듣게 됩니다. 또 수익이 났을 때, 세율 체계에 따라 1퍼센트에서 3퍼센트에 이르는 누적 연간 수익률을 얻습니다. 1퍼센트의 수수료를 받으면서 세금도 많이 내도록 만들 투자 상담사를 고용하면, 그렇게 많은 이득을 볼 수 있을까요? 그럴 리가 없습니다.

이 철학에 위험한 면이 있을까요? 있습니다. 삶의 모든 것에는 위험이 따릅니다. 대단한 기업에 투자하면 성공한다는 건 너무나 당연합니다. 그래서 가끔 끔찍할 정도로 과도한 투자가 이루어집니다. '니프티 50 nifty 50'[1960년대와 1970년대에 쓰던 주가지수로, 뉴욕증권거래소 대형주 50개로 구성됨) 시절에는 모두가 어느 기업이 대단한지 알 수 있었습니다. 그래서 주가가 순익의 50배, 60배, 70배까지 올랐죠. 그런데 IBM이 몰락한 것처럼 다른 기업들도 그랬습니다. 이처럼 대형 투자에 따른 재난은 너무 높은 가격에서 비롯됩니다. 그 위험을 인식해야 합니다. 리스크가 있어요. 어느 것도 자동적이고 수월하지 않습니다. 다만, 적절한 주가에 거래되는 대단한 기업을 찾아서 장기 보유하면 특히 개인은 아주 좋은 성과를 얻는 경향이 있습니다.

성장주 모형 내에 하위 모형이 있습니다. 실제로 평생 동안 몇 번밖에 찾지 못하는 기업들이 있죠. 경영자가 누구든 가격만 올리면 수익을 엄청나게 높일 수 있는데, 아직 그렇게 하지 않은 기업들 말입니다. 엄청난 가격 결정력을 활용하지 않고 있는 거죠. 이런 종목은 고민할 필요가 전혀 없습니다.

디즈니가 그런 경우였습니다. 손주를 디즈니랜드에 데려가는 건 너무나 특별한 경험이에요. 자주 할 수 없는 일이지만요. 미국에는 수많은 사람이 있고, 디즈니는 입장료를 크게 올려도 방문객 수가 그대로 유지된다는 사실을 확인했습니다. 아이즈너와 웰스가 올린 대단한 실적 중 다수는 뛰어난 능력 덕분이었습니다. 하지만 그 나머지는 디즈니랜드와 디즈니월드의 입장료를 올리고 고전 애니메이션 영화의 비디오를 판매한 데서 나왔습니다.

버크셔 해서웨이에서 워런과 저는 시즈 캔디의 가격을 일반적인 경우보다 이른 시점에 올렸습니다. 또한 아직 활용하지 않은 가격 결정력이 있는 코카콜라에 투자했습니다. 코카콜라에는 명민한 경영진도 있었죠. 로베르토 고이주에타와 도널드 키오는 가격 인상 외에 다른 수많은 일을 할 수 있었습니다. 투자 대상으로 완벽했죠.

제품 가격이 적정 수준보다 낮은 기업에 투자하면 수익을 낼 몇 번의 기회가 있을 것입니다. 실제로 시장이 쉽게 견딜 수 있을 만큼 높게 가격을 매기지 않는 기업들이 있습니다. 그런 기업을 파악하면 거리에 떨어진 돈을 찾은 것과 마찬가지입니다. 확신에 따라 투자할 용기만 있다면 말이죠.

버크셔 해서웨이가 큰돈을 번 투자와 그 모형을 보면, 어떤 도시에서 다른 신문사와 경쟁하다가 유일하게 남은 신문사에 두 번이나 투자했다는 걸 알 수 있습니다. 어느 정도는 베팅을 한 거죠. 그중 하나가 워싱턴 포스트입니다.[27] 우리는 개인 소유주로부터 약 20퍼센트의 가격에 워싱턴 포스트를 인수했습니다. 벤저민 그레이엄 스타일에 기반해 명백한 가격의 5분의 1만 주고 인수한 거죠. 또한 분명히 하나의 승자만이 남을 게임에서 우위를 차지한 데다 뛰어난 도덕성과 지성을 지닌 경영자까지 있었습니다. 정말 꿈같은 일이었죠. 발행인인 캐서린 그레이엄 가문은 품격 높은 사람들이었습니다. 그래서 완벽한 꿈같은 일이었다고 하는 겁니다.

물론 워싱턴 포스트에 투자한 건 1973~1974년 무렵이었습니다. 그때는 1932년과 비슷했어요. 아마 시장에서 40년에 한 번 나올까 말까 한 대단원denouement이었을 겁니다. 그 투자는 약 50배의 수익을 올렸습니다. 제가 여러분이라면 평생, 당시의 워싱턴 포스트만큼 좋은 투자 대상을 찾을 수 있을 거라 기대하지 않을 겁니다.

다른 모형에 관해 이야기해보죠. 물론 질레트와[28] 코카콜라는 상당한 저가에 팔리며, 마케팅 측면에서 전 세계적으로 엄청난 우위를 점합니다. 질레트의 경우, 마이크로칩 기준으로 보면 매우 단순한 신기술에 힘입어 서핑을 계속합니다. 하지만 경쟁사가 그렇게 하기는 어렵습니다. 그래서 면도 분야에서 최첨단 근처에 계속 머물 수 있었죠. 질레트가 면도 시장의 90퍼센트 이상을 차지한 나라가 많습니다.

가이코는[29] 아주 흥미로운 모형입니다. 여러분이 머릿속에 넣어두어야 할 100여 개 모형 중 하나입니다. 저는 지금까지 부실 기업 개선 분야에서 활동한 여러 친구를 만났습니다. 그들은 사실상 모두 같은 방식을 활용합니다. 저는 그걸 '암 수술 방식'이라 부릅니다. 그들은 부실 기업을 살펴본 다음, 나머지를 잘라내면 스스로 살아갈 수 있는 건강한 조직이 있는지 파악합니다. 그런 게 있으면 그냥 나머지를 잘라내죠. 물론 그래도 안 되면 회사를 정리합니다. 하지만 통하는 경우가 많아요.

가이코에는 완벽하게 우량한 사업 분야가 있었습니다. 쓰레기더미에 깔려 있지만 그래도 잘 돌아갔죠. 가이코는 성공에 현혹되어 바보 같은 짓들을 저질렀습니다. 돈을 많이 벌고 있으니 모든 걸 안다고 생각한 거죠. 그 결과 엄청난 손실을 입고 말았습니다. 그들이 해야 했던 건 멍청한 사업을 모두 접고 계속 그 자리에 있던 완벽하게 우량한 사업으로 돌아가는 것이었습니다. 생각해보면 그건 아주 단순한 모형이었습니다. 몇 번이고 반복되었던 것이기도 하고요. 우리가 가이코 덕분에 가만히 앉아서 번 돈을 생각해보세요. 훌륭한 사업이 쉽게 잘라낼 수 있는 여러 멍청한 사업들과 뒤섞여 있었던 거죠. 그런 사업들을 잘라낼 만한 기질과 지능을 갖춘 사람들이 회사로 영입되고 있었습니다.

여러분이 찾아야 할 모형이 바로 이런 기업입니다. 아마 평생에 걸쳐 한 개나 두 개 또는 세 개의 아주 뛰어난 기업을 찾게 될 겁니다. 또 상당히 쓸 만할 정도로 충분히 좋은 기업도 20~30개 정도 찾게 될 겁니다.

끝으로, 투자 운용에 관해 다시 한번 말씀드리고 싶습니다. 투자 운용업은 웃기는 사업입니다. 순계純計 기준으로, 전체 투자 운용 부문을 합치면 전체 고객에게 아무런 가치를 더해주지 않기 때문입니다. 그렇게 돌아가게 되어 있습니다.

물론 배관업은 그렇지 않습니다. 의료업도 그렇지 않습니다. 투자 운용 부문에서 경력을 쌓다 보면 아주 특이한 상황에 직면하게 됩니다. 대다수 투자 운용역은 스스로 마음속에서 부정하는 방식으로 거기에 대처합니다. 척추 교정사처럼 말이죠. 그건 투자 운용 과정의 한계에 대처하는 표준적인 방식입니다. 하지만 최선의 삶을 살고 싶다면 그런 대처 방식을 쓰지 말아야 합니다.

투자 운용역 중에서 소수에 속하는 선택받은 이들만 부가 가치를 제공할 수 있습니다. 뛰어난 지능만으로는 부족합니다. 결단을 내리고 크게 갈 줄 아는 약간의 훈련이 필요합니다. 장기적으로 고객에게 평균 이상의 실질적인 수익을 안겨줄 확률을 극대화하고 싶다면 말이죠.

제가 하는 이야기는 종목을 선정하는 투자 운용역에 한정된 겁니다. 다른 분야는 모릅니다. 외환 투자 같은 것에 너무나 능수능란해서 상당히 큰 규모로 자금을 운용하며 오랫동안 실적을 내는 사람도 있을지 모릅니다. 하지만 그런 건 제 분야가 아닙니다. 저는 미국 주식에 대한 종목 선정만 이야기하는 겁니다. 제 생각에는 투자 운용을 통해 고객에게 많은 부가 가치를 제공하기는 어렵지만 불가능하지는 않습니다.

2강을 다시 살펴보며

2006년에 2강을 다시 살펴보면서 몇 가지 내용을 추가하면 더 나아질 거라고 생각했다. 그것은 1) 근래 하버드와 예일이 투자에 엄청나게 성공한 이유에 관한 설명, 2) 하버드나 예일의 투자 방식을 모방하거나 지속해서 그 성공을 재현하려는 여러 캐피털이 얻을 결과에 대한 예측, 3) 2005년 윌리엄 파운드스톤이 《머니 사이언스》에서 보여준 효율적 시장 가설의 영향과 관련된 간략한 논평이다.

나의 관점은 이렇다. 즉, 하버드와 예일은 레버리지 없이 미국 주식을 분산 보유하는 전통적인 방식을 중시하지 않는다. 그들의 투자 성과는 아래의 네 가지 요소를 포함한 여러 요소로 증폭되었을 가능성이 크다.

1. 하버드와 예일은 차입 매수LBO: leveraged buyout〔인수 대상 기업의 자산을 담보로 자금을 빌려서 인수하는 방식〕 펀드에 투자함으로써 미국 주식 보유를 통해 얻는 실적에 레버리지를 도입했다. LBO 펀드 구조는 패닉에 따른 투매에 취약한 일반 마진 계좌보다 안전한 방식으로 레버리지 투자를 할 수 있도록 해주었다. 그 결과 전반적으로 괜찮은 실적이 나오는 시장 상황에서 비교적 준수한 실적이 자주 뒤따랐다. 비용 차감 후 순실적이 약간의 레버리지만 써서 미국 주식 지수에 투자한 경우보다 나은 게 없는 경우에도 말이다.

2. 하버드와 예일은 여러 범주에 걸쳐 평균보다 훨씬 뛰어난 실적을 올린 투자 운용역을 선택하거나 직접 고용했다. 이는 투자 시장이 완벽하게 효율적이지 않으며, 일부 뛰어난 투자 실적은 비범한 기술이나 다른 우위에서 나온다는 추가 증거다. 한 예로, 하버드와 예일은 명문대라는 위상 덕분에 다른 대학들과 달리 대단히 수익성 좋은 하이테크 벤처 투자 펀드에 들어갈 수 있었다. 이 펀드들은 과거의 성공이 제공하는 동력을 활용했다. 그래서 아직 덜 자리 잡은 다른 벤처 투자 펀드를 상대로 기회 측면의 우위를 누렸다. 최고로 평가받는 기업가들은 상당히 논리적인 판단에 따라 최고로 평가받는 펀드에 먼저 사업 계획을 소개했기 때문이다.

3. 하버드와 예일은 현명하고도 약삭빠르게 투자은행을 따라 했다. 즉, 부실 회사채 및 고수익 외국채 투자나 레버리지를 쓴 고정금리채 차익 거래처럼 비전통적인 여러 투자 활동을 했다. 당시에

는 해당 투자 분야에 능숙한 운용역에게는 좋은 기회가 많았다.

4. 끝으로 근래 하버드와 예일이 레버리지와 비관습적 투자로 본 이득은 금리 하락과 주가 수익 비율 상승의 행복한 결합이라는 강한 순풍을 타는 경우가 많았다.

하버드와 예일의 엄청난 투자 성공은 내게 기쁨과 고통을 동시에 안긴다. 기쁨은 학문적 기술이 세속적인 일에도 유용한 경우가 많다는 사실이 증명된 데서 비롯되었다. 학계에 이끌리면서도 사업에 뛰어든 나 같은 사람은 밀레투스의 탈레스[30] 사례를 좋아하는 많은 현대 과학자들처럼 이런 세속적 성취에 자연스럽게 반응한다. 이 고대 과학자는 올리브 대풍년이 들기 전에 자신이 사는 지역의 올리브 압착기 중 다수를 대여해서 큰 이득을 보았다.

다른 한편, 고통은 1) 다른 훌륭한 기관들이 부러움과 영업 기술에 휘둘려서 하버드와 예일을 열심히 모방하다가 향후 역경에 직면하리라는 것을 알고, 2) 많은 영업 담당자가 모방을 부추기는 데 성공하는 것이 못마땅한 데서 비롯되었다. 하이테크 버블이 터질 무렵에도 비슷한 일들이 있었다는 게 나를 불안하게 만든다. 당시 스탠퍼드대학교를 비롯한 초기 단계 하이테크 창업 투자자들은 큰 성공을 거두었다. 그들을 향한 부러움과 여러 벤처 투자사의 의심스러운 영업 방식 때문에 약 900억 달러가 모방 수준의 저급한 초기 단계 벤처 기업들로 몰려갔다. 아마 늦게 들어간 투자자들은 지금쯤 최대 450억 달러의 순손실을 입었을 것이다.

게다가 하버드와 예일은 이제 지금까지와는 다른 비관습적인 지혜를 새롭게 선보여야 할 것이다. 최근까지 아주 잘해온 투자 활동을 줄이는 것은 직관에 상당히 반하는 일이다. 하지만 그렇게 하는 것이 좋은 아이디어인 경우가 많다. 필요하다고 생각되는 수준을 충족하기 위해 리스크를 키우기보다, 그 수준에 대한 눈높이를 낮추는 것도 그렇다.

이 강연은 이 추가 내용을 쓰기 약 12년 전인 1994년에 한 것이다. 12년 동안 여러 유용한 생각과 데이터가 쌓였다. 그 결론은 주식 시장이나 경마장의 상금 배당 시스템 모두 일부 모험적인 사람들이 이례적인 기술을 통해 상당히 만족스럽고 평균보다 훨씬 높은 실적을 올리는 걸 막지 못한다는 것이다. 윌리엄 파운드스톤의 《머니 사이언스》는 대단히 흥미로운 방식으로 이러한 요점에 대한 최신 증거를 다수 수집했다. 또한 이 책은 정보 이론을 개척한 과학자 클로드 섀넌의 인상적인 투자 실적에 관한 이야기도 담고 있다. 거기에 따르면 섀넌의 투자법은 멍거의 투자법과 상당히 비슷해 보인다.

찰리와의 문답: 세속적 지혜를 업데이트하다

당신과 워런은 인수 후보를 어떻게 평가하나요?

우리는 재정적인 기준을 크게 따지지 않습니다. 그 대신 주관적 요건을 많이 적용하죠. 경영진을 신뢰할 수 있는가, 우리의 평판에 해를 끼칠 우려가 있는가, 일이 잘못될 소지가 있는가, 우리가 사업을 제대로 이해하는가, 사업을 유지하기 위해 자금을 투입해야 하는가, 예상되는 현금 흐름은 얼마인가 같은 것들이죠. 우리는 일직선 성장을 기대하지 않습니다. 가격이 적당하다면 주기적인 등락도 괜찮습니다.

청년들이 경력을 쌓으려면 무엇을 추구해야 할까요?

제게는 세 가지 기본적인 규칙이 있습니다. 모두 충족하는 건 거의 불가능하지만, 그래도 시도는 해야 합니다.

- 자신이 사지 않을 것은 팔지 않는다.
- 존경하지 않고 존중하지 않는 사람 밑에서 일하지 않는다.
- 같이 있으면 즐거운 사람들하고만 일한다.

저는 믿을 수 없을 만큼 운 좋은 삶을 살았습니다. 워런 덕분에 이세 가지를 모두 충족했거든요.

청년들에게 들려줄 전반적인 삶의 조언은 무엇인가요?

아침에 일어난 후, 어제보다 약간은 더 현명해지려고 노력하면서 하루를 보내세요. 의무를 충실히, 잘 수행하세요. 반드시 빠르게 성장하는 건 아닙니다. 한 걸음씩 나아가기도 합니다. 다만, 빠른 스퍼트를 준비하면서 절제력을 길러야 해요. 매일 한 번에 1인치씩 밀어붙이세요. 그러면 결국에는, 충분히 오래 산다면, 대다수 사람처럼 삶에서 마땅히 누려야 하는 것들을 얻게 될 겁니다.

삶과 그 다양한 경로는 가혹할 정도로 힘들 수 있습니다. 제가 보기에 난관을 극복하는 데 유익한 세 가지 방법이 있습니다.

- 기대를 낮춘다.
- 유머 감각을 갖춘다.
- 친구와 가족의 사랑으로 주위를 감싼다.

무엇보다 변화와 함께 살아가고, 거기에 적응하세요. 세상이 바뀌지 않는다면 저의 골프 핸디캡은 여전히 12일 겁니다.

종목을 선정하는 철학과 기술

기초적이고 세속적인 지혜에 관한 교훈 후속편

A Lesson on Elementary, Worldly Wisdom as It Relates to Investment Management and Business Revisited

1996년 4월 19일
스탠퍼드 로스쿨

이 강연은 1996년 윌리엄 래지어의 경영학 강의 시간에 진행되었다. 래지어는 스탠퍼드 로스쿨의 낸시 앤드 찰리 멍거 후원 경영학 교수다.

1997년 12월 29일과 1998년 3월 13일 〈아웃스탠딩 인베스터 다이제스트〉에 실린 이 강연은 다른 강연, 특히 '실용적 사고에 관한 실용적 사고?'에 포함된 생각과 말을 많이 반복한다. 그래서 강연의 논리와 흐름을 유지하기 위해 편집자가 일부 구절을 축약하고 코멘트를 추가했다. 그럼에도 이 강연은 여러 고유한 생각을 포함하고 있을 뿐 아니라 익숙한 생각을 새로운 방식으로 표현한다.

오늘 저는 2년 전 서던캘리포니아대학교 경영대학원에서 했던 강연의 내용을 확장하고자 합니다. 여러분에게 배포한 것이 바로 그 강연문입니다. 그때 한 말 중에 지금 다시 하지 못할 말은 없습니다. 다만, 그 내용을 강화하고 싶습니다.

워런 버핏이 컬럼비아 경영대학원을 졸업한 후 새로운 것을 전혀 배우지 않았다면 버크셔 해서웨이는 현재보다 훨씬 못한 기업이 되었을 거라는 사실은 너무나 자명합니다. 그래도 워런은 부자가 되었을 겁니다. 컬럼비아에서 벤저민 그레이엄에게 배운 것은 누구라도 부자로 만들기에 충분했으니까요. 하지만 계속 배우지 않았다면 버크셔 해서웨이 같은 기업을 갖지 못했을 겁니다.

세속적인 지혜는 어떻게 얻을까요? 기초적이고 실용적인 지혜를 얻는 데 있어 세계 최고가 되려면 어떤 시스템을 활용해야 할까요?

저는 똑똑한 사람이라면 거의 누구나 배울 수 있는 특정한 시스템이 대다수 사람이 활용하는 시스템보다 훨씬 낫다고 오랫동안 믿어왔습니다. 제가 서던캘리포니아대학교 경영대학원에서 말한 대로 여러분에게 필요한 것은 사고 모형이라는 머릿속의 격자틀입니다. 여러분이 얻은 직접적인 경험과 독서 같은 것을 통해 획득한 간접적인 경험을 이 강력한 모형의 격자에 맞추는 거죠. 이런 시스템을 활용하면 인지 능력을 개선하는 방향으로 여러 양상이 점차 맞물리게 됩니다.

찰리는 다른 강연에서 자세히 설명한 구체적인 사고 모형들을 이야기한다.

오늘 여러분에게 배포한 자료에는 잭 웰치와 워런 버핏이 각각 제너럴 일렉트릭, 버크셔 해서웨이의 주주들에게 보낸 최신 연례 서한이 포함되어 있습니다. 잭 웰치는 공학 박사 학위를 갖고 있으며, 워런은 배우고자 마음먹은 어떤 분야에서든 박사 학위를 쉽게 딸 수 있었을 겁니다. 또한 두 신사는 교사 기질을 타고났습니다. 세속적인 지혜는 본질적으로 상당히 학문적입니다. 제너럴 일렉트릭 그리고 같은 맥락에서 버크셔 해서웨이가 이룬 성과들을 보세요.

물론 워런에게는 다정한 교수이자 멘토인 벤저민 그레이엄이 있었습니다. 그레이엄은 학문적 능력이 대단했습니다. 그가 컬럼비아를 졸업했을 때 문학, 그리스 및 라틴 고전, 수학, 이 세 개 학과에서 박사 학위 과정에 초빙했고, 바로 학생들을 가르쳐달라고 요청할 정도였습니다.

그레이엄은 학자적 성향이 매우 강했습니다. 애덤 스미스처럼[31] 깊이 몰두하는 편이었으며, 아주 똑똑한 사람이었습니다. 심지어 인상도 학자 같았습니다. 그는 뛰어난 학자였습니다. 부를 극대화하려고 크게 애쓰지 않고도 부자로 생을 마쳤습니다. 항상 관대하게 베풀고, 30년 동안 컬럼비아에서 학생을 가르치고, 자기 분야의 최고 교과서들을 단독 또는 공동으로 집필하면서도 말입니다. 그래서 저는 학계도 세속적인 지혜에 관해 많은 것을 가르칠 수 있으며, 최고의 학문적 가치는 현실에서도 효력을 발휘한다고 생각합니다.

저는 다학문적 접근법을 취하라고 촉구합니다. 다양한 학문 분야에서 추출한 주요 모형을 습득하고 모두 활용해야 한다는 거죠. 그 진정한 취지는 관할 영역을 무시하라는 겁니다. 하지만 세상은 그런 식으로 구성되지 않습니다. 관할 영역을 뛰어넘지 못하도록 막죠. 거대한 관료주의적 기업들도 그렇습니다. 학계 자체도 크게 다르지 않습니다. 제가 말할 수 있는 건 그런 측면에서 학계는 너무나 잘못되었고, 그런 관행이 기능장애를 초래한다는 겁니다.

기업에서 최악의 기능장애는 문제를 영역성과 구역 보호 습성 등을 지닌 작은 개별적 부서들로 나누는 데서 비롯됩니다. 생각을 잘하고 싶다면 관할 영역을 뛰어넘을 수 있는 사고력을 길러야 합니다. 모든 것을 알 필요는 없습니다. 그저 이 모든 학문에서 나온 최고의 주요 사상만 받아들이면 됩니다. 그건 그다지 어렵지 않습니다.

콘트랙트 브리지라는 카드 게임을 활용해 이를 증명해보겠습니다. 여러분이 콘트랙트 브리지에서 디클레어러declarer 플레이를 잘하고 싶다고 가정합시다. 여러분은 계약contract을, 즉 무엇을 달성해야 하는지 압니다. 끗수가 높은 패와 무적의 트럼프 카드를 내서 확실하게 이기는 판을 계산할 수 있습니다. 하지만 트릭이 한두 개 부족할 때 어떻게 필요한 트릭을 채워야 할까요? 거기에는 여섯 개 정도의 표준적인 방법밖에 없습니다. 무늬 구축suit establishment, 피네스finesse, 스로인throw-in, 크로스러프crossruff, 스퀴즈squeeze 같은 것이죠. 또한 수비하는 편이 실수를 하도록 유도하는 다양한 방법이 있습니다. 모형으로 따지면 그 수가 매우 한정되어 있죠. 하지만 그중 한두 개만 알면 디클레어러 플레이가 서툴 수밖에 없습니다. 게다가 모형들 사이에 상호작용도 일어납니다. 그래서 그게 어떻게 이루어지는지도 알아야 해요. 그렇지 않으면 제대로 플레이할 수 없습니다.

마찬가지로 저는 양방향으로 생각해야 한다고 말했습니다. 브리지에서 뛰어난 디클레어러는 '어떻게 하면 필요한 승수를 챙길 수 있을까?'라고 생각합니다. 또한 그들은 거꾸로 '점수를 많이 잃는 잘못된 플레이는 무엇일까?'라고 생각하기도 합니다. 두 방법은 모두 유용합니다. 삶이라는 게임에서 필요한 모형을 머릿속에 넣고, 양방향으로 생각하세요. 브리지에서 통하는 건 삶에서도 통합니다.

콘트랙트 브리지가 여러분 세대에서 인기가 전혀 없는 건 비극입니다. 중국은 브리지에 있어서는 우리보다 훨씬 똑똑해요. 지금은 초등학교에서 브리지를 가르치고 있죠. 자본주의 문명을 접했을 때 중국인들이 충분히 잘할 수 있다는 건 다 아는 사실입니다. 미국인들은 브리지를 할 줄 모르는데, 제대로 할 줄 아는 사람들과 경쟁한다면 불리한 점이 쓸데없이 하나 더 생기는 셈입니다.

우리의 학계 구조는 대개 관할 영역을 뛰어넘는 것을 권장하지 않습니다. 그래서 여러분은 불이익을 당합니다. 학계가 여러분에게 아주 유용하기는 하지만, 학계는 여러분을 잘못 가르쳐왔습니다. 저에게 해결책이 있습니다. 유치원에 다니던 아주 어린 나이 때 접한 것이죠. 바로 《리틀 레드 헨》이라는 이야기입니다.[32] 물론 이 이야기의 핵심적인 대목은 "작고 빨간 암탉은 '그럼 내가 혼자 할 거야'라고 말했다."입니다.

교수들이 여러분에게 적절한 다학문적 접근법을 제시하지 않는다면, 자신의 모형을 너무 많이 활용하고 다른 학문의 중요한 모형을 너무 적게 활용한다면, 여러분이 그런 잘못을 스스로 바로잡을 수 있습니다. 교수가 어리석다고 해서 여러분도 어리석을 필요는 없습니다. 여러분은 다른 학문으로 시야를 넓혀서 전반적인 문제를 더 잘 해결하는 모형을 파악할 수 있습니다. 그 점을 알고 올바른 사고 습관을 들이기만 하면 됩니다. 좀 더 객관적이고 다학문적인 사고를 훈련해 여러분에 비해 훨씬 똑똑한 사람보다 더 나은 생각을 하는 건 재미있습니다. 게다가 이 일에는 아주 많은 돈이 걸려 있죠. 그건 저의 개인적 경험으로 증명할 수 있습니다.

찰리는 4강 '실용적 사고에 관한 실용적 사고?'에서 상세히 다룬 코카콜라 사례를 이야기하면서 맛의 중요성을 논한다.

제가 가장 좋아하는 기업 이야기 중 하나는 허쉬에[33] 대한 것입니다. 허쉬가 특유의 맛을 낼 수 있는 이유는 1800년대에 펜실베이니아에서 사업을 시작할 때부터 쓰던 오래된 맷돌로 코코아 버터를 만들기 때문입니다. 거기에 약간의 코코아콩 껍질이 들어가죠. 그래서 사람들이 좋아하는 허쉬 초콜릿 특유의 맛이 납니다.

허쉬는 캐나다로 사업을 확장할 때 맛을 바꾸면 안 된다는 것을 알고 있었습니다. 그래서 맷돌을 모방했죠. 그래도 특유의 맛을 내는 데 5년이 걸렸습니다. 알다시피 맛이라는 건 대단히 미묘합니다. 지금도 인터내셔널 플레이버 앤드 프래그런스라는 회사가 있습니다. 저작권이나 특허가 없는데도 영구적으로 로열티를 받는 일을 하는 회사죠. 그렇게 할 수 있는 이유는 다른 기업들이 면도용 크림 같은 자사 제품에 맞는 맛과 향을 개발하도록 돕기 때문입니다. 그 희미한 향은 면도용 크림 소비자에게 매우 중요합니다. 그래서 이 모든 게 지독히 영향력이 크죠.

찰리는 코카콜라 사례를 계속 이야기하면서 수학적 아이디어를 표현하는 그림을 이해하는 능력이 생리학에 뿌리를 두고 있다고 설명한다.

제 친구 냇 미어볼드는 마이크로소프트의 최고 기술 책임자인데, 이 문제로 괴로워합니다. 그는 물리학 박사로서 수학을 많이 압니다. 우리의 몸은 미분방정식을 자동으로 빠르게 푸는 신경 구조를 생성할 수 있습니다. 그래도 일반적인 확률과 숫자를 전혀 다루지 못하는 사람들이 어디에나 있다는 점이 그를 괴롭히죠.

그건 그렇고 저는 미어볼드가 그 점을 놀라워하는 게 잘못되었다고 생각합니다. 이른바 적합도 지형fitness landscape(진화적 차원에서 생명체가 존재하고 활동하는 환경)은 우리 조상들이 창을 던지고, 뛰어다니고, 모서리를 도는 등의 일을 하는 방법을 알아야 하도록 만들었습니다. 미어볼드처럼 정확하게 생각하는 방법을 습득하기 훨씬 전에 말이죠. 그래서 그가 그렇게 놀랄 일은 아니라고 생각합니다. 다만, 그 차이가 너무 극심해서 그가 이상하다고 생각하는 건 이해할 수 있습니다.

어쨌든 인류는 타고나기를 숫자를 다루는 데 서툴고, 이를 극복하는 시스템을 고안했습니다. 바로 '그래프'라고 하는 겁니다. 이상하게도 그래프는 중세에 나왔습니다. 제가 아는 한 중세 수도사들의 지적 발명품 중에서 유일하게 조금이라도 가치가 있는 것이죠. 그래프는 숫자를 움직이는 듯한 형태로 표현합니다. 우리 몸의 원시적 신경 구조를 활용해 이해를 돕습니다. 밸류 라인의[34] 그래프가 매우 유용한 이유가 거기에 있습니다.

제가 여러분께 배포한 그래프는 자연로그 표에 기반한 로그 모눈종이에 그려져 있습니다. 또한 세상에서 가장 중요한 모형 중 하나로서, 복리에 관한 기초적인 수학도 기반으로 삼고 있죠. 그 그래프가 그런 형태를 지닌 이유가 있습니다. 어떤 그래프의 데이터 포인트를 따라 로그 모눈종이에 직선을 그으면 복리가 작용하는 양상이 나타납니다. 이런 그래프는 엄청나게 유용합니다. 저는 밸류 라인의 예측은 활용하지 않습니다. 우리의 시스템이 더 잘, 사실은 훨씬 잘 통하니까요. 그래도 그들의 그래프와 데이터가 없는 건 상상할 수 없습니다. 정말 놀라운 제품이에요.

찰리는 등록상표가 코카콜라의 성공에 미친 중요성을 논하면서 식품과 카네이션에 관한 이야기로 넘어간다.

혹은 유업회사가 카네이션이라는[35] 상표를 등록할 때의 일입니다. 놀랍게도 이 상표를 카네이션 피시Carnation Fish라는, 어류를 파는 수산업자가 사용하는 중이었습니다. 이유는 묻지 마세요. 왜 그런 이름을 만들었는지는 저도 모르니까요. 유업회사가 "25만 달러를 지불하겠다."고 말할 때마다 수산업자는 "40만 달러를 원한다."고 말했습니다. 4년 후, 유업회사가 "100만 달러를 주겠다."고 말하자, 그는 "200만 달러를 원한다."고 말했습니다. 그걸 끝까지 계속했죠. 유업회사는 결국 그 상표를 사들이지 않았습니다. 적어도 제가 마지막으로 확인할 때까지는 그랬어요.

마침내 유업회사 관계자는 쑥스러운 표정으로 그를 찾아와서는 이렇게 말했습니다. "저희 품질 관리 검사관을 선생님의 생선 공장에 투입해서 생선의 품질을 확실하게 관리하고 싶습니다. 비용은 저희가 전부 부담하겠습니다." 수산업자는 히죽대며 곧바로 수락했습니다. 결과적으로 카네이션의 비용으로 그의 생선 공장이 무료 품질 관리를 받게 된 거죠.

이 사례는 등록상표를 가지면 얼마나 엄청난 인센티브를 얻는지 보여줍니다. 이 인센티브는 모든 문명에 두루 매우 유용합니다. 보다시피 수산업자는 자신이 보유하지도 않은 제품을 보호하기에 이르렀습니다. 이런 결과는 매우, 매우 바람직합니다. 미시경제학적 측면에서 공산주의 국가조차 등록상표를 보호해야 하는 매우 근본적인 이유들이 있습니다. 그들이 모두 그렇게 하지는 않습니다. 하지만 그래야 하는 매우 강력한 이유들이 있습니다. 전 세계적으로 평균을 내면 등록상표 보호는 상당히 좋은 일이었습니다.

찰리는 코카콜라에 다양한 사고 모형을 적용한다.

그러나 기본적인 모형 그리고 이 모형을 처리하는 기본적인 사고 방법이 없으면, 밸류 라인의 그래프를 보면서 손가락만 꼼지락거릴 수밖에 없습니다. 그러지 않아도 됩니다. 100개의 모형과 몇 가지 사고 기법을 익히고, 평생 그걸 계속하면 됩니다. 그다지 어렵지 않습니다. 이 일의 매력은 대다수가 하지 않는다는 겁니다. 그들이 잘못된 교육을 받은 게 부분적인 이유입니다. 저는 여러분이 잘못된 교육에서 비롯된 위험을 피하도록 도우려고 애쓰는 중입니다.

지금까지 세속적인 지혜를 찾는 문제와 관련해 몇 가지 일반적인 생각들을 살펴봤습니다. 이제 앞서 했던 것보다 더 극단적이고 특이한 내용으로 들어가고 싶습니다. 사람들이 유용한 형태로 보유해야 함에도 그러지 않는 모든 모형 중에서 가장 중요한 것들은 심리학 분야에 속합니다.

저는 얼마 전 건설적인 경험을 했습니다. 홍콩을 방문했을 때, 그곳 명문 학교 교장으로 있는 친구가 제게 스티븐 핑커의[36] 《언어 본능》이라는 책을 선물했습니다. 핑커는 MIT 언어학연구소 교수로서 아마도 역대 최고의 의미론 학자일 노엄 촘스키의 그림자에 가려 있다가 뒤늦게 주목받고 있는 의미론 교수입니다. 그는 인간의 언어 능력은 단순히 학습되는 것이 아니라 상당 부분 게놈에 깊이 내재해 있다고 말합니다. 침팬지를 비롯한 다른 동물의 게놈에는 유의미할 정도로 내재해 있지는 않죠. 이는 인류에게 주어진 선물입니다. 핑커는 자신의 요점을 아주 잘 증명합니다. 물론 촘스키도 이미 그걸 증명했고요. 언어 능력의 상당 부분이 인간 게놈에 내재한다는 걸 깨닫지 못할 만큼 무지하지는 않으니까요. 교육을 통해 언어 능력을 개선하려면 열심히 노력해야겠지만, 그래도 유전자 덕분에 크게 앞선 상태로 시작하게 됩니다.

그런데 대단한 천재인 촘스키는 언어 능력이 인간 게놈에 내재하는지 아직 확실치 않다는 견해를 취하고 있습니다. 핑커는 그걸 이해할수 없어 사실상 이렇게 말합니다. "아직 확실치 않다니 말도 안 돼! 언어 본능은 다른 모든 것과 마찬가지로 다윈주의식 자연선택을 통해 인간의 내면에 심어졌으니까."

핑커의 말이 분명 옳습니다. 촘스키가 주저하는 것은 약간 어리석어보입니다. 하지만 핑커와 제가 옳다면, 촘스키 같은 천재가 어떻게 명백한 오판을 하는 걸까요? 제가 보기에 그 답은 명확합니다. 촘스키는 열성적으로 이데올로기를 따릅니다. 그는 극단적인 좌파 평등주의자입니다. 너무나 똑똑해서 이 특정한 다윈주의식 요점을 수긍하면 그 함의가자신의 좌파 이데올로기를 위협한다고 생각하죠. 그래서 자연히 자신의 결론이 이데올로기적 편향에 영향을 받도록 놔둔 겁니다. 이는 세속적인 지혜에 대한 또 다른 교훈으로 이어집니다. 이데올로기가 촘스키같은 사람의 머리를 어지럽힌다면, 여러분과 저 같은 사람에게는 어떻게 작용할지 상상해보세요.

이데올로기는 우리의 인식을 끔찍하게 왜곡시킵니다. 젊을 때 극단적인 이데올로기를 과도하게 받아들이고 그걸 표현하기 시작하면 두뇌를 아주 불행한 패턴에 가두게 됩니다. 그뿐 아니라 인식이 전반적으로왜곡됩니다.

워런 버핏을 세속적인 지혜의 표본으로 삼는다면, 아주 흥미로운 사례가 있습니다. 워런은 아버지를 아주 좋아했습니다. 훌륭한 분이셨죠. 하지만 그분은 상당히 과격한 우파였습니다. 그래서 당연히 강경한 우파들과 어울렸습니다. 워런은 어렸을 때 아버지의 그런 모습을 보고 이데올로기가 위험하다고 판단했으며, 자신은 이데올로기와 멀찌감치 거리를 두기로 마음먹었습니다. 그리고 평생 그렇게 했습니다. 그게 정확한 인식에 엄청난 도움을 주었죠.

저는 다른 방식으로 같은 교훈을 얻었습니다. 저의 아버지는 이데올로기를 싫어했습니다. 그래서 저는 아버지를 따라 하면서 제가 생각하는 올바른 길에 머물기만 하면 되었죠. 우파의 밥 도넌〔미국 공화당 정치인이자 배우, 라디오 토크쇼 진행자〕이나 좌파의 랠프 네이더〔미국의 변호사이자 소비자 보호 및 반공해 운동 지도자〕 같은 사람들은 명백히 약간 정신이 나간 사람들이죠. 그들은 이데올로기, 특히 과격하게 표현된 이데올로기가 여러분에게 어떤 영향을 미치는지 보여주는 극단적 사례입니다. 이데올로기는 설득하기보다 사상을 주입시키기 때문에 아주 위험합니다.

따라서 복수의 학문에 걸친 복수의 모형 시스템에 하나의 규칙을 추가해야 합니다. 바로 과도한 이데올로기를 매우 조심해야 한다는 규칙입니다. 자칫하면 정확성, 근면성, 객관성보다 과도한 이데올로기를 우선시할 수 있거든요. 최저임금을 올리거나 올리지 말아야 한다고 절대적으로 확신하게끔 하는 과도한 이데올로기는 사람을 약간 어리석게 만듭니다.

이는 아주 복잡한 시스템입니다. 그리고 삶은 수많은 연관성으로 이루어져 있죠. 모든 것을 감안할 때 최저임금을 낮추거나 올리는 게 사회에 더 도움이 된다고 생각하는 건 좋습니다. 두 견해 다 괜찮습니다. 하지만 이런 이슈에 대해 과격한 이데올로기로써 전적으로 확신하는 건 제가 보기에 사고 능력을 형편없게 만듭니다. 그러니 이데올로기 때문에 생기는 정신적 기능장애를 조심하세요.

찰리는 심리학 분야가 인센티브 유발 편향incentive-caused bias을 너무나 부실하게 다루는 것을 아쉬워한다.

제가 핑커를 언급한 또 다른 이유는 그가 자신의 책 마지막에서 "심리학 교과서를 읽어보니 문제가 많았다. 체계도 잘못되었고, 교육도 잘못하고 있다."고 썼기 때문입니다.

저는 핑커보다 자격이 한참 부족합니다. 사실 심리학 강의를 들은 적이 한 번도 없습니다. 하지만 저도 정확하게 같은 결론에 이르렀습니다. 심리학 교과서는 부분적으로 훌륭하지만 상당히 부실하기도 합니다.

단순한 심리적 부인否認을 예로 들어봅시다. 예수 탄생 약 3세기 전에 데모스테네스는 "사람은 바라는 것을 믿기도 한다."라고 했는데, 그의 말은 옳았습니다.

제 지인에게는 정말 사랑하는 아들이 있었습니다. 똑똑한 데다 스타 풋볼 선수이기도 했죠. 그런데 그 아들이 해외에 나갔다가 다시는 돌아오지 않았습니다. 어머니는 아들이 여전히 살아 있다고 생각했습니다. 마음은 때로 갑작스레 변하고, 바람은 믿음이 됩니다. 이런 일은 다양한 수준에서 일어납니다. 심리적 부인의 정도는 사람마다 다릅니다. 하지만 부인에 따른 인식 오류는 여러분이 대처할 현실에 압도적 영향을 미칩니다. 그럼에도 심리학 교과서에서 단순한 심리적 부인을 적절하게 바로잡을 방법을 찾는 건 불가능합니다.

따라서 교수들이 가르치는 방식으로는 심리학을 제대로 배울 수 없습니다. 그들이 가르치는 모든 걸 배우되, 가르치지 않는 훨씬 많은 걸 배워야 합니다. 교수들은 심리학을 정확하게 다루지 않으니까요.

제가 보기에 현재의 심리학은 마이클 패러데이[37] 이후, 맥스웰 이전의 전자기학과 같습니다. 즉, 많은 것이 발견되었지만 모든 것을 적절한 형태로 통합하는 사람이 나오지 않았습니다. 그게 이루어져야 합니다.

통합은 그다지 어렵지 않지만 엄청나게 중요하니까요.

심리학 교과서를 펴고 색인에서 '시기심' 항목을 찾아보세요. 시기심은 십계명의 두세 개 항목에도 들어갔습니다. 모세는 시기심에 대한 모든 걸 알았죠. 양 떼를 몰던 고대 유대인들도 시기심에 대한 모든 걸 알았습니다. 심리학 교수들만 시기심에 대해 잘 모릅니다. 심리학을 가르치는 두꺼운 교과서에 시기심에 관한 내용이 없다고요? 단순한 심리적 부인에 관한 내용이 없다고요? 인센티브 유발 편향에 관한 내용이 없다고요?

심리학 교과서는 여러 요소의 결합을 적절하게 다루지 않습니다. 앞서 저는 여러분에게 두세 가지 이상의 힘이 같은 방향으로 작용할 때 나타나는 롤라팔루자 효과를 조심해야 한다고 말했습니다. 지금까지 이 효과와 관련해 가장 많이 알려진 것은 스탠리 밀그램의 실험입니다.[38] 이 실험에서 피험자들은 무고한 사람들에게 과도한 전기 고문을 가하라는 요구를 받았습니다. 그들은 모든 면에서 그것이 실제 고문이라고 믿었죠. 그럼에도 연구자들은 대부분의 선량한 자원자들이 고문을 하도록 조종했습니다. 밀그램은 히틀러가 수많은 독실한 루터교도, 가톨릭교도 등이 잘못임을 알면서도 잘못된 짓을 저지르게 만든 직후에 이 실험을 했습니다. 그 목적은 양식 있는 사람들이 명백히, 심하게 잘못된 일을 하게 만들려면 권위가 어느 정도 필요한지 알아내는 것이었습니다. 권위는 매우 극적인 효과를 발휘했습니다. 밀그램은 그들이 여러 끔찍한 짓을 하도록 만드는 데 성공했습니다. 이 실험은 오랫동안 권위의 효과를 증명하는 사례, 즉 권위를 활용해 사람들이 끔찍한 일을 하게 만드는 양상을 보여주는 사례로 심리학 서적에 실렸습니다.

물론 이는 단순한 '1차 결론' 편향입니다. 완전하고 정확한 설명이 아닙니다. 권위는 그 일부입니다. 다른 수많은 심리학적 원칙이 모두 같은 방향으로 작용해 롤라팔루자 효과를 일으켰습니다. 모든 게 같은 목적을 향해 통합적으로 작용한 결과입니다. 사람들은 점차 그 사실을 알아냈습니다. 스탠퍼드대학교 같은 데서 쓰는 최근 심리학 교과서를 읽어보면 지금은 3분의 2 정도를 제대로 파악했다는 사실을 알 수 있습니다. 그러나 심리학 전체를 통틀어 중요한 실험이 있는데, 스탠퍼드대학교 같은 곳에서도 여전히 밀그램의 실험 결과가 도출된 중요한 원인을 놓치고 있습니다.

어떻게 똑똑한 사람들이 그토록 틀릴 수 있을까요? 그 답은 제가 여러분에게 하라고 하는 일을 여러분이 하지 않기 때문입니다. 그것은 심리학의 모든 주요 모형을 취한 다음, 복잡한 시스템에서 나온 결과를 검토하는 체크리스트로 활용하는 일입니다.

어떤 조종사도 A, B, C, D 등으로 나열된 체크리스트를 점검하지 않고는 이륙하지 않습니다. 두 가지 추가 트릭이 필요한 브리지 플레이어도 자신의 체크리스트를 점검하면서 어떻게 해야 할지 파악하지 않고는 판을 진행하지 않습니다. 그러나 심리학 교수는 자신들이 너무나 똑똑해서 체크리스트가 필요 없다고 생각합니다. 하지만 그들은 그렇게 똑똑하지 않습니다. 거의 모두가 그렇습니다. 어쩌면 모두가 그럴지도 모릅니다. 그들이 체크리스트를 활용했다면 밀그램 실험이 세 개가 아니라 최소한 여섯 개의 심리학 원칙을 활용했다는 사실을 깨달았을 겁니다. 단지 그들이 할 일은 체크리스트를 점검해 자신이 놓친 부분을 파악하는 것이었습니다. 여러분도 주요 모형을 취한 다음 복수 모듈 방식으로 같이 활용하는 시스템을 갖추지 않으면 실수를 거듭하게 될 겁니다.

심리학 교수들이 앞서 언급한 심리적 부인 문제에서 큰 실수를 저지른 한 가지 이유는 도덕적으로 금지된 행동 없이는 사실을 증명하는 실험을 하기 어렵다는 것입니다. 고통이 정신적 기능장애를 초래하는 양상을 증명하기 위해 피험자에게 어떤 일을 해야 할지 생각해보세요. 피험자에게 그들이 입을 피해를 알려주지 말아야 합니다. 따라서, 고통이 정신적 기능장애를 초래하는 양상을 잘 드러내는 데 필요한 실험을 하는 것은 윤리적으로 불가능합니다.

대다수 교수는 사실상 "실험으로 증명할 수 없다면 존재하지 않는 것이다."라고 가정함으로써 이 문제를 해결합니다. 그러나 이는 명백히 어리석은 일입니다. 아주 중요하지만 도덕적 제약 때문에 완벽하고 정확하게 증명할 수 없는 게 있다 해도, 존재하지 않는 것처럼 처리해서는 안 됩니다. 활용할 수 있는 증거를 찾아서 가능한 한 최선을 다해야 합니다.

파블로프는 생의 마지막 10년을 개들을 고문하면서 보내고 결과를 발표했습니다. 그래서 우리는 개가 고통받을 때 생기는 정신적 기능장애와 그 교정에 관해 방대한 데이터를 얻었습니다. 하지만 어떤 심리학 개론서에서도 그 내용을 볼 수 없습니다. 파블로프가 개들을 고문한 게 싫어서 그런 건지 아니면 (스키너가[39] 문학적 태도를 견지하느라 과도한 주장을 하는 바람에) 동물의 행동에서 얻은 함의를 인간의 행동에 적용하는 것이 인기를 잃어서 그런 건지는 모르겠습니다. 어쨌든 심리학 서적들은 이런저런 말도 안 되는 이유로 고통이 초래한 정신적 기능장애를 말도 안 되게 부실하게 다룹니다.

'심리학에 무지하다고 해서 무슨 차이가 있지?'라는 의문이 들 수도 있습니다. 제 생각이 맞는다면 여러분에게는 무지가 가려버린 이 모형들이 필요합니다. 또한 20가지 개념이 있다면 그 모두를 갖춘 형태로 알아야 합니다. 다시 말해, 10가지 개념만 활용해서는 안 됩니다. 모든 개념을 체크리스트로 활용해야 합니다. 그래서 앞으로 돌아가 여러분의 머릿속에 제가 말한 오판의 심리학에 관한 내용을 집어넣어야 합니다.

모든 중요한 모형을 갖추고 활용할 수 있어야 합니다. 이 모형들에서 나온 네다섯 가지 힘이 같은 방향으로 작용할 때 특히 더 그렇습니다. 그럴 때 롤라팔루자 효과가 많이 발생합니다. 이 효과는 여러분을 부자로 만들 수도, 죽일 수도 있습니다. 따라서 반드시 잘 알아야 합니다.

그걸 올바르게 하는 방법은 하나뿐입니다. 바로 주요한 원칙들을 체크리스트로 정리해서 활용하는 겁니다. 다시 한번 강조하지만, 통합적으로 롤라팔루자 효과를 일으키는 힘들에 각별히 관심을 기울여야 합니다.

찰리는 학계에서 다학문적 가르침이 부족한 점, 특히 심리학 분야가 사실상 어떻게 무시당하는지 논한다.

우리는 설득의 게임을 통해서도 이 힘들을 좀 더 효과적인 방식으로 통합하는 방법을 배울 수 있습니다. 심리학적 원칙을 현명하게 활용한 옛날 사람의 사례를 하나 들어보겠습니다. 제임스 쿡 선장은[40] 오랫동안 항해를 했습니다. 당시에는 괴혈병이 긴 항해에 수반되는 두려움의 대상이었죠. 괴혈병에 걸리면 잇몸이 부패합니다. 그다음에는 고통과 죽음으로 이어지죠. 원시적인 범선에서 죽어가는 선원 여럿과 함께 지내는 것은 매우 불편한 일이었습니다.

그래서 모두 괴혈병에 관심이 상당했습니다. 하지만 그들은 비타민 C에 대해 몰랐습니다. 쿡 선장은 일종의 복수 모형 접근법을 따르는 똑똑한 사람이었는데, 긴 항해에서 네덜란드 선원들이 영국 선원들보다 괴혈병에 덜 걸린다는 사실을 알았습니다. 그래서 "네덜란드 배와 우리 배가 다른 점은 무엇이지?"라는 의문을 품었죠. 확인 결과, 네덜란드 배는 여러 통의 사우어크라우트를 싣고 다녔습니다. 쿡 선장은 '우리 배에도 사우어크라우트를 실으면 도움이 될 거야.'라고 생각했습니다. 그래서 사우어크라우트를 잔뜩 배에 실었죠. 사우어크라우트엔 약간의 비타민 C가 함유되어 있었습니다.

하지만 당시 영국 선원들은 거칠고, 괴팍하고, 위험한 사람들이었습니다. 그들은 양배추를 싫어했습니다. 원래 먹고 마시던 음식과 술에 익숙했기 때문입니다. 여러분이라면 어떻게 영국 선원들이 사우어크라우트를 먹게 만들겠습니까?

쿡은 괴혈병을 예방하려는 거라고 말하고 싶지 않았습니다. 괴혈병이 생길 만큼 긴 항해에 나설 거라는 사실을 알면 선원들이 반란을 일으켜 배를 차지할지도 모르니까요. 그래서 간부들에게 선원들 눈에 띄는 곳에서 사우어크라우트를 먹으라고 시켰습니다. 그렇게 한동안 간부들만 사우어크라우트를 먹었습니다. 그리고 얼마 후 쿡은 "선원들도 일주일에 한 번 사우어크라우트를 먹을 수 있다."고 말했습니다. 그러자 모든 선원이 사우어크라우트를 먹게 되었다는 얘깁니다.

저는 이것이 기초적인 심리학을 매우 건설적으로 활용한 사례라고 생각합니다. 쿡의 방식은 수없이 많은 생명을 구하고, 수없이 많은 성과로 이어질 수 있습니다. 그러나 활용법을 모르면 소용없죠.

찰리는 코카콜라, 프록터 앤드 갬블 제품, 타파웨어 같은 소비재 마케팅에서 작용하는 심리적 효과를 논한다.

세속적인 지혜는 대개 매우 단순합니다. 제가 여러분에게 엄청나게 어려운 걸 요구하는 게 아닙니다. 노력하고 실천할 의지가 있다면 말이죠. 그 보상은 정말 엄청납니다. 하지만 여러분은 엄청난 보상을 얻거나, 수많은 고통을 피하거나, 살면서 사랑하는 모든 것에 기여하는 데 관심이 없을지도 모릅니다. 그런 태도라면 제가 하려는 말에 신경 쓰지 마세요. 그냥 지금까지 살아온 대로 살면 되니까요.

도덕성 문제가 심리학을 비롯한 세속적인 지혜와 깊이 연관되어 있다는 사실은 두말하면 잔소리입니다. 절도를 예로 들어봅시다. 1)아주 쉽게 할 수 있고, 2)잡힐 가능성이 없다면 이 세상 사람들 대부분이 도둑질을 할 겁니다. 절도는 한번 시작하면 습관이 됩니다. 인간 심리의 큰 부분인 일관성 원칙이 곧 조작적 조건화operant conditioning(행동의 결과에 따라 해당 행동을 할 가능성이 달라지는 것)와 결합하기 때문이죠. 따라서 회사 돈을 쉽게 훔칠 수 있는 방식으로 사업을 운영하는 건 직원들에게 도덕적 손상을 입히는 셈입니다.

다시 말하지만, 이건 당연한 겁니다. 속이기 아주 어려운 시스템을 만드는 일이 대단히 중요합니다. 그렇지 않으면 사회를 망치는 것입니다. 큰 인센티브는 인센티브 유발 편향을 낳고, 사람들은 나쁜 행동을 해도 괜찮다고 합리화할 것이기 때문입니다. 그러다가 다른 사람들도 나쁜 행동을 하면 적어도 두 가지 심리 원칙이 작용합니다. 바로 인센티브 유발 편향과 사회적 증거입니다. 그뿐 아니라 서피코 효과까지[41] 나타납니다. 많은 사람이 부패한 사회 분위기 덕에 이득을 본다고 가정합시다. 여러분이 부정 행위를 고발하려 하면, 그들은 적대감을 품고 여러분을 공격할 것입니다. 이런 원칙을 무시한 채 구정물이 스며들도록 방치하면 아주 위험합니다. 강력한 심리적 힘이 악한 방향으로 작용하게 됩니다.

이게 법률과 무슨 관계가 있냐고요? 사람들은 스탠퍼드 로스쿨 같은 곳을 졸업하고 의회에 들어가서 선한 의도로 어떤 법을 통과시킵니다. 그런데 어떤 사람들이 이 법을 쉽게 악용한다면 그것보다 나쁜 일은 없을 겁니다.

여러분이 공직에 종사하고 싶다고 합시다. 그러면 자연스러운 계획의 일부로서 거꾸로 이런 생각을 해볼 수 있습니다. '내가 어떤 일을 하면 우리 사회를 망칠까?' 그건 쉽습니다. 우리 사회를 망치고 싶다면 의회에 가서 사람들이 쉽게 사기 칠 수 있는 시스템을 만드는 법을 통과시키세요. 완벽하게 성공할 겁니다.

캘리포니아의 산재 보상 시스템을 살펴봅시다. 노동자의 스트레스는 실재합니다. 그에 따른 고통도 그렇습니다. 그래서 여러분은 직장에서 받는 스트레스에 대해 보상을 받고 싶어 합니다. 이는 고귀한 일처럼 보입니다. 하지만 이런 보상 관행의 문제점은 대규모 사기를 막기가 사실상 불가능하다는 겁니다. 속임수를 인정하기 시작하면 부정직한 변호사, 부정직한 의사, 부정직한 노조 등이 가담하겠죠. 파괴적인 행동으로 총체적 난국이 되는 거죠. 그런 행동은 하면 할수록 사람을 더욱 악하게 만듭니다. 결국 사회에 기여하고자 만든 제도가 엄청난 피해만 초래합니다. 속이기 쉬운 시스템을 만드느니 어떤 일은 보상을 하지 않고 놔두는 게, 살기 힘든 채로 놔두는 게 훨씬 낫습니다.

사례를 하나 들겠습니다. 제게는 텍사스 국경 근처에서 산업용 제품을 만드는 친구가 있습니다. 마진이 낮고 힘든 사업이죠. 그 회사의 산재 보상 시스템의 허점을 악용한 엄청난 사기가 발생했습니다. 그 친구가 내야 할 산재보험료 비중이 급여지출에서 두 자릿수에 이를 정도였죠. 그 회사의 제품을 생산하는 작업은 그다지 위험하지 않았습니다. 철거 작업 같은 게 아니었어요.

그래서 친구는 노조에 호소했습니다. "그런 짓을 그만두십시오. 사기 때문에 구멍난 비용을 메울 만큼 돈을 많이 벌지 못합니다." 하지만 그때는 이미 모두가 사기에 익숙해진 상태였습니다. 그들은 이렇게 대꾸했습니다. "우리한테는 추가 수입이에요. 덤으로 돈이 들어온다고요. 다들 이렇게 해요. 그렇게 잘못된 일이 아닙니다. 저명한 변호사, 저명한 의사, 저명한 척추 교정사도 똑같이 속이잖아요."

누구도 그들에게 "더 이상 그렇게 해서는 안 된다."고 말하지 못했습니다. 참고로, 이 경우에는 단순한 파블로프식 연상도 작용합니다. 사람들은 나쁜 소식을 접하면 그 소식을 전한 사람을 미워합니다. 그래서 노조 대표는 모든 관련자에게 쉬운 돈벌이가 끝날 거라고 말하기가 아주 어려웠습니다. 그건 노조 대표로서 성공하는 길이 아니었습니다.

결국 제 친구는 독실한 모르몬교도 공동체가 있는 유타로 공장을 옮겼습니다. 유타주 노동자들은 산재보험 사기를 치지 않았습니다. 적어도 제 친구 공장에서 일하는 사람들은 그랬습니다. 지금은 산재보험료의 비중이 얼마나 될까요? 급여지출의 2퍼센트입니다.

이런 비극은 구정물이 그냥 흘러가게 놔두는 데서 생깁니다. 초기에 막아야 합니다. 한참 흐르도록 놔두면 구정물과 그로 인한 도덕적 부패를 막기가 아주 어렵습니다.

찰리는 도박과 1980년대 중반에 일어난 뉴코크(코카콜라 레시피를 변경해 출시한 신제품) 사태와 관련해 박탈 과잉 반응 경향에 대한 자신의 생각을 이야기한다.

앞서 언급한 대로 기초적인 심리학적 힘을 의도적으로 활용하려 할 때 각별히 주의할 사항이 있습니다. 그 방법의 활용 정도에 실질적인 도덕적 한계가 생긴다는 겁니다. 방법을 안다고 해서 사람을 조종하는 데 그걸 전부 활용해야 하는 건 아닙니다.

여러분이 도덕적 한계를 넘어서려 할 때 조종 대상이 그걸 알아채면, 여러분을 미워하게 될 것입니다. 이런 효과를 놀랍도록 설득력 있게 말해주는 증거가 이스라엘의 노사 관계에서 나왔습니다. 도덕적인 반발뿐 아니라 실질적인 반발, 어떤 경우에는 걷잡을 수 없는 반발도 생길 수 있습니다.

청중의 질문: 어떻게 투자 결정에 심리학을 반영하십니까? 콜라처럼 모두에게 매력적인 제품을 찾는 것 이상의 작업이 필요할 것 같습니다. 결국 세상에는 선생님이 오늘 우리에게 보여준 방식처럼 생각하는 똑똑한 사람이 분명 많습니다. 선생님은 기업의 성공 가능성을 살피고 종목을 선정할 때 다른 투자자들이 잘못 판단한 부분이 있는지 살피나요?

제가 서던캘리포니아대학교 경영대학원에서 말한 대로 투자는 쉽지 않습니다. 어떤 기업이 다른 기업보다 더 나은 사업을 보유하고 있는지 찾는 건 어렵지 않지만, 그런 기업은 주가가 너무나 높아서 제대로 판단하기가 힘들거든요. 우리는 그 문제에서 한 번도 벗어나지 못했습니다. 그리고 우리는 시장에 대해 98퍼센트는 불가지론적 태도를 취합니다. 우리는 몰라요. 제너럴 모터스의 주가가 포드에 비해 적절할까요? 우리는 모릅니다.

우리는 항상 통찰을 통해 우위를 누릴 확률이 큰 투자 대상을 찾습니다. 그 통찰은 때로 심리학에서 나오지만, 다른 분야에서 나오는 경우도 많습니다. 우리가 1년 동안 얻는 통찰은 겨우 한두 개에 불과합니다. 모든 투자 결정에서 자동으로 좋은 판단을 내리도록 해주는 시스템은 우리에게 없습니다. 우리 시스템은 그런 것과 완전히 다릅니다. 우리는 그저 고민할 필요가 없는 투자 기회를 찾을 뿐입니다. 버핏과 제가 몇 번이고 말한 대로 우리는 2미터 높이의 담장을 뛰어넘지 않습니다. 그 대신 맞은편에 커다란 보상이 있는 30센티미터 높이의 담장을 찾죠. 우리는 어려운 문제를 풀어서가 아니라 풀기 쉬운 문제를 찾아서 성공한 겁니다.

통계적 분석과 통찰을 토대로 삼아서요?

분명 우리는 결정을 내릴 때, 통찰 측면에서 유리하다고 생각합니다.

일부 통찰은 통계적 속성을 지니는 게 사실이고요. 그러나 다시 말하지만, 우리가 얻는 통찰은 소수에 불과합니다. 단지 유리한 확률이 존재한다고 해서 우리에게 도움이 되는 건 아닙니다. 확실한 가능성이 있어야 합니다. 즉, 우리가 똑똑하게 알아챌 수 있을 정도로 가격에 오류가 있어야 합니다. 이런 기회는 자주 오지 않습니다. 자주 있어야 할 필요도 없고요. 큰 기회를 기다렸다가 확실하게 붙잡을 용기와 행동력이 있다면, 굳이 많은 기회가 필요할까요? 가령 버크셔 해서웨이가 지금까지 진행한 10대 투자를 예로 들어봅시다. 다른 투자를 전혀 하지 않고도 우리는 아주 큰 부자가 될 겁니다. 두 번의 인생에 걸쳐서 말이죠.

다시 말하지만, 우리에게는 모든 때에, 모든 주제에 대해 완벽한 투자 판단을 내리도록 해주는 시스템이 없습니다. 그건 말도 안 되는 일이죠. 저는 그저 현실을 분석해서 드문 기회를 발견했을 때 합리적으로 대응할 수 있도록 해주는 방법을 여러분에게 소개하려는 것뿐입니다. 그 방법을 종목 선정에 활용하면, 수많은 똑똑한 사람과 경쟁하게 됩니다. 그래서 우리의 방법을 쓴다 해도 소수의 기회밖에 얻지 못하죠. 다행히 그걸로 충분하기는 하지만 말입니다.

아랫사람들이 선생님처럼 할 수 있는 분위기를 조성하는 데 성공하셨나요? 가령 집념과 일관성을 추구하는 경향을 말씀하셨는데….
그건 주로 그런 것들이 불러오는 끔찍한 실수에 관한 이야기였어요.

직원들이 그런 경향을 버리고 자신의 실수를 인정하는 분위기를 만드셨나요? 가령 올해 초에 이 자리에서 인텔 출신의 누군가가 펜티엄 칩과 관련된 문제를 이야기했습니다. 그들에게 가장 어려운 일 중 하나는 잘못된 방향으로 가고 있음을 깨닫고 경로를 바꾸는 것이라고 했습니다. 하지만 구조가 복잡한

조직에서 그런 일을 하기는 아주 어렵죠. 선생님은 어떻게 그런 문화를 조성하나요?

인텔 같은 기업은 여러 팀이 일관된 조직 문화를 통해 첨단 과학의 어려운 문제를 해결합니다. 그건 버크셔 해서웨이와 근원적으로 다른 점이죠. 버크셔는 지주사입니다. 우리는 본사로서 자본을 배분하는 것 말고는 모든 권한을 분산시키죠.

우리는 대체로 우리가 깊이 존중하는 사람들을 골라서 권한을 줍니다. 그들과 잘 지내는 건 대체로 쉽죠. 우리가 좋아하고 존중하는 사람들이니까요. 그들은 각자의 사업에서 현실을 직시하는 문화를 조성하고 있습니다. 이러한 현실 인식에는 이전의 결론이 부정확하다는 걸 인정하는 것도 포함되죠.

우리는 완전히 다른 종류의 기업입니다. 앤디 그로브가[42] 하는 일을 워런과 제가 그만큼 잘할 수 있을지 전혀 알 수 없습니다. 우리에겐 그 분야의 전문 역량이 없거든요. 그래도 우리가 좋아하는 똑똑한 사람들을 대하는 일은 상당히 잘합니다. 하지만 우리에게도 결점은 있죠. 가령 어떤 사람들은 제가 산만하고 독선적이라고 말합니다. 그래서 제가 인텔을 맡는다면 엉망이 될 수 있을 겁니다. 하지만 워런과 저는 이전의 결론을 바꾸는 일이라면 아주 잘합니다. 우리는 그런 능력을 개발하려고 노력해요. 잘못을 바로잡지 않으면 재난이 계속될 수밖에 없으니까요.

선생님 개인과 버크셔 해서웨이가 하이테크 종목에 대한 투자를 꺼리는 경향에 대해 조금 말씀해주시겠습니까? 저한테 의외이자 약간 놀라웠던 사실은 로테크 기업을 운영하는 일의 어려움과 하이테크 기업을 운영하는 일의 어려움이 크게 다르지 않다는 것이었습니다.

둘 다 어려워요. 부자가 되는 일이 쉬워야 할 이유가 있나요? 경쟁

사회에서 누구나 부자가 되는 쉬운 길이 있을 수 있을까요? 당연히 모두에게 어렵죠.

우리가 하이테크 기업에 투자하지 않는 이유는 그 분야에 대한 전문적인 자질이 없기 때문입니다. 그리고 맞아요. 로테크 사업도 충분히 어려울 수 있습니다. 식당을 열어서 성공시켜보세요.

하이테크 사업에는 특별한 자질이 필요하고, 그래서 더 어렵다는 말씀인 것 같네요. 하지만 어려운 건 똑같지 않나요?

우리에게 로테크 투자의 이점은 우리가 그걸 상당히 잘 이해한다는 겁니다. 다른 건 몰라요. 우리가 이해하는 사업에 투자하는 게 낫죠. 우리가 유리하지 않은, 어쩌면 불리한 분야에서 경쟁할 필요가 있나요?

여러분도 각자 자기가 어디에 재능이 있는지 파악해야 합니다. 그리고 자신의 우위를 활용해야 해요. 잘하지 못하는 분야에서 성공하려 하다가는 아주 형편없는 경력을 쌓게 될 겁니다. 그건 거의 확실해요. 그렇게 되지 않으려면 복권에 당첨되거나 다른 데서 운이 아주 좋아야겠죠.

워런 버핏 씨는 버크셔의 항공사 투자가 하지 말았어야 할 일의 좋은 사례라고 말했습니다. 어떤 과정을 거쳐 그런 잘못된 결정을 하게 되었나요?

일반 주주로서 확실히 돈을 벌 거라는 생각으로 유에스에어USAir의 주식을 산 건 아닙니다. 항공 주식 투자의 역사는 끔찍하거든요. 우리가 산 건 강제 상환 조건이 붙은 우선주였습니다. 우리가 유에스에어에 돈을 빌려준 대가로 주식 첨가제equity kicker를 받은 것이죠. 주주들에게 좋은 곳인지는 따지지 않았습니다. 고정 배당과 강제 상환 조건이 붙은 신용증권에 따른 부채를 다 상환할 만큼 계속 사업이 번창할지만 따졌죠. 우리가 보기에는 사업이 악화하지는 않을 것 같았습니다. 그래서 우리가 받는 이자의 비율이 너무 높은 탓에 회사 운영이 어려워지거나 신용도가 떨어지지는 않을 거라고 생각했습니다.

그런데 하필 유에스에어가 곧장 파산 위기에 처했습니다. 여러 달 동안 위태로운 상황이 이어졌습니다. 그러다가 겨우 되살아났지만요. 아마도 우리는 원금에 이자까지 모두 받을 수 있을 겁니다. 그래도 그건 실수였죠. (버크셔는 실제로 투자액 전체를 회수했다.)

우리가 실수를 저지르지 않도록 학습하거나 행동하는 어떤 방식이 있다고 생각하지 말았으면 합니다. 저는 단지 다른 사람들보다 실수를 적게 저지르는 방법, 그리고 실수를 저질렀을 때 더 빨리 바로잡는 방법을 배울 수 있다고 말하는 겁니다. 실수를 저지르지 않고 살아가는 왕도 따윈 없습니다. 여러분이 배워야 할 것은 실수에 대처하고 승률을 바꾸는 방법입니다. 삶은 부분적으로 포커와 비슷합니다. 포커를 잘 치려면 좋은 패를 들고 있어도 때로는 접을 줄 알아야 합니다.

실제로 삶을 살아가는 한 가지 비결은 실수에 대처하는 능력을 기르는 겁니다. 심리적 부인에 대처하지 못하는 것은 인생을 망치는 지름길입니다. 사람들은 어떤 것에 엄청나게 전념합니다. 거기에 노력과 돈을 쏟아붓죠. 그럴수록 일관성 원칙이 작동해서 '이제는 될 거야. 약간만 더 넣으면 돼.'라고 생각하게 만듭니다.

박탈 과잉 반응 경향도 작용합니다. 약간 더 넣지 않으면 모든 걸 잃는다고 생각하는 거죠. 그래서 사람들은 망합니다. 잠시 멈춰서 재고할 줄 모르기 때문입니다. '포기하고 다시 일어설 수 있어. 망할 지경이 되도록 여기에 집착할 필요는 없어.' 이렇게 생각할 줄 알아야 합니다.

현금을 받지 않고 캐피털 시티즈 주식과 디즈니 주식을 교환하기로 한 결정에 관해 이야기해주실 수 있겠습니까? 언론에서는 선생님이 현금을 받는 쪽으로 생각하고 있다고 보도했습니다.

디즈니는 실로 엄청난 기업입니다만, 주가가 너무 높아요. 또한 디즈니의 사업 중에는 제게 전혀 매력적이지 않은 영화 제작도 있습니다. 하지만 아주 좋은 금광보다 나은 사업도 있죠. 비디오카세트 말입니다. 디즈니는 자가 촉매 반응의[43] 놀라운 사례입니다. 그들은 온갖 영화의 필름을 보유하고 있습니다. 저작권도 소유하고 있죠. 냉장고가 나왔을 때 코카콜라가 번창했습니다. 마찬가지로 비디오카세트가 발명되었을 때 디즈니는 아무것도 발명할 필요 없었습니다. 필름에 담긴 영화를 비디오카세트로 옮기기만 하면 되었습니다. 모든 부모와 할아버지 할머니는 아이들이 거실에 모여 앉아 비디오카세트로 영화를 보길 원했습니다. 그래서 디즈니는 강력한 변화의 순풍을 탔죠. 그건 수십억 달러의 가치를 지닌 순풍이었습니다.

물론 이것은 엄청난 모형입니다. 찾기 어렵지만요. 어떤 것도 발명할 필요가 없습니다. 가만히 앉아서 세상의 흐름을 타기만 하면 됩니다.

디즈니는 수많은 신사업을 제대로 해냈습니다. 제 말을 오해하지는 마세요. 디즈니에 생긴 많은 일은 제 친구가 자신의 무식한 대학 동창이 성공한 이유에 대해 말한 것과 비슷합니다. 제 친구의 말에 따르면 "그 사람은 그냥 연못에 앉아 있는 오리였는데, 연못의 수위가 올라갔을 뿐"이라는 겁니다.

아이즈너와 웰스는 디즈니를 명민하게 경영했습니다. 하지만 그들이 경영을 맡았을 때, 모든 옛날 영화를 비디오카세트에 담아 판매하기만 하면 됐습니다. 거대한 순풍 덕분에 일이 저절로 잘 풀려나간 거죠. 그래도 공정하게 말하자면 새로운 경영진은 〈포카혼타스〉나 〈라이온 킹〉 같은 새 영화를 아주 잘 만들었습니다. 그 덕분에 순풍을 탈 수 있었던 거죠. 〈라이온 킹〉 하나만으로도 최종적으로 수십억 달러는 벌어들일 겁니다. '최종적으로'라는 말은 지금부터 50년 후 정도를 말하는 겁니다. 그래도 영화 한 편으로 수십억 달러를 번다니, 대단하지 않나요?

법조계를 떠난 이유를 말씀해주실 수 있나요?

우리는 대가족입니다. 낸시와 저는 여덟 명의 자녀를 키웠죠. 법무법인 사업이 그렇게 갑작스레 번창할 줄은 몰랐습니다. 제가 떠난 직후에 거기로 큰돈이 들어왔거든요. 1962년 무렵 거의 발을 뺐고, 1965년에는 완전히 발을 뺐습니다. 아주 오래전 일이죠.

저는 결단을 내리고, 제 돈으로 베팅하는 걸 더 좋아합니다. 제가 고객보다 더 많이 안다고 생각했죠. 그런데 왜 고객의 방식을 따라야 합니까? 자기주장이 강한 성격도 법조계를 떠난 이유 중 하나였습니다. 경제적으로 독립하고 싶다는 욕구도 있었고요.

저의 고객은 대부분 좋은 사람이었지만, 싫은 사람도 더러 있었습니다. 게다가 저는 자본가의 독립성을 좋아합니다. 항상 도박적인 성향이 있기도 했고요. 저는 상황을 분석하고 베팅하는 걸 좋아합니다. 그래서 자연스럽게 끌리는 일을 한 거죠.

라스베이거스식 도박을 한 적이 있나요?

도박장이 저보다 유리한 게임에는 죽을 때까지 100달러도 베팅하지 않을 겁니다. 왜 그래야 합니까? 친구들하고 오락거리로만 할 거예요. 그리고 가끔 밥 해먼처럼 아주 뛰어난 브리지 플레이어하고만 할 겁니다. 그는 세계 최고의 카드 플레이어잖아요. 물론 그와 플레이하는 재미를 위해서는 그만한 대가를 지불해야 합니다. 그냥 오락거리인 거죠.

단순히 기계적으로 도박장이 저보다 이길 확률이 높은 상황에서 도박을 할 이유가 있을까요? 제가 특히 합법 도박장이 고객을 유인하는 문화를 혐오하는데도요? 저는 도박 합법화에 찬성하지 않습니다. 라스베이거스에 가면 불편해요. 지금은 가족을 위한 오락거리가 더 많다고 해도 말이죠. 포커판 같은 데서 노는 사람하고는 어울리고 싶지 않아요.

다른 한편으로는 남자들끼리 놀면서 하는 '내기'는 좋아합니다. 친구들과 사교 목적으로 하는 도박도 좋아하고요. 하지만 전문 도박사는 싫습니다.

선생님이 발을 들인 이후 뮤추얼 펀드와 자산 운용업의 변화, 그리고 자본 시장의 성장에 관해 이야기해주실 수 있나요?

사실 제대로 발을 들인 건 아닙니다. 20여 년 전까지 14년 동안 소규모 개인 합자투자사를 갖고 있었어요. 하지만 다른 사람의 돈을 산더미같이 받은 적은 한 번도 없습니다. 적어도 현재의 투자 운용업 기준으로는 말이죠. 그러니까 뮤추얼 펀드 사업에 제대로 임했던 적은 없습니다.

자산 운용업은 미국 현대사에서 가장 많이 성장한 사업입니다. 고액 연봉을 받는 전문가와 백만장자가 속출했죠. 초기에 진입한 사람들에게는 완벽한 금광이었습니다. 연기금, 미국 기업의 가치, 전 세계적 부가 증가하면서 많은 사람에게 멋진 직업을 만들어주었고, 그들을 부자 반열에 올려놓았습니다. 우리는 그들과 다양한 방식으로 거래합니다. 하지만 우리는 오랫동안 다른 사람의 자산을 운용하지 않았습니다. 그리고 기본적으로 우리는 우리 돈을 아주 오랫동안 투자합니다.

이 성장세가 계속될 거라고 예상하십니까?

25년 후에 미국 전체 기업의 가치가 지금보다 상당히 높아지지 않는다면 놀랄 겁니다. 또한 사람들이 계속 사고팔면서 주식을 돌리는 한 자산 운용업은 운용역들에게 계속 멋진 사업이 될 겁니다. 다만, 우리는 우리 돈으로 하는 게 아니면 사실 자산 운용업과는 거리가 있다고 할 수 있습니다.

저는 선생님이 벤저민 그레이엄 모형을 처음 버크셔 해서웨이 모형에 활용하기 시작한 이후로 선생님의 투자 전략이 진화한 과정에 관심이 많습니다. 그 모형, 그러니까 아주 좋은 기회에 대부분의 돈 또는 모든 돈을 쏟아 넣고 수십 년 동안 놔두는 모형을 초보 투자자에게 추천하시겠습니까? 아니면 그건 사실 노련한 투자자를 위한 건가요?

각자 자신의 한계효용과 심리적 성향을 고려해가며 게임을 해야 합니다. 어느 정도의 손실은 불가피한데 그 손실 때문에 비참해진다면 아주 보수적인 투자 패턴을 활용해 지옥에서 탈출하는 게 현명하겠죠. 자신의 성향과 재능에 맞는 전략을 따라야 합니다.

제가 여러분에게 제시할 수 있는 만능 투자 전략은 없습니다. 저의 투자 전략은 제게 맞는 겁니다. 그 부분적인 이유는 제가 손실을 감수할 줄 알기 때문입니다. 심리학적 관점에서 손실을 받아들이죠. 게다가 손실이 나는 경우는 극히 드뭅니다. 이 두 가지 요소의 조합이 잘 통합니다.

선생님과 버핏 씨는 버크셔의 주가가 고평가되었으며, 추천하지 않는다고 말씀하셨어요.

고평가되었다고 생각한다는 말은 하지 않았습니다. 그때 가격이라면 우리는 사지 않을 것이고, 친구들한테도 추천하지 않겠다고 말했을 뿐입니다. 단순히 당시 버크셔의 내재 가치를 고려해 한 발언입니다.

저는 돈이 있다면 버크셔 주식을 사겠습니다. 선생님은 20년 전부터 계속 수익률이 줄어들 거라고 말씀해왔으니까요.

당신의 낙관적 전망이 맞기를 바랍니다. 하지만 저는 의견을 바꾸지 않을 겁니다. 결국 현재 우리는 미지의 영역에 있습니다. 저는 때로 친구들한테 이렇게 말하죠. "나는 잘하려고 최선을 다하고 있어. 하지만 전에는 늙어본 적이 없어. 늙는 건 처음이라 제대로 할지 모르겠어." 워런과 저는 한 번도 이런 상황에 처한 적이 없습니다. 기업의 가치가 고평가되고 많은 자본이 들어와 있는 상황 말입니다. 그랬던 적은 한 번도 없습니다. 그래서 우리도 배우는 중이에요.

선생님과 버핏 씨가 하는 모든 말은 논리적인 것 같습니다. 하지만 30년 전 벤저민 그레이엄이 똑같은 말을 했습니다. 주가지수가 900이던 그때도 주가가 고평가되었다고 말했죠.

그 부분에서 우리의 생각은 그와 다릅니다. 그레이엄은 훌륭한 분이었지만 전체 주식 시장의 결과를 예측하려 했다는 점에서 나사가 빠진 구석이 있었죠. 반면, 워런과 저는 거의 언제나 시장에 대해서는 알 수 없다는 입장입니다.

다른 한편으로, 우리는 수년간 주식이 물가상승률을 반영했을 때 일반적으로 10퍼센트에서 11퍼센트의 수익률을 냈으며, 이런 수익률은 아주 오랫동안 지속될 수 없다고 말했습니다. 그럴 수 없어요. 그건 불가능합니다. 세계의 부는 그런 속도로 증가하지 않죠. 스탠퍼드가 지난 15년 동안 투자 포트폴리오를 운용하면서 어떤 경험을 했든 앞으로는 나빠질 게 사실상 확실합니다. 아직은 괜찮을지 모릅니다. 하지만 지난

15년 동안은 투자자들에게 천국 같은 기간이었죠. 그런 규모의 노다지가 영원히 쏟아질 수는 없습니다.

버크셔의 연례 보고서가 비관적 전망을 제시했다는 언론 보도가 많습니다. 기업들이 갈수록 거대해짐에 따라 기회가 줄어드는 걸 우려했다고요. 10년 후에는 어떻게 될까요?

우리는 앞으로 주주들의 부 축적 비율이 과거보다 낮아질 것이며, 우리의 덩치가 발목을 잡아 성과를 떨어트릴 거라고 거듭 말했습니다. 이는 의견이 아니라 사실이라고도 말했죠.

그래도 우리가 지금부터 연 15퍼센트씩 장부 가치를 늘려갈 수 있다고 가정합시다. 그 정도면 그렇게 나쁘지 않으며, 장기 주주들에게는 양호한 실적이겠죠. 저는 그저 우리가 성장 속도를 조금 늦출 형편은 된다고 말하는 겁니다. 분명 그렇게 될 테고, 그렇게 되어도 장기 주주들에게는 여전히 괜찮기 때문입니다.

그건 그렇고 우리가 연 15퍼센트씩 장부 가치를 늘리겠다고 약속하는 건 아닙니다.

극단적 이데올로기를 갖지 않는 게 대단히 중요하다고 말씀하셨습니다. 빈곤 지역을 돕고 부를 나누는 일 등과 관련해 기업계와 법조계에 책임이 있다면 어떤 책임을 져야 한다고 생각하시나요?

저는 사회문제 해결에 나서는 걸 전적으로 지지합니다. 빈곤층에 관대하게 베푸는 것도 전적으로 지지하고요. 또 신뢰할 만한 증거를 토대로 해악보다 이득이 더 많이 예상되는 일을 하는 것도 전적으로 지지합니다. 제가 비판하는 건 특정한 개입이 해악보다 더 많은 이득을 안겨줄 거라고 확신하는 겁니다. 이 세상은 모든 것이 매우 복잡하게 얽히

고설켜 있으니까요.

그러니까 자기가 하는 일이 이득보다 더 많은 해악을 초래하지 않도록 확실히 해야 한다는….

그걸 확실하게 할 수는 없어요. 그게 제 말의 요점입니다.

다른 한편으로, 저는 근래 두 집단의 엔지니어가 내린 결론을 뒤집었습니다. 제가 어떻게 그토록 복잡한 분야에서 그런 자신감을 얻었을까요? 여러분은 '저 사람은 그저 돈을 좀 벌었다고 모든 걸 안다고 생각하는 자기중심주의자야.'라고 생각할지도 모릅니다. 제가 자기중심주의자일 수도 있어요. 하지만 모든 걸 안다고 생각하지는 않습니다. 다만, 엔지니어가 편향의 함정에 빠져 각자가 속한 집단에 매우 유리하게 행동하는 경우를 보았습니다. 그들이 하는 말도 편향적이었습니다. 그래서 불신할 수밖에 없었죠. 게다가 저는 그들이 말하는 게 타당하지 않다는 걸 인지할 만큼 공학에 대해 충분히 알고 있습니다. 마침내 제가 인정할 수 있는 해결책을 추천한 세 번째 엔지니어를 찾았습니다. 이후 두 번째 엔지니어가 제게 와서 말했습니다. "찰리, 나는 왜 그걸 생각하지 못했을까요?" 이는 칭찬할 만하죠. 어쨌든 그건 더 안전하고 저렴한, 훨씬 나은 해결책이었습니다.

인센티브 유발 편향이나 다른 유사한 심리 작용 때문에 사람들의 인식이 왜곡된 경우, 전문가의 견해라도 과감히 내쳐야 합니다. 반면, 자신이 보탤 지혜가 없고 전문가를 믿는 게 최선임을 알아야 하는 경우도 있습니다. 자신이 무엇을 아는지, 그리고 무엇을 모르는지 알아야 하는 겁니다. 삶에서 그보다 유용한 게 있을까요?

코카콜라의 실수에 대해 말씀하셨는데요, 애플이 [44] 잘못한 부분은 무엇인지 생각해보신 적이 있나요?

아주 좋은 답을 해줄게요. 제너럴 일렉트릭의 CEO 잭 웰치가 한 말을 인용한 겁니다. 그에겐 공학 박사 학위가 있어요. 유명 기업인인 데다 훌륭한 사람이기도 하죠. 근래에 워런이 있는 자리에서 누군가가 그에게 "잭, 애플은 무엇을 잘못한 건가요?"라고 물었습니다.

그가 뭐라고 대답했을까요? "나에겐 그 질문에 대답할 수 있는 전문적인 역량이 없어요." 저도 같은 대답을 하겠습니다. 제가 전문적 통찰을 제공할 수 있는 분야가 아니라는 얘깁니다.

다른 한편으로, 잭 웰치의 말을 인용한 건 여러분에게 교훈을 주기 위해서입니다. 뭔가를 모르고 전문적 역량이 없다면 그렇다고 실토하는 걸 두려워하지 마세요.

제가 생물학에 빗대어 얘기하는 또 다른 유형의 사람들이 있습니다. 벌은 꿀을 찾으면 벌집으로 돌아가 유전적 프로그래밍에 따라 춤을 추죠. 다른 벌들에게 어느 방향으로 얼마만큼 가야 꿀이 있는지 알려주는 거죠. 40~50년 전 어떤 영리한 과학자가 꿀을 벌집 바로 위에 달아두었습니다. 일반적인 상황에서 꿀이 벌집 바로 위에 있는 경우는 없죠. 꿀은 대부분 먼 곳에 있어요. 어쨌든 꿀을 찾은 벌이 벌집으로 돌아옵니다. 그런데 유전적 프로그래밍에는 바로 위에 꿀이 있다고 알려주는 춤이 없어요. 그 벌은 어떻게 할까요?

그 벌이 잭 웰치라면 아마 가만히 있을 겁니다. 하지만 평범한 벌은 마구잡이로 춤을 춰서 혼란을 야기하죠. 많은 사람이 그 벌과 같습니다. 그들은 어떻게든 질문에 대답하려고 시도하죠. 그건 큰 실수예요. 누구도 여러분이 모든 것에 대해 모든 것을 알 거라고 기대하지 않습니다. 저는 제대로 알지 못하는 영역에서 항상 자신 있게 대답하는 사람을 멀리하려고 노력합니다. 제게 그들은 마구잡이로 춤추는 벌과 같습니다. 그저 혼란만 초래할 뿐이죠.

선생님은 법률과 사업 분야에 종사한 분으로서 이 모형들을 법무법인 일에 접목하셨나요? 하셨다면 어떻게 하셨나요? 효과가 있었나요? 아마 이 모형들을 따르지 않는 듯한 법무법인이 더 흔할 겁니다.

거기에도 여러 모형이 있습니다. 하지만 학계에 왜곡된 인센티브가 존재하듯 법무법인에도 왜곡된 인센티브가 존재합니다. 사실 어찌 보면 법무법인 쪽이 훨씬 심각하죠.

법무법인 사업과 관련해서는 또 다른 모형이 있습니다. 제가 아주 어렸을 때, 아버지는 변호사로 일했습니다. 오마하에 있는 파이어니어 포드의 딜러 그랜트 맥페이든은 아버지의 친구이자 고객이었습니다. 그는 대단히 훌륭한 사람으로서 자수성가한 아일랜드인이었죠. 아버지의 폭행에 시달리며 학교도 제대로 다니지 못하고 어린 나이에 농장에서 도망쳤습니다. 혼자 힘으로 세상을 헤쳐 나온 겁니다. 그는 매력과 도덕성이 뛰어나고 명민한 사람, 그저 놀랍고 또 놀라운 사람이었습니다.

반면, 아버지의 또 다른 고객 X 씨는 허풍쟁이에다 너무 나서고, 부당하고, 거만하고, 까다로운 사람이었습니다. 저는 열네 살 무렵 아버지에게 "아빠, 왜 맥페이든 아저씨처럼 훌륭한 사람이 아니라 X 아저씨처럼 나서기 좋아하는 허풍쟁이하고 일을 많이 해요?"라고 물었습니다.

아버지는 이렇게 대답했습니다. "맥페이든 씨는 직원과 고객에게 친절하고 문제를 잘 해결해. 정신병자와 엮이면 최대한 빨리 빠져나올 길을 만들지. 그래서 네가 콜라를 계속 사 먹게 해줄 만큼 충분한 일감이 생기지 않아. 반면에 X 씨는 걸어 다니는 지뢰밭 같아서 좋은 일감을 많이 안겨준단다."

이 사례는 법무법인 사업의 고충을 말해줍니다. 심한 결점이 있는 사람들을 상대해야 한다는 것이죠. 그들이 엄청난 일감을 만들어냅니다. 설령 고객은 아주 반듯한 사람이라 해도 상대편이나 심지어 판사가 구제불능인 경우도 많아요. 그게 제가 법무법인 사업을 그만둔 이유 중 하나입니다. 저 자신의 욕심이 나머지 이유이기는 해도, 그 욕심을 채운 덕분에 정직하고 합리적인 사람으로 성장했다고 볼 수 있습니다. 벤저민 프랭클린이 말한 대로 "빈 자루가 똑바로 서기는 어려운 법"이죠.

두 유형의 고객에 관해 아버지가 들려준 대답은 실로 유익하다고 생각합니다. 아버지는 제게 올바른 교훈을 가르쳤어요. 그게 뭐냐고요? 가족을 먹여 살리기 위해 가끔은 나사 빠진 허풍쟁이한테도 서비스를 제공해야 하지만, 그래도 삶은 그랜트 맥페이든처럼 살아야 한다는 거죠.

아주 훌륭한 교훈이었습니다. 아버지는 그걸 아주 현명한 방식으로 가르쳤고요. 주입식이 아니라 약간 머리를 써야 하는 방식으로 말해줬거든요. 저는 곰곰이 생각한 끝에 그랜트 맥페이든처럼 행동해야 한다는 메시지를 파악했습니다. 아버지는 그래야 제가 교훈을 더 잘 간직하리라는 걸 아셨던 거죠. 실제로 수십 년이 지난 지금까지 그 교훈을 기억하고 있습니다. 그건 아주 현명한 자녀 교육법이었어요.

이 역시 기초적인 심리학에 관한 이야기입니다. 기초적인 문학도 관련이 있죠. 좋은 문학은 독자가 약간은 생각해야 이해할 수 있게 만듭니다. 그러면 효과가 좋아요. 독자도 내용을 더 깊이 이해하고 마음에 새기죠. 이는 전념과 일관성을 추구하는 경향에서 나오는 겁니다. 이해하기 위해 생각하면 내용이 머리에 더 잘 들어오지요.

여러분도 변호사나 경영자로서 제 아버지처럼 누군가를 가르치고 싶을 수 있습니다. 그럴 때 이런 교훈을 활용해보세요. 그게 좋은 육아 방식 아닐까요? 제 아버지는 의도적으로 간접적인 방식을 활용했습니다. 그게 얼마나 강력한 효과를 발휘했는지 보세요. 쿡 선장이 심리를 현명하게 활용한 것처럼 말이죠. 저는 지금까지 평생 그랜트 맥페이든을 따라 하려고 노력했습니다. 몇 번 실수를 저지르기는 했지만요. 그래도 최소한, 노력은 하고 있습니다.

선생님은 〈아웃스탠딩 인베스터 다이제스트〉에 실은 글에서 소수의 선택받은 투자 운용역만 실제로 가치를 더할 수 있다고 쓰셨습니다. 지금 강연을 듣고 있는 미래의 변호사들이 직업에 가치를 더하려면 무엇을 해야 할까요?

정확하게 사고할 수 있는 사람이 되는 만큼 큰 가치를 더할 수 있습니다. 잘 배우는 만큼 큰 가치를 더할 수 있습니다. 잘 배워야 필요한 곳에 개입할 용기가 생깁니다. 또 회사나 고객 또는 여러분이 소중히 여기는 것을 파괴하는 어리석은 짓을 방지하거나 중단시킬 수 있습니다.

여기엔 여러분이 활용할 수 있는 건설적인 비법이 있습니다. 예를 들어, 제 동창이자 스캐든 아프스의 대표 조 플롬이 변호사로 성공한 한 가지 이유는 생생한 사례를 잘 떠올리기 때문입니다. 요점을 효과적으로 전달하는 사례 말입니다. 약간 웃기는 사례를 떠올리는 능력은 고객에게 서비스를 제공하거나 누군가에게 대의를 설득하려 할 때 아주 유용합니다. 그런 재능은 귀해요. 조 플롬 같은 사람들은 재능을 타고났다고 말해도 무방합니다. 게다가 그는 그 재능을 연마했습니다. 여러분도 어느 정도는 그걸 타고났으며, 연마할 수 있습니다.

가끔 여러분은 경계를 넘나드는 문제에 직면합니다. 가령 탈세를 저지르려 하는 고객이 있다고 가정합시다. 그는 선을 넘는 수준까지 세법을 악용하지 않고는 못 견딥니다. 들키지 않고 속임수를 쓸 수 있는데 그걸 아직 쓰지 못했다면 아침에 면도도 하지 못하죠. 그런 사람들이 있어요. 이들은 그럴 때 자신이 충분히 열심히 살고 있지 않다고 생각합니다.

이런 상황은 두 가지 방식 중 하나로 접근할 수 있습니다. 하나는 "그런 사람은 도울 수 없다."고 포기하는 겁니다. 다른 하나는 "여건상 그 사람을 도와야 해. 그렇다고 해서 내가 사기를 치는 건 아냐. 그러니까 하겠어."라고 나서는 겁니다. 상대가 정말로 어리석은 짓을 하려 할 때 "그건 나쁜 짓입니다. 저는 당신보다 도덕적으로 낫습니다."라고 말하는 건 도움이 되지 않을 겁니다. 상대를 불쾌하게 만들 뿐이죠. 여러분은 젊고, 상대는 나이가 많습니다. 그래서 설득되기보다는 "네가 뭔데 나한테 훈계질이야?"라는 식으로 반응할 가능성이 더 큽니다. 그러니까 "그렇게 하면 세 명의 부하 직원이 알게 됩니다. 협박당할 위험이 있어요. 평판이 나빠질 뿐 아니라 가족이 위험에 빠지고 돈도 잃을 수 있습니다."라는 식으로 말하는 게 낫습니다. 그러면 통할 가능성이 있어요. 또한 여러분은 맞는 말을 하는 겁니다.

이런 고객을 위해 일하느라 시간을 낭비하고 싶습니까? 이렇게 해야 행동을 똑바로 하게 만들 수 있는 사람들 말입니다. 아마 그러고 싶지 않을 겁니다. 그래도 코가 꿰인 상황이라면 이해관계에 호소하는 방법이 더 잘 통합니다. 그게 다른 것에 호소하는 것보다 더 설득력이 있을 겁니다. 이 역시 깊이 있는 생물학에 근거한 강력한 심리학적 원칙이죠.

저는 살로몬 브라더스에서 이 심리학적 원칙이 완전히 무시되는 것을 봤습니다. 살로몬의 법률 자문은 회사의 부정 거래를 인지했습니다. CEO인 존 굿프로인드는[45] 즉시 모든 것을 연방 당국에 보고할 의무가 있었습니다. 굿프로인드는 거기에 관여하지 않았고, 문제를 회피했습니다. 법률 자문은 그에게 사실을 알리라고 촉구했습니다. "반드시 해야 한다는 법률적 의무는 없을지 모릅니다. 하지만 그렇게 하는 게 옳습니다. 꼭 해야 합니다."라는 식으로요. 하지만 그의 말은 통하지 않았습니다. 그건 불쾌한 일이라 미루기 쉬웠습니다. 굿프로인드는 그렇게 했습니다. 뒤로 미룬 것이죠.

법률 자문은 CEO 말고는 살로몬 내에 우군이 아주 적었습니다. CEO가 밀려나면 그도 밀려나게 되어 있었습니다. 요컨대 그의 경력 전부가 걸린 일이었죠. 그는 자신의 경력을 지키기 위해서라도 미적거리는 CEO가 올바른 일을 하도록 설득해야 했습니다.

그 일은 식은 죽 먹기일 수도 있었습니다. CEO에게 "이 문제로 당신의 인생이 망가질 수도 있어요. 부와 평판을 잃을지도 모릅니다."라고 말하기만 하면 됐을 겁니다. CEO들은 망가지고, 망신당하고, 쫓겨나는 것을 좋아하지 않습니다.

살로몬의 법률 자문은 똑똑하고 관대하며 생각이 올바른 사람이었습니다. 그러나 기초적인 심리학을 활용하지 않았기 때문에 일자리를 잃었습니다. 그는 대부분의 경우 이해관계에 호소하는 것이 가장 잘 통한다는 사실을 알지 못했습니다. 여러분은 비슷한 상황에 처했을 때, 비슷하게 나쁜 결과를 얻지 않아도 됩니다. 그저 굿프로인드와 법률 자문에게 어떤 일이 생겼는지만 기억하세요. 노력하면 올바른 교훈을 쉽게 배울 수 있습니다. 그러면 다른 사람들이라면 실패했을 결정적 순간에 특히 쓸모 있는 사람이 될 수 있습니다. 현명하고 근면하고 객관적인 만큼, 무엇보다 대의를 따르도록 다른 사람을 설득할 수 있는 만큼 여러분의 일에 가치가 더해집니다.

주주들의 고소 같은 소송에 휘말릴 위험과 복잡한 법률 절차가 어떻게 대기업의 의사 결정에 영향을 미치는지 이야기해주실 수 있나요?

모든 대기업은 법률 비용이나 규제, 사업의 복잡성, 소송 대리인, 특히 집단소송 대리인에 대해 불평합니다. 한 기업의 불평을 토씨 하나 바꾸지 않고 그냥 베껴서 다른 기업의 불평으로 바꿔도 아무도 알아채지 못합니다. 답이 정해져 있는 교리서 같은 거죠.

하지만 불평이 난무하는 상황이 법무법인에는 하늘이 내린 선물입니다. 대형 법무법인은 오랫동안 상승기류를 탔죠. 그들은 지금 전염병이 창궐하는 시기의 장의사처럼 짐짓 혀를 찹니다. 물론 그런 때에 장의사들이 손님이 늘었다며 껑충껑충 뛰고 바이올린을 연주하면 아주 볼썽사납겠죠. 그래서 법무법인 파트너들은 "이토록 복잡하고, 불공정하고, 소송이 많으니 안타깝네요."라고 말합니다.

하지만 법무법인은 소송에 대해 다소 정신분열증적으로 반응합니다. 그런 현실이 그들에게는 아주 좋으니까요. 근래 캘리포니아에서 통과된 주민 발의안의 여파가 흥미롭습니다. 일부 소송 변호사들이 특정 조례를 막으려 들었고, 그건 사실상 고객에게 맞서는 것이기도 했습니다. 그들은 고객들에게 들킬까 봐 조용히 로비를 했습니다. 그들이 그렇게 한 이유는 소송을 제기하기가 어려웠기 때문입니다. 여러분이 과도한 소송에서 싸우는 것으로 생계를 유지하고 아이들의 학비를 충당하는데, 누군가가 그걸 없애는 시스템을 제안한다고 해보세요. 거기에 맞서는 건 어른으로서 피할 수 없는 경험이자 선택이죠.

대기업들은 변화에 적응합니다. 더 많은 소송을 치르고, 더 큰 법무팀을 갖추죠. 싫다고 불평하기는 해도 적응해요.

하지만 지난 수십 년 동안 복잡한 법률 때문에 많은 기업의 자원을 소모하지 않았나요?

그렇습니다. 미국의 기업 중 20년 전보다 소송과 다양한 규제 때문에 지출이 늘어나지 않은 기업은 거의 없어요. 그리고 일부 새로운 규제가 멍청하고 어리석은 것도 맞아요. 물론 정말 필요한 것도 있죠. 변화의 정도 차이는 있겠지만 앞으로도 계속 그럴 겁니다.

실패나 책임이 두려워서 위험한 투자를 하지 않으려는 쪽으로 기업의 의사 결정이 달라지는 걸 보거나 경험하신 적이 있나요?

워런 말고 다른 친구와 같이 그런 일을 겪은 적이 딱 한 번 있어요. 제가 최대 주주의 공동 지분을 갖고 있던 회사에서 개량형 경찰 헬멧을 개발했어요. 케블라 같은 소재로 만든 새로운 헬멧이었습니다. 개발진은 견본을 우리에게 가져와 제조하자고 말했죠.

우리는 이데올로기 측면에서 경찰을 매우 지지하는 쪽입니다. 저는 문명사회를 유지하려면 경찰이 필요하다고 믿습니다. 다만, 경찰이 불필요하게 투입되고 희생되어 과부와 고아가 늘어나는 건 지지하지 않습니다. 우리는 개량형 경찰 헬멧이 마음에 들었습니다. 그렇지만 개발진에게 이렇게 말할 수밖에 없었죠. "우리는 돈이 많은 기업이지만, 이걸 제작할 형편은 못 됩니다. 사회 분위기가 그래요. 모든 리스크를 고려할 때 우리는 할 수 없습니다. 그래도 이게 우리 사회에 필요하다고는 생각합니다. 이 헬멧의 가치를 극대화할 다른 회사를 찾아보세요. 그들에게 기술을 이전하든지요. 어쨌든 우리는 못 할 것 같습니다." 우리는 경찰이 신형 헬멧을 착용하지 못해서 피해를 입지 않도록 노력했습니다. 우리가 직접 헬멧을 제작하지 않기로 결정하긴 했지만요.

사회의 변화 양상을 고려할 때, 주위에서 유일하게 돈이 많은 게 좋지 않은 경우도 있어요. 가령 고등학교 미식축구 경기에서 가끔 하반신 마비나 사지 마비 사고가 불가피하게 일어납니다. 그때 부상당한 선수가 돈 많은 헬멧 제조사 말고 누구를 고소하는 게 최선일까요? 모두가 끔찍한 부상을 안타까워하지만, 이런 소송은 제조사에 위험해요. 제 생각에 돈 많은 대기업이 미식축구용 헬멧을 제조하는 건 현명하지 못합니다. 지금 우리 사회가 어떤지 보세요. 이런 경우에는 헬멧 제조사를 고소하는 일이 더 어려워져야 할 거라고 생각해요.

제가 아는 의사 둘은 모두 결혼 생활을 잘하고 있었어요. 그런데 의료 사고 보험료가 너무 높아지자 아내와 서류상으로만 이혼하고, 재산 대부분을 아내 명의로 돌렸습니다. 그러고는 의료 사고 보험에 가입하지 않고 의원을 계속 운영했죠. 그들은 그런 현실에 분노했지만 어쨌든 적응해야 했습니다. 아내를 믿었고, 그래서 그렇게 한 거죠. 이후로도 그들은 의료 사고 보험에 가입하지 않았습니다. 이렇게 사람들은 소송 문화의 변화에 적응합니다. 다양한 방식으로 말이죠. 언제나 그랬고, 앞으로도 그럴 겁니다.

제가 개인적으로 가장 싫어하는 건 사기에 취약한 허점투성이 시스템입니다. 아마 캘리포니아 척추 교정사들이 버는 돈의 절반 이상이 나이롱환자들에게서 나올 겁니다. 하루는 제 친구가 험악한 동네에서 가벼운 접촉 사고를 당했습니다. 그런데 그가 사고 지점을 떠나기 전에 척추 교정사 두 명과 변호사 한 명이 명함을 건넸어요. 그들은 목이 아프다고 소송을 걸게 만드는 영업을 하죠.

캘리포니아의 경우 랜드연구소 통계를 보면, 사고당 신체 상해 비율이 다른 주보다 두 배나 높습니다. 실제 상해 비율은 두 배가 되지 않습니다. 절반은 사기라는 거죠. 사람들은 다들 그렇게 하니까 그래도 된다고 생각해요. 이런 문화가 퍼지도록 놔두는 건 끔찍합니다.

제가 사회를 운영한다면 스트레스에 대한 산재 보상을 없앨 겁니다. 일로 인한 스트레스가 없다는 말이 아닙니다. 가짜 환자와 진짜 환자를 구분하지 못해서 생기는 사회적 손실이 예상되는 이익보다 더 크기 때문입니다.

저는 해군의 시스템을 좋아합니다. 함장이 24시간 연속 근무를 마치고 잠을 자야 해서 유능한 일등항해사에게 운항을 맡겼다고 가정합시다. 그런데 상황이 나빠져서 배가 좌초하면 어떻게 될까요? 명백한 잘못이 없는 경우, 함장을 군법회의에 회부하지는 않지만 그의 해군 경력은 끝납니다.

'그건 너무 가혹해. 로스쿨은 그런 걸 추구하지 않아. 그건 적법한 절차가 아니야.'라고 생각할 수도 있어요. 하지만 해군 방식은 나름의 맥락에서는 로스쿨 방식보다 낫습니다. 상황이 나쁠 때 핑계를 댈 수 없으니 정말로 주의를 기울이도록 만드니까요. 나폴레옹은[46] 운 좋은 장군을 좋아한다고 말했습니다. 그는 패자를 북돋우는 일을 좋아하지 않았죠. 해군도 운 좋은 함장을 좋아합니다. 배가 왜 좌초했는지는 중요하지 않습니다. 어쨌든 함장의 경력은 끝장납니다. 누구도 함장의 잘못 여부에는 관심이 없습니다. 모든 효과를 고려했을 때 모두를 위해 그런 규칙이 생긴 것뿐입니다.

저는 그런 규칙을 좋아합니다. 잘못을 허용하지 않는 규칙을 만들면 사회가 더 잘 돌아갈 거라고 생각합니다. 하지만 로스쿨에서는 그런 걸 배척하는 경향이 있죠. "그건 적법한 절차가 아니야. 정의롭지 않아." 라면서요. 제가 해군의 규칙을 옹호하는 게 정의를 추구하는 겁니다. 좌초되는 배들이 줄어들게끔 하는 정의 말입니다. 전체 혜택을 고려할 때, 저는 한 명의 함장이 불공정한 일을 당하는 건 개의치 않습니다. 어차피 군법회의에 회부되는 것도 아니잖아요. 새로운 직업을 찾아야 할 뿐입니다. 게다가 연금도 계속 받을 수 있고요. 세상이 끝나는 게 아니잖 아요.

그래서 저는 그런 걸 좋아합니다. 하지만 저 같은 사람은 소수예요.

판단에 대해 조금 더 말씀해주셨으면 합니다. 강연에서는 심리학 교과서를 읽고 15~16개 정도의 가장 뛰어난 합리적인 원칙을 습득하라고 하셨어요.
명백히 중요하고 옳은 원칙을 말하는 겁니다. 정확한 원칙 말이에 요. 거기에 확실히 중요하면서도 교과서에 없는 것들을 추가하면 시스 템이 생깁니다.

저는 그 전 단계, 그러니까 어떤 원칙이 명백히 옳은지 파악하는 단계가 어 렵습니다. 제가 보기에는 그게 가장 근본적인 문제인 것 같아요.
그렇지 않아요. 그건 문제를 너무 어렵게 보는 거예요. 사람들이 다 른 사람의 생각과 행동에 영향을 받고, 그중 일부는 무의식적으로 그렇 게 된다는 걸 이해하는 데 어려움이 있나요?

아뇨. 이해할 수 있습니다.
그럼 심리학적 원칙으로 곧장 들어갈 수 있습니다. 하나하나가 그런 식이에요. 그렇게 어렵지 않습니다. 조작된 조건화가 통한다는 생각, 즉 사람들이 지난번에 통했던 일을 반복할 것이라는 생각을 이해하는 데 어려움이 있나요?

세상에는 상당히 타당해 보이는 다른 요소도 많은 것 같습니다. 그런 요소 가 교차하는 지점이 너무 많으면 시스템이 금세 너무 복잡해지겠죠.
제 경우는 약간 복잡한 게 오히려 재미있습니다. 완전히 쉽고 완전히 정돈된 걸 원한다면, 모든 답을 제시한다고 주장하는 사이비 교단에 들어가는 게 나을지도 모릅니다. 물론 저는 그게 좋은 길이라고 생각하지 않습니다. 복잡하면 복잡한 대로 그저 세상을 견뎌야 해요. 아인슈타인은 "모든 것을 최대한 단순화해야 하지만 그보다 더 단순해서는 안 된다."라는 멋진 말을 했죠.

저는 그 말이 옳다고 생각합니다. 만약 20개의 요소가 있고, 그것들이 조금씩 상호작용한다면, 거기에 대처하는 법을 배워야 해요. 세상이 원래 그런 것이니까요. 다윈처럼 단계적으로, 호기심과 끈기를 갖고 노력하면 그다지 어렵지 않을 겁니다. 어느새 너무나 능숙해진 자신에게 놀랄 겁니다.

선생님이 활용하는 세 가지 모형을 이야기해주셨는데, 다른 것들은 어디서 발견하셨는지 궁금합니다. 그리고 그런 걸 찾을 때 심리학 교과서를 읽는 것보다 더 쉬운 방법이 있나요? 그게 싫다는 건 아닌데, 시간이 오래 걸려서요.

학문의 수 그리고 실로 원대한 사상의 수는 비교적 적습니다. 그걸 알아가는 건 아주 재미있죠. 또한 그걸 알아가면서 스스로 개요를 파악하면, 다른 사람이 만든 벼락치기용 자료를 외우는 것보다 더 오래 머릿속에 남아요.

더욱 좋은 점은 절대 재미가 멈추지 않는다는 겁니다. 저는 너무나 잘못된 교육을 받았고, 현대 다윈주의라는[47] 걸 굳이 따로 공부하지 않았어요. 잡다한 책을 많이 읽긴 했지만 그걸 놓치고 말았습니다. 그러다가 작년에 제가 엄청난 멍청이이고, 그걸 제대로 공부하지 않았다는 걸 문득 깨달았죠. 그래서 다시 뒤로 돌아갔어요. 그리고 옥스퍼드대학교의 훌륭한 생물학자 리처드 도킨스와 다른 학자들의 도움으로 공부를 할 수 있었죠.

70대에 현대 다윈주의의 종합 이론을 머릿속에 넣는 건 곡예를 배우는 것 같은 일이었어요. 그래도 그건 놀랍도록 훌륭하고 옳은 이론이었습니다. 또 일단 이해하자 너무나 단순했어요. 제가 취하는 접근법의 한 가지 장점은 절대 재미가 멈추지 않는다는 겁니다. 마지막에 요양원에서 침을 흘릴 때가 되어야 결국 멈출 것 같아요. 그래도 최소한 오랫동안 재미를 얻을 수는 있습니다.

제가 로스쿨의 황제 같은 사람이라면 '보충 학습용 세속적인 지혜'라는 강의를 개설할 겁니다. 물론 어떤 로스쿨도 황제 자리를 허용하진 않겠죠. 학장이 너무 많은 권한을 갖는 것도 원치 않으니까요. 어쨌든 이 강의는 다른 유용한 학문 중에서도 심리학을 상당 부분 포함할 겁니다. 강의 기간은 3주에서 1개월입니다. 명쾌하고 강력한 사례와 원칙을 넣으면 아주 흥미로운 강의를 만들 수 있을 겁니다. 완전히 서커스 같을 거예요. 그러면 로스쿨에서 얻은 경험이 사회에서 더 잘 통할 거라고 생각합니다.

이런 아이디어를 제시하면 사람들은 눈살을 찌푸립니다. "사람들은 그런 걸 하지 않아."라고 말하죠. 어쩌면 '보충 학습용 세속적인 지혜'라는 이름에 내재한 조소가 싫은 걸지도 모르겠습니다. 하지만 그 이름은 "모두가 이걸 알아야 한다."를 제 방식으로 말한 거예요. 보충 학습용이라고 하면 "이건 정말 기본적인 거라서 모두가 알아야 한다."라고 말하는 것 아닌가요?

그런 강의는 완벽한 서커스 같을 겁니다. 참고할 사례도 아주 많을 거고요. 사람들이 왜 안 하는지 모르겠습니다. 아마 하고 싶지 않다는 게 주된 이유겠죠. 어떻게 해야 하는지 모를 수도 있어요. 그게 무엇인지 모를 수도 있고요. 그래도 전통적인 로스쿨 교육을 받기 전에 한 달 정도 정말 기본적인 사상들을 좋은 사례와 통합하는 과정을 거치면, 로스쿨에서의 경험이 훨씬 재미있을 겁니다. 전체 교육 시스템의 효과가 더 높아질 거라고 생각해요. 하지만 누구도 그런 걸 하는 데 관심이 없어요.

로스쿨이 전통적인 교육 범위를 넘어설 때도 제가 보기엔 정말 멍청한 방식을 따르는 경우가 많습니다. 우리가 심리학을 잘못 가르치고 있다고 생각한다면, 기업 금융 교육은 또 어떻게 하고 있는지 보세요. 현대 포트폴리오 이론이라고요? 제정신이 아니에요! 정말 놀라울 따름입니다.

어떻게 이런 일들이 일어나는지 모르겠어요. 자연과학과 공학은 상당히 신뢰성 있는 분야입니다. 이 분야들을 벗어나는 순간, 어리석음이 학계로 스며드는 것 같아요. 지능이 아주 높은 사람들이 포진한 분야도 그래요. 멍청한 요소를 많이 몰아내면 학교는 얼마나 좋아질까요. 다만, 일흔 넘은 자본가가 와서 고학년들에게 "여기 보충 학습용 세속적인 지혜가 있어."라고 말하는 게 그걸 몰아내는 올바른 방식은 아닐 거예요. 그런 식으로는 안 돼요.

그렇게 할 게 아니라, 로스쿨에서 학기 초에 한 달 동안 기본적인 원칙을 제대로 가르쳐야 합니다. 많은 법률 원칙은 다른 원칙과 연계되어 있습니다. 같이 붙어 있어요. 그런데도 다른 중요한 원칙과 어떻게 연계되는지 알려주지 않고 그냥 가르쳐요. 정말로 미친 짓입니다.

왜 판사들이 당면한 소송과 관계없는 법률적 사안을 이야기하지 못하게 막는 거죠? 제가 로스쿨에 다니던 시절에 교수들이 그런 규칙을 가르쳤습니다. 그러면서 학부 강의의 핵심 내용과 연계되는 이유를 제시하지 않았어요. 그건 말도 안 돼요. 인간의 정신은 이유를 모르고도 잘 작동하게 되어 있지 않아요. 이유를 통해 현실을 이론적 구조와 결합해야 합니다. 그래야 유용한 형태로, 효과적으로 사고할 수 있어요. 이유 없이 또는 이유를 부실하게 설명하면서 원칙을 가르치는 건 잘못된 겁니다.

제가 보충 학습용 세속적인 지혜를 가르치자는 아이디어를 좋아하는 또 다른 이유가 있습니다. 교수들이 좀 더 타당하게 강의하도록 강제하기 때문입니다. 명백히 옳을 뿐 아니라 보충 학습용 세속적인 지혜라는 강의에서 강조하는 교훈에 위배되는 내용을 가르치는 건 어색할 겁니다. 그런 교수는 왜 그러는지 제대로 된 이유를 대야 할 겁니다.

이게 완전히 미친 생각일까요? 그게 가능할 거라고 기대하는 게 무리일지도 모르겠네요. 그래도 누군가가 그걸 한다면 여러분은 유용할 거라고 생각하나요?

제 생각에는 아주 좋을 것 같습니다. 안타깝게도 그런 강의가 생겼을 때 우리는 더 이상 여기에 없겠지만요. 선생님은 접근성을 높이기 위해 강의 형태로 그런 걸 가르치는 게 좋다고 제안하셨습니다. 꼭 그게 아니더라도 다른 방법으로 접근성을 높일 수 있을까요?

저는 공부의 왕도를 알려달라는 요청을 항상 받습니다. 오늘도 약간 쉽게 설명하려 애쓰고 있고요. 하지만 이런 강연을 한 번 듣는 게 올바른 학습법은 아닙니다. 올바른 방식은 책을 읽는 겁니다.

제가 말하는 게 더 효율적이고 더 나은 사람이 되는 데 도움을 주길 바랍니다. 부자가 되지 못하는 건 괜찮아요. 저는 항상 "당신이 아는 걸 떠먹여달라."는 요청을 받습니다. 물론 그 말의 뜻은 "고생하지 않고 빠르게 부자가 되는 방법을 가르쳐달라. 빠르게 부자가 되는 방법을 빠르게 가르쳐달라."인 경우가 많죠.

저는 직접 책을 쓰는 데 별로 관심이 없습니다. 게다가 저 같은 사람이 70대에 책을 쓰려면 아주 많은 일을 해야 할 거예요. 저는 다른 할 일이 많습니다. 그래서 책은 쓰지 않을 겁니다. 하지만 그게 누군가한테는 아주 좋은 기회가 될 수 있어요. 제대로 된 책을 쓰는 데 필요한 지혜와 의지를 가진 사람이 있다면, 제가 거기에 필요한 비용을 제공할 겁니다.

왜 현재 교육의 질이 나쁜지에 대해 몇 가지 그럴듯한 이유를 말해보죠. 그 부분적 이유는 학계가 분화되어 있기 때문입니다. 심리학은 다른 학문의 원칙과 결합할 때 가장 강력해집니다. 하지만 심리학 교수들은 다른 학문의 원칙을 몰라요. 그래서 필요한 통합 작업을 할 능력이 없죠. 사실 다른 분야의 원칙을 잘 알고 그걸 자신의 이론에 통합하기 위해 끊임없이 노력하는 사람이 애초에 어떻게 심리학 교수가 될 수 있겠습니까? 그런 사람은 대개 동료와 선배를 불편하게 만듭니다.

지금까지 역사적으로 훌륭한 심리학 교수들이 있었습니다. 애리조나주립대학교의 로버트 치알디니는 제게 아주 유용한 가르침을 주었습니다. 편집광적이고 유토피아적인 성향을 제외하면 스키너도 그랬습니다. 하지만 평균적으로 볼 때, 저는 미국의 심리학 교수들이 물리학의 아주 어려운 부분을 연구할 수 있으리라 생각하지 않습니다. 어쩌면 그것이 그들이 제대로 학문을 갈고닦지 못하는 한 가지 이유일지도 모릅니다.

대학들, 심지어 명문대에도 심리학이 퍼져 있습니다. 그건 거의 학문적 수치입니다. 훌륭한 대학이라 해도 어떤 학과에 상당히 중대한 결함이 있는 건 유례 없는 일이 아닙니다. 많은 자료에 심리학 딱지를 붙이는 게 만능은 아닙니다. 학계의 관성을 고려할 때 모든 학문적 결함은 바로잡기가 아주 어렵습니다.

시카고대학교가 어떻게 심리학과를 바로잡으려 했는지 아십니까? 형편없는 교수들에게 이미 종신교수 자리를 안긴 상황에서, 총장은 심리학과 전체를 없애버렸습니다. 아마 때가 되면 새롭게 달라진 심리학과를 만들겠죠. 어쩌면 지금쯤은 만들었을지도 모르겠네요. 지금은 여건이 더 나아졌을 겁니다. 그런 일을 해내는 총장은 존경할 수밖에 없습니다.

대학교 심리학과의 문제 모두가 해당 학과에만 있는 인간적 잘못 때문이라는 말은 아닙니다. 수많은 문제의 원인은 본질적 측면, 즉 인간 심리에서 제거할 수 없는 짜증스러운 특이성에 깊이 내재해 있습니다.

몇 가지 질문을 수반하는 사고실험을 해보도록 하죠. 제임스 클러크 맥스웰처럼 종합 능력을 지닌 초지성Super-mind이 필요하지만, 운명적으로 한 명도 끌어들일 수 없는 분야가 많지 않습니까? 심리학계는 본질적으로 초지성을 끌어들이기에 가장 불리한 분야 중 하나 아닐까요? 저는 그렇다고 생각합니다.

각 세대를 대표하는 과학 천재, 손가락을 움직이는 속도만큼 빠르게 열역학, 전자기학, 물리화학의 문제를 정확하게 풀어내는 사람들을 몇몇 생각해보세요. 대단히 저명한 사람들이 그들을 설득해서 과학계의 상층부로 인도합니다.

엄청난 재능을 타고난 사람들이 과학 대신 심리학을 선택할까요? 심리학에는 아주 거북한 현실이 존재합니다. 1)사회심리학이 증명한 경향은 역설적이게도 그것을 인식하는 사람이 늘어날수록 약화합니다. 2)임상심리학은 환자가 사실이 아닌 것을 믿을 때 생리적으로 측정한 행복도가 오히려 개선되는 경우가 많다는 거북한 현실에 대처해야 합니다. 이런 상황에서 앞선 질문에 대한 답은 분명 '아니요'일 거라고 생각합니다. 초지성은 심리학에 반감을 느낄 겁니다. 노벨 물리학상을 받은 막스 플랑크가[48] 경제학에 반감을 느낀 것처럼 말이죠. 그는 자신의 방법론으로 경제학의 문제를 해결할 수 없을 것으로 생각했습니다.

우리는 일(직업적 헌신)과 삶의 균형에 대해 많이 이야기합니다. 이런 모형들을 익히는 직업을 택해 살아가면서 선생님이 흥미를 느끼는 다른 일을 할 시간이 있나요? 공부 외에 재미있는 일을 하는 시간을 찾으십니까?

저는 정말로 하고 싶은 일을 하는 데 항상 많은 시간을 들입니다. 낚시나 브리지, 골프를 하는 시간이죠.

각자가 자신의 라이프스타일을 만들어야 합니다. 여러분은 10년 동안 주당 70시간씩 일해서 크래버스 같은 법무법인의 파트너가 되고, 그에 따라 같은 일을 더 많이 할 의무를 짊어지고 싶을 수 있습니다. "그런 대가를 치르고 싶지 않아."라고 말할 수도 있습니다. 어느 쪽이든 전적으로 개인적인 결정입니다. 다만, 어떤 결정을 하든 기초적이고 세속적인 지혜를 흡수할 수 있는데도 하지 않는 건 커다란 실수입니다. 다른 사람과 여러분 자신에게 더 많은 도움을 줄 수 있고, 삶을 더 재미있게 만들 수 있기 때문입니다. 그러니 그럴 수 있는 능력이 있는데도 하지 않는 건 정신 나간 짓입니다. 재정적 측면뿐 아니라 다른 많은 측면에서 삶이 풍요로워질 테니까요.

사실 이건 사업가가 로스쿨에 와서 한 것치고는 상당히 특이한 강연입니다. 심리학 강의를 한 번도 들은 적 없는 사람이 모든 심리학 교과서가 잘못되었다고 말하고 있으니까요. 아주 유별난 일이죠. 저는 다만, 제가 진지하다는 걸 말씀드릴 뿐입니다. 여러분 중 다수가 배울 수 있는 단순한 것들이 많아요. 그런 걸 배우면 여러분의 삶이 훨씬 잘 풀릴 겁니다. 게다가 아주 재미있는 일이기도 해요. 그러니 꼭 배우길 바랍니다.

선생님은 사실상 지금까지 선생님이 습득한 지혜를 나눠야 할 책임을 수행하고 계신 건가요?

맞아요. 버크셔 해서웨이를 보세요. 저는 버크셔 해서웨이를 교훈적 기업의 극치라고 부릅니다. 워런은 한 푼도 쓰지 않을 겁니다. 전부 사회에 되돌려줄 거예요. 그는 그저 사람들에게 자기 생각을 전달할 플랫폼을 구축하고 있을 뿐입니다. 말할 필요도 없이 그건 아주 훌륭한 생각이죠. 플랫폼도 그렇게 나쁘지 않고요. 그러니 여러분은 워런과 제가 나름대로 학자라 주장할 수도 있습니다.

선생님이 오늘 하신 대부분의 말씀은 매우 설득력 있습니다. 지식을 습득해 돈을 다스리고 삶을 개선한다는 목표도 모두 칭송받을 만한 것 같고요.

돈을 추구하는 게 그렇게 칭송받을 만한 것인지는 모르겠네요.

그럼 이해할 만하다고 하죠.

그건 받아들일 수 있어요. 참고로 저는 전화 영업을 하거나 채권 약정서를 교정하는 일을 비웃지 않습니다. 돈이 필요할 때 돈을 버는 건 재미있는 일이에요. 또한 경력을 쌓는 과정에서 여러 가지를 시도해야 한다면 거기서 배우는 게 있을 겁니다. 돈을 벌려면 뭔가를 해야 해요. 많은 일이 돈을 번다는 사실에서 가치를 얻죠.

과도하게 이데올로기를 추구하는 사람들에 대한 선생님의 회의적인 태도를 이해합니다. 혹시 선생님이 하시는 일에 이데올로기적 요소가 있나요? 비합리적으로 열정을 쏟는 것이 있나요?

네. 저는 지혜에 대해 열성적입니다. 정확성과 특정한 종류의 호기심에 대해서도 열성적이고요. 제게는 어느 정도의 천성적 관대함과 덧

없는 삶을 초월하는 가치에 기여하고 싶은 욕구가 있는 것 같아요. 그냥 잘난 체하려고 이 자리에 있는 것일 수도 있고요. 누가 알겠습니까?

저는 다른 사람들이 알아낸 최고의 지식을 공부하는 것의 가치를 믿습니다. 그냥 죽치고 앉아서 혼자 모든 걸 떠올릴 수 있다고는 생각하지 않습니다. 누구도 그 정도로 똑똑하지는 않거든요.

3강을 다시 살펴보며

1996년 이 강연을 할 때 나는 과도한 정치적 적개심을 경계해야 한다고 주장했다. 똑똑한 사람조차 이데올로기에 빠져 정신적 기능장애를 겪기 때문이다. 이후로 좌파와 우파 양쪽에서 정치적 적개심이 크게 높아져 사람들의 현실 인식 능력에 서글픈 영향을 미쳤다. 내가 예측했던 일이 벌어진 것이다.

물론 나는 이런 결과를 좋아하지 않는다. 약간 불평하고 싶은 마음도 있다. 아르키메데스가[49] 신에게 "제가 많은 방정식을 발표했는데, 어떻게 암흑시대가 오게 하실 수 있습니까?"라고 불평하거나, 마크 트웨인이 "지금은 문학에 있어 슬픈 시기다. 호메로스도 죽었고, 셰익스피어도 죽었다. 게다가 나 역시 그다지 몸이 좋지 않다."고 불평한 것처럼 말이다.

다행히 아직은 마크 트웨인 같은 불평을 자제할 수 있다. 어차피 나는 내 관점이 세상을 크게 바꿀 것이라는 착각을 아주 조금 이상 해본 적이 없다. 나는 항상 목표를 낮추는 게 최선의 길임을 안다. 그래서 그저 1) 나보다 나은 사람들로부터 우리 시대에 만연한 최악의 인지적 오류를 피하는 몇 가지 실용적인 정신적 기법을 배우고, 2) 내가 말하려는 내용을 이미 거의 알고 있어서 쉽게 배울 수 있는 소수의 사람들에게 전수하려고 애쓸 뿐이다.

이 매우 제한적인 목표를 나는 아주 잘 달성했다. 그래서 세상의 무지혜un-wisdom에 대해 불평할 이유가 거의 없다. 그 대신 모든 실망감을 극복하는 특효약은 이른바 유대인식 방법, 바로 유머다.

2006년 3월에 3강을 다시 살펴보니, 사회적 시스템을 최대한 실용적으로, 속임수를 방지할 수 있게 만들어야 한다고 강조한 게 여전히 마음에 든다. 설령 그러기 위해 몇 가지 불행한 사태를 바로잡지 못한다고 해도 말이다. 대규모 속임수에 보상을 해준 사람들은 커다란 폐단을 남긴다. 나쁜 행동은 모방되어 퍼져 나가며, 되돌리기가 아주 어렵기 때문이다.

또한 3강에서 내가 아버지의 친구 그랜트 맥페이든에게 배운 삶의 지혜와 아버지에게 배운 교육법을 강조하던 일도 즐겁게 떠오른다. 오래전에 돌아가신 이분들에게 많은 큰 빚을 졌다. 그리고 이 책이 마음에 들었다면 여러분에게도 큰 빚을 졌다.

다양한 문제를 해결하는 다섯 가지 방법

실용적 사고에 관한 실용적 사고?

Practical Thought
about Practical Thought?

1996년 7월 20일
비공식 강연

이 강연에서 찰리는 자신이 어떻게 결정을 내리고 문제를 해결하는지 설명한다. 그 과정에서 다양한 사고 모형을 단계별로 다룬다. 또한 코카콜라를 예로 들며 2조 달러짜리 기업을 처음부터 만드는 과정에 대해 가상의 사례 연구를 제시한다. 물론 그에게는 명민하고도 통찰력 있다고 여겨질 나름의 해법이 있다.

찰리의 사례 연구는 학계의 실패 그리고 그것이 여러 세대의 부실한 의사 결정자를 낳은 데 대한 논의로 이어진다. 그는 이 문제에 대해서도 다른 해법이 있다.

이 강연은 1996년 내부 프로그램을 공개하지 않는 정책을 고수하는 단체에서 비공개로 진행됐다.

찰리의 제안에 따라 편집자가 전하는 주의 사항: 대다수는 이 강연을 이해하지 못한다. 찰리는 그것이 의사소통 측면에서 엄청난 실패였다고 말한다. 사람들은 두 번을 천천히 읽어도 이 강연을 이해하기 어렵다고들 한다. 이는 찰리에게 '심대한 교육적 영향'을 미쳤다.

이 강연의 제목인 '실용적 사고에 관한 실용적 사고?'의 끝에는 물음표가 붙습니다. 저는 오랜 경력을 쌓는 동안, 문제를 해결하는 데 도움이 되는 다양하고 매우 단순하고 보편적인 생각들을 받아들였습니다. 지금부터 그중 다섯 가지 생각을 설명하겠습니다. 그런 다음 여러분에게 엄청난 규모의 문제를 제시하겠습니다. 바로 '200만 달러의 창업 자본을 가지고 2조 달러짜리 회사를 만드는' 문제입니다. 2조 달러면 실질적인 성취라고 부를 수 있을 만큼 큰 금액이죠. 그다음에는 제게 유익했던 포괄적인 생각을 토대로 그 문제를 해결해보겠습니다. 그러고 나서 제 이야기 속에 중요한 교육적 의미가 있다는 걸 말씀드리겠습니다. 그렇게 끝내는 이유는 교육이 제 목적이기 때문입니다. 오늘 제가 하고자 하는 일은 생각을 더 잘하는 방법을 찾는 겁니다.

제게 유익했던 첫 번째 생각은 크고 쉬운 질문부터 해결함으로써 문제를 단순화하는 게 대개 최선이라는 겁니다.

제게 유익했던 두 번째 생각은 과학적 현실이 마치 신의 언어와도 같은 수학을 통해서만 드러나는 경우가 많다는 갈릴레오의[50] 결론을 따르는 겁니다. 갈릴레오의 태도는 혼잡한 현실에서도 통합니다. 일상에서 수학적 능력이 없으면 엉덩이 걷어차기 대회에 나간 외다리 신세가 됩니다.

제게 유익했던 세 번째 생각은 문제를 앞으로만 생각하는 걸로는 충분치 않다는 겁니다. 뒤로도 생각할 줄 알아야 합니다. 절대 거기에 가지 않게, 자신이 어디서 죽을지 알고 싶다는 시골 사람처럼 말이죠. 실제로 많은 문제는 앞으로 나아가는 방식으로 풀 수 없습니다. 위대한 대수학자 카를 야코비가 "항상 수식을 뒤집어보라."라고 말한 이유, 피타고라스학파가[51] 2의 제곱근이 무리수임을 증명하기 위해 거꾸로 생각한 이유가 거기에 있습니다.

제게 유익했던 네 번째 생각은 기초적인 학문적 지혜가 가장 좋고 실용적이라는 겁니다. 다만, 지극히 중요한 요건이 있습니다. 바로 다학문적으로 생각할 수 있어야 한다는 겁니다. 모든 기본 학문의 개론 강의에서 쉽게 배울 수 있는 모든 개념을 꾸준히 활용해야 합니다. 기초적인 사고를 통해 도움을 받고자 할 때, 학계와 많은 관료주의적 기업에서 그런 것처럼 분과와 하위 분과를 극단적으로 세분화하면 안 됩니다. 그리고 관할 영역 밖에서의 탐구를 강력하게 금지함으로써 문제 해결 능력을 제약하는 일이 없어야 합니다. 그 대신 벤저민 프랭클린이 《가난한 리처드의 연감》에서[52] 내린 처방에 따라 다학문적 사고를 해야 합니다. 그는 이렇게 말했습니다. "일을 제대로 하고 싶으면 직접 하고, 그렇지 않으면 다른 사람에게 시켜라."

당신이 속한 좁은 영역에서 벗어날 때마다 다른 사람의 전문적 조언에 의지해 생각하면, 수많은 재난에 시달릴 것입니다. 복잡한 조율 과정만이 여러분을 힘들게 만드는 게 아닙니다. 조지 버나드 쇼의 희곡에 나오는 등장인물이 상기시키는 현실도 고통을 가합니다. 그는 "결국 모든 전문직의 말은 일반인을 속여먹으려는 음모다."라고 말하죠.

사실 이 말은 쇼가 좋아하지 않는 대상에 대한 공포를 예외적으로 과소평가하는 것입니다. 여러분을 힘들게 만드는 것은 협소한 전문성을 지닌 조언자가 의식적으로 하는 나쁜 짓이 아닙니다. 여러분이 처할 난관은 그의 무의식적 편향에서 기인합니다. 그의 인지 능력은 흔히 여러분과 다른 금전적 인센티브 때문에 여러분의 목적에 비추어볼 때 약해질 것입니다. 또한 그는 "망치를 가진 사람에게는 모든 문제가 못처럼 보인다."는 속담에 담긴 심리적 결함에 시달릴 것입니다.

제게 유익했던 다섯 번째 생각은 실로 거대한 효과, 즉 롤라팔루자 효과는 흔히 여러 요소의 커다란 조합에서만 나온다는 겁니다. 가령 결핵을 오랫동안 다스리려면 적어도 세 가지 약물을 꾸준히 같이 복용해야 합니다. 항공기의 비행 같은 다른 롤라팔루자 효과도 비슷한 패턴을 따릅니다.

이제 저의 실용적인 문제를 제시할 때가 되었습니다. 그 내용은 이렇습니다.

장소는 1884년의 애틀랜타입니다. 여러분은 여러분과 비슷한 다른 20명과 함께 글로츠라는 부유하고 유별난 애틀랜타 사람 앞에 불려갑니다. 여러분과 글로츠에게는 두 가지 공통점이 있습니다. 첫째, 문제를 해결할 때 앞서 소개한 다섯 가지 생각을 꾸준히 활용합니다. 둘째, 1996년에 모든 대학교 개론 강의에서 가르치는 모든 기초적인 개념에 대해 압니다. 다만, 이 기초적인 개념을 증명하는 모든 발견과 사례는 1884년 이전에 나온 것입니다. 여러분과 글로츠는 1884년 이후에 일어난 일은 전혀 알지 못합니다.

글로츠는 일반 음료 사업에 뛰어들 계획입니다. 영원히 지속할 그 새로운 기업에 1884년 기준으로 200만 달러를 투자하되 글로츠 자선재단 명의로 지분의 절반만 갖겠다고 제안합니다. 그러곤 왠지 매력적인 '코카콜라'라는 이름을 사용하고 싶어 합니다.

나머지 절반의 지분은 150년 후인 2034년 기준으로 글로츠 자선재단의 지분 가치가 1조 달러에 이르도록 만들 타당한 사업 계획을 제시하는 사람에게 돌아갈 것입니다. 그것도 해마다 순익의 상당 부분을 배당금으로 지급한다는 조건하에 말입니다. 따라서 해당 기업의 가치는 수십억 달러의 배당금을 지급해도 2조 달러에 달할 것입니다.

발표 시간은 15분. 여러분은 글로츠에게 뭐라고 말하겠습니까?

다음은 저의 해법, 그러니까 글로츠에게 발표할 내용입니다. 여기서 저는 앞서 말한 유익한 생각들, 그리고 똑똑한 대학교 2학년생이라면 모두가 알아야 할 내용만을 활용할 것입니다.

글로츠 씨, 먼저 우리의 문제를 단순하게 만드는 원대하고도 명확한 결정은 다음과 같은 것이어야 합니다. 첫째, 브랜드 없는 음료를 팔아서는 절대 2조 달러의 가치를 지닌 회사를 만들 수 없습니다. 따라서 선생님이 제시한 코카콜라라는 이름을 영향력이 막강하고 법적 보호를 받는 등록상표로 만들어야 합니다. 둘째, 2조 달러의 가치를 달성하려면 애틀랜타에서 시작해 미국의 나머지 지역에서 성공한 다음, 전 세계에서 빠르게 성공해야 합니다. 그러기 위해서는 보편적인 매력을 지닌 제품을 개발해야 합니다. 그래야 강력한 기본 요소를 활용할 수 있으니까요. 그 강력한 기본 요소는 학계의 기초적인 교과과정 주제에서 찾을 수 있습니다.

다음으로는 수학적 능력을 활용해 우리의 목표가 시사하는 바를 분명하게 밝히고자 합니다. 2034년까지 전 세계에 약 80억 명의 음료 소비자가 있을 거라고 합리적으로 추정할 수 있습니다. 각각의 소비자는 1884년의 평균적인 소비자보다 실질소득이 훨씬 많을 것입니다. 사람의 몸은 주로 물로 구성되어 있으며, 매일 약 1.9리터의 수분을 섭취해야 합니다. 한 번에 0.23리터씩 여덟 번을 마셔야 한다는 뜻이죠. 따라서 우리의 새로운 음료 그리고 새로운 시장에 진입한 다른 모방 제품들이 전 세계 수분 섭취량의 25퍼센트를 차지하는 동시에 새로운 세계 시장의 절반을 차지할 수 있다면, 2034년에 0.23리터짜리 음료를 2조 9,200억 개나 팔 수 있습니다. 개당 순익이 4센트라면 1,170억 달러를 벌게 되는 거죠. 이 정도면 충분할 겁니다. 우리의 사업이 양호한 속도로 계속 성장하면 쉽게 2조 달러의 가치를 달성할 수 있다는 얘깁니다.

물론 중대한 질문은 개당 4센트가 2034년 기준으로 합리적인 순익 목표인가 하는 점입니다. 답은 '그렇다'입니다. 강력한 보편적 매력을 지닌 음료를 만들 수 있다면 말입니다. 150년은 긴 시간입니다. 달러는 로마의 드라크마처럼[53] 가치가 절하될 게 거의 확실합니다. 동시에 전 세계에서 평균적인 음료 소비자의 실질 구매력은 높아질 것입니다. 수분 섭취 경험을 저렴하게 개선하려는 성향은 상당히 빠르게 증가할 것입니다. 다른 한편, 기술이 발전해 우리의 단순한 제품을 만드는 비용은 고정 구매력 기준으로 하락할 것입니다. 이 네 가지 요소가 개당 4센트라는 순익 목표를 달성하는 데 도움을 줄 것입니다. 150년 동안 전 세계의 달러 기준 음료 구매력은 최소 40배 증가할 것입니다. 거꾸로 생각해보면, 1884년의 조건에서 우리의 순익 목표는 4센트의 40분의 1 또는 1센트의 10분의 1에 불과합니다. 이는 사업 초기에 쉽게 추월할 수 있는 목표입니다. 우리의 새로운 제품이 보편적인 매력을 지닌다면 말이죠.

이걸 파악했으니, 다음으로 보편적인 매력을 창조하는 문제를 해결해야 합니다. 거기에는 두 개의 대규모 난제가 뒤엉켜 있습니다. 첫째, 우리의 새로운 음료 시장이 150년에 걸쳐 전 세계 수분 섭취량의 약 4분의 1을 흡수해야 합니다. 둘째, 새로운 시장의 절반이 우리 것이 되고, 다른 모든 경쟁사가 나머지 절반을 나눠 갖도록 만들어야 합니다. 이는 롤라팔루자 수준의 결과입니다. 따라서 우리는 생각할 수 있는 모든 유리한 요소가 우리를 위해 작용하도록 기획해야 합니다. 분명히, 수많은 요소의 강력한 조합만이 우리가 바라는 롤라팔루자 효과를 낳을 것입니다. 다행스럽게도 이처럼 뒤엉킨 문제를 푸는 해법은 상당히 단순합니다. 대학교 1학년 강의 시간에 깨어 있었다면 말이죠.

먼저, 강력한 등록상표의 힘에 기대야 한다는 단순하고도 명백한 판단에 대해 살펴보겠습니다. 기초 학문의 개념만으로도 우리 사업의 핵심을 곧바로 이해하고 등록상표가 왜 중요한지 알 수 있습니다. 심리학 개론 수준의 개념으로 보면, 우리가 뛰어드려는 사업의 본질이 조건반사를 촉발하고 유지하는 것임을 알 수 있습니다. 코카콜라라는 이름과 디자인은 자극제 역할을 하고, 우리 음료를 구입해 섭취하는 것은 우리가 바라는 반응이 될 것입니다.

어떻게 하면 조건반사를 촉발하고 유지할 수 있을까요? 심리학 교과서는 두 가지 답을 제시합니다. 하나는 조작적 조건화이고, 다른 하나는 위대한 러시아 과학자를 기리기 위해 흔히 파블로프식 조건화라고 부르는 고전적 조건화입니다. 우리는 롤라팔루자 수준의 결과를 원하므로 이 두 가지 조건화 기법, 그리고 각 기법의 효과를 강화하기 위해 우리가 고안할 수 있는 모든 수단을 활용해야 합니다.

조작적 조건화 문제는 쉽게 해결할 수 있습니다. 1) 우리 음료를 섭취하는 데 따른 보상을 극대화하고, 2) 경쟁사의 조작적 조건화로 우리가 바라는 반사작용이 사라질 가능성을 최소화하기만 하면 됩니다.

조작적 조건화를 위한 실질적인 보상의 범주는 다음과 같이 몇 가지 안 됩니다.

1. 칼로리 및 기타 섭취물의 영양가

2. 다윈의 자연선택설에 부합하게 형성된 말초신경을 자극하는
   맛, 질감, 향
3. 설탕 또는 카페인을 통한 자극
4. 너무 더울 때 시원해지고, 너무 추울 때 따뜻해지는 효과

롤라팔루자 수준의 결과를 원한다면 당연히 모든 범주의 보상을 포함해야 합니다.

우선은 우리 음료를 차갑게 마시는 것으로 결정하는 편이 쉽습니다. 음료 없이 과도한 더위를 이겨내기는 쉽지 않으니까요. 음료 없이 과도한 추위를 견디는 건 상대적으로 쉽습니다. 게다가 과도하게 더우면 많은 음료를 섭취하게 되지만, 반대의 경우는 그렇지 않습니다.

설탕과 카페인을 모두 함유하는 쪽으로 결정하는 것도 쉽습니다. 차와 커피, 레모네이드는 이미 널리 소비되고 있습니다. 또한 우리가 제공할 설탕과 카페인이 든 음료를 섭취할 때, 쾌감을 극대화하도록 시험을 거쳐서 맛과 다른 특성을 결정해야 합니다.

우리가 바라는 조작적 조건반사가 경쟁 제품을 통한 조작적 조건화로 사라질 가능성에 맞서는 문제에도 명백한 답이 있습니다. 열정을 불태워 가능한 한 빨리 우리 음료를 전 세계 모든 곳에서 항상 판매하면 됩니다. 사람들이 경쟁 상품을 맛보지 않는 한 걱정할 일은 없습니다. 모든 배우자가 그 사실을 알죠.

그다음으로 우리가 활용해야 하는 파블로프식 조건화도 고려해야 합니다. 파블로프식 조건화의 경우, 단순한 연상에서 강력한 효과가 나옵니다. 파블로프의 개는 종소리만 들어도 침샘이 자극됩니다. 인간의 뇌도 자신이 넘볼 수 없는 예쁜 여자가 들고 있는 음료를 갈구하죠. 따라서 우리도 생각할 수 있는 모든 종류의 파블로프식 조건

화를 온당하게 활용해야 합니다. 우리가 사업을 하는 한 우리의 음료와 판촉은 소비자가 좋아하거나 동경하는 다른 모든 것과 연계되어야 하니까요.

이처럼 광범위한 파블로프식 조건화 전략은 특히 광고비가 많이 듭니다. 우리는 상상할 수 있는 최대한의 돈을 광고에 쓸 것입니다. 다만, 그 돈은 효과적으로 써야 합니다. 우리가 새로운 음료 시장에서 빠르게 사업을 확장하는 동안 경쟁사도 그들에게 필요한 파블로프식 조건화를 위한 광고를 할 것입니다. 하지만 그들은 우리보다 규모가 작아 엄청나게 불리해질 것입니다. 이런 결과는 물량공세가 창출하는 다른 효과와 더불어 우리가 모든 곳에서 새로운 시장의 최소 50퍼센트를 점유하는 데 도움을 줄 것입니다. 실제로 구매자가 흩어져 있는 점을 감안할 때 우리는 규모의 이점 덕분에 유통 비용 절감 측면에서 엄청나게 유리할 것입니다.

게다가 단순한 연상을 통한 파블로프식 효과는 우리의 새로운 음료의 맛, 질감, 색상을 현명하게 결정하는 데 유용합니다. 우리는 파블로프식 효과를 고려해 '설탕과 카페인을 넣은 글로츠의 물' 같은 평범한 이름이 아니라, '코카콜라'라는 이국적이고 값비싸게 들리는 이름을 선택할 것입니다. 비슷한 이유로 우리 음료가 설탕을 넣은 물이 아니라 와인과 비슷해 보이도록 만드는 게 현명합니다. 따라서 음료에 인공색소를 첨가할 것입니다. 또한 탄산을 넣어 샴페인이나 다른 비싼 음료처럼 보이게 만드는 한편, 경쟁 제품이 모방하기 힘든 뛰어난 맛을 낼 것입니다. 그리고 우리 음료의 맛은 다른 일반 음료보다 비싸게 느껴져야 합니다. 심리적 효과를 아주 많이 결부시켜야 하죠. 그래야 경쟁사들의 어려움을 극대화할 수 있고, 기존 제품이 우연히 같은 맛을 지니더라도 이득을 보지 않도록 만들 수 있습니다.

이 외에 심리학 교과서의 다른 어떤 내용이 우리의 새로운 사업에 도움을 줄 수 있을까요? 인간은 '남들을 따라 하는' 강력한 본성이 있습니다. 심리학자들이 흔히 사회적 증거라고 부르는 것이죠. 사회적 증거, 즉 남이 소비하는 것을 보기만 해도 따라 사고 싶어지는 성향은 우리 음료를 마셔보게 만들 뿐 아니라, 소비에 따라 인식되는 보상을 강화할 것입니다. 우리는 광고와 판촉을 기획하고, 현재와 미래의 소비를 촉진하기 위해 현재의 수익을 포기할 때 항상 이런 강력한 사회적 증거를 고려할 수 있습니다. 그러면 판매량이 늘어날 때마다 대다수 제품보다 경쟁력이 더 높아질 것입니다.

이렇듯 우리는 1) 많은 파블로프식 조건화, 2) 강력한 사회적 증거 효과, 3) 많은 조작적 조건화를 촉발하는 맛있고, 활력과 자극을 주고, 시원한 음료라는 요소를 결합할 수 있습니다. 그러면 우리가 선택한 요소들이 대규모로 혼합된 결과, 매출이 오랫동안 빠르게 늘어날 것입니다. 즉, 화학의 자가 촉매 반응, 예컨대 여러 요소가 융합한 롤라팔루자 효과가 일어날 것입니다.

물류 및 유통 전략은 단순해야 합니다. 우리 음료를 판매하는 실용적 방식은 두 가지밖에 없습니다. 하나는 음료수 매장이나 식당에 시럽 형태로 판매하는 것이고, 다른 하나는 용기에 든 탄산수 형태로 판매하는 것입니다. 우리는 롤라팔루자 수준의 결과를 원하므로 당연히 두 가지 방식을 모두 취할 것입니다. 또 거대한 파블로프식 효과와 사회적 증거 효과를 원하므로 항상 광고와 판촉에 돈을 쓸 것입니다. 그 비율은 한 잔당 음료수 매장에 공급하는 시럽 가격의 40퍼센트 이상이어야 합니다.

소수의 시럽 제조 공장만 있으면 전 세계에 제품을 공급할 수 있습니다. 하지만 병과 물을 수송하는 수고를 덜려면 전 세계에 수많은 병입 공장이 필요할 것입니다. 우리는 전구를 판매하던 초기의 제너럴 일렉트릭처럼 수익을 극대화할 것입니다. 즉, 음료수 매장용 시럽과 완제품의 가격을 항상 우리가 정할 것입니다. 이 바람직한 가격 통제를 통해 수익을 극대화하는 최선책은 외부 병입업체를 시럽 매입업체가 아닌 [시럽 제조] 하청업체로 만드는 겁니다. 물론 그들과 시럽 가격을 처음과 같은 수준으로 영원히 동결하는 영구적인 프랜차이즈 계약을 맺어서는 안 됩니다.

우리는 너무나 중요한 우리 음료의 맛으로 특허권이나 저작권을 얻을 수 없습니다. 따라서 제조법을 철저히 비밀로 유지할 것입니다. 또한 그 점을 크게 선전해 파블로프식 효과를 강화할 것입니다. 결국에는 식품공학이 발전해 우리의 맛을 거의 정확하게 모방할 수 있을 것입니다. 하지만 그 무렵이면 우리는 대단히 강력한 상표와 '언제나 구할 수 있는' 세계적 유통망을 토대로 아득히 멀리 앞서 있을 것입니다. 그래서 경쟁사들이 맛을 잘 모방해도 우리의 목표를 가로막지 못할 것입니다. 게다가 그들에게 도움을 줄 식품공학의 발전은 거의 분명히 우리에게 도움을 줄 기술 발전을 수반할 것입니다. 거기에는 더 나은 냉장, 운송 기술, 다이어터를 위해 설탕 없이도 단맛을 내는 기술 등이 포함될 것입니다. 그에 따라 우리는 연관된 기회를 잡을 수 있습니다.

이는 우리의 사업 계획에 대한 최종적인 현실성 검토로 이어집니다. 우리는 다시 한번 야코비처럼 거꾸로 생각할 것입니다. 즉, 우리가 원하지 않으므로 피해야 할 것은 무엇일까요? 네 가지 답이 분명하게 떠오릅니다.

첫째, 찝찝한 뒷맛을 없애야 합니다. 무언가를 반복해서 섭취하면 우리 몸은 스스로를 보호하기 위해 거부감을 느끼도록 설계되었습니다. 그 맛에 질려 소비를 멈추는 거죠. 이는 표준적인 생리작용의 일종입니다. 다윈주의식 진화의 산물이죠. 그 목적은 유전자 운반체에 일반적으로 유용한 절제를 강제함으로써 유전자 복제를 강화하는 것입니다. 우리의 목표를 달성하려면 소비자가 더운 날에 우리 제품을 거부감 없이 연달아 마실 수 있어야 합니다. 우리는 시행착오를 거쳐 뒷맛이 없는 뛰어난 맛을 찾아낼 것이며, 그에 따라 이 문제를 해결할 것입니다.

둘째, 우리가 보유한 강력한 등록상표의 절반이라도 잃어서는 안 됩니다. 가령 우리가 엉성하게 대처했다가 '페피 콜라Peppy Cola' 같은 다른 종류의 '콜라'가 판매되도록 허용하면 엄청난 손실이 생길 것입니다. 만약 페피 콜라라는 게 생긴다면 우리가 반드시 그 브랜드를 소유해야 합니다.

셋째, 아주 큰 성공을 앞둔 상황에서 시기심의 악영향을 피해야 합니다. 시기심은 십계명에서도 두드러진 자리를 점하고 있지요. 인간 본성의 대단히 큰 부분을 차지하기 때문입니다. 아리스토텔레스가[54] 밝힌 바에 따르면 시기심을 피하는 최선의 방법은 성공을 거둘 자격을 갖추는 것입니다. 우리는 품질, 홍보 수준, 그리고 우리가 제공하는 무해한 쾌감을 고려한 합리적인 가격을 열성적으로 추구할 것입니다.

넷째, 우리가 만든 특유의 맛이 새로운 시장을 장악한 후에는 맛을 크게, 갑자기 바꾸는 일을 삼가야 합니다. 새로운 맛이 블라인드 테스트에서 더 높은 점수를 받아도 그걸로 바꾸는 것은 어리석은 짓입니다. 옛날 맛이 심리 효과를 통해 소비자의 마음에 너무나 깊이 자리 잡았기 때문입니다. 그래서 맛을 크게 바꾸는 것은 거의 도움이 되지 않습니다. 오히려 소비자의 박탈 과잉 반응 경향을 촉발해 엄청난 피해가 발생할 것입니다. 이 증후군은 모든 협상을 헛수고로 만들고, 대다수 도박꾼을 너무나 비합리적으로 만듭니다. 게다가 맛이 크게 변하면 경쟁사가 옛날 맛을 모방해 이득을 볼 것입니다. 그들은 좋아하던 맛을 더는 즐길 수 없을 때 소비자가 느끼는 박탈감과 과거 우리가 만든 원래 맛에 대한 깊은 애정을 활용할 것입니다.

이것이 수십억 달러를 배당한다는 조건하에 200만 달러짜리 기업을 2조 달러짜리 기업으로 키우는 문제에 대한 저의 해법입니다. 제 생각에는 이 해법으로 1884년에 글로츠를 설득할 수 있을 겁니다. 또한 여러분에게도 여러분이 처음 예상한 것보다 더 큰 설득력을 발휘할 것입니다. 결국 유익한 생각을 바탕으로 기초적인 학문적 사상들을 연계하면, 올바른 전략이 무엇인지 명확해지는 법입니다.

저의 해법은 실제 코카콜라의 역사와 얼마나 일치할까요? 가상 인물인 글로츠가 1884년에 200만 달러를 들여서 힘차게 사업을 시작한 지 12년이 지난 1896년을 예로 들어봅시다. 당시 실제 코카콜라의 가치는 15만 달러 미만이었고, 순익은 거의 제로였습니다. 이후 코카콜라는 등록상표의 절반을 잃었고, 시럽 가격을 고정하고 영구 병입 사업권을 내주었습니다. 그래서 일부 병입업체가 그다지 유능하지 않은데도 쉽게 교체할 수 없었죠. 결국 이 시스템 때문에 코카콜라는 가격 통제권을 많이 잃었습니다. 만약 그들이 가격 통제권을 유지했다면 실적이 개선되었을 겁니다.

그럼에도 코카콜라는 제가 글로츠에게 제시한 사업 계획의 아주 많은 부분을 따랐습니다. 그래서 지금은 기업 가치가 1,250억 달러이며, 2034년까지 연간 8퍼센트씩만 늘어나도 2조 달러에 이를 것입니다. 또한 2034년까지 연간 6퍼센트씩만 판매량이 늘어도 2조 9,200억 개라는 판매량을 달성할 겁니다. 이 증가율은 과거 실적과 상당히 일치하며, 코카콜라가 2034년 이후에도 맹물을 대체할 여지가 많습니다. 따라서 저는 글로츠가 더 일찍, 더 강하게 사업을 시작해 최악의 실수를 피한다면 2조 달러라는 목표를 쉽게, 2034년이 되기 훨씬 전에 달성할 수 있을 것이라고 봅니다.

이것은 마침내 제 강연의 주목적으로 이어집니다. 글로츠의 문제에 대한 저의 답이 대략 맞는다면, 그리고 제가 보기에 사실인 한 가지 가정을 더한다면, 거기에는 교육 측면에서 커다란 의미가 있습니다. 그 가정은 대다수 박사과정 지도교수, 심지어 심리학 교수와 경영대학원 학장도 저처럼 간단한 답을 제시하지 못하리라는 겁니다. 또한 이 두 가지 측면에서 제 생각이 옳다면, 이는 지금 우리 사회에 코카콜라가 성공을 거둔 이유를 만족스럽게 설명하지 못하는 교육자가 많다는 뜻입니다. 지난 과정을 돌이켜 보는 입장인 데다 평생 가까이에서 코카콜라를 지켜봤는데도 말입니다. 이는 바람직한 상황이 아닙니다.

게다가 더욱 극단적인 문제가 있습니다. 근래 경영대학원 및 로스쿨 졸업생을 잔뜩 거느리고 코카콜라를 찬란한 성공으로 이끈 명민하고 유능한 경영자들조차 기초적인 심리학을 충분히 잘 이해하지 못했습니다. 그래서 뉴코크 사태를 예측하지 못한 것입니다. 이 사태는 코카콜라를 위험에 빠트렸습니다. 너무나 재능 있는 사람들, 최고 대학 출신의 전문적인 자문을 거느린 사람들조차 크게 잘못된 교육을 받았다는 사실이 드러난 것입니다. 이 역시 바람직한 상황이 아닙니다.

학계와 기업계의 고위층이 모두 이처럼 극단적으로 무지한 것은 학계의 암울한 결함을 나타내는 일종의 롤라팔루자 효과입니다. 따라서 거기에는 복잡하게 뒤엉킨 복수의 원인이 있을 것으로 추정해야 합니다. 제 생각에는 최소 두 가지 원인이 있습니다.

첫째, 심리학의 가치와 쓸모는 창의적이고 중요한 실험에서 비롯됩니다. 그러나 내부적 종합이 결여되어 있습니다. 특히 여러 심리적 경향이 조합된 롤라팔루자 효과를 간과합니다. 이는 파이(π)를 3까지 버림해서 공부할 내용을 쉽게 만들려는 시골 교사를 연상하게 합니다. 이런 방식은 "모든 것은 최대한 단순화해야 하지만 그보다 더 단순해서는 안 된다."는 아인슈타인의 조언에도 어긋납니다. 일반적으로 심리학은 잘못 이해되고 있습니다. 물리학 분야에서 마이클 패러데이 같은 여러 명민한 실험자와 제임스 클러크 맥스웰 같은 위대한 종합자가 나오지 않았다면 전자기학도 여전히 잘못 이해되었을 겁니다.

둘째, 심리학과 다른 학문을 혼합하는 종합이 실로 끔찍할 만큼 결여되어 있습니다. 오로지 학제 간 접근법만이 현실에 정확하게 대응할 수 있습니다. 이는 코카콜라뿐 아니라 학계에서도 마찬가지입니다.

요컨대 심리학 분야는 다른 학문 분야가 생각하는 것보다 엄청나게 중요하고 유용합니다. 동시에 심리학 분야는 대다수 구성원이 생각하는 것보다 엄청나게 부실합니다. 물론 셀프 평가가 외부 평가보다 긍정적인 것은 정상적인 일입니다. 사실 저도 이런 문제를 갖고 있어서 오늘 이 자리에 나선 것인지도 모릅니다. 그러나 심리학계가 지닌 결함의 크기는 말도 안 됩니다. 실제로 너무나 거대해서, 위대한 시카고대학교는 심리학과를 아예 없애버렸습니다. 밝히지는 않았지만 아마 나중에 더 나은 버전으로 다시 만들려는 거겠죠.

이런 상황에서 오래전에, 심하게 잘못된 많은 문제가 이미 존재하는 가운데 뉴코크 사태가 터졌습니다. 당시 경영진은 세상에서 가장 가치 있는 등록상표를 파괴할 뻔했습니다. 이 널리 알려진 사태에 대해 학계는 일주일 만에 신형 항공기 세 대가 추락했을 때 보잉이 취할 법한 대응과 비슷하게 반응했어야 합니다. 그게 올바른 대응입니다. 결국 각 사례는 제품에는 문제가 없으며 교육에 문제가 있음을, 즉 엄청난 교육적 실패를 명백히 드러냈기 때문입니다.

그러나 학계는 보잉처럼 책임감 있게 대응하지 않았습니다. 그들은 대개 분산된 방식(일학문적인 관행)을 이어가면서 심리학을 잘못 가르치는 심리학 교수, 자신의 분야에서 명백히 중요한 심리학적 효과를 전혀 고려하지 못하는 다른 분야의 교수, 그리고 심리학에 대한 신입생의 무지를 세심하게 보존했습니다. 자신의 부적절성을 자랑스러워하는 전문 대학원을 용인했습니다.

이 안타까운 무지와 무기력이 현재 학계의 일반적 특징입니다. 그럼에도 기성 교육계의 수치스러운 결점이 결국에는 개선되리라는 희망을 주는 예외들이 있을까요? 이 질문에 대한 저의 답은 매우 긍정적인 '그렇다'입니다.

가령 시카고대학교 경제학과가 근래에 취한 조치를 보십시오. 이 학과는 지난 10년 동안 노벨 경제학상을 거의 독점하다시피 했습니다. 주로 인간의 합리성을 상정하는 자유시장 모형을 통해 뛰어난 예측을 한 덕분이었죠. 그들은 이 접근법으로 꾸준하게 노벨상을 받은 후에 어떤 조치를 취했을까요? 탁월한 교수진의 한 자리, 그 귀중한 자리에 현명하고 재치 있는 리처드 탈러를[55] 초빙했습니다. 그 이유는 탈러가 시카고대학교에서 신성시하는 이론을 많이 조롱했기 때문입니다. 탈러는 저와 마찬가지로 사람들이 심리학에서 예측하는 양상대로 실제로 엄청나게 비합리적인 경우가 많으며, 이 점을 미시경제학에 반영해야 한다고 믿습니다.

시카고대학교의 이런 조치는 다윈을 흉내 낸 것입니다. 다윈은 긴 삶의 많은 나날을 뒤집어 생각하면서 보냈습니다. 즉, 어렵게 얻고 대단히 아끼는 자신의 사상이 틀렸음을 증명하려고 애썼죠. 학계에 다윈처럼 뒤집어 생각함으로써 최선의 가치를 유지하려는 움직임이 있는 한 어리석은 교육적 관행이 결국에는 개선될 것이라고 확신합니다. 아마 카를 야코비도 그렇게 예측했을 겁니다.

일종의 수련 방법으로 습관적 객관성을 취하는 다윈주의식 접근법이 실로 강력하기 때문입니다. 다름 아닌 아인슈타인 같은 사람도 자신이 큰 성과를 이룰 수 있었던 네 가지 요인으로 호기심, 집중력, 끈기와 더불어 자기비판을 꼽았습니다.

자기비판의 힘을 추가로 확인하기 위해 매우 '재능이 부족했던' 대학 졸업생 찰스 다윈의 무덤이 어디에 있는지 생각해보십시오. 바로 웨스트민스터 사원에 있습니다. 그것도 역사상 가장 재능 있는 학생이었을 아이작 뉴턴 바로 옆자리에 말입니다. 뉴턴의 묘비에는 그를 기리는 여덟 단어의 라틴어가 적혀 있습니다. "Hic depositum est, quod mortale fuit Isaaci Newtoni." 가장 유려한 칭송이라 할 수 있는 이 문장의 뜻은 "여기 아이작 뉴턴의 필멸의 흔적이 잠들어 있다."입니다.

죽은 다윈을 그런 자리에 모시는 문명사회라면 결국에는 심리학을 적절하고 실용적인 방식으로 개발하고 통합할 것입니다. 그래서 모든 유형의 기술을 크게 발전시킬 것입니다. 다만, 능력이 약간 있고 문제를 인식할 수 있는 우리 모두가 그 과정에 기여해야 합니다. 거기에는 많은 대가가 걸려 있습니다. 요직에 있는 수많은 사람이 코카콜라처럼 성공적이고 보편적인 제품을 제대로 이해하거나 설명하지 못한다면, 좋은 징조가 아닙니다. 우리가 다른 중요한 문제들에 대처할 능력도 부족하다는 뜻이니까요.

물론 글로츠에게 사업 계획을 제시할 때의 저처럼 생각한 후 자산의 10퍼센트를 투자하려는 사람도 있을 겁니다. 그런 혜안 덕분에 코카콜라 주식이 자산의 50퍼센트를 차지하게 된 사람들은 심리학에 관한 저의 메시지를 무시해도 됩니다. 그들은 이미 고수이니까요. 하지만 다른 사람들도 그렇게 반응하는 것이 현명한지는 모르겠습니다. 현재 상황은 제가 가장 좋아하던 워너 앤드 스웨이지의 옛 광고 문구를 상기시킵니다. "새로운 기계가 필요한데 아직 구매하지 않은 기업은 이미 그 대가를 치르고 있는 셈이다."

4강을 다시 살펴보며

이 강연에서 나는 미국 학계와 기업계에서 나타나는 중대하지만 바로잡을 수는 있는 인지적 실패를 증명하려고 시도했다. 최종적으로 내가 주장한 것은 다음과 같다. 1) 학계와 기업계가 실현 가능한 최선의 결과를 내며 돌아갔다면, 사람들 대다수는 기본 개념과 문제 해결 기법을 조금만 활용해도 코카콜라의 성공 요인을 설명할 수 있었을 것이다. 그러나 2) 뉴코크 사태와 그 여파가 말해주듯 학계와 기업계 모두 코카콜라에 성공을 안겨준 단순한 현실적 요인을 제대로 파악하지 못했다.

결과적으로 거의 모든 청중이 나의 1996년 강연을 이해하지 못했다. 그 후 1996년과 2006년 사이에 나를 존경하는 아주 똑똑한 사람이 강연문을 두 번이나 천천히 읽었는데, 역시나 메시지를 제대로 파악하지 못했다. 그 메시지를 건설적인 방식으로 이해하는 경우는 거의 없었다. 다른 한편으로는 누구도 그 강연의 내용이 틀렸다고 내게 말하지 않았다. 사람들은 잠깐 혼란스러워하다가 그냥 넘어가버렸다.

따라서 강연자로서 나의 실패는 내가 설명하려던 인지적 실패보다 더 극심했다. 실패 요인은 무엇일까?

내 생각에 최선의 설명은, 내가 아마추어 교사로서 큰 실수를 저질렀기 때문이다. 나는 너무 많은 걸 하려고 시도했다. 나는 항상 '의미의 의미'에 관해 길게 말하려는 모든 사람을 피해왔다. 그런데도 강연의 제목을 '실용적 사고에 관한 실용적 사고?'로 정했다. 가시밭길로 들어선 셈이다. 뒤이어 아주 다양한 학문에서 나온 기본적인 사상과 함께 일반적이고 강력한 다섯 가지 문제 해결 기법을 길고 복잡하게 설명했다. 특히 심리학에 대해 많이 이야기했다. 나는 학식 높은 사람들, 그중 심리학을 가르치는 사람들 사이에서도 실로 개탄스러운 무지가 존재한다는 사실을 증명하고 싶었다. 자연히 나의 증명은 정확한 심리학적 내용을 그 일부로 삼았다. 이는 논리적으로 타당했다. 그러나 심리학적 무지가 폭넓게 퍼져 있다면, 심리학에 대한 나의 설명이 옳다는 걸 대다수 청중이 어떻게 알겠는가? 따라서 나는 그들에게 이해하기 어려운 생각을 그냥 동어반복으로 설명하려 든 셈이다.

나의 잘못이 거기서 끝난 것은 아니다. 나는 강연문을 읽어도 이해하기 어렵다는 사실을 안 후, 이 책에 실릴 강연의 순서에 동의했다. 심리학에 초점을 맞춘 강연은 11강인데, 4강보다 한참 뒤에 있다. 두 강연의 순서를 바꾸어야 했다. 4강은 독자들이 11강의 주제인 기본적인 심리학을 먼저 이해해야 받아들일 수 있기 때문이다. 최종적으로 나는 두 강연을 도움이 안 되는 원래 순서대로 넣는 쪽을 택했다. 그 이유는 내게 오랫동안 도움을 주었던 심리학 관련 내용을 최근에 일종의 체크리스트로 만들었는데, 그걸 책 마지막에 넣고 싶었기 때문이다.

독자 여러분은 원하기만 하면 내가 고집스레 지적해온 교육적 결점을 어느 정도 바로잡을 수 있다. 즉, 마지막 강연의 내용을 숙지한 후 4강을 다시 읽으면 된다. 고생을 마다하지 않는다면 적어도 몇몇 독자는 노력에 합당한 결과를 얻을 것이다.

학문으로 세속적으로 성공하는 방법

전문가의 다학문적 기술의 필요성

The Need for More Multidisciplinary Skills from Professionals: Educational Implications

1998년 4월 24일
하버드 로스쿨 1948년 졸업반 동창회 축사

앞선 강연에서 학계의 온갖 잘못된 점을 지적한 찰리는 여기서 해법을 제시한다. 1998년 열린 하버드 로스쿨 50회 동창회에서 한 이 축사는 엄청나게 복잡한 사안인 엘리트 교육의 편협한 현실에 초점을 맞춘다. 그는 이 사안을 여러 요소로 나누는데, 각 요소에 대한 해법을 합치면 만족스러운 답이 된다.

찰리는 일련의 수사학적 질문을 통해 변호사 같은 전문가들이 다학문적 기술이 부족해 손해를 본다고 가정한다. 그리고 사람들이 시야를 충분히 넓히지 못하도록 막는 '무의식적 경향'이 있다며 이 문제에 대해 고유하면서도 인상적인 해법을 제시한다.

편집자가 좋아하는 이 축사는 찰리의 '보기 드문 상식'을 명확하게 드러낸다. 그는 이렇게 말한다. "조종사와 외과 의사처럼 정말로 중요한 직업의 경우, 교육 시스템은 고도로 효과적인 구조를 활용합니다. 하지만 이처럼 효과적인 구조가 역시 중요한 다른 학습 영역에서는 활용되지 않습니다. 더 나은 구조가 알려져 있고 이용 가능한데, 왜 교육자들은 이를 좀 더 폭넓게 활용하지 않을까요? 그보다 간단한 일이 있을까요?"

오늘 저는 우리의 옛 스승들을 상기시키는 게임을 하고자 합니다. 바로 소크라테스식 질문 게임입니다. 저는 아래 다섯 가지 질문을 제시하고 간략하게 답할 것입니다.

1. 폭넓은 전문가들에게 다학문적 기술이 더 많이 필요한가?
2. 우리의 교육은 충분히 다학문적인가?
3. 폭넓은 엘리트 사회과학 분야에서 실행 가능한 최선의 다학문적 교육의 근본 속성은 무엇일까?
4. 지난 50년 동안 엘리트 교육은 획득 가능한 최선의 다학문성을 얼마나 적극적으로 추구했는가?
5. 어떤 교육적 관행이 진전 속도를 높일까?

"폭넓은 전문가들에게 다학문적 기술이 더 많이 필요한가?"라는 질문부터 살펴봅시다.

이 첫 번째 질문에 답하려면, 강화된 다학문성이 전문적 인지 능력을 개선할 수 있는지 먼저 판단해야 합니다. 또한 부실한 인지 능력을 바로잡는 방법이 무엇인지 알아내는 일에는 그 원인을 파악하는 것이 도움이 됩니다. 조지 버나드 쇼의 희곡에 나오는 한 등장인물은 전문가들의 결함을 이렇게 설명합니다. "결국 모든 전문직의 말은 일반인을 속여 먹으려는 음모다."

이 진단에는 많은 진실이 담겨 있습니다. 그것은 16세기에 주류 전문직인 성직자들이 《성경》을 영어로 번역했다는 죄로 윌리엄 틴들을[56]

화형에 처했을 때 일찍이 증명되었습니다.

다만, 쇼는 의도적이고 이기적인 악의가 주범이라고 시사함으로써 문제를 확연히 과소평가했습니다. 좀 더 중요한 문제는 복잡하게 뒤엉킨 무의식적 경향이 전문가들에게 흔히 끔찍한 영향을 미친다는 겁니다. 그중 두 가지는 특히 문제를 일으키기 쉽습니다. 1) 자신에게 유익한 것이 고객과 사회에도 유익하다는 결론으로 자연스럽게 이끄는 인센티브 유발 편향, 2) "망치를 가진 사람에게는 모든 문제가 못처럼 보인다."는 속담에서 그 명칭을 따온 '망치 든 사람' 경향입니다.

'망치 든 사람' 경향을 바로잡는 한 가지 부분적인 해법은 명백합니다. 복수의 학문에 걸쳐 방대한 기술을 보유한 사람은 자연히 복수의 도구를 가지며, 따라서 '망치 든 사람' 경향이 미치는 인지적 악영향이 적을 것입니다. 나아가서 다학문적 소양을 충분히 쌓으면 심리학을 통해 평생 두 경향의 나쁜 영향과 싸워야 한다는 생각을 흡수할 것입니다. 이 싸움은 자신의 내면과 다른 사람들 사이에서 벌어집니다. 그러면 세속적인 지혜로 가는 길에서 건설적으로 진전할 수 있습니다.

A가 협소한 전문적 학설이고, B가 다른 학문들에서 나온 광대하고 매우 유용한 개념이라고 합시다. 그러면 A와 B를 같이 습득한 교수는 분명히 A만 습득한 부실한 교수보다 대체로 더 뛰어나지 않을까요? 그렇지 않을 수 있을까요? 따라서 B를 더 많이 습득하지 않는 것과 관련해 유일하게 합리적인 핑계는, A와 다른 삶의 시급한 필요에 비춰볼 때 B를 습득하는 것이 실용적이지 않다는 겁니다. 이 핑계가 적어도 뛰어난 재능을 가진 사람들에게는 대개 타당하지 않은데, 이에 대해서는 나중에 증명해보도록 하겠습니다.

두 번째 질문 "우리의 교육은 충분히 다학문적인가?"는 답하기가 너무 쉬우므로 시간을 많이 들이지 않겠습니다. 우리의 교육은 너무나 일학문적unidisciplinary입니다. 폭넓은 문제는 본질적으로 수많은 학문에 걸쳐 있죠. 따라서 일학문적 관점으로 그런 문제를 공략하는 것은 브리지를 하면서 다른 모든 카드를 무시하고 트럼프 카드의 수만 세는 것과 같습니다. 이는 미친 모자 장수의 티 파티처럼 정신 나간 짓입니다. 그럼에도 전문직에서 비슷한 일이 너무 많이 일어나고 있습니다. 심지어 사회과학 분야의 고립된 학문들, 구체적으로 말하면 생물학보다 덜 근본적인 모든 학문에서는 오랫동안 이를 권장하기도 했습니다.

우리가 젊었던 시절에도 일부 뛰어난 교수들은 학계의 파편화에 따른 악영향을 두려워했습니다. 자신의 영역을 지키려는 배타적인 고립지에서는 믿음의 비약에 더해 불신자를 배제하는 방식으로 사고 체계를 유지합니다. 앨프리드 노스 화이트헤드만[57] 해도 오래전에 "학문들 사이의 치명적 단절"을 언급하면서 강한 어조로 이를 경고했습니다. 이후 엘리트 교육기관들은 시간이 흐를수록 화이트헤드의 관점에 동의했죠. 그들은 다학문성을 강화해 단절에 꾸준히 맞섰습니다. 그에 따라 우리 시대에는 학문의 경계를 허문 사람들이 큰 갈채를 받았습니다. 하버드대학교의 윌슨과 칼텍의 라이너스 폴링[58] 같은 사람이 그들이죠. 오늘날 학계는 우리 때보다 더 다학문적으로 변했는데, 이는 분명 올바른 일입니다.

그러면 자연스럽게 "무엇이 목표인가?"라는 질문이 제기됩니다. 엘리트 교육에서 제공 가능한 최선의 다학문성은 어떤 근본 속성을 지닐까요? 이 질문 역시 쉽게 답할 수 있습니다. 우리가 해야 할 일은 가장 성공적인 소규모의 교육을 분석해 근본 요소를 파악하고, 그 요소를 강화해 타당한 해법에 이르는 것입니다.

작은 규모에서 가장 좋은 교육 모형을 찾으려면, 앞서 말한 두 가지 비생산적인 심리적 경향과 다른 악영향에 너무 많이 이끌리는 학문 분야는 살피지 않아도 됩니다. 그보다는 효과적인 교육에 대한 인센티브가 가장 강력하고, 결과를 가장 긴밀하게 측정할 수 있는 분야를 살펴야 합니다. 이는 사리에 맞는 분야로 우리를 데려갑니다. 조종사들이 의무적으로 받아야 하는, 매우 성공적인 교육이 바로 그곳입니다. 그렇습니다. 저는 오늘 훌륭한 대학교 하버드가 조종사 훈련을 더 많이 참고할수록 더 나아질 거라는 말을 하려고 합니다.

다른 직업과 마찬가지로 항공기 조종에서도 '망치 든 사람' 경향에 따른 악영향이 큰 위험 요소입니다. 우리는 머릿속에 X라는 위험 모형만 있어 모든 위험을 X 위험인 것처럼 여기고 대응하는 조종사를 원하지 않습니다. 그래서 조종사들은 이를 비롯한 다른 몇몇 이유로, 엄격한 6요소 시스템에 따라 훈련을 받습니다.

1. 조종에 유용한 사실상 모든 것을 포괄할 만큼 폭넓은 정식 교육을 받는다.
2. 조종사에게 필요한 사실상 모든 것에 대한 지식은 한두 개의 시험만 통과할 수준에 그치지 않는다. 모든 지식은 두세 개의 위험이 동시에 뒤엉켜 닥친 상황도 연습 때처럼 능숙하게 처리하는 수준까지 깊어져야 한다.
3. 모든 뛰어난 대수학자처럼 때에 따라 생각의 방향을 바꿀 수 있어야 한다. 그래서 일어나길 바라는 일에 주로 집중할 때와 일어나지 않길 바라는 일을 피하는 데 주로 집중할 때를 구분할 줄 안다.
4. 훈련 시간은 이후의 실수에 따른 피해를 최소화하는 방향으로 할당한다. 그래서 조종사의 성과에 직결되는 가장 중요한 것을 가장 많이 훈련하며, 이를 가장 능숙한 수준까지 심화한다.
5. 정기적인 체크리스트 활용은 필수다.

6. 본 훈련을 마친 후에도 특수한 지식을 유지하기 위해 의무 교육을 받아야 한다. 즉, 드물고 중요한 문제를 극복하는 데 필요한 기술이 녹슬지 않도록, 정기적으로 항공기 시뮬레이션 훈련을 한다.

이처럼 인간의 내밀한 본성을 보완하는 6요소 시스템은 특히 큰 대가가 걸린 협소한 규모의 분야에서 필요합니다. 폭넓은 문제 해결을 위해 필요한 교육은 이 모든 요소를 포함해야 하며, 각 요소의 범위를 크게 확장해야 합니다. 그렇게 하지 않고 달리 방법이 있을까요?

이는 밤이 낮을 따르듯 자연스러운 결론으로 이어집니다. 우리는 그나마 가장 다문학적인 엘리트 교육에서조차 비단으로 비단 지갑을 만드는 뻔한 교육만 하고 있습니다. 최고의 결과를 얻기 위해서는 엄청난 규모의 다학문적 범위를 포괄해야 합니다. 또한 모든 필요 기술을 훈련에 기반해 능숙한 수준으로 계속 유지해야 합니다. 그래야만 학문 간 경계에서 종합할 수 있는 상당한 힘을 얻을 수 있으며, 가장 필요한 분야에서 최고 수준으로 능숙해질 수 있습니다. 또한 대수학의 반전inversion처럼 생각의 방향을 전환하는 기술을 활용할 수 있으며, 정기적인 체크리스트 점검을 지식 체계의 영구적인 일부로 만들 수 있습니다. 광범위한 세속적 지혜를 습득하는 일에 있어 다른 방법, 더 쉬운 방법은 있을 수 없습니다. 그래서 그 엄청난 범위를 처음 인식할 경우, 이 과제는 넘을 수 없는 벽처럼 보입니다.

하지만 전체적인 맥락에서 세 가지 요소를 고려하면 결코 불가능하지 않습니다.

첫째, '모든 필요 기술'이라는 개념과 관련해서는 가령 천체역학 분야에 속한 모든 사람의 기술을 피에르-시몽 라플라스[59] 수준으로 높일 필요는 없습니다. 모든 사람이 다른 모든 지식에 비슷한 기술 수준을 달성하도록 요구할 필요도 없습니다. 사실 각 학문에서 실로 위대한 사상은 그 핵심만 배워도 대부분의 효용성을 발휘합니다. 또한 이런 사상은 재능과 시간이 충분한 상황에서 다수가 광범위한 다학문적 이해를 할 수 없을 만큼 그 수가 그렇게 많지 않고, 상호작용이 그렇게 복잡하지도 않습니다.

둘째, 엘리트 교육에서는 우리에게 필요한 재능과 시간이 충분히 주어집니다. 결국 우리는 적성 면에서 상위 1퍼센트에 속하는 학생들을 가르칩니다. 또한 교사는 평균적으로 학생들보다 적성이 더 뛰어납니다. 그리고 우리는 대략 13년이라는 긴 기간에 걸쳐 가장 유망한 열두 살짜리 아이들을 신참 전문인으로 키워냅니다.

셋째, 거꾸로 생각하고 체크리스트를 꼼꼼하게 활용하는 방법은 조종과 마찬가지로 광범위한 삶에서도 쉽게 익힐 수 있습니다.

게다가 우리는 아칸소주 사람이 침례교를 믿는 이유에 대해 "내 눈으로 봤기 때문"이라고 말하는 것과 같은 이유로 폭넓은 다학문적 기술 습득의 가능성을 믿습니다. 우리는 모두 현대의 벤저민 프랭클린이라고 할 만한 사람을 압니다. 그들은 1)지금의 수많은 똑똑한 청년보다 정식 교육을 덜 받고도 방대한 다학문적 종합을 해냈고, 2)자신의 분야에서 일반적으로 다루는 범위를 넘어선 문제를 공부하는 데 시간을 들였음에도 능력이 더 나빠지는 게 아니라 더 나아졌습니다.

충분한 시간과 재능 그리고 복수의 학문에 성공적으로 통달한 사례를 고려할 때, 현재 우리가 '망치 든 사람' 경향의 악영향을 최소화하지 못하는 현실이 시사하는 바는 이렇습니다. 사회과학에서 현재 상황에 안주하거나 변화의 어려움을 두려워해 열심히 노력하지 않으면 다학문성을 크게 강화할 수 없다는 것입니다.

이는 네 번째 질문으로 이어집니다. 엘리트 사회과학 교육은 다학문성이라는 가장 타당한 목표를 우리 세대 이후 얼마나 많이 달성했을까요?

그 답은 다학문성을 개선하려는 시도를 많이 해왔다는 겁니다. 또한 역효과를 낳은 일부 결과를 감안하더라도 상당히 개선되었습니다. 그러나 중대한 부분이 아직 개선되지 않아서 갈 길이 멉니다.

가령 사회과학계는 타 분야에 속한 교수가 협력하거나, 두 가지 분야 이상에서 자격을 갖춘 교수가 가르칠 경우 도움이 된다는 사실을 점차 확인했습니다. 다만, 다른 종류의 개선 방식이 대체로 가장 잘 통했습니다. 이는 증강augmentation 또는 '원하는 것을 취하는' 관행으로서, 한 분야에서 다른 분야의 요소를 무엇이든 골라서 흡수하도록 권장하는 것입니다. 이 방식이 가장 잘 통한 이유는 전통과 영역성에 기인한 학문적 다툼을 우회했기 때문일 것입니다. 애초에 전통과 영역성 때문에 현재의 일학문적 과오가 발생했습니다.

어쨌든 많은 사회과학 분과가 원하는 것을 취하는 방법을 더 많이 활용해 '망치 든 사람' 경향에 따른 과오를 줄였습니다. 가령 우리 동창 로저 피셔가[60] 이끈 하버드 로스쿨은 다른 학문을 참고하는 협상법을 도입했습니다. 로저가 쓴 현명하고 윤리적인 협상법에 관한 책은 지금까지 300만 부 넘게 팔렸습니다. 그가 평생 이룬 업적은 우리 동기 전체에서 가장 뛰어날 것입니다. 하버드 로스쿨은 또한 타당하고 유용한 경제학적 요소도 많이 도입했습니다. 그중에는 경쟁이 실제로 이루어지는 양상을 잘 설명한 게임이론도 있습니다. 반독점법에 대한 교훈을 준 뛰어난 이론이죠.

뒤이어 경제학은 생물학으로부터 '공유지의 비극' 모형을 받아들였습니다. 그에 따라 애덤 스미스가 말한 천사 같은 '보이지 않는 손'뿐 아니라 사악한 '보이지 않는 발'도 존재한다는 사실을 정확하게 발견했습니다. 요즘은 심리학의 도움을 현명하게 구하는 행동경제학까지 나왔습니다.

그러나 원하는 것만 취하는 극단적 관행으로는 사회과학에서 100퍼센트 인정할 만한 결과를 얻을 수 없습니다. 실제로 최악의 경우, 이 관행은 일부 문학이 프로이트주의를 흡수하고, 많은 분야가 좌파나 우파의 극단주의 정치 이데올로기를 받아들이는 바람에 객관성을 회복하는 일이 동정virginity을 회복하는 일만큼 어려워졌습니다. 또한 많은 로스쿨과 경영대학원이 기업 금융 분야에 있는 자칭 전문가들의 오도로 인해 완고한 형태의 효율적 시장 이론을 받아들이게 만들었습니다. 그중 한 명은 줄곧 운이라는 표준편차를 추가해 버크셔 해서웨이의 투자가 성공한 이유를 설명했습니다. 그러나 표준편차가 6〔확률분포에서 가능성이 극히 낮은 극단적인 경우를 말함〕에 이르러서는 완전히 말도 안 되는 지경에 달해 결국 말을 바꿀 수밖에 없었죠.

게다가 이런 미친 짓을 피한다 해도 원하는 것만 취하는 방법에는 심각한 결함이 있습니다. 가령 좀 더 근본적인 학문들의 요소를 취하는 일은 흔히 그 기원을 밝히지 않은 채 이루어졌습니다. 때로는 이름까지 새로 바꾸기도 했죠. 또한 다른 학문에서 흡수한 개념의 근본 질서에 거의 주의를 기울이지 않았습니다. 이런 관행은 1) 흡수한 지식을 성공적으로 활용하고 종합하는 데 방해가 되는 저급한 파일 관리 시스템처럼 작용하며, 2) 라이너스 폴링이 화학을 개선하기 위해 물리학을 체계적으로 활용한 데 따른 이점을 사회과학 분야가 극대화하지 못하도록 만듭니다. 좀 더 나은 방식이 있어야 합니다.

이는 마침내 우리의 마지막 질문으로 이어집니다. 엘리트 사회과학 분야에서 어떤 관행이 최적의 학제성disciplinarity을 향한 진전 속도를 높일까요? 이 문제에 대해서도 쉬운 답들이 있습니다.

첫째, 더 많은 강의를 선택과목이 아닌 필수과목으로 만들어야 합니다. 이는 뒤이어 필수과목을 정하는 사람들이 방대한 다학문적 지식을 능숙한 수준으로 유지할 것을 요구합니다. 이런 결론은 조종사 지망생을 훈련하는 일에서 명백한 것처럼 광범위한 문제 해결자가 되고자 하는 사람을 훈련하는 일에서도 명백합니다. 가령 법학 교육의 결과로 심리학과 회계학에 능숙해져야 합니다. 그러나 많은 엘리트 교육기관에서는 지금도 이런 요건이 없습니다. 교과과정을 설계하는 사람들의 사고가 협소하기 때문입니다. 그들은 무엇이 필요하고 또 결여되어 있는지 알지 못하며, 결함을 바로잡지도 못하는 경우가 많습니다.

둘째, 여러 학문에 걸쳐 문제를 해결하는 훈련을 훨씬 많이 실시해야 합니다. 자주 활용하지 않는 데 따른 기술 상실을 방지하기 위해 항공기 시뮬레이터의 기능을 모방하는 훈련 같은 것도 포함되어야 합니다.

자세하게 기억나는 건 아니지만, 수십 년 전 매우 현명하고 보기 드문 하버드 경영대학원 교수가 이런 방식으로 가르쳤던 예를 하나 들어보겠습니다. 이 교수는 세상 물정 모르는 두 할머니에 대한 시험 문제를 냈습니다. 그 할머니들은 뉴잉글랜드에 있는 신발 공장을 막 물려받았습니다. 브랜드 신발을 만드는 이 공장은 사업적 측면에서 심각한 문제에 시달렸습니다. 교수는 그 문제를 자세히 설명한 다음, 시간을 충분히 주면서 할머니들에게 조언할 내용을 써보라고 말했습니다. 교수는 답안지를 읽고 모든 학생에게 낮은 점수를 주었습니다. 다만, 한 학생은 큰 차이로 최고 점수를 받았죠.

그 학생은 어떤 답을 제시했을까요? 그 내용은 아주 짧은데, 대략 다음과 같았습니다. "그 사업 분야 그리고 특정 위치에 있는 해당 기업은 세상 물정 모르는 할머니들이 도움을 줄 만한 사람을 고용한다 해도 현명하게 해결할 수 없는 중대한 문제를 안고 있다. 그 어려움과 피할 수 없는 대리인 비용 agency cost(소유주와 대리인인 경영자의 이해관계 충돌로 인한 비용)을 고려할 때, 두 할머니는 한계효용 이익을 가장 크게 누릴 경쟁사에 신발 공장을 즉시 매각해야 한다."

이 답은 학생들이 최근 경영대학원에서 배우는 내용이 아니라, 학부 심리학과 경제학에서 가져온 대리인 비용과 한계효용 같은 근본적 개념에 더 많이 의존했습니다. 하버드 로스쿨 1948년 졸업반 동창생 여러분, 우리가 이런 시험을 훨씬 자주 봤다면 얼마나 더 많은 걸 이룰 수 있었을지 생각해보세요!

참고로 현재 많은 엘리트 사립 중학교 1학년 과학에서는 이런 다학문적 방법을 현명하게 활용하고 있습니다. 그러나 많은 대학원은 아직 그런 변화를 이루지 못했습니다. 이는 화이트헤드가 말한 교육의 치명적 단절을 드러내는 또 하나의 서글픈 사례입니다.

셋째, 사회과학 분야의 대다수 전문학교는 〈월스트리트 저널〉 〈포브스〉 〈포천〉 같은 최고 비즈니스 간행물을 더 많이 활용해야 합니다. 이들 간행물은 현재 수준이 아주 뛰어납니다. 그래서 복잡하게 뒤엉킨 다학문적 원인과 사건을 연계시키는 관행을 촉진하는 데 활용하면 항공기 시뮬레이터 같은 기능을 수행합니다. 게다가 때로는 단지 오래된 지식을 되살리는 게 아니라, 원인에 대한 새로운 모형을 선보이기도 합니다. 또한 학생들의 좋은 판단력을 극대화하고 싶다면, 정식 교육이 끝난 후 평생 훈련해야 할 것을 학교에서 가르치는 게 상당히 합리적입니다. 저는 기업계에서 뛰어난 판단력으로 존중받는 사람 가운데 이런 간행물을 활용해 지혜를 정비하지 않는 사람을 알지 못합니다. 학교가 그렇게 하지 않을 이유가 있을까요?

넷째, 드물게 생기는 학계의 빈자리를 채울 때 좌파든 우파든 지나치게 강하고 열성적인 정치 이데올로기를 가진 교수는 대체로 피해야 합니다. 학생들도 마찬가지입니다. 최고의 다학문성은 그런 열성적인 사람들이 상실한 객관성을 요구합니다. 또한 이데올로기의 굴레에 갇혀서는 어렵기 그지없는 종합을 해낼 수 없습니다. 우리 시대에 일부 하버드 로스쿨 교수들은 그러한 이데올로기에 기반한 어리석음이 나타난 사례를 지적할 수 있었습니다. 물론 예일 로스쿨이 거기에 해당했는데, 당시 많은 하버드 사람들은 예일 로스쿨이 특정한 정치 이데올로기를 지배적 요소로 도입해 법률 교육을 개선하려 든다고 여겼습니다.

다섯째, 사회과학계는 자연과학계의 근본적인 체계화 기풍을 좀 더 열심히 모방해야 합니다. 이러한 기풍은 수학, 물리학, 화학, 공학의 네 가지 기본 학문을 결합한 것으로 정의할 수 있습니다. 결국 자연과학은 체계화로써 사회과학을 큰 폭으로 앞질렀습니다. 그 대표적인 것이 1) 일학문적 오류를 피하고, 2) 뛰어난 결과를 자주 냄으로써 다학문적 영역에서 사용자 친화적인 중대한 해법을 만든 것입니다. 가령 리처드 파인먼은[61] 인류 최고의 우주왕복선이 폭발한 원인이 차가워진 오링O-ring 때문이라는 것을 재빨리 찾아냈습니다.

예전에는 이런 기풍이 사회과학계로 아주 잘 확장되었습니다. 가령 생물학은 150년 전에 심도 있는 이론과는 크게 관계없는 난잡한 설명과 묘사로 출발했지만, 근본적인 체계화 기풍을 점차 흡수하면서 놀라운 결과를 얻었습니다. 새로운 세대는 '왜'라는 질문에 답하는 모형을 흡수해 좀 더 나은 방법을 활용하게 되었고요. 자연과학계의 기풍이 생물학보다 훨씬 덜 근본적인 학문에 도움이 되지 못할 명확한 이유는 없습니다.

다음은 지금까지 이야기한 근본적인 체계화 기풍을 제 나름대로 해석한 것입니다.

1. 근본성에 따라 학문의 순위를 매기고 활용해야 한다.
2. 좋든 싫든 시험을 거쳐 능숙한 수준까지 통달해야 하며, 근본적인 조합을 이루는 네 가지 학문의 네 가지 필수 요소를 꾸준히 활용해야 한다. 특히 자기 분야보다 더 근본적인 학문을 주의 깊게 살펴봐야 한다.
3. 절대로, 학제 간 인용에서 출처를 밝히지 않거나 경제성 원리에서 벗어나서는 안 된다. 경제성 원리에 따르려면, 자기 분야 또는 다른 학문에 속한 좀 더 근본적인 자료로 쉽게 설명할 수 있는 것을 다른 방식으로 설명하지 말아야 한다.
4. 세 번째 단계의 접근법으로 새롭고 유용한 통찰이 많이 나오지 않는다면, 가설과 검증을 통해 새로운 원칙을 구축해야 한다. 이 때는 대개 성공적인 과거의 원칙을 만든 방법과 비슷한 방법을 활용한다. 다만, 과거의 원칙이 틀렸다는 걸 증명하지 않는 한 거기에 어긋나는 새로운 원칙을 활용할 수 없다.

사회과학계의 여러 현재 관행과 비교할 때, 자연과학계의 근본적인 체계화 기풍은 좀 더 엄격합니다. 이 점은 조종사 훈련을 상기시키는데, 이런 결과는 우연이 아닙니다. 현실은 귀를 기울이는 누구에게나 말을 해줍니다. 자연과학계의 기풍은 조종사 훈련과 마찬가지로 "원하는 것만 취하라."고 말하지 않습니다. "좋든 싫든 모든 것을 능숙한 수준까지 배우라."고 말합니다. 다학문적 지식의 합리적 체계화는 1) 학제 간 습득 사실에 대해 출처를 명확히 밝히고, 2) 가장 근본적인 설명에 대한 선호를 의무화함으로써 강제됩니다.

이 단순한 아이디어는 너무나 명백해서 유용해 보이지 않을 수 있습니다. 그러나 비즈니스와 과학 그리고 다른 분야에서도 흔히 경이로운 효과를 내는 오래된 2단계 규칙이 있습니다. 바로 1) 단순하고 기본적인 아이디어를 받아들이고, 2) 그 아이디어를 다시 아주 진지하게 받아들이는 것입니다. 근본적인 체계화 기풍을 아주 진지하게 받아들이는 것의 가치를 보여주는 증거로 저의 삶에서 가져온 사례를 제시하겠습니다.

저는 두서없이 일하는 습관이 있는 데다 아무런 대학 학위도 없이 아주 부실한 교육을 받은 상태로 하버드 로스쿨에 입학했습니다. 원래는 워런 애브너 시비가 반대했지만, 아버지의 친구 로스코 파운드가 개입한 덕분에 입학할 수 있었죠. 저는 고등학교에서 바보 같은 생물학 수업을 받았습니다. 주로 암기를 통해 불완전한 진화론과 짚신벌레 및 개구리의 부분적인 구조 그리고 이후에 사라진 '원형질'이라는 말도 안 되는 개념을 간략하게 배웠죠.

지금까지 다른 어디에서도 화학이나 경제학, 심리학, 경영학을 배운 적이 없습니다. 그 대신 일찍이 기초 물리학과 수학을 배웠고, 자연과학의 근본적인 체계화 기풍을 어떻게든 흡수하는 데 주의를 충분히 기울였습니다. 또한 이후에도 그 기풍을 저의 체계화 지침 및 파일 정리 시스템으로 삼아 사회과학 분야로 점차 확장했습니다. 이는 세속적인 지혜를 무엇이든 다학문적으로 쉽게 얻기 위한 노력이었습니다.

그래서 저의 삶은 뜻하지 않게 일종의 교육적 실험이 되었습니다. 자신이 속한 분야의 가르침을 잘 배운 사람이 근본적인 체계화 기풍을 조잡하게나마 학문적으로 확장하는 일의 타당성과 효용성을 검증하는 실험 말입니다.

제가 비공식적 수단으로 저의 부족한 교육을 채우려고 오랫동안 시도하면서 알게 된 사실이 있습니다. 그것은 일반적인 의지로만 노력해도 근본적인 체계화 기풍을 지침으로 삼으면, 제가 사랑하는 모든 것에 기여하는 능력이 적절한 수준을 훌쩍 넘어 개선된다는 것입니다. 그래서 처음에는 얻을 가능성이 적어 보였던 커다란 이득이 생겼습니다. 때로는 제가 눈가리개를 한 채 과녁에 핀을 꽂는 게임에서 유일하게 눈가리개를 하지 않은 사람이 된 것 같았습니다. 가령 저는 애초에 계획하지 않았던 심리학으로 이끌려 들어가 생산적인 공부를 한 덕분에, 다른 자리에서 강연을 할 만한 우위를 점할 수 있었습니다.

오늘은 더 할 이야기가 없습니다. 앞서 제가 제기한 질문에 짧은 시간 동안 최대한 잘 답변한 것으로 축사를 마무리하고자 합니다. 저의 답변과 관련해 제가 흥미롭게 생각하는 점이 있습니다. 제가 말한 모든 것은 독창적인 내용이 아니며, 합리적이고 좋은 교육을 받은 많은 사람에게는 진부하게 들릴 만큼 오랫동안 명백하게 알려진 것입니다. 그럼에도 제가 비판한 모든 병폐는 최고의 사회과학 교육계에 여전히 만연합니다. 이 분야의 사실상 모든 교수는 너무나 일학문적인 사고 습관을 갖고 있습니다. 자신이 속한 대학의 복도 맞은편에 더 나은 모형이 존재하는데도 말입니다.

제가 보기에 이 말도 안 되는 결과는 사회과학계가 왜곡된 인센티브를 용인한다는 걸 시사합니다. 새뮤얼 존슨 박사가 너무나 현명하게 파악한 대로, 잘못된 인센티브가 주된 요인인 이유는 머릿속에서 이해관계가 서로 충돌하면 진실을 받아들이기 힘들기 때문입니다. 제도적 인센티브가 문제를 초래한다면 타당한 해법이 있습니다. 인센티브는 바꿀 수 있기 때문입니다.

저는 오늘 제 삶의 실제 사례를 통해 사회과학 교육계가 지금처럼 일학문적 외고집을 용인하는 것은 불가피하지도 않고 유익하지도 않다는 걸 증명하려 노력했습니다. 존슨 박사는 근면을 통해 제거할 수 있는 학문적 무지를 고수하는 행태를 비판했습니다. 그는 이런 행태를

'배임'이라고 표현했죠.

　의무로도 개선되지 않는다면 이익을 활용할 수도 있습니다. 자주든 가끔이든 많은 문제에 대해 다학문적 접근법을 더 많이 활용하는 로스쿨과 다른 학문 분야는 저처럼 엄청난 세속적 보상을 얻을 것입니다. 또한 더 많은 재미와 성과도 누릴 것입니다. 제가 추천하는 좀 더 행복한 정신적 세계는 누구도 거기서 기꺼이 돌아오려 하지 않는 곳입니다. 거기서 돌아오는 것은 자신의 손을 자르는 짓과 같습니다.

5강을 다시 살펴보며

　2006년에 5강을 다시 살펴보니 한 자도 바꿀 것이 없다. 지금도 여전히 나의 생각이 중요하다고 믿는다. 어쩌면 태도 면에서 오래전에 죽은 나의 친척, 그러니까 예일대학교의 시어도어 멍거 목사와 닮은 면모를 너무 많이 드러냈을지도 모른다. 시어도어는 자신의 설교집을 출간해 강하고 권위적인 어조로 올바른 행동을 제시했다. 뒤이어 말년에 펴낸 최종판의 머리글에서는 내용을 하나도 바꾸지 않고 새로운 판을 내는 유일한 이유는 책이 인기가 너무 많아서 처음의 인쇄판이 심하게 마모되었기 때문이라고 밝혔다.

수익률이 현저하게 낮은 투자법

주요 자선 재단의 투자 관행
Investment Practices of Leading Charitable Foundations

1998년 10월 14일
콘래드 힐튼 재단, 아마추어선수 재단,
제이 폴 케티 신탁재단, 리오 혼도 기념재단 후원으로
캘리포니아의 미라마 쉐라톤 호텔에서 열린
재단 재무 책임자 모임에서 한 강연

1998년 10월, 샌타모니카에서 열린 재단 재무 책임자 모임에서 한 이 강연은 "슬프지만 사실입니다. 모두가 저를 좋아하지는 않습니다."라는 찰리의 말을 이해하는 데 도움을 준다. 이 강연에서 그는 청중이 수용하고 관행으로 삼는 정통적 방식을 악의 없는 날카로운 유머로 공격한다. 그는 자선에 대해 깊고도 변함없는 신념을 품고 있다. 이 사실은 그의 관대한 베풂을 통해 증명되었다. 그는 이 강연에서 자선 공동체의 내부적인 문제를 해결하려고 애쓴다.

찰리는 자선 재단이 사회적 모범으로 기여해야 한다고 믿는다. 이는 낭비적이고 비생산적인 관행을 막아야 한다는 뜻이다. 그는 청중에게 천재적인 정치가 벤저민 프랭클린의 본보기와 명예를 잃은 펀드매니저 버니 콘펠드의 본보기 중에서 하나를 선택하라고 말한다. 그는 합자회사를 경영하던 시절을 거론하며 전형적인 자기비판과 자기성찰을 한다. "초기의 찰리 멍거는 경력 측면에서 청년들에게 끔찍한 본보기"라고 말이다. 그는 자신이 그런 상태에서 벗어나는 데 성공했다면 청중석에 있는 고집 센 재단 관리자들도 그럴 수 있다고 말하는 듯하다.

제가 오늘 여기서 강연하는 이유는 제 친구 존 아규가[62] 부탁했기 때문입니다. 존은 여러분과 관련 있는 사안에 관해 이야기하는 다른 많은 강연자와 달리, 제가 여러분에게 비즈니스를 할 필요가 전혀 없다는 걸 잘 알고 있습니다. 저는 자선 재단을 비롯한 대형 기관의 최근 투자 관행을 존중하지 않거든요. 따라서 저의 강연이 초래할 모든 반감은 존 아규에게로 향해야 마땅합니다. 그는 법률 일을 하는 사람이니 그걸 즐길지도 모르겠네요.

대형 자선 재단이 국내 상장 증권, 그중에서도 주로 주식에 무차입 투자를 하는 게 관행으로 자리 잡은 지 오래되었습니다. 종목 선정은 하나 또는 소수의 투자 자문 조직이 하죠. 그러나 근래에는 좀 더 복잡한 방향으로 변화가 일어났습니다. 일부 재단은 예일대학교 같은 곳의 뒤를 따라 버니 콘펠드식[63] '모태펀드fund of funds'(펀드에 투자하는 펀드)의 훨씬 나은 버전이 되려 애쓰고 있습니다. 이는 놀라운 전개입니다. 콘펠드가 나락으로 떨어진 지 오래되었는데, 주요 대학들이 재단을 콘펠드식 시스템으로 이끌 거라고 예상한 사람은 드물 겁니다.

일부 재단에는 적지 않은 투자 자문이 있습니다. 그 위의 또 다른 자문이 누가 최고의 투자 자문인지 평가하고 고르죠. 이 고위 자문들은 다양한 범주에 걸쳐 자금을 배분하고, 해외 증권이 국내 증권에 비해 무시당하지 않도록 만들고, 공개된 투자 실적의 유효성을 점검하고, 공개된 투자 스타일을 정직하게 따르는지 확인하고, 기업 금융 교수들이 최근에 내세우는 변동성 및 '베타beta'에 관한 관점에 따라 이미 상당히 분산되어 있는 포트폴리오를 더욱 분산시킵니다.

하지만 이처럼 놀랍도록 적극적이고 자칭 박식하다는 새로운 자문이 고른 사람들인데도, 개별 투자 자문은 주식을 선정할 때 여전히 제3의 자문에게 크게 의존합니다.

이 세 번째 자문은 투자은행이 고용하는 주식 애널리스트입니다. 엄청난 연봉을 받는 사람들이죠. 때로는 입찰 경쟁을 거치는 과정에서 연봉이 일곱 자릿수가 되기도 합니다. 애널리스트를 고용한 투자은행이 그들의 연봉을 만회할 만한 두 가지 자금 출처가 있습니다. 1)하나는 주식 매수자들이 지불하는 수수료와 트레이딩 스프레드trading spread입니다. 그중 일부는 자산 운용사에 '커미션'으로 지불되죠. 2)다른 하나는 주식 애널리스트가 열성적으로 추천하는 기업들이 투자은행에 지불하는 수수료입니다.

이 모든 복잡한 내용에 한 가지 분명한 것이 있습니다. 정직함이 결여되어 있다는 겁니다. 레버리지 없이 종목 선정만 하는 경우에도 모든 투자 운용에 드는 전체 비용에 여러 대규모 투자 포지션을 자주 드나드는 데 따른 마찰 비용을 합치면, 재단의 순자산 대비 연 3퍼센트에 쉽게 육박합니다. 투자 자문이 촉구하는 대로 해마다 새로운 투자 활동을 추가한다면 말이죠. 이 총비용은 전통적인 회계에서는 드러나지 않습니다. 그건 회계에 한계가 있기 때문이지 정말로 총비용이 없어서 그런 게 아닙니다.

그다음으로 약간의 계산을 해볼 때가 되었습니다. 평균적으로 재단들이 딜러 몫을 포함해 가령 17퍼센트의 평균 실질 수익률을 누린다면, 해마다 출발 자산의 3퍼센트를 딜러에게 지불할 수도 있습니다. 하지만 항상 근래의 일반적 실적인 총 17퍼센트의 수익을 올린다는 보장은 없습니다. 또한 앞으로 장기간에 걸쳐 지수 투자를 통한 평균 연간 총실질 수익률이 가령 5퍼센트로 돌아간다고 합시다. 딜러에게 돌아가는 몫이 평균적인 지능을 가진 투자자들이 보기에도 항상 그랬던 것처럼 지나치게 많다면 어떨까요? 평균적인 지능을 가진 재단들은 장기적으로 자산이 줄어드는 불편한 상황에 직면할 것입니다. 결국 5퍼센트 수익률에서 3퍼센트의 수수료와 5퍼센트의 기부금을 빼면 연간 3퍼센트씩 자산이 줄어드는 꼴입니다.

모든 주식 투자자는 공동으로 부담하는 딜러 몫의 총비용만큼 해마다 수익률을 손해 볼 수밖에 없습니다. 이는 불가피한 현실입니다. 또한 정확하게 투자자 중 절반이 딜러 몫을 뺀 중간 결과보다 낮은 결과를 얻는 것도 불가피합니다. 문제는 그 중간 결과가 달갑지 않은 수준과 형편없는 수준 사이 어딘가일 수도 있다는 겁니다.

인간의 본성을 감안할 때, 대다수 사람은 제가 제기한 우려를 무시합니다. 예수 탄생 수 세기 전에 데모스테네스는 "사람은 바라는 대로 믿는다."고 지적했습니다. 또한 데모스테네스가 예측한 대로 사람들은 보통 자신의 전망과 재능을 스스로 평가할 때 말도 안 되게 낙관적입니다. 가령 스웨덴에서 철저하게 조사한 바에 따르면, 자동차 운전자 중 90퍼센트는 자신의 운전 실력이 평균 이상이라고 생각했습니다. 그리고 투자 자문처럼 어떤 것을 성공적으로 파는 사람들은 스웨덴 운전자보다 훨씬 더 자신을 과대평가합니다. 사실상 모든 투자 전문가는 (아무리 증거와 배치된다 해도) 자신이 평균 이상이라고 평가합니다.

하지만 여러분은 '적어도 우리 재단은 평균 이상일 거야. 기부금이 많고, 최고 인재를 채용하고, 객관적인 프로페셔널리즘에 따라 모든 투자 문제를 숙고하니까.'라고 생각할 수도 있습니다. 저는 이렇게 대답하겠습니다. 프로페셔널리즘처럼 보이는 것이 과하면 끔찍한 피해를 입는 일이 많다고 말이죠. 신중한 절차 자체가 결과에 대한 과신으로 이어지는 경우도 많으니까요.

제너럴 모터스가 근래에 그런 실수를 저질렀습니다. 엄청난 실수였죠. 그들은 과도한 프로페셔널리즘으로 요란한 소비자 설문을 실시하고서는 편안한 5인승 승용차와 동일하게 기능하도록 설계된 트럭에 뒷좌석용 문을 달지 않기로 결정했습니다. 좀 더 기본적인 접근법을 따른 경쟁사들은 다섯 명이 차에 타고 내리는 모습을 실제로 확인했습니다. 또한 그들은 사람들이 편안한 5인승 차량의 네 개의 문에 익숙해졌다는 사실을 알았습니다. 그리고 인간이란 원래 일상적인 활동에서 노력을 최소화하기를 선호하며, 오랫동안 누린 편익을 제거하는 걸 좋아하지 않는다는 사실도 알았죠. 수억 달러를 날린 제너럴 모터스의 끔찍한 결정을 살펴보면 오직 두 개의 단어가 바로 떠오릅니다. 그중 하나는 '아이고oops'입니다.

마찬가지로 롱텀 캐피털 매니지먼트로[64] 알려진 헤지펀드는 근래에 높은 레버리지를 쓰는 투자법을 과신하는 바람에 무너졌습니다. 경영진의 지능지수가 평균 160이나 되는데도 말이죠. 똑똑하고 근면한 사람도 전문가의 과신에 따른 재난으로부터 자유롭지 않습니다. 그들은 흔히 자신이 선택한 더 어려운 항해에서 암초에 부딪힙니다. 자신의 재능과 방법이 우월하다고 스스로 과대평가했기 때문이죠.

물론 매우 신중하게 생각하는 것이 좋기만 한 게 아니라 추가적인 오류도 초래한다는 건 짜증스러운 일입니다. 그러나 좋은 것들은 대개 원치 않는 부작용을 낳습니다. 생각도 예외는 아닙니다. 최선의 방어법은 최고 물리학자들이 쓰는 방법입니다. 그들은 자신에게 체계적으로, 극단적인 수준까지 비판적 관점을 적용합니다. 그들이 활용하는 건 노벨상 수상자 리처드 파인먼이 말한 마음가짐입니다. 그는 "첫 번째 원칙은 자신을 속이지 말아야 한다는 것이며, 가장 속이기 쉬운 사람은 자기 자신이다."라고 말했습니다.

파인먼처럼 생각하는, 비정상적으로 현실적인 재단이 있다고 가정합시다. 이 재단은 미래의 투자 결과가 부실할까 봐 걱정합니다. 그 이유는 무차입 주식 투자가 모든 투자 비용을 제외하고도 지수 수익률을 넘어설 것 같지 않기 때문입니다. 단지 투자 회전율이 높고 그저 자신이 평균 이상이라 여기는 여러 층의 자문을 두고, 재간접 펀드식 접근법을 취한다고 해서 수익률을 높일 수 있는 건 아니니까요. 이런 재단이 투자 전망을 개선하려면 어떤 선택지가 있을까요?

지금으로서는 적어도 세 가지가 있습니다.

1. 지수 투자로 전환해 투자 자문을 없애고 투자 회전율을 낮출 수 있습니다.

2. 버크셔 해서웨이의 사례를 따라 평판이 아주 좋은 소수의 미국 기업에 사실상 완전한 수동적 투자를 해서 연간 수수료 총비용을 자본금의 0.1퍼센트 미만으로 낮출 수 있습니다. 이 과정에서 일부 외부 자문을 쓰지 못할 이유는 없습니다. 수수료를 지불하는 고객이 해야 할 일은 투자 자문 조직의 인재를 적절하게 통제하는 것입니다. 그래서 그들이 미친 모자 장수의 티 파티 같은 왜곡된 인센티브로 인해 자신의 이익을 추구하는 게 아니라, 주인의 유용한 도구가 되도록 만들어야 합니다.

3. 상장주에 무차입 투자를 하는 방식을 합자회사에 대한 투자로 보완할 수 있습니다. 합자회사는 설립 초기의 하이테크 기업에 대한 무차입 투자, 차입 매수에 대한 차입 투자, 주식에 대한 차입 상대 가치 투자, 모든 종류의 증권 및 파생 상품에 대한 차입 수렴 트레이딩 및 기타 특수 트레이딩을 병행할 수 있습니다.

지수 투자 상품 판매자들이 제공하는 명백한 이득 때문에 저는 평균적인 재단에는 선택지 1, 지수 투자가 현행 무차입 주식 투자보다 현명한 선택지라고 생각합니다. 특히 현재 연간 수수료 총비용이 자본금의 1퍼센트를 넘어선다는 점에서 더욱 그렇습니다. 거의 모든 투자자가 지수 투자로 돌아서면 영원히 수익을 낼 수는 없습니다. 그래도 한동안은 문제없이 통할 것입니다.

복잡한 합자회사에 투자하는 선택지 3은 대체로 이 강연의 범위를 넘어섭니다. 그래서 멍거재단은 그렇게 투자하지 않는다고만 말씀드리겠습니다. 다만, 차입 매수 펀드와 관련한 두 가지 고려 사항에 대해서만 잠깐 언급하도록 하겠습니다.

차입 매수 펀드에 관한 첫 번째 고려 사항은, 재무 레버리지를 많이 쓰고 펀드 경영진과 운용사에 이중으로 성과 보수를 지불하는 상태에서 100퍼센트의 지분을 매수하는 방식은 미래에 주가지수가 부진할 경우 주가지수 상승률을 상회하는 확실한 길이 아니라는 것입니다. 본질적으로 차입 매수 펀드는 상장주와 동일한 투자 상품을 매수하는 더 나은 방식이며, 미래의 상장주 수익률이 나쁠 경우 부채가 재난을 초래할 수 있습니다. 특히 나쁜 수익률이 전반적으로 나쁜 사업 여건 때문이라면 더욱 그렇습니다.

두 번째 고려 사항은 차입 매수 후보를 둘러싼 경쟁이 심해진다는 것입니다. 가령 차입 매수 후보가 좋은 서비스 기업이라고 가정합시다. 이 경우 현재 제너럴 일렉트릭은 해마다 산하 금융사를 통해 100억 달러 이상의 주식을 사들일 수 있습니다. 게다가 미국 정부보다 약간 높은 금리로 100퍼센트 부채 조달이 가능합니다. 이는 일반적인 경쟁이 아니라 초경쟁입니다. 또한 지금은 크고 작은 차입 매수 펀드가 아주 많습니다. 이 펀드들은 대개 자금이 풍부하며, 운용사가 기업을 매수할 때 챙기는 인센티브는 상당히 높습니다. 게다가 제너럴 일렉트릭처럼 부채와 주식을 조합하는 방식을 쓰는 기업들로 인해 매수 경쟁이 심해지고 있습니다.

요컨대 차입 매수 분야에서는 상장주와 관련해 전반적으로 사업 여건이 나쁠 때 재난을 야기하는 공분산共分散, covariance(두 변수 사이의 관계를 가리킴)이 숨어 있으며, 지금은 경쟁도 극심합니다.

시간적 제약을 고려할 때, 저도 한때 운영했던 합자회사에 대해서는 더 이상 언급할 수 없을 것 같습니다. 그래서 선택지 2에 대해서만 폭넓게 논의하겠습니다. 선택지 2는 사실상 제로 회전율에 극소수 종목만 선정해 상장주 포트폴리오를 유지하는 버크셔 해서웨이의 관행을 모방하는 것입니다. 이는 재단들의 경우, 어느 정도의 투자 분산화가 바람직한지에 대한 질문으로 이어집니다.

저는 현명한 사람에게는 대규모 분산화가 필수라는 정통적인 관점에 상당히 회의적입니다. 지수화indexation는 주식 투자를 위한 논리적 방식이 아닙니다. 제 생각에 정통적인 관점은 큰 허점이 있습니다.

미국의 경우, 거의 모든 재산을 단 세 개의 우량한 국내 기업에 장기 투자한 사람이나 기관은 확실히 부유해집니다. 다른 대다수 투자자가 조금 더 낫거나 더 나쁜 실적을 내고 있는지 왜 항상 신경 써야 합니까? 특히 버크셔처럼 낮은 비용, 장기적 효과를 강조하는 관점, 가장 선호하는 종목에 대한 집중 투자로 우월한 장기 실적을 합리적으로 기대하는 관점을 믿을 때는 더욱 그렇습니다.

저는 아예 한 걸음 더 나아갑니다. 일부 경우에는 가족이나 재단이 90퍼센트의 자산을 한 주식에 집중하는 것이 합리적 선택일 수 있다고 생각합니다. 우리 가족이 이 경로를 대체로 따르기를 바랍니다. 또한 로버트 우드러프의[65] 재단들은 이 방식이 지나친 분산 투자보다 현명하다는 사실을 증명했습니다. 그들은 약 90퍼센트의 자산을 설립자의 코카콜라 주식에 계속 묶어두었습니다. 미국의 모든 재단이 설립자의 주식 지분을 절대 팔지 않았다면 어떤 실적을 올렸을까요? 계산해보면 재미있을 것 같군요. 제 생각에는 아주 많은 재단의 자산이 지금쯤 훨씬 늘어났을 겁니다.

하지만 분산주의자들은 아직 일어나지 않은 재난에 대비한 보험을 들었다고 말할 수도 있습니다. 저는 거기에 이렇게 대꾸합니다. 일부 재단이 세상에서 상대적 영향력을 잃는 것보다 더 나쁜 일도 있으며, 부유한 재단은 장기적 실적을 극대화하고 싶다면 부유한 개인처럼 자가보험(사고에 따른 손실 보전 자금을 자체적으로 모아두는 것)을 많이 들어야 한다고 말입니다.

게다가 세상의 모든 좋은 일이 재단의 기부로 이루어지는 것은 아닙니다. 재단이 투자하는 기업들의 일반적 사업 운영을 통해 좋은 일이 훨씬 많이 생깁니다. 일부 기업은 다른 기업들보다 좋은 일을 훨씬 많이 합니다. 그래서 투자자에게 평균 이상의 장기적 전망을 제공하죠. 저는 재단이 존중하거나 심지어 사랑하는 기업에 투자를 크게 집중하는 것이 어리석거나, 멍청하거나, 사악하거나, 불법적이라고 생각하지 않습니다. 실제로 벤저민 프랭클린은 자신의 유언으로 만들어진 자선기금에 대해 그런 투자 관행을 요구했습니다.

버크셔의 주식 투자 관행이 지닌 다른 측면도 비교하는 의미에서 언급할 가치가 있습니다. 지금까지 버크셔는 해외 직접 투자를 거의 하지 않았으며, 우리 재단들도 해외 투자를 많이 하지 않았습니다.

이 특이한 기록과 관련해 저는 미국의 문화 및 법 체계가 다른 이해관계에 비해, 그리고 대다수 다른 나라에 비해 주주에게 특히 유리하다는 피터 드러커의[66] 의견에 동의한다고 말하고 싶습니다. 실제로 많은 나라에서 일반 주주의 이익보다 다른 이해관계자의 이익을 훨씬 앞세우고 중시합니다.

제 생각에 이런 요소를 많은 투자기관에서 과소평가하는 것 같습니다. 아마 그 부분적인 이유는 현대의 금융 기법을 활용하는 정량적 사고로 쉽게 이어지지 않기 때문일 겁니다. 그러나 단지 일부 '전문가'가 다른 유형의 힘을 더 잘 측정한다고 해서 일부 중요한 요소의 영향력이 사라지는 건 아닙니다. 일반적으로 저는 해외에 직접 투자하는 것보다 코카콜라나 질레트 같은 기업을 통해 해외 경제권에 참여하는 버크셔의 관행을 더 선호합니다.

이제 결론을 내리기 위해 논쟁적인 예측과 주장을 하겠습니다.

논쟁적인 예측은 이것입니다. 즉, 여러분이 버크셔 해서웨이와 비슷한 스타일로 투자하면, 워런 버핏이 여러분을 위해 무료로 일하게는 하지 못한다 해도 먼 훗날 삶을 되돌아볼 때 후회할 가능성이 작을 거라는 점입니다. 그 대신 우리는 더욱 똑똑해진 경쟁자들과 맞서게 되어 후회할 테지만요. 그러나 우리는 여러분의 계몽에 따른 어떤 손해도 후회하지 않을 것입니다. 다른 사람들에게 우리가 현실을 바라보는 관점을 공유하는 한편, 우리가 얻을 수 있는 성공을 바랄 뿐입니다.

논쟁적인 주장은 이것입니다. 즉, 여러 재단에서 갈수록 인기를 얻어가는 복잡한 고비용 투자 양상에 맞서는 대안적인 투자 방식을 고려해야 한다는 것입니다. 저의 의심과 달리 기존 투자 관행이 아주 좋은 결과를 낳는다 해도, 수익을 안기는 대부분의 활동은 심대한 반사회적 효과를 포함할 것입니다. 그 이유는 해당 활동이 현재의 해로운 추세를 악화시킬 것이기 때문입니다. 미국의 도덕적이고 젊은 브레인들이 큰돈을 벌 수 있는 자산 운용업과 그에 수반되는 현대적 마찰friction(투자 과정의 과다하고 불필요한 비효율적 요소를 말함)로 나날이 몰리고 있습니다. 자산 운용업은 다양한 사람들에게 훨씬 많은 가치를 창출하지 않습니다. 올바른 모범을 제공하지 않습니다. 젊은 시절의 저는 청년들에게 아주 나쁜 본보기일 겁니다. 제가 자본주의로부터 얻어낸 것에 비해 사회에 환원한 것이 충분치 않기 때문입니다. 다른 비슷한 본보기들은 더 나쁩니다. 자선 재단에 좀 더 건설적인 선택지는 그런 본보기를 권장하는 게 아니라, 존중받는 소수의 국내 기업에 현명하게 장기적으로 투자를 집중하는 것입니다.

그러니 벤저민 프랭클린을 모방하면 어떨까요? 결국 벤저민은 매우 유능하게 공공선을 실천했습니다. 또한 아주 뛰어난 투자자이기도 했죠. 제 생각에 그는 버니 콘펠드보다 나은 본보기입니다. 그 선택은 순전히 여러분에게 달려 있습니다.

6강을 다시 살펴보며

1998년에 이 강연을 한 후로 많은 세월이 흘렀다. 그리고 2006년인 지금, 우리는 내가 비판한 행동들을 훨씬 많이 목도하고 있다.

특히 주식 투자자들의 마찰 비용이 현저하게 늘어났으며, 젊은 브레인 중에서 투자의 세계에서 경마 전문 분석가 같은 일을 하는 사람의 비중이 높아졌다. 실제로 근래에 워런 버핏은 현재의 투자 트렌드가 경마장으로 퍼진다면, 대다수 경마꾼은 높은 급여를 받는 개인 경마 전문 분석가를 항상 데리고 다니면서 투자 성과를 개선하려 애쓸 것이라고 말했다.

그러나 이처럼 마찰 비용 애호가들이 자신이 사랑하는 일에 더 많은 돈을 쓰는 가운데, 미미한 비용을 들여서 시장 지수를 추종하는 투자자의 비중도 늘었다. 비용을 기피하고 지수를 모방하는 이 집단은 총 마찰 비용의 증가를 막을 만큼 빠르게 증가하지 않았지만, 그래도 수동적인 지수 추종 모드로 전환하는 주식이 늘고 있다.

횡령과 낭비를 허용하는 인센티브

자선원탁회의 조찬모임 강연
Breakfast Meeting
of the Philanthropy Roundtable

2000년 11월 10일
캘리포니아 패서디나

2000년 11월 패서디나에서 열린 자선원탁회의에서[67] 〈파운데이션 뉴스 앤드 코멘터리〉의 조디 커티스는 찰리가 "친근한 데다 유쾌한 유머 감각까지 갖춘 나이 많은 삼촌" 같다고 말해 찰리의 가족과 친구들을 놀라게 했다.

이 강연에서 찰리의 목표는 앞선 강연과 마찬가지로 재단들이 실수를 저지르지 않도록 돕는 것이었다. 그러기 위해 낭비를 최소화하면서 효율적으로 투자하는 방법을 설명한다. 또한 여러 재단이 "더 큰 시스템의 맥락 안에서 자신의 투자 운용을 이해하지 못해서" 현명하지 못한 행동을 하는 경우가 많다고 경고한다.

절대 적당히 하는 법이 없는 찰리는 청중에게 과감하고도 직설적으로 요구한다. 재단과 거기에 의지하는 사람들을 곤경에 빠트리는 무지를 바로잡으라고 말이다. 그는 불필요한 투자 운용역과 자문 때문에 자산이 줄어드는 양상을 설명하면서 '페베즐먼트 febezzlement', 즉 기능적 functional 측면의 횡령 embezzlement이라는 뜻의 단어를 고안한다.

오늘 저는 미국 주식의 주가 상승에 따른 이른바 '부의 효과'에 대해 이야기하고자 합니다.

우선 부의 효과가 경제학 용어이며, 저는 경제학 강의를 들어본 적도 없고, 거시경제적 변화를 예측해 단 한 푼이라도 벌려고 노력한 적이 없음을 밝힙니다. 그럼에도 저는 대다수 경제학 박사들이 현재의 극한 상황 아래 주식에 기반한 부의 효과가 미치는 힘을 과소평가하고 있다고 봅니다.

현재 모두가 두 가지 사실에 동의합니다. 첫째, 소비 성향은 주가가 오르면 강해지고 내리면 약해집니다. 둘째, 소비 성향은 거시경제에 아주, 아주 중요합니다.

그러나 전문가들은 부의 효과가 어느 정도이고 언제 영향을 미치는지 그리고 다른 효과들과 어떻게 상호작용하는지에 관해서는 이견을 보입니다. 여기서 말하는 다른 효과들에는 증가한 소비가 주가를 밀어 올리는 한편, 주가가 동시에 소비를 확대하는 명백한 효과도 포함됩니다. 물론 주가 상승은 소비가 정체해 있을 때도 가령 연금 비용 축적액을 줄이는 방식으로 기업의 순익을 늘려줍니다. 그러면 주가가 더 오르는 경향이 있죠. 따라서 부의 효과는 물리학 이론처럼 전개되지 않으며, 결코 그럴 수 없는 수학적 퍼즐을 수반합니다.

주가 상승에 따른 부의 효과가 지금 특히 흥미로운 데는 두 가지 이유가 있습니다. 첫째, 대부분의 주가가 이토록 극단적으로 상승한 적이 없습니다. 주가가 국민총생산보다 훨씬 빠르게 증가하는 상황에서 그에 따른 부의 효과는 이전에 흔히 그랬던 것보다 훨씬 클 게 분명합니다. 둘째, 지난 10년 동안 일본에서 진행된 변화는 경제학 분야를 뒤흔들었습니다. 이는 당연한 일로서 부의 효과가 반대로 작용하는 데 따른 불경기에 강한 우려를 자아냅니다.

금융 부문의 부패가 심한 일본에서는 아주 오랜 기간에 걸쳐 엄청난 실질 경제성장률과 더불어 주가와 부동산 가격이 미국보다 큰 폭으로 올랐습니다. 그러다가 자산 가격이 폭락했고, 일본 경제는 심하게 낮은 수준에서 정체되었습니다. 이후 이른바 케인스의[68] 수정자본주의와 통화 관리 수법을 익힌 현대 자본주의 국가 일본은 이 모든 수법을 오랫동안 강하게 밀어붙였습니다. 그래서 수년에 걸쳐 엄청난 재정 적자를 냈을 뿐 아니라, 금리를 거의 제로에 가까운 수준으로 내리고 이를 유지했습니다. 그럼에도 일본 경제는 해마다 계속 정체되었죠. 일본인의 소비 성향은 경제학자들의 모든 수법에 끈질기게 저항했습니다. 그에 따라 주가는 계속 낮게 유지되었습니다.

일본의 이런 경험은 모두에게 불안한 사례입니다. 미국에서 그런 일이 일어난다면 쪼그라든 자선 재단들은 운명에 호되게 당한 느낌일 겁니다. 아마도 사실이겠지만 일본의 슬픈 상황이 대부분 사회심리학적 효과와 일본 특유의 부패에 기인한 것이기를 바랍시다. 그런 일이 생긴다면 미국은 일반적으로 생각하는 것만큼 안전하지 않을 것입니다.

주가에 영향을 받은 소비 성향이 현재 중요한 주제이며, 일본의 오랜 불경기에 대해서는 불안해할 만하다고 합시다. 그렇다면 주가가 경제에 미치는 영향은 얼마나 클까요?

경제 전문가들이 주로 연준 자료를 토대로 일반적인 결론을 내린다면, 아마 주가 상승이 지출에 미치는 부의 효과는 그리 크지 않다고 말할 것입니다. 결국 지금도 연금을 제외한 실질 가구 순자산은 지난 10년 동안 100퍼센트 미만으로 증가했을 것이며, 가구당 수치도 상당히 미미할 것입니다. 또한 주식의 시장 가치는 연금을 제외한 가구 총자산의 3분의 1도 차지하지 못할 것입니다. 게다가 가구의 부는 거의 믿기 힘들 정도로 주식 보유에 편중되어 있으며, 초부자들은 부에 비례해 소비하지 않습니다. 연금을 배제하고 보유 주식 가치의 비중을 보면 아마도 상위 1퍼센트의 가구가 약 50퍼센트를, 하위 80퍼센트가 약 4퍼센트를 차지할 겁니다.

이런 데이터에 더해 과거 주가와 소비의 밋밋한 상관관계를 고려할 때, 경제학자는 가령 이런 식으로 쉽게 결론 내릴 수 있습니다. 즉, 평균적인 가구가 주식 자산 가치의 3퍼센트만큼 점차 소비를 늘린다 해도, 소비자 지출은 지난 10년 동안 연간 0.5퍼센트 미만으로 늘어났을 거라는 것입니다. 주가가 엄청나게, 유례없이, 오랫동안, 지속적으로 급등했다고 해도 말입니다.

저는 이런 경제적 사고가 바로 지금의 근본적 현실을 크게 간과하는 것이라고 믿습니다. 제가 보기에 이런 사고는 잘못된 수치를 보고, 잘못된 질문을 던집니다. 완전한 아마추어인 제가 그보다 조금 더 낫게 또는 적어도 조금 다르게 해보려 과감하게 시도해보겠습니다.

우선, 저는 연준의 데이터 수집이 현실적 난관 때문에 기업연금이나 다른 비슷한 연금의 효과를 제대로 반영하지 못한다는 말을 들었습니다. 아마 이 말은 정확할 겁니다. 가령 63세의 치과 의사가 개인연금 계좌에 100만 달러어치의 제너럴 일렉트릭 주식을 보유하고 있는데, 주가가 200만 달러로 상승한다고 가정합시다. 신난 치과 의사는 오래 탄 쉐보레를 처분하고 지금은 흔한 낮은 금리에 신형 캐딜락을 리스합니다. 제가 보기에 이는 명백히 부의 효과가 이 치과 의사의 소비에 크게 작용한 것입니다. 그러나 연준 데이터를 활용하는 수많은 경제학자에게는 방탕한 과소비처럼 보일 것입니다. 저는 이 치과 의사 그리고 그와 같은 다른 많은 사람은 연금과 관련된 아주 강력한 부의 효과 때문에 훨씬 더 많은 소비를 할 것으로 봅니다. 그래서 연기금에 기인한 현재 부의 효과는 전혀 사소하지 않으며, 과거보다 훨씬 크다고 믿습니다.

또 다른 문제가 있습니다. 경제학자들의 전통적 사고는 '베즐bezzle'이라는 개념의 함의를 고려하지 않는 경우가 많습니다. 다시 말씀드리면, 'B-E-Z-Z-L-E'입니다. 이 단어는 '임베즐embezzle'〔횡령〕의 줄임말로 하버드대학교의 경제학 교수 존 케네스 갤브레이스가[69] 폭로되지 않은 숨은 횡령이 특정한 기간에 증가하는 양상을 나타내기 위해 고안한 말입니다. 갤브레이스가 베즐이라는 단어를 고안한 이유는 숨은 횡령이 금액당 소비 진작 효과가 아주 강력하다는 사실을 확인했기 때문입니다. 결국 횡령자는 수입이 늘어났으므로 더 많이 소비하며, 고용주는 자산이 사라졌다는 걸 모르기 때문에 이전과 같이 소비합니다.

그러나 갤브레이스는 자신의 통찰을 계속 밀어붙이지 않았습니다. 성가신 잔소리꾼으로 머무는 데 만족했죠. 저는 여기서 갤브레이스의 베즐 개념을 다음 단계로 논리정연하게 밀어붙여보겠습니다.

케인스가 알려준 사실이 있습니다. 근로소득에 의존하는 순수한 경제에서 옷 만드는 사람이 구두공에게 20달러를 받고 코트를 팔면, 구두공은 쓸 돈이 20달러 줄고, 옷 만드는 사람은 쓸 돈이 20달러 늘어납니다. 총소비에 미치는 롤라팔루자 효과는 없습니다. 그러나 정부가 다른 20달러짜리 지폐를 찍어서 구두를 사면, 구두공은 20달러를 벌지만 누구도 더 가난해지지 않습니다. 그리고 구두공이 뒤이어 코트를 사면, 같은 일이 계속 벌어집니다. 무한정 효과가 늘어나는 건 아니지만 이른바 케인스식 승수 효과multiplier effect가 발생합니다. 소비에 미치는 일종의 롤라팔루자 효과죠.

마찬가지로, 숨은 횡령은 금액당 기준으로 같은 규모의 정직한 상품 거래보다 더 강력한 소비 진작 효과를 냅니다. 스코틀랜드 사람인 갤브레이스는 자신의 통찰이 드러낸 삶의 음침함을 좋아했습니다. 스코틀랜드 사람들은 미리 운명 지어진, 바로잡을 길 없는 유아 저주 infant damnation(세례 전에 죽은 아기는 지옥으로 간다는 생각)라는 개념을 열성적으로 받아들이죠. 우리는 갤브레이스의 통찰을 좋아하지 않습니다만, 그래도 그것이 대체로 옳다는 사실을 인정할 수밖에 없습니다.

갤브레이스는 베즐 증가에 따른 케인스 승수 유형의 경제적 효과를 분명히 알았지만, 거기서 멈추었습니다. 결국 베즐은 아주 크게 늘어날 수 없었죠. 대규모 도둑질은 들통나기 마련이고, 나중에는 확실히 역효과가 날 테니까요. 따라서 사적 베즐의 증가는 정부 지출처럼, 적어도 상당한 기간에 걸쳐, 경기를 계속 진작시킬 수 없습니다.

갤브레이스는 자신이 통찰한 경제적 효과가 미미해 보인다는 점 때문에 다음 단계의 논리적 질문을 제기하지 않았습니다. "베즐과 동일하게 기능하지만 규모가 크고 즉각적으로 자기 파괴를 일삼지 않는 중요한 요소가 있을까?"라는 질문 말입니다.

이 질문에 대한 저의 대답은 '그렇다'입니다. 지금부터 그중 하나만 제시하겠습니다. 저도 갤브레이스처럼 신조어를 만들어보죠. 첫째, '페베즐febezzle'은 베즐과 기능적functional으로 동일함을 나타냅니다. 둘째, '페베즐먼트febezzlement'는 페베즐을 만드는 과정을 말합니다. 셋째, '페베즐러febezzler'는 페베즐먼트를 일삼는 사람을 말합니다. 그러면 바로 이 자리에서 페베즐의 중요한 원천을 밝히겠습니다. 제가 생각하기에 여러분은 대규모 주식 보유 물량을 다루는 어리석은 투자 운용 관행을 통해 많은 페베즐을 만들었습니다.

재단이나 다른 투자자가 강한 상승 기조의 주식 포트폴리오를 관리하기 위해 해마다 자산의 3퍼센트를 불필요하고 비생산적인 투자 비용으로 낭비한다고 가정해봅시다. 이런 낭비에도 불구하고 그들은 더 부유해졌다고 느낄 겁니다. 그러나 페베즐러는 낭비된 3퍼센트를 취하면서도 정당한 수입을 올리고 있다고 생각합니다. 이는 숨은 횡령이 자체적 한계 없이 작용하고 있는 상황입니다. 이 과정은 자가 증식을 통해 실로 오랫동안 확장될 수 있습니다. 낭비된 3퍼센트를 취한 사람들의 근로소득에 따른 소비처럼 보이는 것은 본질적으로 주가 상승이 초래한 부의 효과로 위장된 소비일 뿐입니다.

이 자리에는 세월의 풍파를 맞은 저의 세대 또는 다음 세대가 많습니다. 우리는 절약하고 낭비를 피하는 게 좋은 일이라고 믿는 경향이 있습니다. 이는 우리에게 좋은 영향을 미쳤습니다. 우리가 보기에 경제학자들이 어리석은 소비를 성공적인 경제의 필수 요소라고 오랫동안 칭송한 것은 역설적이고 심란합니다. 어리석은 소비foolish expenditure를 '바보 소비foolexure'라고 부릅시다. 낡은 가치관을 지닌 여러분은 지금, 같은 부류인 제가 횡령과 동일한 기능을 하는 페베즐먼트를 바보 소비에 추가하는 이야기를 듣고 있습니다. 이는 새로운 하루를 시작하는 좋은 방식으로 보이지 않을지도 모릅니다. 분명히 말하지만 저는 페베즐먼트를 좋아하지 않습니다. 다만, 저는 페베즐먼트가 만연해 있으며, 강력한 경제적 효과를 미친다고 생각할 뿐입니다. 저는 설령 마음에 들지 않는다 해도 현실을 인식해야 한다고 생각합니다. 아니, 특히 마음에 들지 않을 때 더욱 그렇습니다. 또한 저는 뛰어난 사고를 통해 제거할 수 없는 역설을 유쾌하게 견뎌야 한다고 생각합니다. 순수수학에서도 모든 역설을 제거하지는 못합니다. 우리도 좋든 싫든 많은 역설을 견뎌야 한다는 사실을 인식해야 합니다.

앞서 다수의 기관이 주식과 관련한 투자 운용으로 매년 자산의 3퍼센트를 낭비한다고 말했습니다. 이 수치는 아주 많은 경우, 상당히 낮을 확률이 상당히 높습니다. 저는 재단 재무 책임자들을 상대로 강연한 후에 친구한테 뮤추얼 펀드 투자자들에 관한 연구 결과의 요약본을 받았습니다. 그 결론은 일반적인 뮤추얼 펀드 투자자가 15년간 연 7.25퍼센트의 수익을 올린 반면, 일반적인 주식 펀드는 연 12.8퍼센트의 수익을 올렸다는 것입니다. 이는 아마 비용을 제외한 수치일 겁니다. 따라서 투자자가 겪는 실제 수익률 격차는 연간 자산의 5퍼센트 이상입니다. 게다가 뮤추얼 펀드가 비용을 제외하고 주식 시장 평균 수익률을 따라잡지 못한 부분도 얼마가 됐든 거기에 추가됩니다.

이 연구 내용이 대충 맞는다면, 재단들이 뮤추얼 펀드 투자자처럼 항상 투자 운용역을 바꾸는 게 현명한지에 대해 중대한 의문이 생깁니다. 앞선 연구에서 밝힌 추가적인 수익률 격차가 존재한다면, 그것은 아마도 부진한 펀드에서 계속 자산을 빼내는 어리석은 행태에 상당 부분 기인했을 것입니다. 이 경우 투자 운용역은 주식 보유 물량을 처분할 수밖에 없습니다. 뒤이어 재단들은 자산을 불리라는 강한 압력을 받는 새로운 투자 운용역에게 그 자산을 맡깁니다. 그러나 새로운 펀드에 아주 빠른 속도로 편입한다고 해서 투자 실적이 개선되는 것은 아닙니다.

저는 항상 이 연구 결과가 초래하는 것과 같은 문제에 시달립니다. 저는 어떤 양상을 현실적으로 설명합니다. 그러나 그 내용이 너무나 끔찍한 나머지 현실이 아니라 극단적 풍자라고 무시당합니다. 뒤이어 새로운 현실은 무시당한 저의 설명보다 훨씬 심한 양상으로 전개되죠. 현실에 대한 저의 설명이 폭넓게 환영받지 못하는 것도 당연한 일입니다. 어쩌면 이게 자선 재단에 대한 저의 마지막 강연이 될지도 모르겠습니다.

이제 투자 운용 분야의 페베즐먼트에다 임직원 스톡옵션에 따른 유동적이고, 갈수록 불어나며, 계속 갱신되는 약 7,500억 달러의 부를 더해보세요. 그러면 소비를 추동하는 주식 관련 부의 효과가 훨씬 커집니다. 그중 임직원 스톡옵션에 따른 일부 부의 효과는 본질적 측면에서 보면 현재 표준으로 굳어버린 부패한 회계 관행이 뒷받침하는 폐베즐 효과입니다.

그다음으로, S&P가 100포인트씩 상승할 때마다 약 1조 달러의 가치가 추가된다는 점을 고려해보세요. 거기에 모든 폐베즐먼트와 관련된 일종의 케인스식 승수 효과까지 더해보세요. 저는 그에 따라 거시경제에 미치는 부의 효과가 과거에 가정하던 수준보다 훨씬 크다고 믿습니다.

주가에 따른 전체 부의 효과는 실로 엄청나게 커질 수 있습니다. 거대하고 어리석은 과잉이 보통 주식 가격 형성에 작용할 수 있다는 것은 불행한 사실입니다. 주식의 가치는 부분적으로 채권과 같은 방식으로 매겨집니다. 즉, 미래에 현금을 창출하는 사용 가치에 대한 대강의 합리적인 추정에 기반하죠. 그러나 다른 한편으로는 렘브란트의 그림과 같은 방식으로 가치가 매겨지기도 합니다. 즉, 주로 지금까지 가격이 계속 올랐다는 이유로 매수하기도 합니다. 처음에는 위로, 나중에는 아래로 작용하는 거대한 부의 효과와 결합된 이런 상황은 커다란 피해를 초래할 수 있습니다.

사고실험을 통해 이를 분석해봅시다. 영국의 대형 연기금 중 하나는 10년 후 매각할 계획으로 고미술품을 대량으로 사들였습니다. 실제로 적당한 수익을 남기고 매각했습니다. 이제 모든 연기금이 모든 자산으로 고미술품만 사들인다고 가정해봅시다. 결국에는 엄청나고 바람직하지 않은 거시경제적 결과와 함께 끔찍한 혼란이 생기지 않을까요? 전체 연기금 중 절반만 고미술품에 투자해도 그 혼란이 더 심해지지 않을까요? 전체 주식 가치의 절반이 광적인 투기의 결과라면, 연기금 자산의 절반이 고미술품으로 구성되는 상황과 많이 비슷하지 않을까요?

저는 앞서 주식의 총가치가 비합리적으로 높을 수 있다는 걸 받아들였습니다. 이는 여러분 중 다수가 사실을 잘못 이해한 과거의 교수들에게 '복음'으로 배웠던 엄격한 효율적 시장 이론과 상충합니다. 그 교수들은 경제학이 제시하는 인간 행동의 '합리적 인간' 모형에 너무 많은 영향을, 심리학과 현실 세계의 경험이 제시하는 '어리석은 인간' 모형에 너무 적은 영향을 받았습니다. 군중의 어리석음, 어떤 환경에서는 레밍 무리를 닮아가는 경향은 똑똑한 사람들이 매우 어리석은 생각과 행동을 하는 이유를 설명합니다. 거기에는 오늘 이 자리에 참석한 많은 재단의 투자 운용 관행도 포함됩니다. 요즘 기관투자자들이 다른 기관투자자들의 투자 관행과 다르게 투자하는 걸 무엇보다 두려워하는 것은 서글픈 일입니다.

이 정도면 조찬 강연에서 자격도 없이 제 생각을 말한 것으로는 충분한 듯합니다. 제 말이 조금이라도 맞는다면, 우리가 현재 누리는 번영은 주가와 관련된 부의 효과, 일부는 혐오스러운 부의 효과로부터 과거의 여러 호황기 때보다 더 강한 탄력을 받은 것입니다. 그렇다면 근래의 호황에서 상방으로 더 크게 작용한 힘은 미래의 어느 시점에 주가가 하락할 때 하방으로도 더 크게 작용할 수 있습니다. 경제학자들은 결국 주가 상승이나 하락을 장기적인 것으로 간주할 때, 금액당 기준 조건부 소비 측면에서 주가 상승에 따라 상방으로 작용하는 힘보다 주가 하락에 따라 하방으로 작용하는 힘이 더 강하다는 결론을 내릴 수도 있습니다. 제가 보기에 경제학자들은 이미 그렇게 믿고 있을지도 모릅니다. 자기 분야를 벗어난 최고의 사상들로부터 도움을 받거나, 일본의 사례를 더 열심히 들여다볼 의지가 있다면 말이죠.

일본의 사례를 상기할 때, 아주 장기적으로 보면 경제학에는 긍정적 효과가 존재할 가능성도 제기하고 싶습니다. 가령 복식부기 시스템은 베네치아의 전성기를 이끌었습니다. 그러나 마찬가지로 폭넓게 퍼진 회계 부패는 결국 복식부기의 긍정적 효과와 상반되는 나쁜 장기적 결과를 초래할 것입니다. 금융계가 소돔과 고모라를 연상시키는 지경이 되면 현실적인 결과를 두려워해야 할 것입니다. 설령 현재 벌어지는 일에 관여하고 싶다고 해도 말이죠.

끝으로, 저는 재단 재무 책임자들에게 한 이전 강연의 결론과 더불어 오늘 제가 내린 결론이 자선 재단에 갖는 의미는 투자 기법의 범위를 훌쩍 넘어선다고 믿습니다. 제 말이 맞는다면, 미국의 거의 모든 재단은 현명하지 않습니다. 그들은 더 큰 시스템의 맥락 안에서 자신의 투자 운용을 이해하지 못합니다. 그렇다면 이는 좋지 않은 일입니다. 삶의 대략적인 규칙에 따르면, 복잡한 시스템에 대응하는 일에서 한 측면에서 어리석은 조직은 다른 측면에서도 어리석을 가능성이 아주 큽니다. 따라서 재단에 기부하는 방식은 재단의 투자 관행만큼이나 많은 개선이 필요할지도 모릅니다. 이 문제와 관련해 지침이 되어줄 오래된 규칙이 두 가지 더 있습니다. 하나는 도덕적인 것이고, 다른 하나는 신중함에 대한 것입니다.

도덕적인 규칙은 새뮤얼 존슨이 제시했습니다. 그는 책임 있는 자리에 있는 사람이 쉽게 없앨 수 있는 무지를 계속 유지하는 것은 도덕적 의무를 저버리는 엄청나게 나쁜 짓이라고 믿었습니다. 신중함에 대한 규칙은 워너 앤드 스웨이지의 광고 문구에 담겨 있습니다. "새로운 기계가 필요한 데 아직 구매하지 않은 기업은 이미 그 비용을 지불하고 있는 셈이다." 저는 이 규칙이 사고의 도구에도 적용된다고 믿습니다. 올바른 사고 도구가 없다면, 여러분과 여러분이 돕고자 하는 사람들은 진작에 쉽게 없앨 수 있던 무지 때문에 고통받고 있는 것입니다.

7강을 다시 살펴보며

2000년 11월에 한 이 강연은 아주 시기적절했던 것으로 드러났다. 이후 주식 시장이 크게 흔들리며 불안감이 고조되었기 때문이다. 특히 하이테크 주식 가격이 요동쳤다. 그러나 내가 아는 한 나의 강연을 듣거나 읽은 사람 중 이론적 대응에 나선 사람은 한 명도 없었다. 나는 과도한 투자 비용을 통한 페베즐먼트 그리고 그에 따른 중대한 거시경제적 효과에 대해 내가 말한 모든 것을 믿는다. 그러나 경제학을 배운 사람 중 누구도 이 주제를 같이 논하려고 시도하지 않았다.

나는 이런 냉담한 반응에 흔들리지 않는다. 오히려 사고실험을 통해 나의 추론을 한층 더 밀어붙이려 한다. 그 내용은 6강과 7강의 추론을 통합해 투자 비용이 더욱 커진 상황에 적용하는 것이다.

2006년에 주가가 200퍼센트 상승했지만 기업의 수익은 증가하지 않았다고 가정하자. 이 시점에서 전체 미국 기업의 타당한 배당 가능 이익distributable earnings은 전체 주식 보유자의 총투자 비용보다 적을 것이다. 투자 비용은 주가에 비례해 증가하기 때문이다.

이런 상황이 지속되는 한 투자 비용을 제외하고 전체 기업으로부터 전체 주식 보유자에게 가는 돈은 아예 없을 것이다. 그 대신 마찰 비용 부과자들은 모든 기업의 타당한 배당 가능 이익보다 많은 이익을 취할 것이다. 연말이 되어도 전체 주식 보유자들은 '새로운 자금' 제공자에게 주식을 매도해야만 돈을 벌 것이다. 이 제공자들은 자신과 다른 사람이 부담하는 여전히 높은 투자 비용을 고려할 때, 주가가 무한정 오르리라 기대할 것이다. 한편, 모든 주식 보유자는 더 많이 유입되는 새로운 자금에 주식을 매도하는 방법을 쓰지 않는다면 아무런 이익도 얻지 못할 것이다.

많은 마찰 비용 부과자에게 이런 특이한 상황은 이상적으로 보일 것이다. 타당한 배당 가능 이익의 100퍼센트 이상이 주주들에게 낭비되는 게 아니라, 올바른 사람들에게 간다고 여기기 때문이다. 또한 일부 경제학자는 시장에서 벌어진 일이므로 이런 결과를 긍정적으로 볼 것이다. 그러나 내가 보기에 이는 1) 비합리적으로 탐욕스럽게 자신의 몫을 챙기는 카지노, 2) 연기금 등은 참여하지 말아야 할 고가 미술품 시장과 비슷한 일종의 폰지 사기, 3) 결국에는 불행한 거시경제적 결과를 낳으며 붕괴할 투기적 거품의 기이하고도 심란한 조합과 비슷하다. 이런 상황은 다른 국가들의 자본 개발에 지침이 될 만큼 잘 돌아갈 가능성이 커 보이지 않는다.

이런 상태 또는 이보다 더 나쁜 상태는 미국의 평판을 망칠 것이며, 또 그래야 마땅하다.

스톡옵션을 잘못 적용한 결과

2003년의 대형 재무 스캔들
The Great Financial Scandal of 2003

2000년 여름
찰리 멍거의 소설

이 우화 겸 도덕극 morality play은 찰리에게 기업의 불법 행위에서 회계사들이 맡은 역할에 대한 분노를 터트릴 기회를 준다. 찰리가 2000년 여름휴가 동안 자필로 쓴 이 이야기는 그가 예측한 2003년보다 훨씬 일찍 현실로 나타났으며, 지금도 중요한 이슈로 남아 있다.

이 이야기 속 퀀트 테크는 찰리가 존경하는 사업가 칼 브라운이 운영한 C. F. 브라운 엔지니어링을 느슨한 형태로 모방한 가상의 기업이다. (C. F. 브라운 엔지니어링은 나중에 쿠웨이트 정부에 매각되었다. 따라서 이 이야기의 후반부는 C. F. 브라운 엔지니어링과 아무런 상관이 없다.)

찰리는 아주 성공적이던 기업이 경영진 교체로 평범한 수준으로 떨어지거나 더 나쁘게는 평판을 잃고 파산하는 양상을 기록한다. 새 경영진이 현대적 금융공학 기법, 특히 비용 처리 되지 않은 스톡옵션을 활용할 때 모든 것이 무너진다.

셰익스피어는 《헨리 6세》에서 "가장 먼저 할 일로, 변호사들을 모두 죽입시다."라고 말했다. 변호사인 찰리는 그 생각에 반대할 것이다. 하지만 회계사들을 모두 죽인다는 생각에도 반대할까? 그건 잘 모르겠다.

2003년, '퀀트 테크'라 불리던 퀀트 테크니컬 코퍼레이션은 불명예를 떠안았습니다. 대형 재무 스캔들이 발생한 겁니다. 이 무렵 퀀트 테크는 미국 최대의 순수 엔지니어링 기업이었는데, 이는 전설적 창립자이자 엔지니어 앨버트 베르조그 퀀트 덕분이었습니다.

2003년 이후 사람들은 퀀트 테크 이야기를 2막으로 구성된 도덕극으로 보게 되었습니다. 제1막은 위대한 엔지니어 창업주의 시대로서 합당한 가치관을 따른 황금기로, 제2막은 직계 후계자의 시대로서 잘못된 가치관을 따른 시대로 여겨졌죠. 결국 퀀트 테크는 소돔과 고모라처럼 멸망하고 말았습니다.

사실 이 이야기에서 분명하게 드러나겠지만 1982년 퀀트 테크 창립자가 죽으면서 선에서 악으로 갑자기 전환된 것은 아니었습니다. 1982년 이후에도 퀀트 테크에는 다수의 선이, 1982년 이전에도 오랫동안 심각한 악이 존재했으니까요. 퀀트 테크가 사업을 하던 시기에 금융 문화가 그랬습니다.

퀀트 테크 이야기는 단 하나의 결함 때문에 운명의 심판을 받는 고전 스타일 비극으로 이해하는 것이 가장 좋습니다. 냉혹한 처벌을 초래한 그 결함은 임직원 스톡옵션을 회계적으로 처리하는 이 나라의 놀랍도록 특이한 방식이었습니다. 대형 재무 스캔들의 역사는 실제로 일어난 그대로 소포클레스가[70] 기록할 수도 있었습니다.

앨버트 베르조그 퀀트는 1982년 생을 마감하면서 후계자와 창조주Maker에게 놀랍도록 유용하고 번창하는 기업을 남겼습니다. 퀀트 테크의 유일한 사업은 청정하고 효율적인 소형 발전소를 설계해주고 수수료를 받는 것이었습니다. 전 세계의 전력 생산 방식보다 개선된 새로운 유형의 발전소 설계였죠.

1982년에 퀸트 테크는 해당 분야에서 지배적인 시장 점유율을 확보했으며, 10억 달러의 매출에 1억 달러의 순익을 남겼습니다. 사실상 모든 이익은 설계 업무에 종사하는 기술직 임직원 보상에 쓰였습니다. 직접적인 보상은 매출의 70퍼센트를 차지했습니다. 그중 30퍼센트는 기본 급여로, 40퍼센트는 창립자가 설계한 정교한 시스템에 따라 성과급으로 지급했습니다. 모든 보상은 현금으로 지급됐으며, 스톡옵션은 없었습니다. 창립자가 보기에 스톡옵션에 대한 회계 처리 방식이 "부실하고, 부패했으며, 경멸스러웠기" 때문입니다. 그는 나쁜 엔지니어링만큼이나 나쁜 회계를 경계했습니다. 게다가 막대한 성과급을 개인이나 작은 집단을 대상으로 정확한 성과 기준에 맞춰 배분해야 한다고 믿었습니다. 그래야 높든 낮든 바람직하지 않은 보상을 피할 수 있으니까요. 그는 다른 회사의 스톡옵션 제도에서는 보상이 제대로 되지 않는다고 믿었죠.

창립자가 만든 시스템하에서도 대다수 장기근속 임직원은 부자가 되었거나 부자가 될 것이 확실했습니다. 그 이유는 그들이 일반 투자자처럼 주식 시장에서 자사의 주식을 매수했기 때문입니다. 창립자는 발전소를 설계할 만큼 똑똑하고 자율적인 사람들이라면 이런 방식으로 알아서 재무 관리를 할 것으로 생각했습니다. 그는 가끔 직원에게 회사 주식을 사라고 조언했지만, 그보다 더 가부장적으로 굴지는 않았습니다.

창립자가 1982년 사망할 무렵 퀸트 테크는 부채가 없었으며, 매출이 얼마나 빠르게 늘어나든 사실상 사업을 운영하는 데 주주의 자본이 필요하지 않았습니다. 주주의 자본은 평판을 높이는 역할에 그쳤죠. 창립자는 "텅 빈 자루가 똑바로 서기는 힘들다."는 벤저민 프랭클린의 말을 믿었습니다. 그는 퀸트 테크가 똑바로 서기를 바랐습니다. 나아가서 자신의 회사와 임직원을 사랑했으며, 예상치 못한 역경이나 기회가 왔을 때를 대비해 현금성 자산을 넉넉히 보유하길 원했습니다. 그래서 1982년 퀸트 테크는 현금성 자산을 매출의 50퍼센트에 이르는 5억 달러나 보유하고 있었습니다.

퀸트 테크는 탄탄한 대차대조표와 생산적인 문화뿐 아니라 빠르게 변화하고 성장하는 사업 분야에서 매우 바람직한 전문성도 갖추고 있었습니다. 그래서 창립자의 경영 방식을 따를 경우, 향후 20년 동안 순익을 매출의 10퍼센트로 유지하는 한편, 해마다 매출을 20퍼센트씩 늘릴 수 있었습니다. 또한 20년이 지난 2003년부터는 아주 오랫동안 이윤율을 10퍼센트로 유지하는 반면, 매출 증가율은 연 4퍼센트로 하락할 전망이었습니다. 다만, 퀸트 테크의 누구도 매출 증가율이 둔화하는 불가피한 시기가 언제 시작될지 정확히 알지 못했습니다.

창립자의 배당 정책은 단순함 그 자체였습니다. 그는 결코 배당금을 지급하지 않았습니다. 그 대신 모든 순익을 현금성 자산으로 쌓아두기만 했습니다.

정말로 노련한 주식 투자자라면 누구나 1982년에 풍부한 현금을 보유한 퀸트 테크 주식이 아주 좋은 종목이라는 사실을 알았습니다. 당시 주가는 순익의 15배에 불과했습니다. 또 밝은 전망에도 불구하고 시가총액이 15억 달러밖에 되지 않았습니다. 그 이유는 당시 다른 훌륭한 종목도 순익의 15배 이하 가격으로 팔리고 있었기 때문입니다. 이는 고금리가 일반적이었던 것에 더해서 여러 주식으로 분산한 전형적인 포트폴리오가 앞서 오랜 기간 실망스러운 투자 수익률을 기록한 데 따른 자연스러운 결과였죠.

1982년에 퀸트 테크의 낮은 시가총액이 초래한 한 가지 결과는 창립자 사망 직후 이사진이 불안과 불만에 휩싸이도록 만든 것입니다. 이사진이 현명했다면, 그때 모든 보유 현금을 다 동원하고 외부 자금까지 빌려서라도 자사주를 아주 공격적으로 사들였을 것입니다. 그러나 이런 결정은 1982년의 관습적 사고방식과 맞지 않았습니다. 그래서 이사진은 의례적인 결정을 내렸습니다. 그들은 외부에서 새 CEO와 CFO를 영입했습니다. 새 경영진은 관습적인 임직원 스톡옵션 제도를 시행하고 대차대조표가 퀀트 테크보다 부실함에도 시가총액은 순익의 20배인 회사 출신이었습니다. 새 경영진을 영입한 이사진은 타당한 수준에서 최대한 빨리 시가총액을 늘리려는 의도를 명확하게 드러냈습니다.

새로 선임된 경영진은 매출 증가율이나 이윤율을 더는 높일 수 없다는 사실을 재빨리 깨달았습니다. 창립자가 각 부문에서 최적의 경영 실적을 달성한 상태였기 때문입니다. 그들은 너무나 잘 작동하는 엔지니어링 문화를 감히 건드릴 수도 없었습니다. 따라서 이른바 '현대적 금융공학'을[71] 활용하는 쪽으로 이끌렸습니다. 현대적 금융공학하에서는 순익을 늘리기 위한 모든 합법적 수단을 즉시 동원해야 했고, 그러기 위해서는 먼저 크고 간단한 변화부터 이루어야 했죠.

퀀트 테크의 창립자는 스톡옵션을 처리하는 회계 관습을 매우 못마땅해했습니다. 그러나 운명의 기이한 아이러니로 인해 이제 그 회계 관습은 새 경영진의 일을 아주 수월하게 만들어주었으며, 궁극적으로 퀀트 테크의 평판을 망치고 말았습니다. 이제 미국에서는 임직원에게 처음 스톡옵션을 제공할 때, 시장 가격보다 낮게 제공해도 수익 산정 시 보상 비용으로 계상하지 못한다는 회계 관습이 생겼습니다. 할인 스톡옵션 행사는 현금을 지급하는 것과 거의 동일한데도 말입니다. 이 놀랍도록 특이한 관습은 회계 전문가들이 현명하고 도덕적인 일부 구성원의 반대를 무릅쓰고 선택한 것이었습니다. 기업 경영진이 대체로 스톡옵션 행사에 따른 이익을 수익 산정 시 비용으로 계상하지 않기를 선호했기 때문입니다.

회계 분야는 이 놀랍도록 특이한 결정을 내릴 때 입지가 탄탄하고 잘나가는 회계사들과는 전혀 다른 평범한 사람들이 흔히 추종하는 주문, "빵을 먹여주는 사람이 부르라는 대로 노래한다."를 그대로 따랐습니다. 다행히 세무 당국은 회계 분야와 달리 이 놀랍도록 특이한 아이디어를 받아들이지 않았습니다. 그 덕분에 기본적인 상식이 통했고, 스톡옵션 행사에 수반되는 할인 요소는 납세 목적으로 수입을 산정할 때 공제 가능한 명백한 보상 비용으로 간주되었습니다.

퀀트 테크의 새 경영진은 재무에 능숙했습니다. 그래서 이 놀랍도록 특이한 회계 관습과 타당한 소득세 규칙을 고려할 때, 아주 간단한 행동만 취하면 수익을 늘릴 수 있는 획기적이고 커다란 기회가 생긴다는 것을 한눈에 간파했죠. 연간 비용의 아주 많은 부분이 상여금이라는 사실은 현대적 금융공학을 활용할 최적의 조건이었습니다.

가령 경영진은 1982년 4억 달러에 이르는 전체 상여금 비용을 임직원 스톡옵션 행사에 따른 이익으로 대체할 수 있었습니다. 또한 그렇게 아낀 상여금에다 임직원이 스톡옵션에 지불한 돈을 더해 스톡옵션 행사를 위해 발행한 모든 자사주를 사들일 수 있었습니다. 그러면 다른 모든 것을 동일하게 유지해도 순익을 1억 달러에서 5억 달러로 400퍼센트나 늘릴 수 있었기 때문입니다. 게다가 유통 주식 수에는 전혀 변동이 없었습니다! 그야말로 식은 죽 먹기였죠. 따라서 경영진이 보기에는 상여금을 임직원 스톡옵션 행사에 따른 이익으로 대체하는 것이 명백히 옳은 책략 같았습니다. 계산 능력이 있는 엔지니어들이 보너스가 현금으로 지급되든 아니면 사실상 현금과 동일한 스톡옵션으로 지급되든 신경 쓸 이유가 있을까요? 이런 대체 작업은 원하는 대로 어떤 일정을 따르든 어렵지 않은 일처럼 보였습니다.

그러나 경영진은 새로운 책략을 밀어붙일 때 어느 정도 주의와 절제가 필요하다는 사실도 쉽게 깨달을 수 있었습니다. 새로운 책략을 한 해에 너무 과도하게 밀어붙이면 회계사들이 반발하거나 다른 곳에서 원치 않는 공격이 들어올 게 뻔했습니다. 그러면 경영진에게 적어도 황금알을 낳는 엄청난 능력을 지닌 거위를 죽이는 위험을 초래할 테고요. 결국 그들은 실제 이익에 가짜 이익을 더해야만 순익을 늘릴 수 있었습니다. 그것이 가짜인 이유는 책략을 활용한 결과, 순익이 늘어나는 부분에서 (기말 재고를 과다 계상하는 것과 비슷한 일시적인 엉터리 효과를 제외하고) 실질적이고 바람직한 경제적 효과를 누릴 수 없었기 때문입니다. 새 CEO는 개인적으로 이 바람직하고 조심스러운 접근법을 '현명하게 절제된 허위'라고 불렀습니다.

새 경영진은 상여금을 스톡옵션 행사에 따른 이익으로 바꾸는 작업을 여러 해에 걸쳐 해마다 조금씩만 신중하게 처리해야 한다는 사실을 분명히 알았습니다. 경영진은 자신들이 채택한 이 신중한 계획을 '소량 전환 시스템'이라 불렀는데, 그들이 보기에 네 가지 이점이 명백했습니다.

첫째, 한 해에 가짜 수익을 소량만 산정하면 대량으로 할 때보다 눈에 띌 가능성이 적었습니다.

둘째, 소량 전환 시스템에 따라 여러 해에 걸쳐 소량의 가짜 수익을 많이 누적시키면, 거기서 나오는 대규모 장기 효과도 은폐되는 경향이 있었습니다. CFO는 이를 다음과 같이 간결하게 설명했습니다. "해마다 소량의 똥만 건포도와 섞으면, 궁극적으로는 아주 큰 똥 덩어리가 된다 해도 알아채는 사람이 없을 것이다."

셋째, 외부 회계사는 가짜 이익이 아주 작은 비중만 차지하는 가운

데 순익이 증가한 재무 보고서를 몇 번 인정하고 나면, 순익 증가분에서 같은 비중의 가짜 수익을 포함하는 새 재무 보고서를 인정하지 않을 도리가 없을 것입니다.

넷째, 소량 전환 시스템은 경영진이 망신을 당하거나 이보다 더 심각한 해를 끼치는 상황을 방지할 터였습니다. 퀀트 테크를 제외한 사실상 모든 기업이 갈수록 자유로운 스톡옵션 제도를 시행했습니다. 따라서 경영진은 스톡옵션 형태의 보상으로 조금씩 전환하는 것이 직원을 영입하거나 고용하는 데 필요했다고 언제든 해명할 수 있었습니다. 실제로 스톡옵션에 대한 기이한 회계 관습의 결과일 가능성이 큰 기업 문화와 주식 시장의 열기를 고려하면 이런 주장은 사실인 경우가 많았습니다.

이 네 가지 이점을 지닌 소량 전환 시스템은 너무나 바람직해 보였습니다. 따라서 경영진에게는 가짜 수익을 해마다 얼마나 잡을지 결정하는 문제만 남았습니다. 이 결정 역시 알고 보면 쉬웠습니다. 경영진은 먼저 충족해야 할 세 가지 타당한 여건을 파악했습니다.

첫째, 그들은 20년 동안 소량 전환 시스템이 급작스럽게 중단되지 않고 지속되길 바랐습니다.

둘째, 그들은 20년 동안 순익이 해마다 대략 같은 비율로 증가하길 바랐습니다. 연간 순익 증가율에 크게 변동이 없으면 기관투자자를 대변하는 금융 애널리스트들이 퀀트 테크 주식의 가치를 높게 평가할 것이기 때문입니다.

셋째, 그들은 순익의 신뢰성을 지키기 위해 20년째 되는 해에도 매출의 40퍼센트가 넘는 순익을 발전소 설계를 통해 벌었다고 발표함으로써 투자자들의 의심을 피해가길 바랐습니다.

이런 요건과 더불어 실제 순익과 매출이 20년 동안 해마다 20퍼센트씩 증가한다고 가정하면 계산하기가 쉬웠습니다. 창립자가 살아 있었다면 순익 증가율을 20퍼센트로 발표했을 것입니다. 그 대신 새 경영진은 소량 전환 시스템을 통해 해마다 순익을 28퍼센트씩 늘리기로 빠르게 결정했습니다.

그렇게 해서 퀀트 테크를 비극으로 몰고 가는 현대적 금융공학의 거대한 사기극이 펼쳐졌습니다. 악명 높은 사기 중에서 이보다 더 의도한 바를 잘 달성한 사기는 드물었습니다. 회계사들이 인정한 퀀트 테크의 순익은 해마다 28퍼센트씩 꾸준히 늘었습니다. 누구도 퀀트 테크의 재무 보고서를 비판하지 않았죠. 소수의 비판자도 비현실적이고, 과도하게 이론적이며, 염세적인 괴짜로 취급당했습니다. 절대 배당하지 않는다는 창립자의 정책은 계속 유지되었습니다. 결과적으로, 이는 해마다 28퍼센트씩 꾸준히 순익을 늘리는 재무 보고서의 신뢰성을 유지하는 데 큰 도움을 주었습니다. 퀀트 테크가 보유한 엄청나게 많은 현금성 자산은 흔히 현실 인식을 저해하는 단순한 파블로프식 연상 효과를 촉발했습니다. 이러한 점이 순익에 포함된 허위 요소를 감지하기 어렵게 만드는 데 큰 역할을 했고요.

따라서 경영진은 몇 년 동안 소량 전환 시스템을 실행하고 나서 자연스럽게 주당 순익이 해마다 계속 28퍼센트씩 증가하는 한편, 현금성 자산은 실제보다 훨씬 빨리 불어나도록 만들기를 원했습니다. 알고 보니 이는 쉬운 일이었습니다. 이 무렵 퀀트 테크의 주식은 순익보다 훨씬 많은 배수에 팔리고 있었습니다. 경영진은 스톡옵션이 점진적으로 행사되게 만들면서, 그에 상응해 상여금을 줄이거나 자사주를 재매입하지 않았습니다.

경영진은 이런 변화가 원래 계획에 상당히 부합하는 방향으로 바뀐 것임을 쉽게 파악할 수 있었습니다. 현금 증가 속도가 크게 빨라지면서 순익에 포함된 허위 요소를 감지하기가 훨씬 어려워졌습니다. 또한 폰지 사기나 행운의 편지 효과chain-letter effect가 상당한 수준으로 발생해 경영진을 비롯한 주주들에게 실질적인 혜택을 안겨주었습니다.

이 시기에 경영진은 원래 계획에 있던 다른 결함도 바로잡았습니다. 갈수록 불어나는 허위 요소와 함께 순익이 28퍼센트씩 꾸준히 증가하는 가운데, 세전 순익 대비 소득세 비중은 계속 줄어들었습니다. 그에 따라 그들이 원치 않는 의문과 비판이 제기될 가능성이 명백해졌습니다. 하지만 이 문제는 곧 제거되었습니다. 외국의 많은 발전소는 정부가 건설하고 보유했습니다. 그래서 설계 수수료 인상분보다 조금 더 많은 금액을 추가 소득세로 내면, 설계 수수료를 올리기가 쉬웠습니다.

마침내 2002년에 퀀트 테크는 470억 달러 매출에 160억 달러의 순익을 냈다고 발표했습니다. 이 수치에는 그동안 신규 주식을 발행하지 않았을 경우보다 훨씬 많은 현금성 자산에 대한 이자 수익이 포함되어 있었습니다. 현금성 자산은 무려 850억 달러에 달했습니다. 대다수 투자자에게는 사실상 산더미 같은 현금을 보유한 기업이 160억 달러의 순익을 올리는 게 불가능해 보이지 않았습니다. 퀀트 테크의 시가총액은 최고점이던 2003년 초 1조 4천억 달러에 이르렀습니다. 2002년 순익의 약 90배였습니다.

그러나 높은 증가율을 선택할 경우, 모두가 바라는 등비수열은 결국 유한한 세상에서 한계에 부딪히기 마련입니다. 그리고 인간이 만든 사회 체제가 충분히 공정하다면 거의 모든 대규모 사기는 결국 폐가망신으로 끝납니다. 2003년에 퀀트 테크는 이 두 가지 측면에서 파국을 맞았습니다.

2003년 퀀트 테크의 실제 수익 증가율은 매출 증가율이 4퍼센트로 둔화하면서 연 4퍼센트에 그쳤습니다. 이제는 대부분 기관투자자로 구성된 주주들에게 큰 실망감을 안기는 일을 피할 길이 없었죠. 주주들의 실망은 충격적인 주가 하락으로 이어졌습니다. 사람들은 퀀트 테크의 재무 보고 관행을 세심하게 분석했고, 그 결과 마침내 거의 모두가 퀀트 테크의 실적이 오랫동안 엄청난 규모의 허위 발표로 점철되었다고 확신했습니다. 이는 추가 주가 하락으로 이어졌습니다. 2003년 중반 퀀트 테크의 시가총액은 겨우 6개월 전의 최고치보다 90퍼센트나 감소한 1,400억 달러에 불과했습니다.

한때 많은 사람이 소유하고 그 가치를 인정받은 우량 기업의 주가가 90퍼센트나 급락한 것은 1조 3천억 달러의 시장 가치가 사라졌다는 점에서 엄청난 고통을 초래했습니다. 퀀트 테크는 당연하게도 망신을 당했고, 대중과 정치계는 미움과 혐오를 격렬히 표출했습니다. 퀀트 테크의 존중할 만한 엔지니어들은 여전히 국내 최고의 발전소를 설계하고 있었는데 말입니다.

게다가 미움과 혐오는 퀀트 테크에서 멈추지 않고 곧 다른 기업으로 퍼져나갔습니다. 그중 일부는 퀀트 테크와 정도만 다를 뿐 절대로 바람직하지 않은 재무 관리 문화를 유지하고 있었습니다. 대중과 정치계의 미움은 그것을 초래한 행동과 마찬가지로 과잉되어 자가 증식 단계에 이르렀습니다. 재무적 비극은 투자자에게만 해당되지 않았습니다. 이는 일본이 오랫동안 잘못된 회계를 한 후 1990년대에 시달렸던 것과 같은 심각한 불경기로 확산되었습니다.

대형 스캔들 이후 회계 분야에 대해 대중의 반감이 짙어졌습니다. 물론 회계 종사자들이 가장 거세게 비난받았죠. 이제는 거의 모든 사람이 FASB는 재무회계기준위원회Financial Accounting Standards Board가 아닌 '재무 회계는 여전히 가짜Financial Accounts Still Bogus'의 줄임말이라고 비꼬았습니다.

경제학 교수들에게도 잘못된 회계를 고발하지 못했을 뿐 아니라, 잘못된 회계가 만연해질 경우 거시경제에 미치는 악영향을 경고하지 못했다는 비판이 쏟아졌습니다. 전통적 경제학자들에 대한 실망감이 얼마나 컸던지 하버드대학교의 존 케네스 갤브레이스가 노벨 경제학상을 받았습니다. 어쨌든 그는 기업계의 적발되지 않은 대규모 횡령이 놀라운 경기 진작 효과를 낼 것으로 예측한 적이 있으니까요. 이제 사람들은 이 예측과 아주 흡사한 일이 2003년 이전에 실제로 일어났으며, 그로 인해 이후 대규모 불경기가 초래되었음을 알 수 있었죠.

의회와 증권거래위원회에는 변호사 출신이 아주 많습니다. 그들이 가짜로 밝혀질 재무 공시 초안을 작성하는 데 너무 많이 관여한 나머지 변호사에 관한 새로운 농담이 매주 생겨났습니다. 그중엔 "푸줏간 주인이 '변호사들의 평판이 뚝 떨어졌어요.'라고 말하자, 마트 계산원이 '(납작한) 팬케이크에서 어떻게 뚝 떨어져요?'라고 반문했다."는 비아냥도 있었습니다.

기성 전문직에 대한 적개심은 회계사, 경제학자, 변호사에 멈추지 않았습니다. 엔지니어처럼 항상 일을 잘해왔고, 관습화된 재무 사기를 이해하지 못하는 직업군의 평판에도 전염되었습니다. 결국 미국에 도움을 주고 미래의 행복에 필요한 직업군 중 다수가 억울하게 욕을 먹었습니다.

이 시점에서 천상의 왕국이 행동에 나섰습니다. 모든 것을 살핀 신은 2003년의 대규모 재무 스캔들이라는 슬픈 사건에 대한 판결 일정을 앞당겼습니다. 그는 수석 집행관을 불러 말했습니다. "스미스, 이 끔찍한 결과의 책임자 중 가장 부패한 자들을 끌고 와 가혹하고도 공정한 심판을 받도록 하게."

스미스가 퀀트 테크의 주식을 오랫동안 무비판적으로 홍보한 일군의 주식 애널리스트를 끌고 오자, 신은 언짢아하며 말했습니다. "스미스, 낮은 수준의 인지적 오류는 가혹하게 처벌할 수 없네. 그건 대개 세상의 표준적인 인센티브 시스템 때문에 무의식적으로 저지른 거야."

스미스는 그다음으로 일군의 증권거래위원회 위원과 힘 있는 정치인을 끌고 왔습니다. 그러자 신이 말했습니다. "아니야, 이 사람들은 가엾게도 충동에 휩쓸려 행동한 거야. 자네가 강요하려는 행동 기준을 저들이 충족할 거라는 기대는 합리적이지 않아."

그제야 요점을 파악했다고 생각한 수석 집행관은 퀀트 테크식 현대적 금융공학을 실행한 기업 임원들을 끌고 왔습니다. 그러자 신은 이렇게 말했습니다. "정답에 가까워지고 있네. 하지만 가장 부패한 자들을 끌고 오라고 하지 않았나? 이 임원들은 대규모 사기를 저지르고 훌륭한 엔지니어의 유산을 형편없이 관리한 죄로 당연히 엄벌을 받을 거야. 하지만 나는 자네가 곧 지옥의 가장 낮은 곳에 갇힐 악한들, 이 모든 재난을 아주 쉽게 막을 수 있었던 악한들을 끌고 오길 바라네."

마침내 수석 집행관은 신의 의도를 제대로 이해했습니다. 그는 지옥의 가장 낮은 곳이 배신자들을 위한 예약석이라는 걸 떠올렸습니다. 그래서 이번에는 연옥에 있던 일군의 노인들을 끌고 왔습니다. 그들은 지상에 있을 때 주요 회계법인의 핵심 파트너였습니다.

수석 집행관은 신에게 고했습니다. "여기 배신자들을 끌고 왔습니다. 그들은 임직원 스톡옵션에 대한 잘못된 회계 관습을 채택했습니다. 주님처럼 올바른 규칙을 정해 사회가 제대로 돌아가는 데 도움을 주는 고귀한 직업에서 높은 자리를 차지했던 자들입니다. 아주 똑똑하고 안정된 지위에 있던 그들이 너무나 뻔히 예측할 수 있는 이 모든 거짓과 속임수를 의도한 것은 용납할 수 없습니다. 그들은 자신이 하는 일이 엄청나게 잘못되었다는 걸 잘 알면서도 묵과하고 실행했습니다. 주님께서는 과중한 재판 업무 때문에 처음에는 그들을 너무나 가볍게 처벌

하는 실수를 저질렀습니다. 하지만 이제는 그들을 지옥의 가장 낮은 곳으로 보낼 수 있습니다."

신은 수석 집행관의 맹렬하고 주제넘은 태도에 놀라 잠시 말문이 막혔습니다. 그러다가 조용히 "잘했노라, 나의 훌륭하고 충직한 일꾼이여."라고 말했습니다.

이는 2003년에 벌어질 일에 대한 묵시적 예측이 아니라 가상의 이야기입니다. 갤브레이스 교수의 사례를 제외하고, 등장인물이나 기업과 관련한 내용은 모두 허구임을 밝힙니다. 이 이야기는 특정한 현대적 행동이나 신념 체계를 제대로 알 수 있도록 주의를 집중시킬 목적으로 쓴 것입니다.

8강을 다시 살펴보며

2000년 여름에 이 이야기를 쓰는 동안 재미가 쏠쏠했다. 그래도 스톡옵션에 대한 표준적인 회계 처리 방식이 좀 더 단순한 형태의 판촉용 사기와 기능적으로 동일하다는 사실을 보여주기 위해 진지하게 노력했다.

내가 보기에 경영 비용에 대한 불합리한 회계를 허용하는 직군이나 국가는 고층 아파트를 세우면서 콘크리트에서 철근 대부분을 빼먹는 것만큼이나 비윤리적인 방향으로 기우는 꼴이다. 게다가 불합리한 회계는 죽음을 부르는 건설 관행보다 더 치명적이다. 부실 공사업체는 자신의 개탄스러운 행위를 합리화하기 어렵다. 나쁜 회계는 부실 공사보다 더 쉽게 확산된다. 스톡옵션에 대한 잘못된 회계가 만연하면서 바로 그런 일이 일어났다.

8강을 쓰고 난 후 몇 가지 희소식이 있었다. 이제 회계사들은 스톡옵션 비용을 위한 일부 충당금을 순익에서 남겨둘 것을 요구한다. 그러나 스톡옵션을 행사할 때 차감되는 총비용은 대개 그에 따라 발생한 총비용보다 훨씬 적다. 게다가 손익을 차감하는 비용 부분도 흔히 의심스러운 기법으로 하향 조정된다.

이 회계 이야기는 악이 끈질기게 보상받는 또 하나의 슬픈 사례를 보여준다. 그렇게 된 이유는 많은 사람이 자신이 이득을 보는 일은 악할 리 없다고 결론짓기 때문이다.

학문 간 단절이 경제성장에 미치는 영향

강단 경제학의 강점과 약점

Academic Economics:
Strengths and Faults after
Considering Interdisciplinary Needs

2003년 10월 3일
허브 케이 기념 학부 강연
캘리포니아대학교 샌타바버라 캠퍼스 경제학과

편집자는 찰리가 캘리포니아대학교 샌타바버라 캠퍼스에서 이 강연을 할 때 12시간 연속 그와 같이 시간을 보냈다. 그날 우리의 일정은 이랬다. 로스앤젤레스에서 2시간 운전, 점심 식사, 강연 전 미팅, 강연, 강연 후 리셉션 그리고 끝으로 오라클의 최고 재무 책임자(현재는 회장) 제프 헨리의 집에서 열린 만찬. 찰리는 당시 80세 생일을 몇 달 앞두고 있었음에도 지칠 줄 모르는 거장처럼 일정을 수행했다. 긴 일과 동안 그가 보여준 기민함과 기력 그리고 뛰어난 유머는 놀랍고도 고무적이었다.

찰리가 이 강연에서 제시한 것은 멍거식 접근법의 대통일 이론Grand Unified Theory이라 부를 만하다. 이 강연은 찰리가 앞선 강연에서 논한 수많은 생각을 통합하며, 그의 일관된 철학을 체크리스트 형식으로 제시한다.

당시 청중이었던 경제학과 학생들은 사회과학에 다학문성이 결여된 데 대한 한탄(그리고 그것을 바로잡기 위한 제안)을 풀어놓기에 완벽한 대상이었다.

우선 몇 가지 견해를 개략적으로 제시하고, 그것을 토대로 이야기한 다음에 질문을 받겠습니다. 제 이야기를 듣다가 인내심이 고갈된 누군가가 저를 어디로든 끌고 나가기 전까지 말입니다.

짐작하시겠지만 제가 이 강연을 하겠다고 동의한 이유는, 사회과학계가 서로 더 잘 소통하게끔 만든다는 주제에 오랫동안 관심이 있었기 때문입니다. 물론 경제학은 많은 측면에서 사회과학의 꽃입니다. 그래서 다른 사회과학 분야보다 뛰어날 것이라는 기대를 한몸에 받습니다. 제가 보기에 경제학은 다른 사회과학 분야보다 다학문성에서 더 뛰어납니다. 또한 그럼에도 여전히 부실하다는 게 저의 시각입니다. 이 강연에서는 그 문제를 다뤄보고자 합니다.

제가 강단 경제학의 강점과 약점을 이야기할 때 여러분이 알 권리가 있는 한 가지 흥미로운 사실이 있습니다. 저는 경제학 강의를 들어본 적이 없습니다. 아무런 자격도 전혀 없는 제가 어떻게 뻔뻔하게 이자리에서 강연하게 됐는지 궁금하실 겁니다. 그 답은 제가 후츠파 정신에 있어서는 유단자라는 겁니다. 저는 뻔뻔함을 타고났습니다. 제가 아는 몇몇 여성을 비롯한 어떤 사람들은 돈 쓰기의 유단자입니다. 그들은 그런 기질을 타고났죠. 저는 후츠파 정신의 검은 띠를 땄습니다.

제게는 유용한 경제적 통찰을 준 두 가지 특별한 경험이 있습니다. 하나는 버크셔 해서웨이 경영이고, 다른 하나는 독학 경력입니다. 물론 버크셔는 마침내 흥미로운 기업이 되었습니다. 워런이 버크셔를 인수했을 때 시가총액은 약 1천만 달러였습니다. 그로부터 40여 년 후, 당시보다 유통 주식 수가 크게 늘지 않았음에도 시가총액은 약 1천억 달러에 이릅니다. 1만 배가 늘어난 거죠. 또한 그렇게 된 후에도 해마다 아주 적은 실패를 딛고 악착같이 앞으로 나아가고 있습니다. 그래서 마침내 이목을 약간 끌게 되었습니다. 어쩌면 워런과 제가 미시경제학적 측면에서 유용한 것을 알고 있을지도 모르니까요.

노벨 경제학상을 받은 한 경제학자는 오랫동안 버크셔 해서웨이의 성공을 다음과 같이 설명했습니다.

첫째, 그는 버크셔가 1시그마 sigma(정규분포에서 표준편차를 나타내는 척도로, 수치가 높아질수록 아주 드문 경우에 해당함)의 운 덕분에 시장 수익률을 넘어섰다고 말했습니다. 누구도 운이 좋지 않다면 시장 수익률을 넘어설 수 없으니까요. 당시 대다수 경제학과에서 이런 완고한 형태의 효율적 시장 이론을 가르쳤습니다. 학생들은 누구도 시장 수익률을 넘어설 수 없다고 배웠죠. 뒤이어 그 교수는 2시그마, 3시그마, 4시그마에 이어 마침내 6시그마에 이르렀다가 사람들이 하도 웃자 그 짓을 그만두었습니다.

그러다가 나중에는 설명을 180도 바꾸었습니다. "여전히 6시그마이기는 한데 능력 측면의 6시그마"라고 말입니다. 이 아주 슬픈 역사는 벤저민 프랭클린이 《가난한 리처드의 연감》에서 한 말의 진실성을 증명합니다. "설득하려면 이성이 아니라 이해관계에 호소하라." 그는 인센티브 때문에 어쩔 수 없이 바꾸기 전까지는 자신의 어리석은 시각을 견지했습니다.

저는 UCLA의 줄스 스타인 안구연구소에서도 같은 일이 일어나는 것을 목격했습니다. 제가 의사에게 "왜 완전히 낙후된 수술법으로만 백내장을 고치는 거죠?"라고 묻자 그는 "가르치기 아주 좋은 수술법이니까요."라고 대답했습니다. 교수가 그 수술법을 포기한 이유는 거의 모든 환자가 발길을 끊었기 때문입니다. 다시 말하지만, 결론을 바꾸려면 이성이 아니라 이해관계에 호소해야 합니다.

버크셔는 완고한 형태의 효율적 시장 이론에 조금도 주의를 기울이지 않고 그 모든 실적을 올렸습니다. 또한 강단 경제학에서 기업 금융계로 전파된 그 후속 이론들에도 전혀 주의를 기울이지 않았습니다. 그것들은 '자본 자산 가격 결정 모형CAPM' 같은 너무나 역겨운 것으로 변신했죠. 우리는 거기에도 결코 주의를 쏟지 않았습니다. 그냥 고변동성 주식에 투자하면 시장 수익률을 연 7퍼센트포인트나 쉽게 넘어설 수 있다는 말을 믿기 위해서는 이빨 요정도 믿어야 할 겁니다.

상상의 존재를 믿든 안 믿든 줄스 스타인 안구연구소의 그 의사처럼 사람들은 한때 그런 걸 믿었습니다. 그 믿음은 보상받았고, 널리 전파되었습니다. 지금도 많이 사람이 믿고 있죠. 하지만 버크셔는 전혀 주의를 기울이지 않았습니다. 제 생각에 이제 세상은 우리의 길을 따라오고 있으며, 시장이 언제나 완벽하게 효율적으로 돌아간다는 생각은 멸종의 길로 들어섰습니다.

주식 시장이 완벽하게 효율적일 수 없다는 것은 언제나 제게 명확한 사실이었습니다. 저는 10대 때 오마하에 있는 경마장에 간 적이 있습니다. 경마장에서는 상금 배당 시스템을 쓰죠. 제가 보기에 가령 경마장이 17퍼센트의 수수료를 떼어간다면, 계속해서 모든 베팅액의 17퍼센트보다 훨씬 적게 잃는 사람도 있고, 17퍼센트보다 많이 잃는 사람도 있으리라는 게 매우 명백했습니다. 상금 배당 시스템에는 완벽한 효율성이 존재하지 않았습니다. 그래서 저는 주식 시장이 합리적 가격을 형성하는 데 있어 항상 완벽하게 효율적이라는 주장도 받아들이지 않습니다.

실제로 이후 사람들이 경주마와 확률을 너무나 잘 이해하게 되어 장외 베팅으로 경마에서 이기는 경우도 나왔습니다. 그렇게 할 수 있는 사람은 소수에 불과합니다. 그래도 미국에는 그런 걸 해낼 만한 사람이 분명 존재합니다.

그다음으로, 저의 독학 경력도 흥미롭습니다. 독학이 지닌 결점과 저의 특이한 기질이 결국에는 우위를 창출했으니까요. 저는 다소 이상한 이유로 일찍이 극단적으로 다학문적인 사람이 되었습니다. 저는 제가 소속된 학문의 자잘한 사상만 습득하려 애쓰는 걸 견딜 수 없었습니다. 울타리 바로 너머 다른 학문에 원대한 사상이 보임에도 말이죠. 그래서 사방으로 손을 뻗어서 실제로 통하는 원대한 사상을 움켜쥐었습니다. 저는 그런 열망을 타고났습니다.

또한 저는 종합에 관한 엄청난 갈망을 타고났습니다. 하지만 쉽게 종합되지 않는 경우가 흔합니다. 그런 경우에는 문제에 파고듭니다. 그래도 안 되면 옆으로 제쳐두었다가 나중에 다시 파고듭니다. 그렇게 사이비 종교의 전도 방식이 통하는 이유를 알아내는 데 20년이 걸렸습니다. 하지만 심리학 분야는 아직 그걸 파악하지 못했으니 제가 앞서 있는 셈이죠.

어쨌든 저는 문제를 파고들려는 경향이 있습니다. 제2차 세계대전이 터지면서 우연히 물리학을 접했습니다. 육군항공대는 저를 칼텍으로 보냈습니다. 거기서 기상 요원이 되기 위해 물리학을 약간 더 배웠습니다. 그 과정에서 아주 어린 나이에 이른바 귀속attribution, 즉 지식의 출처를 명확히 밝히는 자연과학의 근본 기풍을 흡수했습니다. 귀속은 제게 엄청나게 유용했습니다. 그게 무엇인지 설명해드리겠습니다.

이런 기풍을 따르면 자신이 속한 학문보다 더 근본적인 모든 학문의 모든 원대한 사상을 알 수 있습니다. 무엇이든 가장 근본적인 방식 말고는 다른 어떤 방식으로도 결코 더 근본적으로 설명할 수 없습니다. 또한 활용하고자 하는 가장 근본적인 사상의 출처를 완전히 밝혀야 합니다. 물리학을 활용하면 물리학을 활용한다고 말하고, 생물학을 활용하면 생물학을 활용한다고 말하는 식입니다. 저는 일찍이 그 기풍이 사고를 조직하는 좋은 시스템이 되리라는 걸 알았습니다. 또한 그것이 자연과학 분야만큼 사회과학 분야에서도 정말로 잘 통할 것이라고 강하게 믿었습니다. 그래서 자연과학뿐 아니라 사회과학에서도 평생 활용했습니다. 그건 제게 아주 운 좋은 일이었습니다.

자연과학에서 귀속 기풍이 얼마나 극단적인지 설명해드리겠습니다. 물리학에는 볼츠만상수라는[72] 근본적인 상수가 있습니다. 여러분도 아마 잘 알 겁니다. 볼츠만상수가 흥미로운 점은 루트비히 볼츠만이 발견한 게 아니라는 겁니다. 그러면 왜 볼츠만의 이름을 붙인 걸까요? 사실 덜 근본적인 방식으로 처음 그 상수를 발견했지만 잊히고 만 불쌍한 사람이 있습니다. 볼츠만은 그 사람보다 더 근본적인 방식으로 기본적인 물리학에서 해당 상수를 도출했죠.

자연과학계는 좀 더 근본적인 지식으로 환원하는 기풍이 아주 강합니다. 그래서 최초 발견자가 역사에서 지워지기도 합니다. 다른 사람이 좀 더 근본적인 방식으로 그 내용을 다룬다면 말이죠. 저는 그게 옳다고 생각합니다. 볼츠만상수에는 볼츠만의 이름이 붙어야 한다고 말입니다.

어쨌든 저와 버크셔의 역사를 보면, 버크셔는 상당한 경제적 성공을 연이어 거두었습니다. 그동안 우리는 강단 경제학에서 한때 큰 인기를 끌었던 완고한 형태의 효율적 시장 원칙을 무시했고, 기업 금융계로 전파된 그 원칙의 후속 이론도 무시했습니다. 기업 금융계에서는 경제학에서보다 더 어리석은 결과가 나왔죠. 이는 당연히 제게 용기를 주었습니다.

끝으로 저의 특이한 개인사를 보면, 제가 오늘 이 자리에 과감하게 설 수 있었던 것은 적어도 젊은 시절에 그렇게 멍청한 얼뜨기가 아니었기 때문입니다. 하버드 로스쿨에 다닐 때는 아주 많은 인원 중에 2등을 한 적도 있습니다. 저는 저보다 훨씬 똑똑한 사람이 많아도 사고력 게임에서 완전히 뒤처질 일은 없다는 걸 항상 알았습니다.

먼저 강단 경제학의 명백한 강점부터 이야기하겠습니다. 첫 번째 명백한 강점은 올바른 때에 올바른 곳에 있었다는 겁니다. 수많은 명문대가 이 경우에 해당합니다. 200년 전, 기술 및 다른 문명의 발전에 힘입어 문명사회의 실질 1인당 생산량은 연평균 약 2퍼센트씩 증가하기 시작했습니다. 그 이전 수천 년 동안에는 증가율이 제로를 약간 넘는 수준이었죠. 물론 이 엄청난 성공 속에서 경제학도 성장했습니다. 경제학은 부분적으로 성공을 돕는 한편, 그 성공의 이유를 설명했습니다. 당연히 강단 경제학은 성장했습니다. 그리고 근래에 모든 공산주의 경제가 붕괴하고 자유시장경제 또는 부분적인 자유시장경제가 번성한 것도 경제학의 평판을 강화했습니다. 경제학은 여러분이 학계에 있다면 몸담기에 아주 좋은 분야였습니다.

경제학은 항상 다른 사회과학 분야보다 더 다학문적이었습니다. 필요에 따라 외부로 손을 뻗어서 여러 가지 것을 들여왔죠. 다른 지식 분야에서 무엇이든 필요한 것을 주저없이 흡수하는 경제학계의 경향은 그레고리 맨큐의[73] 새 교과서에서 상당히 높은 수준에 이르렀습니다.

그 교과서를 살펴봤습니다. 저는 분명 그 책이 나오자마자 바로 구입한 소수의 미국 기업인 중 한 명일 겁니다. 크게 진전된 교과서였으니까요. 맨큐가 어떻게 그토록 엄청나게 진전할 수 있었는지 알고 싶었습니다. 그래서 맨큐의 대학 신입생용 교과서를 직접 훑어본 겁니다. 거기서 다음과 같은 내용을 경제학의 원칙들로 제시한 것을 확인했습니다.

기회비용은 엄청난 힘을 지니며, 올바른 답을 얻고자 하는 모든 사람은 그걸 활용할 수 있습니다. 또한 인센티브도 엄청난 힘을 지닙니다.

끝으로, 저의 오랜 친구인 UCSB의 개릿 하딘이[74] 대중화시킨 '공유지의 비극' 모형도 마찬가지입니다. 하딘은 스미스의 유익한 '보이지 않는 손'과 더불어 사악하고 나쁜 짓을 일삼는 '보이지 않는 발'을 경제학에 기꺼이 도입했습니다. 저는 하딘의 모형이 경제학을 좀 더 완전하게 만들어준다고 생각했습니다. 또 하딘이 제게 공유지의 비극이라는 모형을 소개했을 때, 결국에는 경제학 교과서에 포함될 것이라는 걸 알았습니다. 실제로 20년 후 마침내 그렇게 되었고요. 맨큐가 다른 학문으로 손을 뻗어 하딘의 모형을 흡수한 것은 올바른 일이며, 무엇보다 그런 방식은 잘 통합니다.

경제학에 도움을 준 또 다른 요소는 처음부터 사회과학계의 최고 브레인을 끌어들였다는 겁니다. 또 경제학자들은 사회과학계 및 나머지 학계에 흔하던 수준보다 더 많이 현실 세계와 교류했고, 이는 대단히 칭찬할 만한 결과로 이어졌습니다. 경제학 박사 조지 슐츠가[75] 세 번, 래리 서머스가 한 번 장관이 되었죠. 이는 학계에서 대단히 고무적인 일이었습니다.

또한 경제학은 일찍이 역사상 최고의 저술가들을 끌어들였습니다. 애덤 스미스부터 이야기해보죠. 애덤 스미스는 너무나 훌륭한 사상가이자 저술가였습니다. 그래서 당시 독일의 가장 위대한 지성 칸트는 독일에는 애덤 스미스에 필적할 인물이 없다고 단언했습니다. (이건 그다지 어렵지 않은 일이겠습니다만) 칸트보다 더 간결하게 말하는 볼테르는 "프랑스에는 애덤 스미스와 비교할 만한 인물조차 없다."고 말했습니다.

이처럼 경제학은 대단한 위인이자 저술가들과 함께 출발했습니다. 나중에도 존 메이너드 케인스 같은 훌륭한 저술가들이 나왔습니다. 저는 케인스의 말을 항상 인용합니다. 그는 제 삶에 아주 많은 빛을 보태주었습니다. 끝으로 현대에는 폴 크루그먼의 에세이를 읽어보면 그 능변에 감탄할 것입니다. 저는 그의 정치적 견해를 받아들일 수 없습니다. 저는 그와는 다른 편에 있거든요. 그래도 그 사람의 에세이는 아주 좋아합니다. 제 생각에 폴 크루그먼은 현존하는 최고의 에세이 작가입니다. 이처럼 경제학은 훌륭한 저술가들을 줄곧 끌어들였습니다. 그들은 너무 뛰어나서 경제학 분야를 훌쩍 넘어 엄청난 영향을 미칩니다. 다른 학문 분야에서는 아주 드문 일이죠.

좋아요. 이제는 칭찬이 아니라 비판을 할 때가 되었습니다. 지금까지 경제학이 여러 측면에서 다른 사회과학 분야보다 나으며, 문명이 이룩한 찬란한 성과임을 확인했습니다. 그러면 이제는 강단 경제학의 몇 가지 문제를 제시하는 게 공정할 테죠.

1
'망치 든 사람' 경향으로 이어져
수치화 가능한 요소를 지나치게 반영하게 만드는
치명적 단절성

저는 여덟 가지, 아니 아홉 가지 문제를 제기하려고 합니다. 그중 일부는 논리적으로 더 커다랗고 포괄적인 문제의 논리적 하위 요소입니다. 경제학과 관련해 커다랗고 포괄적인 문제는 일찍이 앨프리드 노스 화이트헤드가 제기한 것입니다. 그는 학문들의 치명적 단절성을 지적했습니다. 각각의 교수는 다른 분야의 모형을 알지도 못합니다. 하물며 다른 분야의 원칙을 자기 분야의 원칙과 종합하려는 시도는 말할 것도 없지요. 저는 화이트헤드가 싫어한 이런 태도에 대한 현대적 명칭이 있다고 생각합니다. 그건 바로 '정신 나간 짓'입니다. 이는 완벽하게 미친 행동입니다. 그런데도 경제학은 학계의 다른 많은 분야처럼 너무 폐쇄적입니다.

이 문제의 속성은 제가 항상 말하는 망치 든 사람 경향을 초래합니다. 이는 "망치만 가진 사람에게는 모든 문제가 못처럼 보인다."라는 속담에서 나온 표현입니다. 이 경향은 학계의 모든 직종과 분야 그리고 (실로 가장 실용적인) 삶을 망치는 데 놀라운 효력을 발휘합니다.

망치 든 사람 경향 때문에 완전히 얼뜨기가 되지 않는 유일한 방법은 도구 세트를 완비하는 것입니다. 망치뿐 아니라 모든 도구를 갖춰야 합니다. 거기에 또 하나의 기법이 필요합니다. 이 같은 도구를 체크리스트로 활용하는 것입니다. 필요할 때마다 올바른 도구가 저절로 튀어나오길 바란다면 많은 것을 놓치기 때문입니다. 완전한 도구 목록을 갖추고, 그것들을 머릿속에서 훑어나가면 다른 방식으로는 찾을 수 없는 많은 답을 찾을 것입니다. 화이트헤드를 매우 심란하게 만든 이 커다랗고 포괄적인 문제를 제한하는 것은 아주 중요합니다. 그 일을 하는 데 도움이 되는 정신적 기법이 있습니다.

이 망치 든 사람 경향의 특별한 버전은 경제학 분야뿐 아니라 기업계를 비롯한 사실상 다른 모든 곳에 끔찍하게 해롭습니다. 기업계에서는 실로 지독하죠. 가령 여러분에게는 복잡한 시스템이 있고, 이 시스템은 일부 요소를 측정할 수 있게 해주는 놀라운 수치를 많이 뱉어냅니다. 그러나 정말 중요한 다른 요소도 있습니다. 다만, 이런 요소들에 붙일 수 있는 정확한 수치가 없을 뿐입니다. 여러분은 그게 중요하다는 걸 알지만, 수치를 갖고 있지 않습니다. 사실상 모든 사람이 수치화할 수 있는 것을 과다 반영하죠. 학교에서 배운 통계 기법을 따르니까요. 또한 그들은 더 중요할 수도 있는, 측정하기 어려운 것들을 혼합하지 않습니다. 이는 제가 평생 동안 피하려 했던 실수이며, 그렇게 한 걸 전혀 후회하지 않습니다.

고인이 된 위대한 토머스 헌트 모건은 역대 최고의 생물학자였습니다. 그는 칼텍에 갔을 때 측정 가능한 것을 과다 계상하고, 측정 불가능한 것을 과소 계상하는 실수를 피하는 아주 흥미롭고도 극단적인 방식을 썼습니다. 당시에는 컴퓨터가 없었습니다. 과학과 공학 분야에서 컴퓨터 대용으로 쓸 수 있었던 건 프라이든 계산기였죠. 칼텍엔 프라이든 계산기가 가득했습니다. 모건은 생물학과에서 그걸 쓰지 못하게 금지했습니다. 사람들이 "모건 박사님, 도대체 왜 그러시는 겁니까?"라고 따지자 그는 이렇게 말했습니다. "저는 1849년에 새크라멘토강의 강둑을 따라 금을 찾던 사람과 같습니다. 약간의 지성만 있으면 손을 뻗어서 큰 금덩이를 주울 수 있어요. 그게 가능한 한 우리 과에서 사금 채취에[76] 희귀한 자원을 낭비하게 놔두지 않을 겁니다." 그는 평생을 그런 방식으로 살았습니다.

저도 같은 방식을 따랐으며, 이제 여든 살이 되었습니다. 저는 아직 사금 채취를 할 일이 없었습니다. 그리고 항상 바랐던 대로 앞으로도 쭉 할 일이 없을 것 같습니다. 물론 제가 의사, 특히 의학자였다면 통계를 내기 위해 사금을 채취해야 했을 겁니다. 하지만 삶에서 사금 채취 없이도 할 수 있는 일은 놀라울 만큼 많습니다. 몇 가지 뛰어난 정신적 기법을 갖추고 토머스 헌트 모건처럼 문제를 계속 파고든다면 말이죠.

2
자연과학계의 근본 기풍인
완전한 귀속을 따르지 않는 것

맨큐의 경제학 방식에서 잘못된 점은 귀속 없이 다른 학문 분야의 지식을 가져온다는 겁니다. 그는 물리학이든 생물학, 심리학, 게임이론 또는 무엇이든 실제 분야의 라벨을 붙이지 않았습니다. 해당 개념을 그 원천이 된 기본 지식에 완전히 귀속하지 않는 거죠. 이는 허술한 파일 정리 시스템으로 사업을 운영하는 것과 같습니다. 능력을 최대치로 끌어올릴 수 없습니다.

맨큐는 워낙 똑똑해서 자신의 기법이 불완전할 때도 일을 아주 잘 해냈습니다. 그는 교과서 집필자가 나아갈 수 있는 최대치를 보여주었죠. 그렇다 해도 제게 도움이 되었던 자연과학의 기풍을 흡수했다면 더 나았을 겁니다.

귀속 없이 무엇이든 가져오는 맨큐의 접근법을 부르는 제 나름의 명칭이 있는데, 바로 '원하는 대로 가져오기' 또는 '키플링주의Kiplingism'입니다. 키플링주의라는 표현은 조지프 러디어드 키플링의[77] 시 한 구절을 연상시킵입니다. "호메로스는 리라를 현란하게 연주했을 때 땅과 바다에서 사람들이 노래하는 걸 들었네. 그는 필요하다고 생각하면 그냥 가서 그 노래를 가져왔지, 내가 그렇게 하듯이."

바로 맨큐가 그렇게 했습니다. 그냥 가져왔어요. 그게 가져오지 않는 것보다 훨씬 낫습니다. 하지만 완전한 귀속 원칙과 철저한 규율에 따라서, 타당한 경우 극단적인 환원주의를 더하여 모든 지식을 활용하는 것보다는 훨씬 나쁩니다.

3
물리학 선망

제가 경제학에서 발견한 세 번째 약점은 이른바 물리학 선망physics envy입니다. 물론 이 개념은 세계 최고의 명청이 지그문트 프로이트가 설명한 '남근 선망penis envy'에서 가져온 것입니다. 그래도 그는 당대에 아주 인기가 많았고, 이 개념은 폭넓게 유행했지요.

물리학 선망이 경제학에 끼친 악영향 중 하나는 완고한 형태의 효율적 시장 이론을 받아들이도록 했다는 겁니다. 뒤이어 이 잘못된 이론에서 논리적으로 결과를 도출하면, 어떤 기업이든 자사주를 매입하는 건 절대 올바르지 않다는 결론에 이릅니다. 주가는 본질적으로 완전히 효율적이며, 결코 어떤 우위도 있을 수 없기 때문입니다. 이는 QED ['Quod erat demonstrandum'이라는 라틴어 문장의 약자로, '이것이 보여져야 할 것이었다'라는 의미이며 수학에서 증명을 마칠 때 많이 씀]입니다. 매킨지의 한 파트너는 경제학 분야에서 나온 이 정신 나간 추론을 받아들인 경영대학원에 다닐 때 효율적 시장 이론을 배웠습니다. 그는 워싱턴 포스트의 컨설턴트가 되었는데, 당시 워싱턴 포스트의 주식은 오랑우탄도 수치를 더하고 나누기만 하면 명확하게 알 수 있는 단순한 가격, 주당 가치의 5분의 1 가격에 거래되고 있었습니다. 하지만 그는 경영대학원에서 배운 것을 굳게 믿었기에 워싱턴 포스트 경영진에게 자사주를 매입하지 말라고 권고했습니다.

다행스러운 점은 워싱턴 포스트가 워런 버핏을 이사회에 영입했다는 겁니다. 그는 유통 주식의 절반 이상을 사들이라고 경영진을 설득했고, 그 결과 남은 주주들은 10억 달러 이상의 부를 얻었습니다. 잘못된 학문적 이론을 신속하게 배제한 경우가 최소한 한 번은 있었던 것이죠.

저는 경제학 분야가 물리학 선망에 따른 문제를 많은 부분 피할 수 있다고 봅니다. 그리고 경제학계가 자연과학계의 기본 기풍인 완전한 귀속을 습관화하되, 물리학 선망에 사로잡혀서 실현 불가능한 정확성을 갈망하지 않길 바랍니다. 볼츠만상수를 포함하는 정확하고 신뢰도 있는 방정식 같은 건 대개 경제학에서는 나오지 않을 겁니다. 경제학은 너무나 복잡한 시스템을 수반합니다. 물리학 스타일의 정확성을 갈망하는 것은 매킨지의 파트너였던 불쌍한 바보의 경우처럼 끔찍한 문제를 일으킬 뿐입니다.

저는 경제학이 아인슈타인과 샤론 스톤에게 더 주의를 기울인다면 훨씬 잘되리라고 생각합니다. 아인슈타인은 쉽습니다. "모든 것은 최대한 단순화해야 하지만 그보다 더 단순해서는 안 된다."라고 말한 것으로 유명하니까요. 이 말은 동의반복이지만 아주 유용합니다. 어떤 경제학자, 아마도 허브 스타인도 비슷하게 동의반복적인 말을 했습니다. 제가 아주 좋아하는 말이죠. 그건 "영원히 계속될 수 없는 것은 결국 멈춘다."입니다.

샤론 스톤도 이 주제에 기여했습니다. 어떤 사람이 남근을 선망하느냐고 물었을 때 이렇게 대답했거든요. "전혀요. 제가 가진 것만 해도 감당하기 힘들어요."

겉보기에 물리학 방정식처럼 정확하고 유용해 보이는 수식이나 그래프를 만들어내고자 하는 사람들이 집착하게 마련인 '가짜 정확성'에 대해 이야기하다 보면 아서 래퍼가 떠오릅니다. 그는 저와 같은 정당 소속인데, 경제학에 대해 때로 잘못된 접근법을 취합니다. 그의 문제점은 가짜 정확성을 갈망한다는 겁니다. 그건 연구 주제를 다루는 성숙한 방식이 아니죠.

래퍼 같은 사람이 처한 상황은 제게 한 시골 정치인을 상기시킵니다. 이건 미국에서 실제로 일어난 일입니다. 저는 이런 이야기를 지어내지 않습니다. 현실은 항상 제가 여러분에게 말하려는 것보다 더 황당합니다. 아무튼 이 의원은 자신의 주에서 새로운 법안을 상정합니다. 파이(π)를 짝수인 3.2로 올림하는 법을 통과시키려 한 겁니다. 그러면 아이들이 계산하기가 쉬워지니까요.

이건 너무 황당한 이야기이고, 래퍼 같은 경제학 교수를 시골 정치인에 빗대는 건 공정하지 않다고 생각할 수도 있습니다. 사실 저는 교수들을 봐주고 있는 겁니다. 그래도 이 의원이 파이를 짝수로 올림하려던 건 비교적 사소한 과오입니다. 하지만 경제학 같은 복잡한 시스템에 가짜 정확성을 다수 집어넣으려 하면, 매킨지의 파트너가 워싱턴 포스트에 엉터리 자문을 한 것보다 더 나쁜 지경까지 과오가 누적됩니다. 따라서 경제학은 물리학의 기본 기풍을 따라 해야 하지만, 물리학 방정식의 정확성까지 추구하는 것은 거의 언제나 잘못된 일입니다.

4
거시경제학에 대한
과도한 집중

저의 네 번째 비판은 거시경제학에 너무 많이 집중하고 미시경제학에 충분히 집중하지 않는다는 겁니다. 저는 이게 잘못되었다고 생각합니다. 해부학과 화학을 모르고 의학을 마스터하려는 것과 같습니다. 미시경제학이라는 학문은 아주 재미있습니다. 거시경제학을 올바로 이해하는 데 도움을 줄 뿐 아니라, 완벽한 곡예와도 같죠. 반면, 거시경제학을 하는 사람들은 그렇게 많은 재미를 보지 못할 겁니다. 무엇보다 그들은 자신이 이해하고자 하는 시스템이 극단적으로 복잡한 탓에 자주 틀립니다.

지금부터 두 가지 미시경제학적 문제를 해결해 그 힘을 증명해보겠습니다. 그중 하나는 간단한 문제이고, 다른 하나는 약간 더 어렵습니다.

첫 번째 문제는 이렇습니다. 버크셔 헤서웨이가 얼마 전 캔자스시티에 가구·전자기기 매장을 열었습니다. 당시 세계 최대 가구·전자기기 매장은 또 다른 버크셔 해서웨이 매장으로 연간 3억 5천만 달러의 매출을 올렸습니다. 캔자스시티에 연 새 매장의 매출은 연 5억 달러가 넘을 것으로 추정되었습니다. 개장일부터 3,200대를 세울 수 있는 주차장이 꽉 찼습니다. 여성들은 화장실 밖에서 기다려야 했습니다. 건축가 여성의 생리적 특성을 이해하지 못했기 때문입니다. 어쨌든 새 매장은 크게 성공했습니다.

자, 앞서 여러분에게 문제를 설명했습니다. 이제 전 세계에서 가장 많은 매출을 올리는 이 새 가구·전자기기 매장이 대성공을 거둔 이유가 무엇인지 말해보세요.

제가 대신 말씀드리죠. 새 매장은 저가 매장일까요, 고가 매장일까요? 고가 매장이었다면 캔자스시티에서 대성공을 거두지 못했을 겁니다. 그러기 위해서는 시간이 걸립니다. 두 번째로, 연간 5억 달러어치의 가구를 팔아치운다면 엄청나게 큰 매장일 겁니다. 가구는 다 부피가 크니까요. 매장이 크면 어떤 이점이 있을까요? 폭넓은 선택지를 제공합니다. 그렇다면 선택지가 매우 많은 저가 매장이라는 것 말고 다른 정답이 있을까요?

그래도 왜 진작 그런 매장을 열지 않았는지 궁금할 수 있습니다. 이번에도 답이 머릿속에 그냥 떠오릅니다. 그만한 매장을 열려면 거액이 듭니다. 그래서 누구도 이전까지 하지 못한 겁니다. 이처럼 우리는 금세 답을 알아냈습니다. 몇 가지 기본 개념만으로, 어려워 보이던 이 미시경제학적 문제를 풀 수 있습니다. 마치 버터를 뜨거운 칼로 자르듯 쉽게 말이죠. 저는 이렇게 많은 보상이 주어지면서 쉬운 사고방식을 좋아합니다. 여러분도 미시경제학을 더 잘하는 법을 배우기를 권합니다.

이제 더 어려운 문제를 내겠습니다. 미국 북서부에는 지난 50년 동안 서서히 성공을 일군 레스 슈왑이라는[78] 타이어 매장 체인이 있습니다. 이 회사는 악착같이 앞으로 나아갔습니다. 그러면서 굿이어를 비롯한 타이어 대기업들의 매장과 경쟁하기 시작했죠. 물론 제조사들은 자체 매장을 선호했습니다. 그들의 '연계 매장'은 커다란 비용 우위를 누렸습니다. 나중에 레스 슈왑은 코스트코나 샘스 클럽 같은 대형 할인업체 그리고 그전에는 시어스 로벅 등과 경쟁했습니다. 그럼에도 현재 레스 슈왑은 수억 달러의 매출을 올립니다. 현재 80대인 창업주는 학교에 다니지 못했는데도 이 모든 걸 해냈습니다.

어떻게 그럴 수 있었을까요? 머릿속에 전구가 켜진 사람이 많지 않은 것 같네요. 그러면 미시경제학적 지식을 통해 생각해봅시다.

슈왑이 올라탈 수 있었던 변화의 파도가 있었을까요? 이 질문을 던지는 순간 답이 떠오릅니다. 일본은 타이어 시장에서 아무런 입지가 없었지만 지금은 크게 성장했습니다. 그렇다면 슈왑은 초기에 그 파도에 올라탄 게 분명합니다. 뒤이어 천천히 따라온 성공에는 다른 요인이 있을 것입니다. 이 사례에서 일어났을 법한 것은 명백히 슈왑이 수많은 일을 제대로 해냈다는 겁니다. 그중에서도 맨큐가 말한 인센티브라는 엄청난 힘을 활용한 것이 분명합니다. 그는 직원들을 이끄는 아주 영리한 인센티브 구조를 갖추었을 겁니다. 또한 영리한 직원 선별 시스템 같은 것도 갖추었을 테지요. 광고도 아주 잘했을 겁니다. 실제로도 그랬습니다. 그는 예술가입니다.

그는 일본 타이어의 침공이라는 파도를 타야 했습니다. 일본인은 언제나 성공했으니까요. 뒤이어 이 유능하고 열성적인 사람은 엄청나게 많은 일을 제대로 해내고, 영리한 시스템을 올바로 유지해야 했습니다. 이번에도 역시 답은 그렇게 어렵지 않습니다. 이 특이한 성공에 다른 요인이 있을까요?

우리는 경영대학원 졸업생을 채용하는데, 그들이라고 해서 여러분보다 이 문제를 잘 풀지는 못합니다. 어쩌면 우리가 그들을 소수만 채용하는 이유가 거기에 있을지도 모릅니다.

저는 어떻게 이 문제를 풀었을까요? 그 방법은 머릿속에 있는 간단한 검색 엔진을 켜서 체크리스트를 훑는 것입니다. 또한 아무리 복잡한 시스템도 잘 통하는 몇 가지 간소한 알고리즘도 활용합니다. 그 알고리즘은 이런 식으로 작동합니다.

완벽한 성공은 다음 요소들의 조합으로 탄생했을 가능성이 큽니다.

1. 한두 가지 변수를 극단적으로 최대화 또는 최소화합니다. 코스트코나 앞서 말한 가구·전자기기 매장이 그런 예입니다.
2. 여러 성공 요소가 더해진 거대한 조합은 흔히 비선형적 방식으로 성공을 이끕니다. 이는 물리학의 중단점이나 임계질량 개념을 떠오르게 합니다. 흔히 결과는 선형적이지 않습니다. 아주 약간의 질량만 더하면 롤라팔루자 효과가 나오죠. 물론 저는 평생 롤라팔루자 효과를 추구했습니다. 그래서 그 발생 양상을 설명하는 모형에 관심이 많습니다.
3. 여러 요소에 걸쳐 극단적으로 우수한 성과를 달성합니다. 도요타나 레스 슈왑이 그런 예입니다.
4. 거대한 파도에 올라탑니다. 오라클이 그런 예입니다. 그건 그렇

고, 저는 오라클의 CFO 제프 헨리가 오늘 행사의 귀빈이라는 사실을 알기 전에도 오라클에 대해 언급했다는 걸 알아주세요.

일반적으로 저는 문제 해결에 있어 본질을 꿰뚫는 알고리즘을 추천하고 활용합니다. 알고리즘은 양방향으로 활용해야 합니다. 예를 하나 들어보죠. 저는 간단한 퀴즈를 내서 우리 가족을 성가시게 합니다. 얼마전에 낸 퀴즈는 이런 내용이었습니다. "미국에 일대일 시합과 전국 대회를 여는 게임이 있어. 같은 사람이 65년의 간격을 두고 두 번 우승했는데, 그 게임은 뭘까?"

이번에도 전구가 많이 켜지지 않네요. 우리 가족도 마찬가지였습니다. 다만, 물리학자인 저의 아들은 제가 좋아하는 유형의 사고를 많이 훈련했죠. 그래서 즉시 정답을 알아냈습니다. 저의 아들이 거친 추론 과정은 이랬습니다. 요컨대 손-눈 협응 능력이 많이 필요한 활동은 정답이 될 수 없습니다. 85세 노인은 전국 당구 대회에서 우승하지 못할 것입니다. 전국 테니스 대회는 말할 것도 없죠. 불가능합니다. 그다음 저의 아들은 자신이 아주 잘하는 체스도 아니라는 걸 파악했습니다. 너무 어렵거든요. 체스는 시스템이 매우 복잡할 뿐 아니라 체력도 많이 필요합니다. 그러자 체커스라는 게임이 떠올랐습니다. 저의 아들은 '맞아! 경험이 많으면 85세 노인도 최고 자리에 오를 수 있는 게임이야.'라고 생각했습니다.

아무튼 이렇게 머릿속으로 퍼즐을 푸는 걸 여러분 모두에게 권장합니다. 생각을 앞뒤로 뒤집어보는 거죠. 경제학계도 여기서 설명한 아주 작은 규모의 미시경제학에 더 주목하고 실력을 키우길 바랍니다.

5
너무 적은 종합

저의 다섯 번째 비판은 전통적인 경제학 바깥의 내용뿐 아니라 내부의 내용과의 종합도 너무 적다는 겁니다.

저는 두 곳의 경영대학원에서 학생들에게 문제를 제시했습니다. 저는 이렇게 물었습니다. "여러분은 수요 공급 곡선을 배웠을 겁니다. 즉, 대개 가격을 올리면 판매량이 줄고, 가격을 내리면 판매량이 늘어난다고 배웠지요. 그렇죠? 그렇게 배웠죠?" 학생들은 모두 고개를 끄덕였습니다. 저는 뒤이어 이렇게 말했습니다. "그러면 판매량을 늘리고 싶을 때 가격을 올리는 게 정답인 경우를 말해보세요." 그러자 길고도 오싹한 정적이 흘렀습니다. 두 경영대학원에서 50명 중 한 명 정도가 마침내 한 가지 경우를 말했습니다. 특정 여건에서는 더 높은 가격이 품질을 나타내는 대략적인 지표로 작용하며, 따라서 판매량을 늘린다는 답을 떠올린 겁니다.

베크먼 인스트루먼츠의 대표인 제 친구 빌 볼하우스에게 그런 일이 일어났습니다. 이 회사는 복잡한 제품을 생산했는데, 고장이 날 경우 구매자에게 엄청난 피해를 입힐 수 있었죠. 유전 바닥에 설치하는 펌프 같은 건 아니지만, 그걸 머릿속으로 상상해도 좋을 만큼 중요한 제품입니다. 그는 자사 제품이 타사 제품보다 나은데도 잘 팔리지 않는 이유가 가격이 낮기 때문이라고 판단했습니다. 낮은 가격이 사람들에게 품질 낮은 조잡한 제품이라는 인상을 준 거죠. 그래서 가격을 20퍼센트 정도 인상했더니 판매량이 늘었습니다.

경영대학원에 다니는 50명 중에서 한 명만 이 단 하나의 경우를 생각해냈습니다. 그중 한 곳이 보통 사람은 들어가기도 어려운 스탠퍼드대학교였죠. 하지만 누구도 아직 제 마음에 드는 핵심적인 답을 떠올리지는 못했습니다. 여러분이 가격을 올리고, 거기서 얻은 여유 자금으로 구매 담당자에게 뇌물을 준다고 가정합시다. 이 방법이 통할까요? 경제학, 그러니까 미시경제학에서 가격을 올리고 잉여 판매금으로 매출을 늘리는 일과 기능적으로 동일한 게 있나요? 당연히 아주 많습니다. 일단 정신적 도약만 해낸다면 말이죠. 아주 간단합니다.

가장 극단적인 사례 중 하나는 투자 운용 분야에 있습니다. 여러분이 뮤추얼 펀드를 운용하고 있으며, 그 상품을 더 많이 판매하길 원한다고 가정합시다. 사람들은 흔히 다음과 같은 답에 이릅니다. 여러분이 수수료를 높이면 당연히 최종 구매자에게 제공하는 실제 투자 상품의 단위 수가 줄어듭니다. 그러니까 최종 구매자에게 판매하는 실제 투자 상품의 단위당 가격을 올리는 셈이죠. 여러분은 늘어난 수수료로 고객의 매수 대리인에게 뇌물을 제공합니다. 브로커에게 뇌물을 줘서 고객을 배신하게 만드는 거죠. 그러면 그들은 고객의 돈을 수수료가 높은 상품에 넣습니다. 이렇게 해서 적어도 수조 달러어치에 달하는 뮤추얼 펀드를 판매할 수 있습니다.

이는 인간 본성에서 매력적인 부분은 아닙니다. 저는 평생 그걸 완전히 회피해왔다는 걸 여러분에게 말하고 싶습니다. 자신은 절대 사지 않을 것을 팔면서 살아갈 필요는 없습니다. 설령 그게 합법이라 해도 좋은 생각은 아니에요. 저의 견해를 모두 받아들이지 않아도 됩니다. 그러다가는 취업을 못 할 수도 있으니까요. 소수의 회사 말고는 취업이 안 될 위험을 감수하지 못하겠다면 저의 견해를 따르지 마세요.

앞서 제기한 단순한 질문과 관련된 저의 경험은 사람들이 경제적 문제에 대한 종합을 얼마나 적게 하는지 보여주는 사례입니다. 학력이 높은 편인 사람들조차 그렇습니다. 너무나 명백한 답이 있는 명백한 질문인데 말이죠. 그런데도 사람들은 네 개의 경제학 강의를 듣고 경영대학원에 들어갑니다. 그들은 지능지수가 높고 수많은 논문을 씁니다. 하지만 조금이라도 가치 있는 종합을 할 줄 모릅니다.

이 문제의 원인은 교수들이 모든 걸 아는데도 일부러 학생들에게 전수하지 않기 때문이 아닙니다. 오히려 그들이 이런 종류의 종합에 그다지 뛰어나지 않기 때문입니다. 그들은 다른 방식으로 훈련받았습니다. 케인스인지 갤브레이스인지 기억나지 않습니다만, 둘 중 한 명이 경제학 교수들은 가장 경제적으로 사고한다고 말했습니다. 그들은 대학원에서 배운 몇몇 생각만 가지고 평생을 살아가죠.

종합과 관련된 두 번째 흥미로운 문제는 경제학에서 가장 유명한 두 가지 사례를 수반합니다. 하나는 데이비드 리카도가[79] 말한 무역에서의 비교우위이고, 다른 하나는 애덤 스미스가 말한 핀 공장입니다.[80] 물론 이 두 가지는 1인당 경제적 산출량을 크게 늘려주었으며, 각각 나름의 방식으로 아주 숙달된 사람에게 특정한 기능을 맡긴다는 점에서 비슷합니다. 그러나 이 둘은 완전히 다른 사례이기도 합니다. 핀 공장은 중앙계획 경제의 극치입니다. 즉, 누군가가 전체 시스템을 계획합니다. 반면, 리카도의 비교우위는 무역의 자연스러운 결과로서 저절로 발생하죠.

종합의 재미를 알고 나면 즉각 '이것들이 상호작용을 할까?'라고 생각하게 됩니다. 당연히 상호작용을 합니다. 그것도 아주 훌륭하게 하죠. 이는 현대 경제 체제의 원동력 중 하나입니다.

저는 오래전 그런 상호작용의 사례를 목격했습니다. 버크셔는 과거 저축대부조합 기업을 보유한 적이 있습니다. 이 회사는 할리우드 파크 경마장 맞은편에 있는 호텔에 대출을 해주었습니다. 그런데 시간이 지나면서 그 동네가 바뀌었습니다. 해당 지역이 갱, 포주, 마약 판매상으로 가득 찬 겁니다. 사람들은 마약을 사려고 벽에 붙은 구리 파이프를 뜯어냈습니다. 총을 들고 호텔 주위를 어슬렁거리는 사람도 있었죠. 그래서 누구도 호텔에 오지 않았습니다. 우리는 두세 번 압류에 들어갔고, 대부 가액은 제로가 되었습니다. 우리가 보기에 그것은 해결할 수 없는 경제적 문제, 즉 미시경제학적 문제였습니다.

우리는 매킨지나 하버드대학교 교수들을 찾아갈 수도 있었습니다. 그랬다면 아마 그 끔찍한 동네에서 망해가는 호텔을 되살리는 방법에 관해 30센티미터 두께의 보고서를 받았겠죠. 그러나 우리는 호텔에 '매각 또는 임대'라고 쓴 알림판을 붙였습니다. 그러자 어떤 사람이 그걸 보고 "20만 달러를 들여서 호텔을 보수하고 주차장을 미니 골프장으로 바꿀 수 있도록 해주면 신용 대출로 고가에 매수하겠습니다."라고 말했습니다.

우리가 물었습니다. "호텔에는 주차장이 있어야 합니다. 주차장 없이 어떻게 할 생각인가요?"

그가 대답했죠. "아닙니다. 저는 플로리다에서 노인들을 데려와 공항 근처 호텔에 모시고, 버스로 디즈니랜드나 다른 여러 곳으로 데려가는 사업을 합니다. 그 동네가 얼마나 안 좋은지는 신경 쓰지 않습니다. 우리 고객들은 호텔에만 있을 테니까요. 버스로 아침에 관광지로 모셔가고, 저녁에 호텔로 모셔오기만 하면 됩니다. 주차장은 필요 없어요. 그 대신 우리 고객들에게는 미니 골프장이 필요합니다."

그래서 우리는 그 사람과 계약했습니다. 모든 일이 잘 해결되었고, 대출은 상환되었습니다. 다 잘 풀린 거죠.

명백히 이는 리카도식 사례와 핀 공장 사례의 상호작용입니다. 그 사람이 노인 고객을 즐겁게 해주려고 설계한 이상한 시스템은 순전히 핀 공장 사례이고, 그런 시스템을 갖춘 사람을 찾아낸 건 순전히 리카도식 사례입니다. 그 두 가지가 상호작용을 한 거죠.

지금까지 종합에 대해 약간 이야기해봤습니다. 민간 기업과 정부에서 얼마나 많은 활동이 자체적으로 이루어지는지, 어떤 기능이 어디에 있어야 하는지, 그리고 문제가 발생하는 이유가 무엇인지 등을 파악하려면 내용이 더 어려워집니다.

제 생각에는 지능지수가 높고 경제학을 전공한 사람이라면 누구나 이 모든 내용을 종합한 10쪽짜리 글을 설득력 있게 쓸 수 있어야 합니다. 장담하건대 미국의 사실상 모든 경제학과에서 그런 시험을 내면 엄청나게 형편없는 글들이 나올 겁니다. 학생들은 로널드 코스의[81] 이론을 제시하고, 거래 비용 이야기를 꺼내겠죠. 또한 교수들이 제시한 잡다한 내용을 적어두었다가 다시 뱉어낼 겁니다. 하지만 모든 것이 서로 맞물리는 양상을 제대로 이해한다는 측면에서는 대다수 학생이 잘 해내지 못할 거라고 장담합니다.

그건 그렇고 여러분 중에 한번 해보고 싶은 사람이 있다면 해보세요. 아마 쉽지 않을 겁니다. 이와 관련해 언급하고 싶은 흥미로운 사실이 있습니다. 바로 플랑크상수를 발견한 위대한 노벨상 수상자 막스 플랑크가 한때 경제학을 공부하려고 시도했다는 겁니다. 하지만 포기하고 말았죠.

왜 사상 최고로 똑똑한 사람 중 한 명인 막스 플랑크가 경제학을 포기했을까요? 그는 이렇게 대답했습니다. "너무 어려워요. 얻을 수 있는 최선의 해법도 난잡하고 불확실합니다." 경제학은 질서에 대한 플랑크의 갈망을 충족시키지 못했습니다. 그래서 포기한 겁니다. 막스 플랑크 같은 사람도 결코 완벽한 질서를 찾을 수 없다는 사실을 진작에 깨달았습니다. 그러니 분명 여러분도 정확하게 같은 결과를 얻을 겁니다.

그건 그렇고 출처가 불확실하기는 하지만 막스 플랑크에 대한 유명한 이야기가 있습니다. 노벨상을 받은 후 사방에서 강연 요청을 받은 그는 독일 전역을 돌아다니며 강연하기 위해 운전기사를 채용했습니다. 어느 날 그의 강연 내용을 모조리 암기한 운전기사가 말했습니다. "플랑크 교수님, 제가 교수님 대신 강연을 한번 해봐도 되겠습니까?" 그리고 실제로 플랑크 대신 강연을 했습니다. 강연이 끝난 후 몇몇 물리학자가 일어나 아주 어려운 질문을 했습니다. 운전기사는 그런 경우를 대비한 대답도 생각해두고 있었죠. 그는 이렇게 말했습니다. "뮌헨 같은 선진 도시의 시민들이 그토록 기초적인 질문을 하시다니 놀랍군요. 그건 제 운전기사가 답해드리겠습니다."

6
심리학에 대한
극단적이고 비생산적인 무지

좋습니다. 이제 여섯 번째 주요 결점을 이야기할 차례군요. 이 결점은 적절한 다학문성이 결여된 문제의 하위 요소로서, 바로 심리학에 대한 극단적이고 비생산적인 무지입니다. 이번에도 아주 단순한 문제를 하나 내겠습니다. 그게 제 전문이니까요.

여러분은 라스베이거스에 50대의 일반 슬롯머신이 있는 작은 카지노를 소유하고 있습니다. 이 슬롯머신들은 외양과 기능이 동일하며, 당첨금 지급률도 똑같습니다. 당첨 방식이나 비율 역시 똑같습니다. 그런데 유독 한 대는 어떤 자리에 두든 일일 정산을 해보면 다른 슬롯머신보다 25퍼센트나 당첨금 지급액이 높았습니다.

이 문제는 분명 틀리지 않을 것 같은데, 잘 당첨되는 슬롯머신은 무엇이 다를까요? 대답할 사람 있나요?

청중: 그 슬롯머신을 더 많은 사람이 사용한 것 아닐까요?

아닙니다. 제가 알고 싶은 건 더 많은 사람이 그 슬롯머신을 사용한 이유입니다. 그 슬롯머신이 다른 점은 전자장치를 활용해 '아슬아슬한' 그림이 나오는 비율을 높였다는 겁니다. 가령 '막대-막대-레몬-막대-막대-포도' 같은 그림이 정상적인 슬롯머신보다 훨씬 자주 나왔습니다. 그래서 사람들이 더 많이 사용하게 된 거죠.

이런 답은 어떻게 얻을까요? 쉽습니다. 명백히 거기에는 심리적 원인이 있습니다. 그 슬롯머신에는 기본적인 심리적 반응을 촉발하는 뭔가가 있습니다. 심리적 요인들을 머릿속 체크리스트에 넣어두고 훑어 내려가다 보면 원인을 설명하는 답이 나옵니다. 그걸 효율적으로 하는 다른 방식은 없습니다.

이런 답은 문제 해결 방법을 익히지 않은 사람에게는 떠오르지 않습니다. 엉덩이 걷어차기 대회에 나간 외다리처럼 살고 싶다면, 마음대로 하세요. 그러지 않고 두 다리를 가진 힘센 사람처럼 성공하고 싶다면 그런 방법을 익혀야 합니다. 미시경제학과 거시경제학에다 심리학까지 포함해서 말이죠.

같은 맥락에서 이번에는 제대로 작동하지 않던 경제 체제를 고친 특이한 남미 국가의 사례를 언급하고 싶습니다. 이 작은 남미 국가에서는 모두가 모든 것을 훔치는 문화가 생겨났습니다. 사람들은 회삿돈을 횡령했고, 동네에 널린 모든 것을 훔쳤습니다. 당연히 경제는 사실상 정체했죠. 그런데 이런 문제가 해결됐습니다.

이 사례를 제가 어디서 읽었을까요? 힌트를 드리죠. 경제학 연보는 아닙니다. 저는 이 사례를 심리학 연보에서 찾았습니다. 똑똑한 사람들이 여러 가지 심리학적 기법을 쓴 결과, 문제를 해결한 겁니다.

이는 단순한 기법으로 고장 난 경제를 고치고 너무나 많은 문제를 해결한 멋진 사례입니다. 경제학자가 그 방법을 모르는 데다 문제를 이해하지 못한다면 핑계를 댈 수 없다고 생각합니다. 자기 분야인 고장난 경제 체제를 고치는 심리학적 기법조차 모를 만큼 심리학에 무지해야 할 이유가 있을까요?

여기서 극단적 요구를 하고자 합니다. 이 요구는 자연과학의 근본적인 조직화 기풍보다 더 엄격하며, 새뮤얼 존슨의 말에 따른 것입니다. 존슨은 본질적으로 학자가 조금만 노력하면 제거할 수 있는 무지를 유지하는 것은 배임이나 다름없다고 말했습니다. 그는 '배임'이라는 표현을 썼습니다. 여러분은 제가 이 말을 좋아하는 이유를 아실 겁니다. 그는 학자라면 최대한 얼뜨기에서 탈피할 의무가 있으며, 따라서 자신의 체계에서 무지를 최대한 제거하려고 계속 노력해야 한다고 말한 것입니다.

7
2차 및 고차 효과에 대한
관심 부족

다음은 일곱 번째 결점인데, 바로 2차 및 고차 효과를 향한 관심 부족입니다. 이 결점은 충분히 수긍할 수 있습니다. 결과는 다른 결과를 낳으며, 결과의 결과도 계속 다른 결과를 낳기 때문입니다. 그래서 아주 복잡해집니다. 저는 기상 요원으로 일할 때 이런 점이 아주 짜증스러웠습니다. 경제학은 기상학을 티 파티처럼 보이게 만들죠.

경제학 박사를 비롯한 다양한 전문가들이 미국의 초기 메디케어 법안에 따른 비용을 예측할 때, 경제학에 대한 엄청난 무지를 드러냈습니다. 그들은 단순하게 과거의 비용을 대입했습니다. 하지만 그 비용 예측은 1천 퍼센트 넘게 빗나가고 말았습니다. 당시 예측한 비용은 실제 비용의 10퍼센트도 되지 않았습니다. 다양한 인센티브가 새로 생기자, 그 반응으로 사람들의 행동이 바뀌었거든요. 그 결과, 실제 수치가 예측과 크게 달려졌습니다. 또한 분명히 예상할 수 있는 대로 의학계는 새롭고 값비싼 요법을 개발했습니다.

뛰어난 전문가 집단이 어떻게 그토록 어리석은 예측을 했을까요? 그 답은 계산하기 쉬운 수치를 얻으려고 문제를 과도하게 단순화했기 때문입니다. 파이를 3.2로 올림하려던 시골 정치인처럼 말이죠. 그들은 효과의 효과의 효과를 고려하지 않기로 작정한 겁니다.

학계의 관점에서 이런 흔한 오판과 관련해 한 가지 좋은 점이 있다면, 기업인들은 미시경제학에 더 명청하다는 겁니다. 메디케어식 미친 짓의 기업계 버전을 예로 들어보죠. 여러분이 직물 공장을 갖고 있는데 한 직원이 와서 말합니다. "신형 방직기가 나왔다고 합니다. 참 잘된 일 아닙니까? 신형 방직기를 3년 사용하면 구입 비용을 회수할 수 있다네요. 효율성이 훨씬 높아지니까요." 그래서 여러분은 신형 방직기와 그에 준하는 것을 20년 동안 계속 사들입니다. 하지만 그동안 자본 수익률은 계속 4퍼센트에 머뭅니다. 전혀 나아질 기미가 없습니다. 그 이유는 신기술이 통하지 않았기 때문이 아니라, 신형 방직기로 인한 이득이 경제학 법칙에 따라 직물 공장 오너가 아니라 직물 구매자에게로 갔기 때문입니다.

경제학 개론 강의를 들었거나 경영대학원을 나온 사람이 어떻게 이 사실을 모를 수 있을까요? 저는 학교들이 일을 못하기 때문이라고 생각합니다. 그렇지 않다면 이런 미친 짓이 자주 일어나지 않을 겁니다.

대개 저는 형식적인 예측을 활용하지 않습니다. 다른 사람에게도 시키지 않죠. 책상에 토하고 싶지는 않으니까요. 그래도 아주 멍청한 예측이 나오는 걸 항상 봅니다. 많은 사람이 그게 아무리 멍청해도 그냥 믿습니다. 책상에 멍청한 예측치를 올리는 건 미국에서 효과적인 영업 기법입니다. 또 여러분이 투자 은행가라면 그것은 하나의 예술이기도 합니다. 저는 그들의 예측 자료도 읽지 않습니다. 한번은 워런과 제가 어떤 기업을 인수했습니다. 매도자는 투자은행이 만든 대규모 조사 자료를 갖고 있었습니다. 아주 두꺼운 자료였죠. 우리는 마치 병에 걸려 죽은 동물의 사체인 양 그걸 대충 넘겼습니다. 매도자는 그 자료에 200만 달러를 지불했다고 말했습니다. 저는 이렇게 응대했죠. "우리는 이런 걸 활용하지 않아요. 쳐다보지도 않습니다."

아무튼 메디케어 사례가 보여주듯 인간이 만든 모든 시스템은 인간 심리에 깊이 뿌리박힌 요인 때문에 악용됩니다. 게임이론은 잠재력이 상당해서 기술적으로 악용되죠. 캘리포니아의 산재 보상 시스템이 잘못된 점은 거기에 있습니다. 악용 방식이 예술의 경지에 올랐습니다. 사람들은 시스템을 악용하는 과정에서 사기 치는 방법을 배웁니다. 이게 사회에 도움이 될까요? 경제 성과에 도움이 될까요? 전혀 아닙니다. 쉽게 악용할 수 있는 시스템을 설계하는 사람들은 지옥의 가장 낮은 곳으로 가야 합니다.

제 친구의 집안이 운영하는 회사는 트럭 트레일러 시장의 약 8퍼센트를 차지하고 있습니다. 그런데 얼마 전 캘리포니아에 있는 마지막 공장의 문을 닫았습니다. 텍사스에도 공장이 하나 있는데, 거기는 상황이 더 안 좋습니다. 텍사스 공장의 산재 보상 비용은 급여 대비 비율이 두 자릿수나 됩니다. 트럭 트레일러를 만들어서 버는 수익은 그렇게 크지 않아요. 결국 그는 유타주 오그던으로 공장을 옮겼습니다. 거기는 신앙심 깊은 모르몬교도들이 대가족을 꾸리며 살고 있는데, 산재 보상 시스템을 악용하지 않아요. 그래서 산재보험 비용은 급여의 2퍼센트밖에 되지 않습니다.

텍사스 공장에서 일하던 남미계 사람들이 모르몬교도와 비교할 때 천성적으로 부도덕하고 나쁜 사람들일까요? 아닙니다. 단지 무지한 국회의원들 때문에 온갖 사기에도 보상하는 인센티브 구조가 생긴 것일 뿐입니다. 그들 중 다수는 로스쿨에 다녔고, 자기가 하는 일이 사회에 어떤 끔찍한 영향을 미치는지 생각하지 않습니다. 거짓말과 속임수의 2차 효과와 3차 효과를 고려하지 않으니까요. 이런 일이 모든 곳에서 벌어집니다. 경제학 분야가 그런 문제로 가득 차면 사회의 다른 분야와 다를 게 없어집니다.

빅터 니더호퍼가[82] 하버드대학교 경제학과에서 한 일은 인간적 시스템을 악용하는 게임이론의 놀라운 사례입니다. 경찰 간부의 아들인 그는 하버드대학교에서 A 학점을 받아야 했습니다. 하지만 진지하게 공부하고 싶은 마음이 없었죠. 정말로 하고 싶었던 건 1) 세계적인 체커스 선수가 되는 것, 2) 밤낮으로 자신이 잘하는 고액 카드 도박을 하는 것, 3) 오랫동안 미국 스쿼시 챔피언 자리를 지키는 것, 4) 아마추어 테니스 선수로서 최고가 되는 것이었으니까요.

그에게는 A 학점을 받을 만큼 공부할 시간이 없었습니다. 그래서 경제학과에 들어갔습니다. 여러분은 아마 그가 프랑스 시학을 전공으로 선택했으리라 생각하겠죠. 하지만 그는 최정상급 체커스 선수라는 걸 잊지 마세요. 그는 자신이 하버드대학교 경제학과를 능가할 수 있다고 생각했습니다. 그리고 실제로 이겼습니다.

그가 확인한 바에 따르면, 대학원생은 교수들이 해야 할 대부분의 따분한 일을 대신 해냈습니다. 하버드에 들어가는 건 아주 어렵기 때문에 대학원생들은 모두 똑똑하고, 체계적이고, 부지런하죠. 그뿐 아니라 교수들에게 꼭 필요한 존재이기도 합니다. 그래서 정말로 수준 높은 대학원 강의에서는 교수들이 관습에 따라, 그리고 호혜성 경향이라고 부르는 심리적 힘에 비추어 예측할 수 있는 대로 학생들에게 항상 A 학점을 줍니다. 그래서 니더호퍼는 하버드대학교 경제학과에서 가장 수준 높은 대학원 강의만 신청했습니다. 물론 강의실 근처에도 가지 않았죠. 하지만 계속 A 학점을 받았습니다. 한동안 일부 하버드 사람들은 새로운 천재가 등장했다고 생각했을지도 모릅니다.

이는 말도 안 되는 이야기입니다. 하지만 아마 이런 수법은 여전히 통할 겁니다. 이제 니더호퍼는 유명합니다. 사람들은 그 방식을 '니더호퍼식 학점 관리'라고 부르죠.

이는 모든 인간적 시스템이 악용되는 양상을 보여줍니다. 결과의 결과를 꼼꼼히 생각하지 않는 또 다른 사례는 두 교역국 모두에 이익이 되는 리카도의 비교우위 법칙에[83] 대해 경제학자들이 일반적으로 보이는 반응입니다.

리카도는 알아내기 어려운 사실을 놀랍고도 쉽게 설명했습니다. 그의 설명은 설득력이 대단해서 사람들을 매료시키죠. 지금도 여전히 사람들은 매료됩니다. 아주 유용한 생각이니까요. 경제학을 하는 모든 사람은 무역에서 발생하는 1차 우위를 고려할 때, 리카도 효과의 중대성을 이해합니다.

중국인처럼 아주 재주 많은 민족 집단이 있고, 그들이 아주 가난하다고 가정합시다. 반면, 여러분의 나라는 선진국으로서 중국과 자유무역을 합니다. 그게 오랫동안 지속되었고, 이제 2차, 3차 결과를 따라가 봅시다. 여러분의 나라는 중국과 교역하지 않았을 경우보다 평균 행복도가 더 높습니다. 그렇죠? 리카도가 그 점을 증명했습니다. 하지만 경제적으로 더 빨리 성장한 나라는 어디일까요? 당연히 중국입니다. 그들은 자유무역이라는 거대한 촉진제를 통해 전 세계의 현대적 기술을 흡수했습니다. 아시아의 호랑이들이 증명한 대로 중국은 빠르게 앞서갈 겁니다. 홍콩, 대만 그리고 과거의 일본을 보세요.

그래서 12억 5천만 명의 인구를 보유한 약한 나라가 결국에는 미국보다 훨씬 크고 강한 나라가 될 겁니다. 어쩌면 더 많고 강력한 핵폭탄까지 보유할지 모릅니다. 리카도는 그게 과거의 패권국에 좋은 결과인지는 증명하지 않았습니다. 그는 2차 효과와 고차 효과를 파악하려 노력하지 않았습니다.

경제학 교수들에게 이런 이야기를 해보세요. 저는 지금까지 세 번 했습니다. 그들은 공포와 모욕감에 위축될 겁니다. 그런 이야기를 좋아하지 않으니까요. 이는 경제학이라는 좋은 학문을 실로 망치는 일입니다. 2차, 3차 결과를 무시하면 문제가 훨씬 간단해지기는 해도 말이죠.

제가 이 주제와 관련해 세 번의 시도 끝에 얻은 최선의 답은 조지 슐츠가 제시한 것이었습니다. 그는 이렇게 말했지요. "제 생각은 우리가 중국과 교역을 중단해도 어차피 다른 선진국들이 한다는 겁니다. 우리는 중국이 상대적으로 부상하는 것을 막지 못할 테고, 리카도가 진단한 무역 측면의 우위를 잃을 겁니다." 이는 명백히 옳은 말입니다.

그래서 저는 이렇게 얘기했습니다. "방금 새로운 형태의 공유지의 비극을 고안하신 것 같군요. 우리는 이 고착된 시스템을 바로잡을 수 없습니다. 우리는 비극적인 자포자기 상태에 빠질 겁니다. 한때 세계 최고 리더였지만, 결국에는 리더십을 잃고 뒷전으로 밀려나는 거죠."

그러자 조지 슐츠가 말했습니다. "그 문제는 생각하고 싶지 않네요."

제 생각에는 그게 현명한 것 같습니다. 그는 저보다 나이도 많아요. 어쩌면 그를 보고 배워야 할지도 모르겠습니다.

8
페베즐먼트 개념에 대한
관심 부족

이제 여덟 번째 문제까지 왔군요. 그것은 경제학 분야가 가장 단순하고 근본적인 대수학 원칙에 주의를 거의 기울이지 않는다는 겁니다.

경제학이 대수학을 하지 않는다는 건 말도 안 되는 일 같습니다. 그렇지 않나요? 예를 하나 들어보겠습니다. 어쩌면 제 말이 틀렸을지도 모릅니다. 저는 늙었고 유별납니다. 그래도 어쨌든 말하겠습니다. 저는 경제학이 페베즐먼트라는 개념에 충분히 주의를 기울이지 않는다고 생각합니다. 이 개념은 갤브레이스의 생각에서 나온 겁니다.

숨은 횡령이 케인스식 경제 부양 효과를 낸다는 거죠. 횡령당한 사람은 자신이 여전히 부유하다고 생각하면서 그에 따라 소비하고, 돈을 훔친 사람은 새로운 구매력을 얻으니까요. 저는 갤브레이스의 분석이 정확하다고 생각합니다. 다만, 사소한 현상을 설명했다는 점이 문제입니다. 거의 확실하게 그렇듯 횡령 사실이 적발되면 바로 효과가 되돌려지니까요. 그래서 금세 상쇄되어버립니다.

갤브레이스는 그러지 않은 것 같지만, 대수학에 많은 주의를 기울이면 이런 생각을 하게 됩니다. '대수학의 근본 원칙은 A가 B와 같고 B가 C와 같다면 A와 C는 같다는 거야.' 기능적으로 동일한 모든 것을 찾게끔 하는 원칙입니다.

여러분이 '경제학적 측면에서 정말로 페베즐먼트라는 게 있을까?'라는 의문을 품었다고 가정합시다. 참고로 갤브레이스는 숨은 횡령의 양을 가리키기 위해 '베즐'이라는 용어를 만들었습니다. 그래서 저는 횡령과 기능적으로 동일한 것을 가리키기 위해 '페베즐먼트'라는 용어를 만들었고요. 이 용어는 '횡령과 기능적으로 동일한 것이 있을까?'라는 의문에서 생겨났습니다. 그러자 거기에 해당하는 놀라운 사례가 많이 떠오르더군요. 그중 일부는 투자 운용 분야에 속합니다. 제가 하는 일은 투자 운용과 밀접하니까요. 저는 현재 미국인들이 주식 포트폴리오에 투자하는 과정에서 수십억 달러가 낭비된다고 생각합니다. 주가가 계속 오르는 한 이 모든 돈을 낭비하는 사람은 그 사실을 인지하지 못합니다. 어쨌든 가치가 꾸준히 오르고 있으니까요. 또한 투자 자문을 하고 돈을 받는 사람은 자신이 돈을 받을 자격이 충분하다고 생각합니다. 사실은 손해를 끼치는 일을 하고 있는데도 말이죠. 이는 분명 숨은 횡령과 기능적으로 동일합니다. 이제 저한테 강연 요청이 많이 들어오지 않는 이유를 아셨을 겁니다.

횡령과 기능적으로 동일한 페베즐먼트의 경제적 효과를 들여다보면 엄청나게 강력한 요소를 확인할 수 있을 겁니다. 이러한 요소는 과거보다 훨씬 강력한 부의 효과를 창출합니다. 하지만 사실상 누구도 저처럼 생각하지는 않죠. 그래서 저는 독립적인 재정 수단을 지닌 열성적인 대학원생에게 저의 생각을 양도하고자 합니다. 이 연구 주제를 승인받기까지 버티려면 그게 필요할 테니까요.

9
미덕 및 악덕 효과에 대한
관심 부족

아홉 번째 문제는 경제학 분야에서 미덕 및 악덕 효과에 대한 관심이 부족하다는 겁니다.

저는 일찍이 경제적으로 엄청난 미덕 효과와 악덕 효과가 존재한다는 사실을 분명하게 깨달았습니다. 그런데도 경제학자들은 미덕과 악덕 이야기를 꺼내면 굉장히 불편해합니다. 여러 줄의 수치를 제시하지 않으니까요. 하지만 저는 경제적으로 거대한 미덕 효과가 존재한다고 주장합니다. 수도사인 프라 루카 데 파치올리가[84] 복식부기를 전파한 것은 경제적 측면에서 거대한 미덕 효과를 미쳤다고 생각합니다. 복식부기는 사업을 더 잘 통제할 수 있게, 더 정직하게 만들었거든요.

뒤이어 현금등록기가 나왔습니다. 현금등록기는 교회보다 인간의 도덕성에 더 많이 기여했습니다. 또한 실로 강력하고 경이로운 물건으로서 경제 체제가 더 잘 돌아가도록 만들었죠. 반대로 쉽게 속일 수 있는 시스템은 사회를 망칩니다. 현금등록기처럼 속이기 아주 어려운 시스템은 악행을 줄임으로써 사회의 경제적 성과에 도움을 줍니다. 그런데도 경제학 분야에서 이런 측면을 이야기하는 사람은 아주 드뭅니다.

여기서 한 발 더 나아가겠습니다. 저는 서로를 신뢰하는 분위기가 아주 강할 때 경제 체제가 더 잘 돌아간다고 생각합니다. 적어도 미국의 과거 세대는 종교를 통해 사회적 신뢰를 확보했습니다. 종교는 죄책감을 심어주죠. 우리 동네에는 매력적인 아일랜드계 가톨릭교 신부님이 계십니다. 그는 "오래전 유대인은 죄책감을 고안했고, 우리는 그걸 완벽하게 만들었다."고 말씀하곤 합니다. 종교에서 기인한 죄책감은 신뢰 분위기를 조성하는 데 중대한 역할을 했습니다. 이는 인류의 경제적 성과에 큰 도움을 주었습니다.

악덕이 미치는 수많은 나쁜 효과는 명백합니다. 지난 6개월 동안 나온 뉴스만 봐도 미친 광풍과 사기성 판촉이 넘쳐납니다. 우리 모두를 숨 막히게 만들고도 남을 악덕이 넘쳐납니다. 그건 그렇고 모두가 미국 기업계 상층부의 불공정한 보상에 분노합니다. 그래야 합니다. 우리는 현재 지배 구조와 관련해 변호사들과 교수들이 고안한 다양하고도 정신 나간 처방에 직면해 있습니다. 그러나 그런 방식으로는 불공정한 보상을 바로잡을 수 없습니다. 다만, 좋은 부분적 해법은 명백히 존재합니다. 보수를 받지 않는 주요 주주들을 이사회에 앉히면 호혜성 경향에 따른 효과를 약화할 수 있습니다. 그러면 경영진에게 돌아가는 불공정한 보상에 놀라운 변화가 일어날 겁니다.

이와 비슷한 무보수 시스템은 의외의 곳에서 시도되었습니다. 영국에서는 자원 사법관이 하급 형사 법정을 담당합니다. 여기서는 범죄자에게 1년의 실형을 선고하거나 거액의 벌금을 부과할 수 있습니다. 이 법정에는 세 명의 판사가 있는데, 모두 무보수로 일합니다. 경비는 상환되지만 그렇게 후한 금액은 아닙니다. 그런데도 그들은 1년에 약 40회에 걸쳐 한나절 동안 자원봉사를 합니다. 이 방식은 700년 동안 훌륭하게 이어졌습니다. 유능하고 정직한 사람들은 무보수라 해도 사법관이 되기 위해, 의무를 다하고 의미 있는 일을 하기 위해 경쟁합니다.

벤저민 프랭클린은 죽음을 앞두었을 무렵, 미국 정부에 이 시스템을 도입하려 했습니다. 그는 정부 고위 관료들이 보수를 받는 걸 원치 않았죠. 자신처럼 또는 전혀 보수를 받지 않아도 잘사는 모르몬교의 목사나 지도자처럼 되기를 원했습니다. 캘리포니아에서 일어나는 일을 보면 그의 생각이 틀린 건지 확신할 수 없습니다. 어쨌든 지금은 누구도 그가 제시한 방향을 따르지 않습니다. 무엇보다 교수들이, 대부분은 돈이 필요한 교수들이 이사로 이름을 올립니다.

도덕적 방식이 최대한 잘 작동하려면, 대다수 세속적인 결과와 마찬가지로 때로 불공정하게 보여야 합니다. 사람들이 이런 사실을 항상 깨닫는 것은 아닙니다. 완벽한 공정성에 대한 갈망은 시스템에 여러 끔찍한 문제를 초래합니다. 일부 시스템은 개인에게 의도적으로 불공정할 수밖에 없습니다. 그래야 평균적으로 모두에게는 더 공정해지니까요. 공정하게 보이지 않는 것에도 미덕이 존재할 수 있다는 얘깁니다.

저는 배가 좌초되면, 설령 함장에게 잘못이 없다 해도 그가 해군에서 퇴출되는 사례를 자주 언급합니다. 아무 잘못 없는 한 명이 입는 부당한 피해는 다른 배들의 함장들이 경각심을 느껴 좌초 사고가 줄어든다는 더 큰 혜택으로 상쇄되고도 남습니다.

저는 모두를 위한 더 큰 공정성을 얻기 위해서라면 약간의 불공정을 견딜 것을 권장합니다. 그래도 학점을 잘 받고 싶다면 그런 내용을 리포트에 쓰지는 마세요. 특히 요즘의 로스쿨에서는 대개 공정성을 추구하는 절차를 과도하리만큼 좋아하니까요.

경제적 측면에서 보면 당연히 엄청난 악덕 효과가 존재합니다. 수많은 사기와 어리석음으로 인해 버블이 형성되는 경우를 봅시다. 그 여파는 대개 아주 불쾌합니다. 최근에도 몇몇 사례가 있었죠. 물론 최초의 대형 버블은 영국에서 일어난 끔찍한 남해회사 버블입니다.[85] 그 여파로 흥미로운 일들이 일어났죠.

여러분 중 다수는 남해회사 버블 이후에 어떤 일이 일어났는지 기억하지 못할 겁니다. 엄청난 자본 손실과 고통이 뒤따랐죠. 또 드문 일부 사례를 제외하고는 수십 년 동안 아예 상장주 거래가 금지되었습니다. 소수 동업자와 합자회사를 만들 수는 있지만 주식 상장은 금지하는 법을 의회가 통과시켰죠. 그건 그렇고 영국은 주식 없이도 계속 성장했습니다. 수많은 주식이 광풍 속에서 매매되는 덕분에 돈을 버는 사람들이 있습니다. 그들이 이 사례를 충분히 공부했다면 별로 마음에 들지 않을 겁니다.

오랫동안 주식 거래를 하지 않아도 영국은 망하지 않았습니다. 부동산 시장도 그렇습니다. 부동산이나 주식이 없어도 우리는 오랫동안 필요에 따라 쇼핑센터와 자동차 매장 같은 것들을 만들었습니다. 자본 시장이 생기면 경제가 카지노처럼 최대한 빠르고 효율적으로 돌아가야 한다는 생각은 미신입니다. 그렇지 않습니다.

시기심을 수반하는 악덕 효과는 또 다른 흥미로운 문제를 일으킵니다. 모세율법은 현명하게도 시기심을 아주 강하게 비판합니다. 여러분은 거기에 "이웃의 당나귀나 여종 등을 탐내지 말라."고 확실하게 못 박아둔 걸 기억하실 겁니다. 고대 유대인은 시기심에 사로잡힌 사람이 어떤 짓을 하고 얼마나 많은 문제를 일으키는지 알았습니다. 그래서 확실하게 못 박아둔 겁니다. 그게 옳습니다.

그런데 버나드 맨더빌의 《꿀벌의 우화》를[86] 기억하십니까? 그는 시기심이 소비 경향을 크게 촉진한다는 사실을 설득력 있게 증명했습니다. 어쨌든 제게는 그랬습니다. 시기심은 십계명에서는 끔찍한 악덕으로 금지되지만, 경제적 측면에서는 온갖 바람직한 결과를 끌어냅니다. 경제학에는 이처럼 누구도 빠져나올 수 없는 역설이 존재합니다.

제가 젊었던 시절에는 모두가 쿠르트 괴델에게[87] 열광했습니다. 그는 짜증스러운 다수의 불완전성을 내포하지 않고는 수학적 체계를 만들 수 없다는 사실을 증명했죠. 그 이후로 수학자들은 수학에서 제거할 수 없는 결점을 더 많이 찾아냈으며, 역설을 내포하지 않은 수학은 절대 나오지 않을 것으로 판단했습니다. 아무리 노력해도 수학자라면 역설과 함께 살아가야 합니다.

이처럼 수학자들도 자신이 만든 체계에서 역설을 제거하지는 못합니다. 그렇다면 불쌍한 경제학자들도 결코 역설을 제거하지 못할 테지요. 우리도 마찬가지입니다. 그래도 괜찮습니다. 인생은 약간의 역설이 있어서 흥미로운 것이니까요. 저는 역설에 직면하면 제가 완전히 멍청이라서 그 지경에 이르렀거나, 반대로 제가 공부하는 학문의 끝자락 근처까지 나아가는 결실을 거두었다고 생각합니다. 어느 쪽인지 궁금해하는 일은 삶에 재미를 더합니다.

결론을 내리기 전에 한정된 레퍼토리에서 잘못된 생각을 얻고, 그것만 고수하는 게 얼마나 잘못된 일인지 보여주는 이야기를 하나 더 하고 싶습니다. 고국을 떠나 미국으로 온 하이만 리보위츠의 이야기입니다. 그는 고국에서 그랬던 것처럼 미국에서도 못을 만드는 가업을 이어가려고 애썼습니다. 그의 사업은 고전을 거듭하다가 마침내 크게 성공했습니다. 아내는 그에게 "이제 나이가 들었으니 아들한테 사업을 넘기고 플로리다로 갑시다."라고 말했습니다.

그래서 그는 아들에게 사업을 넘기고 플로리다로 갔습니다. 그 대신 매주 재무 보고서를 받아 보았죠. 그런데 플로리다로 온 지 얼마 되지 않아 적자가 크게 났습니다. 실로 끔찍한 규모였습니다. 그는 비행기를 타고 공장이 있는 뉴저지로 돌아갔습니다. 공항에서 공장으로 가는 길에 거대한 옥외 광고판이 눈에 띄었는데, 예수가 십자가에 매달려 있고 그 밑에 이런 기막힌 문구가 적혀 있었습니다. "그들은 리보위츠의 못을 썼습니다."

공장으로 달려간 그는 아들에게 소리쳤습니다. "이 멍청한 녀석아! 도대체 무슨 생각이니? 내가 이 회사를 만드는 데 50년이 걸렸어!" 아들이 대답했습니다. "아버지, 한 번만 믿어주세요. 문제를 해결할게요."

그 말을 믿고 그는 다시 플로리다로 갔습니다. 하지만 이후로 날아오는 재무 보고서를 보니 실적이 계속 악화하고 있었습니다. 그는 다시 비행기에 올랐습니다. 공항을 떠나 차를 몰고 가다가 문제의 옥외 광고판을 올려다보았습니다. 이번에는 십자가가 비어 있었쭙니다. 예수는 땅바닥에 쓰러져 있고요. 광고 문구는 이랬습니다. "그들은 리보위츠의 못을 쓰지 않았습니다."

웃으셔도 됩니다. 웃기잖아요. 하지만 수많은 사람이 실패한 아이디어에 집착하는 것보다 더 웃기지는 않습니다.

케인스는 "새로운 아이디어를 도입하는 건 크게 어렵지 않다. 어려운 건 오래된 아이디어를 없애는 것이다."라고 말했습니다. 아인슈타인은 더 좋은 말을 했죠. 자신이 "호기심, 집중력, 끈기, 자기비판" 덕분에 지적인 측면에서 성공했다고요. 자기비판이란 가장 아끼고 힘들게 습득한 아이디어조차 잘 버리는 것을 뜻합니다. 이런 일을 잘하는 건 대단한 재능입니다.

이제 이 작은 강연의 큰 교훈을 다시금 말씀드릴 때가 되었습니다. 제가 제안하는 것은 경제학과 다른 모든 것에 도움이 되도록 능숙한 수준으로 터득한 다학문적 기법을 좀 더 많이 활용하자는 겁니다. 또한 저는 제거할 수 없는 복잡성과 역설에 낙담하지 말 것을 권합니다. 그런 것들은 문제에 재미를 더할 뿐입니다. 이런 생각 역시 케인스에게서 영감을 얻었습니다. 정확하게 틀리는 것보다 대강이라도 맞는 게 낫습니다.

예전에 비슷한 자리에서 했던 말을 반복하는 것으로 이 강연을 끝내고자 합니다. 다학문적 길을 슬기롭게 따라가면, 결코 다시는 돌아오고 싶지 않을 것입니다. 그게 마치 손을 자르는 일처럼 느껴질 테니까요.

자, 제 이야기는 끝났습니다. 지금부터는 여러분이 참아줄 수 있을 때까지만 질문을 받겠습니다.

청중의 질문: 버핏 씨는 "이미 술판은 벌어졌고, 술을 마신 만큼 숙취에 시달리게 될 것"이라고 말했습니다. 그런 상황이 어떻게 전개될지 추측해주실 수 있나요? (두서없는 질문이지만 그 내용은 버핏이 '금융 부문의 대량 학살 무기'라고 말한 파생 상품에 대한 것이다.)

당연한 말이지만 재난을 정확히 예측하는 일은 언제나 어렵습니다. 다만, 앞으로 큰 문제가 생기리라는 건 장담할 수 있습니다. 시스템이 거의 미친 수준으로 무책임해졌거든요. 사람들이 해결책이라고 생각하는 건 사실 해결책이 아닙니다. 너무나 복잡한 문제라 이 자리에서 제대로 설명하기는 어렵습니다만, 거기에는 수조 달러에 이르는 엄청난 거액이 들어와 있습니다. 게다가 거래는 얼마나 복잡한지, 회계 처리는 또 얼마나 어려운지, 가치와 청산 능력에 대한 헛된 희망에 얼마나 큰 인센티브가 주어지는지 믿기 어려울 정도입니다.

파생 상품 장부를 관리하는 일은 힘들고 시간이 걸립니다. 엔론이 그걸 하려다가 어떻게 됐는지 다들 아실 겁니다. 공인된 순자산이 증발했습니다. 미국의 경우 파생 상품 장부에 거둔 적 없는 이익과 존재하지 않는 자산이 많습니다.

파생 상품 투자에서는 커다란 페베즐먼트 효과와 몇 가지 일반적인 횡령 효과가 생깁니다. 그걸 되돌리는 일은 고통스러울 겁니다. 그 고통이 얼마나 클지, 그리고 우리가 얼마나 감당할 수 있을지는 저도 말씀드릴 수 없습니다. 다만, 정신이 똑바로 박힌 사람이 한 달 동안 대규모 파생 상품 운용 실태를 제대로 파고들면 혐오감을 느낄 겁니다. 루이스 캐럴의 소설 같을 테지요. 미친 모자 장수의 티 파티 같을 겁니다. 거기에 관여하는 사람들이 내세우는 가짜 정확성은 그저 어이가 없을 따름입니다. 최악의 경제학 교수들조차 신처럼 보일 지경입니다. 게다가 그런 어리석음을 키우는 부패도 있습니다.

법학 교수이자 전 파생 상품 트레이더 프랭크 파트노이가 집필한
《FIASCO: 파생 금융 상품 세일즈맨의 고백》을 읽어보세요. 평판 좋은
월스트리트의 대형 금융 기업이 파생 상품 거래에서 어떤 부정을 저지
르는지 내부자 입장에서 기록한 책입니다. 읽다 보면 아마 속이 뒤집힐
겁니다.

**워런이 캘리포니아 주민 발의 13의[88] 문제점을 지적했다가 반발이 나왔을
때 어떤 반응을 보였는지 말씀해주실 수 있나요? 충격을 받거나 놀랐나요?**

워런에게 충격을 주기는 쉽지 않아요. 70년 넘게 살면서 별일을 다
겪었으니까요. 그리고 머리도 빨리 돌아가죠. 워런은 선거에 앞서 특정
주제에 대해 말하는 걸 대체로 피합니다. 저도 이 자리에서 그렇게 하
려고 합니다.

9강을 다시 살펴보며

경제학에 관한 이 익살스러운 강연은 2003년에 한 것이다. 강연을
준비할 때 참 재미있었다. 다만, 이 강연이 무해한 재미 이상의 것을 주
었기를 바란다. 나아가서 내 생각의 일부가 결국에는 경제학계로 전파
되었기를 바란다. 명성을 원해서가 아니라 경제학계에 개선이 필요하
다고 생각하기 때문이다.

강연 후 앨프리드 크노프에서 나온 책을 우연히 접했다. 유명한 하
버드대학교 경제학 교수 벤저민 프리드먼이 집필했다. 내용은 경제학
과 도덕의 상호작용에 대한 것으로, 내가 이 강연에서 말하려던 것과
비슷했다. 제목은 《경제성장의 도덕적 결과》(한국어판 제목은 《경제성장의

미래》)다.

제목에서 알 수 있듯이 프리드먼은 경제성장이 도덕에 미치는 영향에 특히 관심이 많았다. 반면, 나의 관심사는 주로 그 반대, 즉 도덕이 경제성장에 미치는 영향이었다. 이 차이는 크게 중요치 않다. 배운 사람은 누구나 두 요소가 좋든 나쁘든 영향을 주고받으면서 흔히 말하는 선순환 또는 악순환을 일으킨다는 사실을 알기 때문이다. 프리드먼은 이 주제와 관련해 랍비 엘레아자르 벤 아자리아의 놀라운 말을 인용한다. "빵이 없는 곳에는 법도 없고, 법이 없는 곳에는 빵도 없다."

성공하기 위해 갖추어야 할 도덕적 의무

서던캘리포니아대학교 굴드 로스쿨 졸업식 축사

USC Gould School of Law
Commencement Address

2007년 5월 13일
서던캘리포니아대학교

2007년의 어느 따스한 늦봄, 찰리는 서던캘리포니아대학교의 앨럼나이 파크에서 194명의 법학 박사 학위 수령자와 89명의 법학 석사 학위 수령자, 세 명의 비교법학 석사 학위 수령자를 대상으로 축사를 했다. 그는 이 축사에서 세계적 부호가 된 자신의 성공과 입지에 기여한 관행에 대한 통찰을 제시한다. 아울러 지혜를 습득하는 것은 도덕적 의무라며, 삶과 배움에서 성공에 이르는 최선의 방법은 다학문적 소양을 쌓는 것임을 로스쿨에 다닐 때 깨달았다고 강조한다.

이 축사에 청중은 열광했다. 이후 서던캘리포니아대학교 로스쿨 학장 에드워드 매캐퍼리는 법률 교육의 질을 높이기 위해 설립한 우수법학도학회의 명예 회원 자격을 찰리에게 부여했다.

분명 여러분 중 다수는 축사를 하는 사람이 왜 이렇게 늙었는지 궁금할 겁니다. 그 답은 명백합니다. 아직 죽지 않아서 그렇습니다. 그러면 왜 제가 선택되었을까요? 그건 저도 모르겠습니다. 이 대학의 발전기금 담당 부서와는 아무 관련이 없었으면 좋겠네요.

이유가 무엇이든 제가 이 자리에서 축사를 하는 건 적절한 것 같습니다. 저기 뒤쪽에 졸업 가운을 걸치지 않은 나이 든 분들이 많으니까요. 저는 한 부대部隊의 후손들을 교육시켰습니다. 그래서 오늘 앞쪽에 졸업 가운을 걸친 학생들이 누릴 많은 영예가 실은 저기 계신 학부모들에게 돌아가야 한다는 걸 압니다. 한 세대에서 다음 세대로 전달되는 지혜와 가치 그리고 그것을 위한 희생은 언제나 높이 평가받아야 합니다.

또한 제 왼쪽에 아시아계 학생들이 많이 보이는 것도 기쁩니다. 저는 평생 공자를 존경해왔습니다. 저는 효孝[89] 사상을 좋아합니다. 효 사상 또는 그 가치관을 다음 세대에 가르쳐야 합니다. 또한 자연스럽게 주어지는 그 의무를 다음 세대로 전해줘야 합니다. 효 사상에서 얻을 게 없다고 생각하는 사람은 미국에서 아시아계 사람들이 얼마나 빨리 부상하는지 인식하기 바랍니다. 얻을 것이 있다고 생각합니다.

좋습니다. 앞서 몇 가지 이야기를 했는데, 지금부터는 제게 큰 도움이 되었던 생각과 태도에 관해 말하고자 합니다. 그것이 모두에게 완벽히 통할 거라고 주장하는 건 아닙니다. 그래도 그중 다수는 보편적 가치를 지니며, 실패할 일이 없다고 생각합니다.

제게 도움을 준 핵심적인 생각은 무엇일까요? 운 좋게도 저는 아주 어린 나이에 그 생각을 품었습니다. 바로 원하는 것을 얻는 가장 안전한 방법은 그걸 얻을 자격을 갖추는 것이라는 생각입니다. 이는 아주 단순한 생각이자 황금률입니다. 당신이 기꺼이 받고 싶은 것을 상대에게 주어야 합니다. 제 생각에 변호사나 다른 사람들에게 이보다 나은 태도는 없습니다. 대체로 이런 태도를 지닌 사람은 삶에서 승자가 됩니다. 그들은 단지 돈과 명예만 얻는 게 아닙니다. 그들이 상대하는 사람들로부터 존경심과 마땅히 받아야 할 신뢰를 얻죠. 마땅한 신뢰를 얻는 것은 삶의 크나큰 기쁨입니다.

다만, 살다 보면 때로는 악랄한 악한을 만나게 됩니다. 그들은 부와 유명세를 얻은 채 죽죠. 하지만 대개 사회로부터 멸시당합니다. 그들의 장례식이 열리는 성당에 사람들이 가득하다면, 그중 대부분은 축하하려고 거기 있는 겁니다.

그런 사람이 죽었던 때가 생각나네요. 목사가 "돌아가신 분을 기리는 말씀을 들을 시간입니다."라고 말했지만, 누구도 앞으로 나서지 않았습니다. 어색한 정적이 흐르다가 마침내 한 명이 나서서 이렇게 말했습니다. "이 사람의 형은 더 나쁜 사람이었어요." 그런 꼴이 되어서는 안 됩니다. 그런 장례식으로 끝나는 삶을 살아서는 안 됩니다.

제가 어린 나이에 품은 두 번째 생각은 존중에 바탕을 둔 사랑만큼 올바른 사랑은 없다는 겁니다. 그리고 그 대상에는 지금은 계시지 않지만 교훈을 준 고인들도 포함해야 합니다. 저는 어쩌다 보니 그런 생각을 품게 되었고, 그걸 평생 간직했습니다. 덕분에 많은 도움을 받았죠. 윌리엄 서머싯 몸이 《인간의 굴레》에서[90] 묘사한 종류의 사랑은 병든 사랑입니다. 그것은 질병이며, 그런 질병에 걸렸다면 치료해야 합니다.

역시 공자를 연상시킬지도 모르는 또 다른 생각은 지혜를 얻는 일이 도덕적 의무라는 겁니다. 그것은 단지 삶에서 앞서나가려고 하는 일이 아닙니다. 이런 생각에는 아주 중요한 필연적 결론이 따릅니다. 바로 평생에 걸쳐 배움에 매진해야 한다는 겁니다. 그렇게 하지 않으면 삶을 아주 잘 살아갈 수 없습니다. 이미 아는 것만 가지고는 삶에서 아주 멀리 나아갈 수 없습니다. 여러분은 이 자리를 떠난 후에 배운 것을 발판 삼아 앞으로 나아가야 합니다.

전 세계에서 평판이 아주 높은 버크셔 해서웨이를 보세요. 버크셔는 역사상 최고 수준의 대규모 장기 투자 실적을 거두었습니다. 그러나 앞선 10년간 잘 통했던 기술이 다음 10년 동안에도 잘 통한다는 보장은 없습니다. 워런 버핏은 끊임없이 학습하는 기계가 되어야 했습니다.

사회적 신분이 낮은 경우에도 같은 요건이 존재합니다. 가장 똑똑하지도 않고, 때로는 가장 근면하지도 않은 사람이 성공하는 경우를 계속 봅니다. 하지만 그들은 학습하는 기계와 같습니다. 매일 밤, 아침보다 약간은 더 현명한 사람이 되어 잠자리에 듭니다. 그런 습관은 특히 앞날이 창창한 사람들에게 유용합니다.

앨프리드 노스 화이트헤드는 '발명법을 발명'했을 때 문명이 빠르게 진보한다고 정확하게 말한 바 있습니다. 그는 1인당 GDP와 현재 우리가 당연시하는 다른 많은 것들의 거대한 진전을 염두에 두었죠. 수백 년 전에 거대한 진전이 시작되었습니다. 그 이전에는 세기당 성장률이 제로에 가까웠습니다. 문명은 발명법을 발명할 때에만 진보합니다. 마찬가지로 여러분은 학습법을 학습할 때에만 진보합니다.

저는 아주 운이 좋았습니다. 학습법을 학습한 상태로 로스쿨에 들어갔거든요. 끊임없는 배움보다 저의 긴 삶에 더 유익했던 것은 없습니다. 워런 버핏의 사례를 다시 생각해봅시다. 그가 시간을 재가면서 생활하는 방식을 지켜보면, 깨어 있는 시간의 약 절반 동안 글을 읽는다는 사실을 알게 될 겁니다. 또 나머지 시간의 상당 부분은 일대일 대화에 할애합니다. 그가 신뢰하고 그를 신뢰하는 매우 유능한 사람들과 통화하거나 직접 만나서 이야기를 나누죠. 가까이에서 지켜보면 그는 학자와 아주 비슷한 모습으로 세속적인 성공을 이루어갑니다.

학계는 놀라운 가치를 많이 지니고 있습니다. 저는 얼마 전 그 사실을 말해주는 사례를 우연히 접했습니다. 저는 한 병원의 이사회 의장을 맡고 있는데, 그 덕분에 조지프 미라[91] 박사라는 의과대학원 교수를 알게 되었습니다. 그는 오랜 세월에 걸친 엄격한 노력을 통해 관절암 병리학 분야에서 이 세상 거의 모든 사람보다 더 많이 지식을 얻었습니다. 그는 자신의 지식을 전파해 관절암 치료에 일조하기를 원했습니다. 그래서 어떻게 했을까요? 교과서를 쓰기로 결심했습니다. 그런 교과서는 아마 수백 권 이상은 팔리지 않을 겁니다. 그래도 언젠가는 전 세계의 암 치료센터에 들어가겠죠. 안식년을 얻은 그는 세심하게 저장하고 정리한 모든 슬라이드를 가지고 컴퓨터 앞에 앉았습니다. 그러고는 1년 동안 하루도 빠짐없이 17시간씩 일했습니다. 대단한 안식년이었죠. 연말에 그는 세계적으로 손꼽히는 양대 관절암 병리학 교과서 중 하나를 출간했습니다. 주위에서 이런 가치관을 접하면 최대한 많이 배워야 합니다.

제게 큰 도움을 주었던 또 다른 생각은 로스쿨에 다닐 때 얻은 것입니다. 당시 한 익살스러운 교수가 이렇게 말했습니다. "법률적 사고legal mind란 두 가지 요소가 한데 얽혀 상호작용하는 상황에서, 다른 것은 고려하지 않고 하나만 생각하는 게 타당하고 유용하다고 보는 것입니다."

저는 이 간접적인 비난을 통해 그런 법률적 접근법은 말도 안 된다는 걸 깨달았습니다. 이는 제가 타고난 성향, 즉 모든 주요 학문의 주요 사상을 모두 배우려는 성향을 한층 강화했습니다. 그래야 그 교수가 말한 멍청한 사람이 되지 않을 테니까요. 학문마다 대표적인 핵심 사상이 있고, 그 사상은 그 학문의 약 95퍼센트를 차지합니다. 그래서 모든 학문의 핵심 사상을 익히면 모든 지식의 약 95퍼센트를 배우는 셈입니다. 그 지식을 표준적인 사고 루틴의 일부로 삼는 일은 별로 어렵지 않았습니다.

물론 그런 사상을 습득한 후에는 계속 활용해야 합니다. 콘서트 피아니스트처럼 연습하지 않으면 좋은 공연을 할 수 없죠. 저는 평생 다학문적 접근법을 끊임없이 연습했습니다.

이 습관은 제게 매우 유의했습니다. 제 삶을 더 재미있게 만들어주었습니다. 저를 좀 더 건설적인 사람으로 만들어주었습니다. 다른 사람들에게 더 도움을 주는 사람으로 만들어주었습니다. 어떤 유전적 재능으로 설명할 수 있는 수준보다 더 부유하게 만들어주었습니다. 적절하게 훈련한 저의 사고 루틴은 실로 유용했습니다.

다만, 너무나 잘 통하기 때문에 위험한 측면도 있습니다. 그걸 활용하다 보면 다른 분야의 전문가들을 대할 때 당면한 문제에 그들의 전문성을 뛰어넘어버리기도 합니다. 그런데 그 전문가가 여러분에게 위해를 입힐 위치에 있는 여러분의 고용주일 수도 있습니다. 여러분은 때로 그들이 놓친 정답을 알게 될 텐데, 이는 아주 위험한 상황입니다. 여러분이 옳은 말을 해서 그들이 자기 분야나 위계에서 체면을 잃으면 엄청나게 불쾌해하겠죠. 저는 이 심각한 위기에서 해를 입지 않는 완벽한 방법을 결국 찾아내지 못했습니다. 저는 젊은 시절에 포커를 잘 쳤는데, 상사보다 제 실력이 더 좋다는 사실을 감추는 능력은 부족했습니다. 게다가 적절한 수준까지 감추려고 노력하지도 않았습니다. 그래서 상대를 불쾌하게 만드는 경우가 많았죠. 이제 사람들은 저를 대개 얼마 안 있으면 사라질 무해한 괴짜로 용인해줍니다. 하지만 여기까지 오는 동안 힘든 시기를 겪었습니다.

여러분에게 조언하고 싶은 것은, 통찰력을 저보다는 잘 숨겨야 한다는 겁니다. 제 동료 중에 로스쿨을 수석으로 졸업하고 대법원에서 연구원으로 일한 사람이 있습니다. 그는 젊은 변호사 시절, 자신이 많이 안다는 걸 드러내는 경향이 있었습니다. 어느 날, 상사인 수석 파트너가 그를 불러서 이렇게 말했습니다. "잘 듣게. 자네한테 설명해주고 싶은 게 있어. 자네가 할 일은 의뢰인이 가장 똑똑한 사람인 것처럼 느끼게 만드는 거야. 그다음에 기운이나 통찰력이 남아 있으면 나를 두 번째로 똑똑한 사람처럼 보이게 만드는 데 쓰게. 이 두 가지 의무를 다한 후에 자네를 빛내고 싶으면 그렇게 해."

이는 많은 대형 법무법인에서 높은 자리로 올라가는 좋은 길이기도 하죠. 하지만 저는 그렇게 하지 않았습니다. 대체로 타고난 성향을 따랐습니다. 그걸 다른 사람들이 좋아하지 않는다면 어쩔 수 없었습니다. 모든 사람에게 사랑받을 필요는 없으니까요.

원숙함이 효과를 발휘하려면 다학문적 태도가 필요하다는 것에 대해 더 이야기해보죠. 이 문제에 있어 저는 고대의 가장 뛰어난 변호사인 키케로의 핵심 사상을 따릅니다. 키케로는 "태어나기 전에 일어난 일을 모르는 사람은 평생 아이처럼 산다."는 유명한 말을 남겼습니다. 이는 아주 정확한 표현입니다. 역사를 모를 만큼 멍청한 사람은 조롱당해 마땅합니다. 다만, 저는 그의 관점을 폭넓게 적용할 필요가 있다고 생각합니다. 역사에 더해 우리가 알아야 할 다른 것들이 많습니다. 모든 학문의 주요 사상 말입니다.

시험에서 A학점을 받을 만큼 특정한 주제에만 통달하는 것으로는 충분하지 않습니다. 그런 수준으로 많은 것을 배워야 합니다. 그래서 다양한 지식을 머릿속 격자틀에 정리하고, 평생 무의식적으로 꺼내 쓸 수 있어야 합니다. 여러분이 그렇게 하려고 노력한다면, 어느 날 이런 생각이 들 거라고 장담합니다. '어떻게 된 일인지 내 또래에서 내가 아주 유능한 사람이 되었어.' 반면, 다학문적 지식을 쌓으려는 노력을 전혀 하지 않으면, 아무리 똑똑하다 해도 대부분 중간이나 그 아래 직위에 머물 것입니다.

제가 발견한 또 다른 생각은 매캐퍼리 학장이 앞서 들려준 이야기에 담겨 있습니다. 절대 거기에 가지 않도록, 자신이 어디서 죽을지 알고 싶다는 시골 사람 이야기 말입니다. 이런 말도 안 되는 생각 속에 심대한 진리가 있습니다. 변화에 적응하는 복잡한 시스템이 작동하는 방식, 요컨대 정신적 구조물이 작동하는 방식에 따르면, 문제를 뒤집었을 때 더 쉽게 풀리는 경우가 많습니다. 문제를 뒤집으면 흔히 더 잘 생각하게 됩니다. 가령 인도를 돕고 싶다면 "어떻게 해야 인도를 도울 수 있을까?"라고 물어서는 안 됩니다. "어떻게 해야 인도에 해를 끼칠 수 있을까?"라고 물어야 합니다. 그러면 어떤 일이 최악의 피해를 초래하는지 파악하고 그걸 피하려 노력할 수 있습니다.

어쩌면 두 가지 접근법은 논리적으로 같은 것처럼 보일 수 있습니다. 그러나 대수학에[92] 능통한 사람들은 다른 방법으로는 해결되지 않는 문제도 뒤집어서 보면 쉽게 풀리는 경우가 많다는 걸 압니다. 마찬가지로 삶에서도 뒤집기는 다른 방법으로는 해결할 수 없는 문제를 푸는 데 도움을 줄 것입니다.

이제 약간의 뒤집기를 해보겠습니다. 삶에서 진짜 실패란 무엇일까요? 피해야 할 것은 무엇일까요? 이 질문에는 쉬운 답도 있습니다. 가령 나태하고 신뢰하기 어려운 사람은 실패합니다. 신뢰할 수 없는 사람이 되면 어떤 장점이 있든 바로 추락할 겁니다. 그러니 해야 할 일을 성실하게 수행하는 것을 무의식적 습관으로 만들어야 합니다. 나태하고 신뢰할 수 없는 태도는 당연히 피해야 하고요.

피해야 할 또 다른 것은 극도로 열광적인 이데올로기입니다. 그런 이데올로기는 정신을 둔화시킵니다. 설교 방송을 하는 최악의 목사들에게서 그런 모습을 자주 봅니다. 그들은 특정한 신학에 대해 특이하고, 열광적이고, 일관성 없는 생각을 품고 있습니다. 그중 다수는 생각이 둔해졌습니다. 정치 이데올로기의 경우에도 같은 일이 일어날 수 있습니다. 젊은 사람들은 특히 열광적이고 어리석은 정치 이데올로기에 빠져서 헤어 나오지 못하는 일이 허다합니다.

자신을 사이비 교단 같은 집단의 충직한 일원이라 여기고 특정 이데올로기를 외치기 시작하면, 그게 머릿속에 박힙니다. 그건 때로 놀라운 속도로 자신을 망치는 일입니다. 그러니 열광적인 이데올로기를 매우 조심해야 합니다. 여러분의 하나뿐인 정신에 큰 위험을 초래하니까요.

다윈은 1830년대 말, 종의 변이에 관한 이론을 정립했습니다. 그러나 1859년이 되어서야《종의 기원》이라는 획기적인 저서를 펴냈죠. 그는 인간의 기원에 관해 대안적 설명을 제시하는 모든 과학 이론은 당대의 지배적인 편견에 부딪힐 것임을 예상했습니다. 자기 생각을 발표하기 전에 예상되는 모든 반론을 면밀히 살펴야 한다는 신중한 태도를 취했습니다. 그래서 20년 동안 힘들게 이론을 다듬고 방어책을 준비한 것입니다.

제가 열광적인 정치 이데올로기에 이끌린다고 느낄 때마다 경각심을 일깨우는 사례가 있습니다. 스칸디나비아 지역의 일부 카누 선수가 그곳의 모든 급류를 타는 데 성공했습니다. 그래서 이번엔 미국 북서부에 있는 거대한 소용돌이에 도전하고 싶었습니다. 그러나 사망률이 100퍼센트에 이르는 곳입니다. 이런 거대한 소용돌이는 피해야 합니다. 열광적인 이데올로기도 마찬가지라고 생각합니다. 특히 함께하는 사람들이 모두 열성적인 신자라면 더욱 그렇습니다.

저는 이른바 '철칙'을 갖고 있습니다. 제가 열광적인 특정 이데올로기에 이끌릴 때 제정신을 차리게끔 해주는 철칙입니다. 자기 입장에 대한 반론을 반대쪽에 있는 사람보다 더 잘 설명할 수 없다면, 자기 의견을 내세우지 말라는 겁니다. 그런 수준에 도달해야만 말할 자격이 있다고 생각합니다.

이는 미국의 행정가 딘 애치슨이 즐겨 언급한, 오라녜의 침묵공 빌럼(16세기 말, 스페인에 맞서 네덜란드의 독립운동을 이끈 지도자)의 철칙만큼이나 극단적입니다. 빌럼은 "끈기를 발휘하기 위해 희망이 필요한 건 아니다."고 말했다죠. 이는 대다수 사람에게는 너무나 어려운 일일 테지만, 제게는 너무 어렵지 않기를 바랄 뿐입니다. 제가 이데올로기에 대한 지나친 열광을 피하는 방법은 애치슨이 요구한 것보다는 쉬우며 배울 가치가 있습니다. 극단적 이데올로기에 빠지지 않는 것은 삶에서 매우, 매우 중요합니다. 과도한 이데올로기는 현명한 사람이 되지 못하도록 막을 위험이 아주 큽니다.

흔히 어리석음과 파멸을 초래하는 또 다른 위험은 주로 무의식 차원에서 작용하는 자기 위주 편향self-serving bias입니다. 우리 모두가 그 영향을 받습니다. 사람들은 이렇게 생각합니다. '진정한 나는 무엇이든 하고 싶은 일을 할 권리가 있다.' 가령, 수입보다 지출이 많아도 원하는 것을 갖지 못할 이유가 없다고 생각하는 식이죠.

한때 세계에서 가장 유명한 작곡가였던 사람이 있습니다. 하지만 대부분의 시간 동안 실로 비참하게 살았죠. 그 이유 중 하나는 줄곧 수입보다 지출이 많았기 때문입니다. 그 사람은 바로 모차르트입니다.[93] 모차르트가 그러할진대 여러분은 말할 것도 없습니다.

일반적으로 시기심, 원한, 분노, 자기 연민은 재난을 부르는 사고방식입니다. 자기 연민은 피해망상으로 악화될 수 있습니다. 피해망상은 극복하기 아주 어렵습니다. 자기 연민에 빠져서는 안 됩니다. 제 친구는 천을 덧댄 두꺼운 카드 뭉치를 갖고 다닙니다. 그러곤 누군가가 자기 연민에 빠진 말을 하면 천천히 그리고 요란하게 두꺼운 카드 뭉치를 꺼낸 다음, 제일 위에 있는 카드를 그 사람에게 건넵니다. 거기에는 이렇게 적혀 있습니다. "당신의 이야기는 저의 심금을 울립니다. 당신만큼 많은 불행에 시달린 사람은 본 적이 없습니다."

익살스럽게 보일지 모르지만, 저는 그게 정신 건강에 유익할 수 있다고 생각합니다. 원인이 무엇이든, 설령 자녀가 암으로 죽어간다고 해도 자기 연민은 도움이 되지 않습니다. 그럴 때는 제 친구의 카드를 자신에게 건네세요. 자기 연민은 언제나 비생산적입니다. 잘못된 생각의 방향입니다. 자기 연민을 피하면 다른 모든 사람 또는 거의 모든 사람보다 큰 우위를 점합니다. 자기 연민은 일반적인 반응이니까요. 그래도 훈련을 통해 자기 연민에서 벗어날 수 있습니다.

물론 사고 루틴에서도 자기 위주 편향을 제거해야 합니다. 자신에게 좋은 것은 사회에도 좋다고 생각하며, 무의식적 자기 위주 편향에 바탕을 둔 어리석거나 사악한 행동을 합리화하는 것은 끔찍한 사고방식입니다. 그런 생각은 몰아내야 합니다. 어리석은 사람이 아니라 현명한 사람, 사악한 사람이 아니라 선량한 사람이 되어야 하니까요.

또한 인식과 행동에 있어 다른 모든 사람의 자기 위주 편향을 고려해야 합니다. 인간의 조건이 그러하니까요. 대다수 사람은 무의식적 편향을 잘 없애지 못합니다. 다른 사람의 행동에 자기 위주 편향이 작용할 가능성을 고려하지 않으면 당신은 다시 한번 바보가 됩니다.

저는 살로몬 브라더스의 법률 자문이 그곳에서 경력을 망치는 모습을 봤습니다. 〈하버드 로 리뷰〉에서 훈련받은 똑똑하고 훌륭한 사람이었죠. 유능한 CEO가 부하 직원들의 부정행위를 보고받았을 때, 그 법률 자문은 이렇게 조언했습니다. "우리에게는 그걸 보고할 법적 의

무는 없지만 그렇게 해야 한다고 생각합니다. 그게 우리의 도덕적 의무입니다."

그의 접근법은 기술적·도덕적 측면에서 옳았습니다. 그러나 설득력이 없었죠. 그는 바쁜 CEO에게 아주 불쾌한 일을 하도록 권고했습니다. CEO는 충분히 이해할 만한 반응을 보였습니다. 계속 사안을 뒤로 미루었죠. 잘못된 일을 하려는 의도는 없었습니다. 그러다가 결국 강력한 규제 당국이 적절한 보고를 받지 않은 걸 알고 개입하자 CEO와 법률 자문은 함께 물러나야 했습니다.

벤저민 프랭클린은 그런 상황에서 제대로 설득력을 발휘하는 기법을 제시했습니다. 그는 "설득하려면 이성이 아니라 이해관계에 호소하라."고 말했습니다. 인간의 자기 위주 편향은 극단적입니다. 올바른 결과를 얻기 위해서는 그 점을 활용해야 합니다. 법률 자문은 이렇게 조언했어야 합니다. "이 문제는 대표님을 무너트리고, 대표님의 돈과 지위를 앗아가고, 평판을 엄청나게 망가트릴 가능성이 큽니다. 그러니 돌이킬 수 없는 재난을 미리 막을 것을 권합니다." 이 접근법은 통했을 겁니다. 설령 동기가 고귀하다 해도 이성이 아니라 이해관계에 호소해야 합니다.

피해야 할 또 다른 일은 왜곡된 인센티브에 휘둘리는 것입니다. 멍청하게 또는 나쁘게 행동할수록 더 많이 보상하는 왜곡된 인센티브 시스템에 말려들어서는 안 됩니다. 왜곡된 인센티브는 인간의 인식과 행동을 매우 강력하게 통제합니다. 그런 영향력을 피해야 합니다. 요즘 적어도 소수 법무법인에서 확인할 수 있는 사실은 청구 가능 시간 할당량이 많다는 겁니다. 저는 연간 2,400시간이나 되는 할당량을 채우면서 살지는 못했을 겁니다. 그랬다면 너무 많은 문제를 일으켰겠죠. 어쨌든 저는 하지 않았을 겁니다. 저는 여러분 중 일부가 직면할 그런 상황에 대한 해결책을 갖고 있지 않습니다. 이 중대한 문제에 대처할 방법은 여러분 스스로 알아내야 합니다.

왜곡된 관계도 피해야 합니다. 특히 여러분이 존중하지 않고, 닮고 싶지도 않은 사람 밑에서 일하는 건 피하는 게 좋습니다. 그건 위험해요. 우리는 모두 어느 정도는 권위를 가진 사람에게 통제받습니다. 특히 그 사람이 우리에게 보상을 할 때는 더욱 그렇습니다. 이런 위험에 적절히 대응하려면 재능과 의지가 모두 조금씩 필요합니다.

저는 젊었을 때 제가 존경할 만한 사람들이 있는 곳을 찾아 다녔습니다. 사회 생활을 할 때는 누구도 비판하지 않고 적당히 처세술을 발휘했습니다. 그래서 대체로 올바른 사람 밑에서 일할 수 있었죠. 많은 법무법인은 여러분이 충분히 기민하다면 약간의 재치로 문제를 해결하도록 허용할 것입니다. 일반적으로 여러분이 기꺼이 존중하는 사람 밑에서 일하면 삶의 결과가 좀 더 만족스러워질 겁니다.

객관성을 유지하도록 해주는 루틴을 따르는 일도 당연히 인식에 매우 도움을 줍니다. 우리 모두 다윈이 반증하는 데 각별한 주의를 기울였다는 사실을 기억합니다. 특히 자신이 믿고 아끼는 이론의 오류를 증명할 때는 더욱 그랬습니다. 삶이 올바른 사고를 극대화하는 과정이라면 이런 루틴은 필수입니다.

수많은 오류를 방지하려면 체크리스트 사용 루틴도 필요합니다. 비행기 조종사들에게만 해당하는 조언이 아닙니다. 폭넓은 기초적인 지혜를 갖춰야 할 뿐 아니라, 머릿속에 있는 체크리스트를 훑으면서 그것을 활용해야 합니다.

제가 중요하게 여기는 또 다른 생각은 비평등성non-egality을 극대화할 때 경이로운 일이 곧잘 일어난다는 겁니다. 이 말의 의미는 무엇일까요? 역대 최고의 농구 감독인 UCLA의 존 우든은 이와 관련된 유익한 사례를 보여줬습니다. 그는 다섯 명의 후보 선수에게 "너희는 경기에 출전하지 못하니 주전들의 연습 상대만 해."라고 말했습니다. 일곱 명의 주전 선수는 거의 모든 경기에 출전했습니다. 그 덕분에 모두가 더 많이 배울 수 있었죠. 기계처럼 학습하는 일의 중요성을 기억하세요. 우든은 이처럼 비평등적 시스템을 적용한 덕분에 이전보다 더 많은 승리를 거둘 수 있었습니다.

생존 경쟁이라는 게임에서 이기려면 가장 뛰어난 적성과 가장 강한 학습 의지를 갖춘 사람들의 경험을 극대화해야 한다고 생각합니다. 최고의 성과를 내려면 그런 수준까지 이르러야 합니다. 자녀의 뇌 수술을 집도할 의사를 50명 중에서 고를 때, 무작위로 제비뽑기를 해서는 안 됩니다. 비행기도 지나치게 평등주의적인 방식으로 설계하지 말아야 합니다. 버크셔 해서웨이도 그런 방식으로 운영할 수 없습니다. 최고의 선수들이 경기를 많이 뛰게 만들어야 합니다.

저는 막스 플랑크에 관한, 출처가 불분명한 이야기를 자주 합니다. 그는 노벨상을 받은 후 독일 전역을 돌아다니며 강연을 했습니다. 양자역학이라는 새로운 학문에 대한 그의 강연은 대부분 내용이 같았죠. 시간이 지나자 그의 운전기사도 강의 내용을 암기했습니다. 하루는 그가 플랑크에게 제안했습니다. "교수님, 늘 하던 대로만 하면 따분하니까 뮌헨에서는 제가 강연을 하고 교수님은 제 모자를 쓰고 그냥 앞에 앉아 계시면 어떨까요?" 플랑크는 "안 될 것도 없지."라고 말했습니다. 운전기사는 실제로 양자역학 강연을 했습니다. 긴 강연이 끝난 후, 한 물리학 교수가 일어나 매우 난해한 질문을 던졌습니다. 그러자 운전기사가 이렇게 대답했다죠. "뮌헨 같은 선진 도시에서 이런 기초적인 질문을 받으니 놀랍군요. 그건 제 운전기사가 답해드리겠습니다."

제가 이 이야기를 하는 이유는 운전기사의 재빠른 대처를 칭송하기 위해서가 아닙니다. 저는 이 세상에 두 가지 종류의 지식이 있다고 생각합니다. 하나는 어떤 문제를 정말로 아는 사람의 지식, 즉 플랑크의 지식입니다. 그런 사람은 필요한 노력을 기울이고, 적성도 갖추고 있습니다. 다른 하나는 운전기사의 지식입니다. 그런 사람은 내용을 지껄이는 법만 배웠을 뿐입니다. 그들은 머리숱이 풍성하고, 음색이 좋은 경우가 많으며, 강렬한 인상을 남깁니다. 그러나 결국 그들의 지식은 꾸며낸 것에 불과합니다. 저는 방금 미국의 사실상 모든 정치인을 묘사했다고 생각합니다. 여러분은 앞으로 살아가는 동안 플랑크의 지식을 가진 사람에게 최대한 많은 책임을 맡기고, 운전기사의 지식을 가진 사람을 멀리해야 합니다. 게다가 여러분에게 맞서는 거대한 힘들도 있습니다.

우리 세대는 어떤 의미에서 여러분에게 해를 끼쳤습니다. 캘리포니아주 의회를 보면 주로 좌파와 우파의 인증을 받은 '또라이'들만 갈수록 늘어나고 있습니다. 우리는 그들 중 누구도 쫓아낼 수 없습니다. 그게 우리 세대가 여러분에게 한 짓입니다. 하지만 여러분도 세상이 너무 쉬운 건 원치 않잖아요?

제가 알게 된 또 다른 사실은 어떤 분야에서 정말로 뛰어나려면 반드시 강한 흥미를 느껴야 한다는 겁니다. 저는 많은 일을 상당히 잘하는 수준까지 해낼 수 있습니다. 하지만 강한 흥미를 느끼지 못하면 어떤 일도 잘 해낼 수 없죠. 여러분도 어느 정도는 저처럼 해야 할 겁니다. 즉, 가능한 한 강한 흥미를 느끼는 일을 좇아야 합니다.

여러분이 해야 할 또 다른 일은 진력assiduity하는 겁니다. 저는 이 단어를 좋아합니다. "진득하게 일을 해낸다."는 뜻이거든요. 저는 지금까지 진력을 다하는 훌륭한 동업자들을 만났습니다. 그 부분적인 이유는 저 스스로 그럴 만한 자격을 얻으려 노력했고, 그런 사람들을 기민하게 선택했으며, 운도 좋았기 때문입니다.

제가 인생의 한 국면에서 선택한 두 명의 동업자는 대공황 와중에 작은 건설 회사를 설립하면서 간단한 합의를 했습니다. 그들은 당시의 합의에 대해 이렇게 말했습니다. "두 명이 동업하면서 모든 걸 균등하게 나누기로 했습니다. 또 고객과 약속한 일정을 맞추지 못할 것 같으면, 그걸 따라잡을 때까지 두 사람 다 휴일 없이 하루 14시간씩 일하기로 했습니다." 그 회사가 망하지 않았다는 건 말할 필요도 없겠죠. 저의 두 동업자는 널리 인정받았습니다. 단순하면서도 전통적인 그들의 사고방식은 거의 확실하게 좋은 결과를 안깁니다.

여러분이 극복해야 할 또 다른 문제는 삶이 끔찍한 타격, 불공정한 타격을 입힐 가능성이 아주 크다는 겁니다. 회복하는 사람도 있고, 그러지 못하는 사람도 있습니다. 그런 때에는 에픽테토스의 태도가 올바른 대응 지침이 되리라고 생각합니다. 그는 모든 불운이 아무리 심한 것이라고 해도 좋은 행동을 할 기회를 제공한다고 생각했습니다. 또한 모든 불운은 유용한 것을 배울 기회이며, 우리가 할 일은 자기 연민에 빠지지 않고 모든 끔찍한 타격을 건설적 방식으로 활용하는 것이라고 믿었습니다. 그의 생각은 매우 합당해서 수 세기에 걸쳐 마르쿠스 아우렐리우스를 비롯한 최고의 로마 황제들에게 영향을 미쳤습니다. 여러분은 에픽테토스가 직접 쓴 묘비명을 기억할 겁니다. 거기에는 "여기 노예이자 불구였고, 더없이 가난했으나 신들의 가호를 받은 에픽테토스가 묻혀 있다."라고 적혀 있습니다.

에픽테토스는 지금 그렇게 기억됩니다. 신들의 가호를 받은 사람으로 말이죠. 그 이유는 그가 현명하고 고결했으며, 자신의 시대와 뒤이은 여러 세기의 사람들에게 소중한 교훈을 남겼기 때문입니다.

짧은 이야기를 통해 강조하고 싶은 또 다른 생각이 있습니다. 제 할아버지는[94] 거의 40년 동안 당신이 살던 지역의 유일한 연방 판사였습니다. 저는 할아버지를 존경합니다. 제 이름도 할아버지의 이름을 물려받은 겁니다. 저는 충분히 유교적이어서 지금도 '할아버지께서 내가 이 자리에 선 걸 흐뭇해하실 거야.'라고 생각합니다. 할아버지가 돌아가시고 오랜 세월이 흘렀습니다. 하지만 저는 제게 할아버지의 유지를 이어갈 의무가 있다고 생각합니다. 그중 하나는 할아버지가 공복公僕으로서 지켜야 했던 검약입니다. 할아버지가 판사로 일하던 시절에는 남편이 사망할 경우 아내에게 연금이 지급되지 않았습니다. 그래서 평소에 저축해두지 않으면 할머니가 가난한 과부로 살 수밖에 없었죠. 또한 자산이 있으면 다른 사람들을 더 잘 도울 수 있었습니다. 그래서 할아버지는 자신이 먼저 세상을 떠나도 할머니가 편히 여생을 보낼 수 있도록 평생 검소하게 생활했습니다.

할아버지가 절약한 덕분에 할 수 있었던 또 다른 일도 있습니다. 1930년대에 제 삼촌이 운영해온 작은 은행이 망했습니다. 누군가의 도움 없이는 다시 문을 열 수 없었습니다. 그때 할아버지는 당신이 보유한 우량 자산의 3분의 1 이상을 은행의 부실 자산과 교환해 삼촌이 운영하던 은행을 살렸습니다. 저는 이 일을 항상 기억합니다. 그건 앨프리드 하우스먼의 짧은 시를 연상케 합니다. 그 시는 대략 이런 내용입니다.

다른 이들의 생각은
가볍고 덧없어서
연인과의 만남이나
행운 또는 명성을 떠올리지.
나의 생각은 역경을 떠올리고
또한 꾸준하여서

역경이 닥칠 때

이겨낼 준비가 되어 있네.

'역경을 예상하면서 살아가고 싶은 사람이 어딨어?'라고 생각할 수
도 있습니다. 저는 그렇게 살았습니다. 그렇게 살라고 배웠으니까요. 저
는 역경을 예상하면서 긴 삶을 살았습니다. 그리고 보다시피 여든네 살
의 나이에 잘살고 있습니다. 저는 에픽테토스처럼 신의 가호를 받은 삶
을 누렸습니다. 항상 역경을 예상하고 대응책을 마련해둔 덕분에 불행
해지지 않았습니다. 전혀 고통받지 않았습니다. 오히려 도움을 받았습
니다. 그래서 저는 여러분에게 하우스먼과 제 할아버지의 유지를 양도
하고자 합니다.

제가 여러분에게 전하고 싶은 마지막 생각이 있습니다. 여러분이 종
사할 직종은 여러 절차와 허튼소리를 업무 과정에 집어넣는 경우가 많
습니다. 그러나 복잡한 관료주의는 문명이 도달할 수 있는 최선의 시스
템이 아닙니다. 그보다 높은 수준은 마땅한 신뢰에 기반해 매끄럽게 돌
아가는 비관료주의적 관계망입니다. 즉, 요란한 절차는 접어두고 완전
히 신뢰할 만한 사람끼리 완전히 신뢰하는 겁니다. 메이요 클리닉의 수
술실은 그런 방식으로 돌아갑니다. 변호사들이 거기에 변호사식 절차
를 여럿 도입한다면 많은 환자가 죽을 겁니다. 그러니 변호사가 되면
꼭 명심하세요. 여러분은 고객에게 쓸데없는 절차를 팔아야 할지도 모
르지만, 본인은 그걸 살 필요가 없다는 걸 말입니다. 여러분의 삶 속에
서 마땅한 신뢰에 기초해 매끄럽게 돌아가는 관계망을 극대화하세요.
그리고 여러분이 받은 혼인 계약서가 47쪽이나 된다면 서명하지 말 것
을 권합니다.

이만하면 한 번의 졸업식 축사로는 충분한 것 같습니다. 이 노인

네의 반추가 여러분에게 도움이 되길 바랍니다. 결국 제가 이런 축사를 하는 이유는《천로역정》에[95] 나오는 '늙은 진리의 용사Old Valiant-for-Truth'에게나 걸맞을 단 하나의 목표를 이루기 위해서입니다. 그는 이렇게 말합니다. "그걸 휘두를 수 있는 자에게 나의 검을 남기노라."

매우 유용하지만 때로 잘못된 결론에 이르게 하는 심리적 경향들

인간적 오판의 심리학

The Psychology of Human Misjudgment

2005년 + 2023년

찰리가 2005년에 새로운 내용을 많이 추가해 개정판을 낸 이후, 세 개의 강연에서 했던 말을 선별해 가상의 강연으로 엮었다.

1. 칼텍 교수 모임 강연(1992년 2월 2일)
2. 케임브리지 행동학연구소 후원으로 열린 하버드대학교 교수 모임 강연
   (1994년 10월 6일)
3. 케임브리지 행동학연구소 후원으로 열린 보스턴 하버 호텔 강연(1995년
   4월 24일)

찰리는 2005년에 어떤 연구의 도움도 받지 않고 기억에만 의존해 강연 내용을 광범위하게 고쳤다. 그 이유는 10년 전에는 1) 식견이 부족하고 바쁜 생활에 시달렸으며, 2) 잘 정리된 원고가 아니라 대강의 내용을 적은 쪽지만 보고 강연했기 때문이다. 그때보다 여든한 살인 당시 더 잘할 수 있으리라 생각해 원고를 수정했다.

2023년판의 출간을 앞두고 있을 때, 찰리는 가장 중요한 강연 중 하나인 '인간적 오판의 심리학'을 '약간 고쳐서' 해당 주제에 대한 자신의 최근 관점과 맞추었으면 좋겠다고 말했다. 그때만 해도 약간의 수정이 인쇄기를 멈춰야 하는 지경이 되도록 많은 새로운 내용을 넣는 전면적인 재집필이 될 줄은 몰랐다. 이 강연은 현재 독자적인 학문 분야로 성장한 행동금융학에 관한 찰리의 독창적 개념을 담고 있다. 강연 참석자 도널드 홀의 회고에 따르면 "찰리는 행동금융학이라는 용어가 생기기도 전에 그에 관한 조리 정연한 관점을 내세웠다."

찰리는 또한 인간의 합리적·비합리적 행동 양상을 패턴에 기반해 파악하는 일이 중요하다고 말한다. 그는 인간적 오판을 초래하는 25개의 일반적 원인으로 이뤄진 체크리스트를 제시한다. 거기에는 찰리가 역사를 통틀어 다른 위대한 사상가들이 쓴 글에서 중시하던 독창적이고 반직관적이며, 중요한 시각이 담겨 있다. 그는 또한 심리적 오판들이 결합할 때 나오는 롤라팔루자 효과의 강력함을 강조한다.

이 책을 위해 특별히 쓴 이 강연문은 우리가 특정 방식으로 행동하는 이유에 대한 찰리식 관점의 정수라 할 수 있다. 여러분이 개인적 활동과 사업적 활동에서 이런 생각을 성공적으로 활용하길 바란다.

2023년 머리말

약 15년 전에 발표한 심리학 강연의 원고를 읽어보니 이제는 그때 말한 내용 대부분을 포함해 더 논리적이고 훨씬 긴 강연을 할 수 있겠다는 생각이 들었습니다. 다만, 그렇게 하면 네 가지 커다란 불이익이 생긴다는 걸 바로 깨달았습니다.

첫째, 논리적 완성도를 높여서 강연 분량을 늘리면 많은 사람이 이전 강연보다 더 지루하고 혼란스럽게 느낄 것입니다. 제가 심리학 교과서와 유클리드를 모두 상기시키는 방식으로 심리적 경향에 대한 특이한 정의를 활용할 것이기 때문입니다. 누가 재미로 교과서를 읽거나 유클리드를 다시 생각할까요?

둘째, 제가 정식으로 쌓은 심리학 지식은 약 15년 전 세 권의 심리학 교과서를 훑어본 것이 전부라서 그 이후로 나온 강단 심리학에 대해 아는 게 사실상 없습니다. 그래도 이 강연에서는 강단 심리학의 많은 부분을 비판할 겁니다. 교수들은 분명 아마추어가 이렇게 프로의 영역을 침범하는 걸 못마땅해하겠죠. 그들은 저의 오류를 찾는 데서 기쁨을 얻고, 저의 비판에 즉각 맞대응할지도 모릅니다. 왜 새로운 비판에 신경을 쓰냐고요? 자기보다 많이 알고, 말 잘하는 사람들에게 새롭게 공격받는 걸 누가 좋아하겠습니까?

셋째, 이 긴 버전의 강연은 분명 이전까지 제게 호감을 느꼈던 사람들의 반감을 살 겁니다. 표현과 내용에 대한 반발뿐 아니라 노인네가 거만하다는 비판도 나올 겁니다. 그도 그럴 것이 제가 통념을 많이 무시하는 데다 제대로 된 강의도 들은 적 없는 주제에 대해 '장광설'을 늘어놓을 테니까요. 저의 하버드 로스쿨 동창 에드 로스차일드는 그렇게 장광설을 늘어놓는 걸 늘 '구두 단추 콤플렉스'라고 불렀습니다. 그의 지인 중 구두 단추 시장을 장악한 이후부터 모든 주제에 대해 웅변조로 말하는 사람이 있어서 그런 이름을 붙였다죠.

넷째, 저 자신을 바보로 만들 수 있습니다.

이 네 가지 상당한 우려에도 불구하고 분량을 크게 늘린 버전을 발표하기로 결심했습니다. 지금까지 저는 수십 년 동안 주로 실패할 위험이 적은 일과 방법만 선택해 성공했습니다. 하지만 이제는 1) 별로 사적 이익을 취할 수 없고, 2) 가족과 친구들에게 약간의 고통을 안길 게 확실하며, 3) 따라서 저 자신을 우스꽝스럽게 만드는 일을 선택하기로 마음먹었습니다.

왜 그랬을까요?

첫 번째 이유는 저의 본성이 통념의 오류를 분석하고 이야기하는 일에 끌리기 때문입니다. 저 같은 태도를 지닌 사람에게 닥치기 마련인 불가피한 타격을 오랜 세월 받으며 많이 유순해지기는 했습니다. 그러나 세월의 풍파를 맞았다고 해서 소년 같은 경솔함이 모두 사라지지는 않았습니다.

두 번째 이유는 디오게네스의 태도를 인정하기 때문입니다. 그는 이렇게 말했습니다. "절대 다른 사람을 불쾌하게 만들지 않는다면 철학자가 무슨 쓸모가 있나?"

세 번째이자 마지막 이유는 가장 강력한데, 심리학을 활용하는 저의 방식을 사랑하기 때문입니다. 제게 아주 유용했거든요. 그래서 죽기 전에 세 인물의 유증遺贈 관행을 어느 정도는 따라 하고 싶습니다. 그들은 바로 존 버니언이 쓴 《천로역정》의 주인공, 벤저민 프랭클린, 그리고 저의 첫 고용주 어니스트 버핏입니다.

버니언의 소설에 나오는 등장인물 중 '늙은 진리의 용사'라는 멋진 이름을 가진 기사가 있습니다. 그는 생의 마지막에 이르러 유일하게 남은 물건을 물려주며 이렇게 말합니다. "그걸 휘두를 수 있는 자에게 나의 검을 남기노라." 그처럼 저도 제 검의 가치를 잘못 평가했다 해도 상관없습니다. 제가 그걸 정확하게 보려고 노력했다면 말입니다. 또한 그걸 휘둘러보려는 사람이 별로 없거나, 휘둘러보고 나서 별로 도움이 되지 않는다고 생각해도 괜찮습니다.

벤저민 프랭클린이 남긴 자서전과 여러 '연감' 그리고 다른 많은 글은 제게 큰 도움을 주었습니다. 어니스트 버핏은《식료품점을 운영하는 법 그리고 내가 낚시에 대해 배운 몇 가지 것들》을 남겼을 때, 같은 방식으로 최선을 다했습니다. 해당 분야를 위한 이 마지막 기여가 최고였다고는 말하지 않겠습니다. 다만, 지금까지 제가 4대에 걸쳐 어니스트 버핏의 후손들과 알고 지냈으며, 그들의 영향으로 버핏 가문의 조상을 따라 하고 싶어졌다는 점만은 밝혀두겠습니다.

인간적 오판의 심리학

저는 오랫동안 사고의 일반적 오류에 관심이 많았습니다. 그러나 제가 교육받던 시절에는 오판을 이해하는 일과 관련해 비임상적 심리학의 기여가 주류 엘리트들에게 거의 인정받지 못했습니다. 일군의 교수만이 심리학에 개인적으로 관심을 가지고, 강연을 하거나 책을 썼습니다. 그런 고립과 집단 사고 때문에 자연스럽게 심리학은 발전이 더뎠죠.

그래서 칼텍과 하버드 로스쿨을 졸업한 직후, 저는 심리학에 대해 아는 게 거의 없었습니다. 이 학교들은 심리학 관련 지식을 요구하지 않았습니다. 물론 심리학을 모르니 다른 학문과 종합할 수도 없었죠. 니체는 자신이 절름발이임을 자랑스럽게 여기는 사람에 대해 언급한 적이 있습니다. 이 학교들은 '애매모호한' 심리학과 '애매모호한' 심리학 교수들이 의도적으로 회피하는 것을 자랑스럽게 여겼습니다.

저 역시 상당히 오랫동안 이런 무지한 태도를 취했습니다. 다른 많은 이들도 그랬고요. 가령 수년 동안 칼텍의 강의 목록에 이름을 올린 심리학 교수가 단 한 명이었던 걸 어떻게 생각해야 할까요? 그는 자신을 이상심리異常心理와 문학에서의 정신분석을 가르치는 '정신분석학 교수'로 소개했습니다.

저는 하버드 로스쿨을 졸업한 직후부터 오랫동안 심리학에 대한 무지에서 가장 문제되는 부분을 없애기 위해 고군분투했습니다. 오늘 여기서, 기초적인 지혜를 얻기까지 제가 벌인 오랜 고투에 관해 이야기하고, 최종 생각을 간략하게 정리하려고 합니다. 그런 다음 몇 가지 사례를 제시할 텐데, 그중 다수는 상당히 생생하고 흥미롭습니다. 심리학이 통하는 양상과 심리적 기능장애에 대한 해법을 보여주니까요. 이어서 제가 말한 내용과 관련된 포괄적인 질문을 제기하고 답하는 것으로 이 강연을 마무리할 겁니다. 아주 긴 강연이 되겠네요.

변호사 일을 시작할 때 유전적 진화의 힘을 참고했습니다. 동시에 인간이 진화를 통해 인지 능력이 떨어지는 동물이나 곤충과 비슷해진 부분이 많음을 이해했습니다. 인간은 본디 사회적인 동물이며, 주위 사람들의 행동에 자신도 모르게 큰 영향을 받습니다. 또한 인간은 가축이나 원숭이처럼 제한적 규모의 지배적 위계 구조 안에서 살았습니다. 그에 따라 권위를 중시하며, 같은 계급의 구성원을 좋아하고, 그들과 협력하는 경향이 생겼습니다. 다른 한편, 자기 계급에 속하지 않는 경쟁자에게는 불신과 혐오를 상당히 드러냈습니다.

그러나 이런 일반적 진화 기반 이론 구조로는 제가 직면한 인지적 한계를 적절하게 극복할 수 없었습니다. 저는 곧 패턴과 하위 패턴으로 드러나는 매우 극단적인 불합리성에 둘러싸였습니다. 제가 관찰하고 경험한 것을 담아낼 좀 더 나은 이론 구조를 습득하지 않으면, 바라는 만큼 삶을 잘 살아갈 수 없다는 걸 알았죠.

그 무렵 오랫동안 더 많은 이론을 갈구했습니다. 저는 대체로 수수께끼를 해결하고 원숭이 같은 호기심을 충족하는 수단으로서 이론을 언제나 선호했습니다. 이론적 구조는 원하는 것을 얻는 데 유용했습니다. 저는 일찍이 학교에서 이 사실을 깨달았습니다. 이론의 도움을 받으면 힘들이지 않고도 좋은 점수를 얻을 수 있었거든요. 반면, 다른 많은 아이는 엄청나게 노력했음에도 이론을 터득하지 못해서 낙제했습니다. 저는 더 나은 이론이 항상 잘 통한다고 생각했습니다. 또한 그게 있으면 더 빨리 자본을 마련해 자립할 수 있을 뿐 아니라 제가 사랑하는 모든 것을 보살필 수 있으리라고 생각했습니다. 그래서 저는 대개 벤저민 프랭클린의 독학 스타일로, "그럼 내가 혼자 할 거야."라고 연거푸 말하는, 동화 속 작고 빨간 암탉 같은 의지로 저만의 심리학 체계를 서서히 개발했습니다.

그 과정에서 두 가지 사고방식이 매우 유용했습니다. 첫째, 위대한 대수학자 야코비가 조언한 대로, 뒤집기를 통해 통찰을 얻으려고 오랫동안 노력했습니다. 그는 "항상 수식을 뒤집어보라."고 말했죠. 저는 주로 나쁜 판단의 사례를 수집한 다음, 그런 결과를 피할 방법을 고민하는 방식으로 올바른 판단을 추구했습니다.

둘째, 여러 전문 영역 사이의 경계에 구애받지 않고 나쁜 판단의 사례를 열심히 수집했습니다. 울타리 너머 다른 전문 영역에서 크고, 중요하고, 쉽게 찾을 수 있는 사례가 있는데 굳이 제가 속한 영역에서 작고,

하찮고, 찾기 어려운 사례를 새로 찾을 필요가 있을까요? 게다가 현실 세계의 문제는 영역 사이의 경계선으로 깔끔하게 나누어지지도 않습니다. 여러 영역에 걸쳐 있죠. 그래서 저는 두 가지 요소가 복잡하게 얽히고설킨 상황인데도 한 가지 측면만 살피는 모든 접근법을 신뢰하지 않았습니다. 이처럼 제한된 접근법을 취하면 결국 존 루이스가 너무도 적절하게 표현한 사람처럼 되지 않을까 걱정했습니다. "아예 뇌가 없고, 머리털로 덮인 목만 있는" 사람 말입니다.

얼마 후, 저는 파괴적인 사이비 종교에 대해 순수한 호기심이 생겼습니다. 그들이 대체로 정상적인 많은 사람을 주말 동안 세뇌된 좀비로 변신시키고, 그 상태로 무한정 유지시키는 방식과 원리가 궁금했죠. 저는 폭넓은 독서와 깊은 사색을 통해 언젠가는 이 문제에 대해 좋은 답을 찾아내겠다고 결심했습니다.

저는 또한 사회적 곤충에도 호기심이 생겼습니다. 암컷 꿀벌과 암컷 개미가 하늘에서 한 번의 집단 짝짓기를 통해 기대수명을 정확히 20배로 늘린다는 사실이 흥미로웠습니다. 개미들이 이룬 완벽한 성공도 저를 매료시켰습니다. 어떻게 소수의 행동 알고리즘이 그토록 완벽한 진화적 성공을 이끌었을까요? 그 기반에는 군집 내부의 극단적인 협력과 더불어 설령 같은 종이라도 군집에 속하지 않는 개체를 거의 언제나 죽이려 드는 극단적인 공격성이 있었습니다.

저는 의욕이 있었기 때문에 중년에는 심리학 교과서를 읽었어야 마땅합니다. 하지만 그러지 않았습니다. "우리는 너무 빨리 늙고, 너무 늦게 똑똑해진다."는 독일 속담의 예측을 제 나름대로 실현한 셈이죠. 그러나 나중에 보니 당시 교과서에 담긴 강단 심리학을 오랫동안 피한 게 오히려 운이 좋았던 것일 수도 있었습니다. 그 교과서들은 사이비 종교와 관련된 의문을 해소하는 데 좋은 지침이 되지 못했을 테니까요. 교과서 저자들은 소년들이 나비를 수집하듯 실험 사례를 모았습니다. 소년들은 나비를 더 많이 수집하고, 취미가 같은 사람을 더 많이 알기를 바랄 뿐입니다. 즉, 이미 소유한 것들을 종합하려는 욕구는 거의 없습니다.

마침내 심리학 교과서를 접했을 때, 위대한 경제학자 제이컵 바이너의 말이 떠올랐습니다. 그는 많은 학자가 송로버섯 탐지견과 같다고 말했죠. 다른 어떤 일에도 도움이 되지 않는 오직 하나의 제한적인 목적을 위해서만 훈련받고 번식하는 개 말입니다. 또한 본성과 양육이 미치는 영향력의 상대적 비중에 대한 극히 비과학적인 사색을 수백 쪽에 걸쳐 늘어놓은 것도 경악스러웠습니다. 심리학 개론서는 근본적인 문제, 즉 언제나 얽혀 있는 수많은 심리적 경향이 삶에서 상호작용하는 양상을 적절하게 다루지 않았습니다. 저자들은 일반적으로 한데 얽힌 경향들이 미치는 영향을 복잡하게 분석하려 하지 않았습니다.

아마 그들은 복잡한 내용 때문에 입문자들이 꺼리는 걸 원치 않았을 겁니다. 또는 새뮤얼 존슨이 편찬한 사전에 '(말의) 발목 pastern'이라는 단어의 정의가 잘못되어 있는 이유를 묻는 여성에게 들려준 답이 문제의 원인일 수도 있습니다. 그는 '순전한 무지' 때문이라고 대답했습니다. 끝으로, 교과서 저자들은 심리 작용에 따른 일반적 과오에 대해 표준적인 처방을 내리는 데 거의 관심을 보이지 않았습니다. 그들은 제가 가장 큰 관심을 가진 문제에 대한 논의를 대부분 회피했습니다.

그래도 강단 심리학은 이런 결점과 더불어 아주 중요한 장점도 있습니다. 저는 나중에 《설득의 심리학》을 읽으면서 그 점을 깨달았습니다. 아주 큰 대학교인 애리조나주립대학교의 저명한 심리학 교수 로버트 치알디니가 일반 대중을 대상으로 쓴 책이죠. 치알디니는 아주 젊은 나이에 종신 재직권을 얻은 뛰어난 교수가 되었습니다. 수많은 영리한 실험을 고안하고, 묘사하고, 설명한 덕분이었죠. 이 실험의 참가자들은 자신에게 해로운 행동을 하도록 조종당했습니다. 그게 가능했던 이유는 인간의 사고에 결함이 내재하기 때문입니다.

저는 치알디니의 책을 즉시 모든 자식에게 보냈습니다. 또한 저와 대중에게 가르침을 준 것에 감사하기 위해 치알디니에게 버크셔의 주식(클래스 A)도 주었습니다. 참고로, 치알디니가 사회심리학에 관한 책을 수십만 부나 판매한 것은 엄청난 성과였습니다. 그가 성생활을 개선한다거나 돈을 벌게 해준다고 주장하지 않았다는 점을 고려하면 말이죠.

많은 사람이 치알디니의 책을 구입한 부분적인 이유는 저처럼 세일즈맨에게나 상황에 덜 속는 법을 배우고 싶었기 때문입니다. 그러나 매우 도덕적인 사람인 치알디니가 바라지 않았던 결과겠지만, 고객을 더 잘 속이는 법을 배우려는 세일즈맨도 그의 책을 꽤 많이 샀죠. 나중에 강력한 인센티브 때문에 생긴 편향을 논할 때 이 왜곡된 결과를 기억하세요.

치알디니의 책에 자극받은 저는 곧 많이 팔리고 있는 세 권의 심리학 개론서를 훑어봤습니다. 또한 종합을 시도하고 저의 모든 훈련과 경험을 고려하면서 상당한 숙고도 했습니다. 그 결과 비발달심리학 중에서 비임상적이고 본성과 양육의 영향을 따지지 않는 영역을 일부 정리해낼 수 있었죠. 그 내용은 (보통의 경우 이름조차 알려고 하지 않은) 다양한 발견자에게서 훔친 것이었습니다. 다만, 쉽게 상기할 수 있도록 거기에 저의 관념에 맞는 새로운 설명과 제목을 붙였죠. 또 제가 실수하지 않고 쉽게 활용할 수 있도록 수정도 했습니다.

그 내용을 말하기 전에 먼저 뒤에 나오는 내용을 설명하는 데 유용한 일반적인 관점부터 제시하겠습니다. 이 관점은 사회적 곤충에 관한 우리의 지식에 기반합니다. 행동을 통제하는 신경계 세포가 진화를 통해 발달하는 과정에는 한계가 내재합니다. 사회적 곤충은 그 한계를 잘 보여주죠. 이 곤충들의 전체 신경계에는 10만여 개의 세포밖에 없는 경우가 많습니다. 반면, 인간은 뇌에만 수십억 개의 세포를 갖고 있습니다.

각각의 개미는 인간과 마찬가지로 신체 구조에 더해 신경세포에 담긴 행동 알고리즘으로 구성됩니다. 개미의 경우, 행동 알고리즘의 수는 적으며, 거의 전적으로 유전적 기원에 기인합니다. 즉, 경험을 통해 약간의 행동을 학습하기는 해도 대개 유전자에 의해 신경계에 프로그래밍된 대로 반응합니다. 그래서 소수의 단순한 기제에 따라 10여 개의 자극제에 반응할 뿐이죠.

당연히 이런 단순한 행동 시스템은 극단적 한계를 지닙니다. 신경계의 레퍼토리가 한정되어 있으니까요. 가령 한 유형의 개미는 군집에 속한 개미가 죽었을 때 그 몸에서 나오는 페로몬을 맡으면, 즉시 다른 개미와 협력해 사체를 밖으로 옮기는 반응을 보입니다. 훌륭한 하버드대학교 교수 E. O. 윌슨은 역대 최고의 심리학 실험 중 하나를 진행했습니다. 그 방식은 바로 살아 있는 개미의 몸에 죽은 개미의 페로몬을 바르는 것이었습니다. 당연히 다른 개미들은 아직 쓸모 있는 개미를 밖으로 끌어냈습니다. 그 개미가 내내 발버둥을 치며 저항하는데도 말입니다. 개미의 뇌는 그렇게 단순하게 프로그래밍되어 있습니다. 대체로 잘 작동하지만 많은 경우 부적절하게 기계적으로 반응하죠.

또 다른 유형의 개미는 인간의 교묘한 조작뿐 아니라 상황에 의해서도 그 한정적인 뇌가 오도될 수 있음을 보여줍니다. 이 개미의 뇌는 앞에 있는 개미를 따라 가도록 유도하는 단순한 행동 프로그램이 지배하고 있습니다. 그래서 어쩌다가 대열이 커다란 원을 그리며 기어가면 죽을 때까지 계속 같은 자리를 맴돌기만 합니다.

적어도 제가 보기에는 인간의 뇌도 개미의 뇌처럼 비생산적으로 작동하는 경우가 많습니다. 대개 개미들이 직면한 것보다 더 어려운 문제를 해결하기 위한 사고 과정에서, 불가피하게 과도한 단순화가 이루어졌기 때문입니다. 개미는 항공기를 설계할 필요가 없죠. 인간의 지각 체계는 단순화로 인한 불행한 결과를 명백히 보여줍니다. 인간은 교묘한 조작이나 우연히 발생한 상황에 쉽게 속습니다. 또는 관행 진화practice evolution 과정에서 우연히 접했는데 너무나 잘 통해서 계속 유지해온 조작 관행에도 속습니다.

그런 현상의 원인 중 하나는 인간의 지각에 미치는 양자 효과quantum effect입니다. 즉, 특정한 수준 이하의 자극은 지각되지 않습니다. 이런 이유로 마술사는 어둠 속에서 특정한 주문을 외워 자유의 여신상이 '사라지게' 만들 수 있죠. 관중은 자신들이 아주 느리게 회전하는 무대에 앉아 있다는 사실을 알지 못합니다. 그 속도가 인간이 감지할 수 없을 정도로 너무 느리기 때문에, 누구도 무대가 가속하며 회전하고 있다는 것을 느끼지 못합니다. 그리고 뒤이어 커튼이 열리자 앞서 보이던 자유의 여신상이 사라진 것처럼 보인 겁니다.

지각이 뇌에 전달되어도 잘못 인식하는 경우가 많습니다. 과학과 뛰어난 공학을 뒷받침하는 표준적인 과학적 단위가 아니라, 상대적인 대비 강도를 통해 지각되기 때문입니다.

마술은 이런 신경계의 대비 기반 오류contrast-based error를 보여줍니다. 그래서 마술사는 무대에 초대된 관객이 느끼지 못하도록 시계를 벗길 수 있는 겁니다. 이때 관객의 손목에는 접촉에 따른 압박이 가해집니다. 그게 유일한 압박이라면 아마 관객도 감지할 겁니다. 그러나 마술사는 관객의 손목뿐 아니라 다른 신체 부위도 동시에 강하게 압박합니다. 다른 부위를 더 강하게 눌러 손목에 가해지는 힘을 '묻어버리는' 거죠. 이런 고도의 대비는 손목에 가해지는 압박을 지각할 수 없는 수준으로 낮춰줍니다.

일부 심리학 교수들도 대비 기반 지각의 부적절성을 증명하는 걸 좋아합니다. 그들은 학생에게 한 손을 뜨거운 물이 담긴 양동이에, 다른 한 손을 차가운 물이 담긴 양동이에 넣도록 합니다. 그런 다음 두 손을 빼서 상온의 물이 담긴 양동이에 넣으라고 갑자기 말합니다. 이렇게 하면 한 손은 차가운 물에 막 들어간 느낌이 들고, 다른 손은 뜨거운 물에 막 들어간 느낌이 들죠.

이처럼 우리의 지각은 단순한 대비에 너무나 쉽게 속습니다. 단순한 온도계도 그런 실수를 저지르지 않습니다. 인지 역시 지각처럼 단순한 대비에 오도됩니다. 이를 깨달으면 마술사가 사람들을 속이는 방식뿐 아니라 삶이 사람들을 속이는 방식도 이해할 수 있죠. 이런 속임은 의도적 조작이나 다른 방식으로 이루어질 수 있습니다. 지각과 인지를 돕는 대체로 유용한 경향들이 잘못된 효과를 내는 경우도 많고요. 그래서 각별히 주의해야 합니다.

잘못되었지만 대체로 유용한 심리적 경향은 그 수가 많고 상당히 다양합니다. 그 자연스러운 결과물이 사회심리학의 대원칙입니다. 인지는 일반적으로 상황 의존적situation-dependent입니다. 다른 상황은 흔히 다른 결론으로 이어지죠. 같은 사람이 같은 일반적인 주제를 생각할 때도 그렇습니다.

지금까지 개미와 마술사 그리고 사회심리학의 대원칙을 개괄적으로 소개해봤습니다. 이제부터는 대체로 유용하지만 우리를 오도하는 경우가 많은 심리적 경향을 나열해보겠습니다. 그다음에는 각 경향에 따른 오류를 논하고, 각 오류에 대한 몇 가지 해결책도 제시할 겁니다. 그리고 마지막에는 이런 내용을 전반적으로 논하겠습니다.

앞서 말한 심리적 경향의 목록은 다음과 같습니다.

1. 보상/처벌 과잉 반응 경향

2. 호감/애정 경향

3. 미움/혐오 경향

4. 의심-회피 경향

5. 비일관성-회피 경향

6. 호기심 경향

7. 칸트식 공정성 경향

8. 시기/질투 경향

9. 호혜성 경향

10. 단순한 연계에 영향받는 경향

11. 단순한 고통 회피형 심리적 부인

12. 과잉 자기 존중 경향

13. 과잉 낙관 경향

14. 박탈 과잉 반응 경향

15. 사회적 증거 경향

16. 대비-오반응 경향

17. 스트레스-영향 경향

18. 가용성-오평가 경향

19. 미활용-상실 경향

20. 약물-악영향 경향

21. 노화-악영향 경향

22. 권위-악영향 경향

23. 헛소리 남발 경향

24. 이유-존중 경향

25. 롤라팔루자 경향(특정한 결과에 유리하게 작용하는 여러 심리적 경향이 결합해 극단적 결과를 내는 경향)

1
보상/처벌 과잉 반응 경향

이 경향을 가장 먼저 거론하는 이유는 거의 모든 사람이 자신은 인센티브와 역인센티브disincentive가 인식과 행동을 바꾸는 데 얼마나 중요한지 잘 안다고 생각하기 때문입니다. 그러나 실제로는 그렇지 않은 경우가 많지요. 가령 제 생각에 저는 성인이 된 이후로 거의 내내, 인센티브의 힘을 이해하는 일에 있어 동년배 중 상위 5퍼센트에 속했습니다. 그런데도 그 힘을 항상 과소평가하죠. 인센티브의 위력을 조금 더 잘 이해하게 만드는 뜻밖의 일을 겪지 않고 지나간 해가 한 번도 없습니다.

인센티브의 힘과 관련해 제가 좋아하는 사례 중 하나는 페더럴 익스프레스입니다. 페더럴 익스프레스의 시스템이 온전히 작동하려면 매일 밤 중심 공항에서 모든 화물을 빠르게 여러 비행기로 옮겨야 합니다. 야간 근무조가 작업량을 빠르게 처리하지 못하면 고객에게 완벽한 서비스를 제공하지 못합니다. 페더럴 익스프레스는 야간 근무조가 일을 제대로 하게 만드려고 애썼습니다. 도덕적 설득을 비롯해 세상에 있는 모든 수단을 동원했으나 소용이 없었지요. 그러다가 마침내 누군가가 좋은 아이디어를 떠올렸습니다. 그에 따르면 야간 근무조의 보수를 작업 시간 기준으로 지급하는 것은 어리석은 짓이었습니다. 회사가 바라는 건 근무 시간을 극대화하는 게 아니라, 특정한 작업을 문제없이 빠르게 수행하는 것이었습니다. 따라서 작업량 기준으로 보수를 지급하고 작업이 끝나면 퇴근할 수 있도록 하는 게 더 나을 수도 있었습니다. 실제로 이 해법은 통했습니다.

제록스 설립 초기에 당시 정부 위원회에서 일하던 조 윌슨도 비슷한 경험을 했습니다. 그는 제록스의 신형 제품이 성능이 떨어지는 구형 제품보다 덜 팔리는 이유를 알 수 없어 경영에 복귀했습니다. 복귀 후 그는 영업 인력에 대한 수수료 제도 때문에 매우 왜곡된 인센티브가 발생한다는 사실을 알았습니다. 이로 인해 영업직들은 더 나은 제품을 살 권리가 있는 고객에게 질 낮은 제품을 홍보했죠.

마크 트웨인의 고양이도 같은 사례에 속합니다. 뜨거운 화로에 크게 데인 후로 차가운 화로 위에도 앉지 않는 고양이 말입니다.

우리는 벤저민 프랭클린이 《가난한 리처드의 연감》에서 한 조언에 담긴 일반적 교훈을 명심해야 합니다. 그는 "설득하려면 이성이 아니라 이해관계에 호소하라."고 말했죠.

이 격언은 삶에서 지켜야 할 중대하고도 단순한 주의 사항을 알려주는 현명한 지침입니다. 인센티브의 힘을 생각해야 할 때는 절대 다른 것을 생각하지 마세요. 저는 대형 투자은행의 아주 똑똑한 법률 자문이 도덕적으로 잘못하지 않았는데도 일자리를 잃는 걸 본 적이 있습니다. 프랭클린의 격언에 담긴 교훈을 무시했기 때문입니다. 그는 고객을 설득하는 데 실패했습니다. 도덕적 의무를 내세우기만 할 뿐 고객이 자신의 권고를 따르지 않을 경우 호되게 당할 가능성이 있다는 사실을 실감 나게 알리지 못했습니다. 그 결과 그와 고객은 모두 일자리를 잃었습니다.

우리는 또한 보상의 막강한 힘에 관한 어리석고 의도적인 무지 때문에 소련의 공산주의자들이 종말을 맞았다는 사실도 기억해야 합니다. 한 노동자는 그 점에 대해 이렇게 말했습니다. "그들은 우리에게 급여를 주는 척했고, 우리는 일하는 척했다." 어쩌면 경영에서 가장 중요한 규칙은 '인센티브를 올바로 설정하는 것'일지도 모릅니다.

그러나 인센티브의 위력을 바람직하게 중시하는 데는 한계가 있습니다. 하버드대학교에서 그 힘을 과도하게 중시한 사례가 생겼는데, 그 때문에 심리학 교수 스키너는 결국 자신을 조롱거리로 만들고 말았습니다. 스키너는 한때 전 세계에서 가장 유명한 심리학 교수였습니다. 그가 그만한 명성을 누릴 자격이 있었던 것은 쥐와 비둘기를 활용한 초기 실험이 창의적이었을 뿐 아니라, 그 결과가 반직관적이면서도 중요했기 때문입니다. 그는 조건반사로 인한 행동 변화를 다른 어떤 수단보다도 인센티브를 통해 더 많이 끌어냈습니다. 또한 아이나 직원을 다룰 때 원하지 않는 행동을 보상하는 것이 실로 어리석은 짓임을 명확하게 밝혔습니다. 심지어 먹이 보상을 활용해 비둘기에게 자신이 설계한 강력한 미신을 심어주기도 했습니다. 이처럼 그는 자연계에서 일반화된 중대한 행동 알고리즘을 거듭 증명했습니다. "통하는 행동을 반복한다."는 알고리즘이 그것입니다.

스키너는 행동을 바꾸고 유지하는 데 있어 즉각적인 보상이 지연된 보상보다 훨씬 잘 통한다는 사실을 증명했습니다. 또한 먹이 보상을 통해 쥐와 비둘기에게서 조건반사를 끌어낸 다음, 어떤 보상 중단 패턴이 이러한 반사 행동을 가장 오래 유지시키는지도 알아냈습니다. 간헐적으로 먹이를 주었을 때였습니다(가변성 보상). 그는 이런 결과를 바탕으로 파멸로 이끄는 잘못된 도박 충동을 잘 설명할 수 있다고 생각했죠. 그러나 나중에 이 충동에 영향을 미치는 다른 심리적 경향을 논할 때 확인하겠지만, 그의 생각은 부분적으로만 옳았습니다.

이후 스키너는 1) 그것을 바탕으로 유토피아를 만들 수 있다고 생각할 만큼 인센티브의 위력을 지나치게 강조하고, 2) 다른 심리적 요소의 힘을 거의 인정하지 않아 개인적 명성을 대부분 잃었습니다. 인센티브 효과로 모든 것을 설명하려다 제이컵 바이너가 말한 송로버섯 탐지견처럼 행동하게 된 것이죠.

그럼에도 불구하고 인센티브는 위력을 지닌다는 그의 주된 생각은 옳았습니다. 그의 기본적인 실험에서 나온 결과는 실험과학의 연보에서 언제나 높은 평가를 받을 것입니다.

제가 하버드 로스쿨에 다닐 때 교수들은 때로 스키너처럼 어떤 요소에 과도하게 초점을 맞추는 예일 로스쿨 교수 이야기를 하곤 했습니다. "불쌍한 에디 블랜차드는 확인판결declatory judgment(민사소송법에서 확인소송에 대해 행하는 판결로, 권리 또는 법률 관계의 존부를 확인해 선언함)로 암을 치료할 수 있다고 생각해." 스키너도 인센티브의 위력을 지나치게 강조하면서 그런 모습을 보였습니다. 저는 외골수 사고방식 때문에 결국 명성을 무너트린 것을 '망치 든 사람' 경향이라고 부릅니다. 이 명칭은 "망치만 가진 사람에게는 모든 문제가 못처럼 보인다."는 속담에서 따온 겁니다.

블랜차드나 스키너처럼 똑똑한 사람들도 망치 든 사람 경향에서 자유롭지 않습니다. 조심하지 않으면 여러분도 마찬가지입니다. 앞으로 망치 든 사람 경향을 여러 번 언급할 겁니다. 다행히 똑똑한 스키너의 개인적 명성을 망친 문제를 완화할 효과적인 해결책이 있거든요.

인센티브의 위력이 초래하는 중요한 결과 중 하나는 이른바 인센티브 유발 편향입니다. 어떤 사람이 문화적으로 동화되어 상당히 반듯해질 수는 있습니다. 그러나 의식적·무의식적 차원에서 인센티브에 이끌리면 자신이 원하는 걸 얻기 위해 비도덕적 행동을 하게 됩니다. 그들은 자신의 나쁜 행동을 합리화함으로써 이런 결과를 냅니다. 인센티브를 최대한 많이 받으려고 고객에게 질 낮은 구형 제품을 판매한 제록스 영업직처럼 말이죠.

저는 이 문제를 공부하던 초기에 한 외과 의사의 사례를 접했습니다. 그는 몇 년에 걸쳐 멀쩡한 방광으로 가득 찬 부셸 바구니를 제 할아버지의 고향인 네브래스카주 링컨에 있는 주요 병원의 병리학 연구실로 보냈습니다. 지역 병원들은 이처럼 품질 관리가 허술하기로 유명합니다. 그래서 진작 잘렸어야 하는 이 외과 의사는 몇 년이 지나서야 해고당했습니다.

당시 그 일에 대해 잘 아는 의사 친구에게 제가 물었습니다. "그 의사는 실력이 아주 좋았다고 들었어. 그래서 '이게 내 재능을 발휘하는 방법이야. 해마다 사기로 사람을 다치고 죽게 하면서 잘 먹고 잘살아야지.'라고 생각한 거야?" 제 친구는 이렇게 대답했습니다. "전혀 그렇지 않아. 그 사람은 방광이 온갖 악의 근원이라고 생각했어. 환자를 진정으로 아낀다면 방광을 하루빨리 제거해야 했던 거지."

이는 극단적 사례입니다. 그러나 정도는 덜하지만 모든 직업, 모든 사람에게 그런 인지적 경향이 존재합니다. 이런 경향은 실로 끔찍한 행동으로 이어집니다. 상업용 부동산과 기업을 파는 브로커들의 프레젠테이션을 생각해보세요. 저는 그 내용이 객관적 진실의 근처라도 가는 걸 한 번도 본 적이 없습니다. 지금까지 오랜 세월을 살았지만 똑같은 조언으로 끝나지 않는 경영 컨설턴트의 보고서를 본 적이 없습니다. "이 문제에는 경영 컨설팅 서비스가 추가로 필요합니다."라는 조언 말입니다.

인센티브 유발 편향은 광범위하게 퍼져 있습니다. 따라서 전문가의 자문을 믿지 말거나 에누리해서 들어야 하는 경우가 많죠. 설령 그가 엔지니어라고 해도 말입니다. 이 문제에 관한 일반적인 해결책은 다음과 같습니다. 1) 자문하는 사람에게 특히 유리한 자문을 특히 경계한다. 2) 자문하는 사람을 상대할 때 해당 분야의 기본 요소를 배우고 활용한다. 3) 객관적으로 살핀 후에도 적절하게 느껴질 때까지 자문 내용 중 많은 부분을 재확인하거나, 의심하거나, 교체한다.

인센티브는 끔찍한 행동을 합리화하는 힘을 지닙니다. 이 힘은 국방부의 조달 역사에서도 드러납니다. 국방부는 하청업체들의 잘못된 행동 때문에 끔찍한 경험을 많이 했죠. 그들의 행동은 보상금 가산 원가cost-plus-percentage of cost 지급 기준을 따르는 계약 조건에서 비롯되었습니다. 이에 대해 국민이 보인 반응은 국방부 담당자가 그런 계약을 맺는 것을 범죄, 그것도 중범죄로 다루라는 거였습니다. 참고로, 정부가 새로운 중범죄 조항을 만든 건 옳았습니다만, 여러 법무법인과 다른 많은 기업을 포함한 대다수 분야는 여전히 본질적으로 보상금 가산 원가 시스템을 유지하고 있습니다.

인간의 본성은 인센티브 유발 편향에 시달립니다. 그래서 이런 세상의 일반적인 인센티브 패턴 아래 지독한 부정을 숱하게 저질렀죠. 또한 여러분은 끔찍한 행동을 하는 사람 중 다수를 기꺼이 가족의 일원으로 받아들일 겁니다. 부정행위를 하지 않는 사람하고 결혼하는 것과 비교할 때 더 나아 보이니까요.

인간의 뇌가 이런 방식으로 돌아간다는 사실은 커다란 함의를 지닙니다. 그중 하나는 부정한 행동을 막아주는 현금등록기 같은 것을 창조한 사람은 우리 문명에 기여한 성자라는 겁니다. 스키너가 너무나 잘 알았듯 나쁜 행동은 보상이 주어질 때 습관으로 굳어지기 쉬우니까요. 그래서 현금등록기는 대단히 도덕적인 장치였습니다.

그건 그렇고 현금등록기의 복음을 널리 퍼트린 패터슨은 경험을 통해 그 점을 알았습니다. 그는 작은 가게를 운영했는데, 직원들이 몰래 돈을 훔치는 바람에 돈을 전혀 벌지 못했습니다. 그런데 두어 대의 현금등록기를 들였더니 바로 흑자가 났습니다. 그는 즉시 가게를 접고 현금등록기 사업에 나섰죠. 그렇게 해서 당대의 영광스럽고 대단한 기업 중 하나인 내셔널 캐시 레지스터가 탄생한 겁니다.

"통하는 행동을 반복한다."는 행동 지침은 패터슨에게 성공을 안겼습니다. 다만, 그는 거기에 약간의 변화를 추가했습니다. 높은 도덕적

인식도 그의 성공에 기여했습니다. 패터슨은 특허권 도둑이라고 간주하던 경쟁자들을 무너트릴 때를 제외하면, 유별나고도 상습적으로 선행을 베풀었습니다. 그는 앤드류 카네기처럼[96] 죽기 전에 사실상 모든 재산을 나누어주었습니다. 항상 "수의에는 주머니가 없다."는 사실을 지적하면서 말이죠. 패터슨의 현금등록기는 사회에 대단히 크게 기여했습니다. 또한 그는 현금등록기를 매우 효과적으로 개선하고 널리 보급했습니다. 그래서 어쩌면 로마 시인 호라티우스의 묘비명을 같이 쓸 자격을 얻었을지도 모릅니다. "나는 완전히 죽지 않았다."라는 묘비명 말입니다.

직원들은 보상을 얻기 위한 나쁜 행동을 합리화합니다. 이 강력한 경향에는 패터슨이 홍보한 뛰어난 현금 관리 수단 외에도 많은 해결책이 필요합니다. 어쩌면 가장 중요한 해결책은 건전한 회계 이론 및 관행을 활용하는 것일지도 모릅니다. 웨스팅하우스보다 이런 점을 잘 보여준 사례는 드뭅니다. 웨스팅하우스에는 다른 사업부와 아무런 관련이 없는 대출 사업을 하는 자회사가 있었습니다. 제너럴 일렉트릭을 시기하던 웨스팅하우스 경영진은 외부 대출 사업에 따른 이익을 늘리고 싶었을 겁니다. 웨스팅하우스의 회계 관행에 따르면, 대손충당금은 과거의 신용 관련 경험에 크게 좌우되었습니다. 또한 해당 자회사는 큰 손실을 초래할 가능성이 낮은 대출을 주로 팔았습니다.

대출업체가 손실을 입기 쉬운 두 가지 특수한 종류가 있습니다. 하나는 담보 인정 비율이 95퍼센트나 되는 부동산 개발업체 대상 건설 융자입니다. 다른 하나는 호텔을 짓기 위한 건설 융자이고요. 그래서 호텔을 지으려는 개발업체에 실제 비용의 약 95퍼센트를 빌려줄 때는 당연히 훨씬 높은 이율을 적용합니다. 대손 위험이 일반적인 경우보다 훨씬 높으니까요. 그래서 호텔 개발업자에게 95퍼센트의 담보 인정 비율로 대규모 신규 대출을 내준다면, 수년 후 명확한 평가平價(대출액과 같은 가치)에 이를 때까지 수익을 거의 계상하지 않거나 심지어 손실로 잡는 게 건전한 회계 방식일 것입니다.

그러나 웨스팅하우스는 대출 담당자들이 일을 잘한 것처럼 보이게 만드는 회계를 통해 호텔 건설 사업에 대규모 대출을 해주었습니다. 과거 소규모 대손을 입었던 건보다도 훨씬 부실한 대출이지만 초기 수입이 아주 좋았거든요. 해외 및 외부 회계사들은 이런 형편없는 회계를 허용했습니다. "빵을 먹여주는 사람이 부르라는 대로 노래한다."라는 태도에서 예측되는 행동을 한 것이죠. 그 결과는 수십억 달러에 달하는 손실이었습니다.

누구의 잘못일까요? 냉장고 사업부나 다른 비슷한 사업부에 있다가 갑자기 대출 담당자가 되어 호텔 개발업자에게 대출을 해준 사람일까요? 아니면 인센티브 유발 편향을 초래할 것이 거의 확실한 정신 나간 인센티브 구조를 용인한 회계사와 고위 간부들일까요? 저는 그런 회계 시스템을 만든 회계사와 고위 간부들의 잘못이 가장 크다고 봅니다. 그들은 갑자기 현금 수송용 무장 차량을 버리고 아이들이 비무장 상태로 고객의 돈이 든 바구니를 들고 슬럼가를 지나게 만든 현금 수송업체와 같은 짓을 했습니다.

이런 일은 이제 더 이상 일어나지 않는다고 말할 수 있으면 좋겠습니다만, 그렇지 않습니다. 웨스팅하우스가 망한 후, 제너럴 일렉트릭의 자회사 키더 피보디는 허술한 컴퓨터 프로그램을 도입했습니다. 이 프로그램은 채권 트레이더가 이익을 엄청나게 부풀릴 수 있도록 허용했죠. 그 이후로도 수많은 기업의 회계가 더욱 악화했습니다. 아마 엔론이 최악의 경우일 테지요.

이처럼 인센티브 유발 편향은 매우 중대한 문제입니다. 이 문제에는 현금등록기와 건전한 회계 시스템 같은 중요한 해결책이 있습니다. 하지만 제가 오래전에 본 심리학 교과서는 약 1천 쪽이나 되는 분량임에도 인센티브 유발 편향을 다룬 부분이 거의 없었습니다. 패터슨이나 건전한 회계 시스템도 언급하지 않았습니다.

인센티브 유발 편향과 그 해결책은 어떤 이유인지 심리학의 표준 조사 경로를 벗어났습니다. 인센티브 유발 편향은 다수의 세계 최고 문학작품에서 두드러지게 다루었고, 그 해결책 역시 일반적인 비즈니스 과정에 오랫동안 존재했는데도 말입니다. 저는 결국 세상에 명백히 존재하는 문제라 해도 쉽고 반복 가능한 실험을 통해 간단하게 증명할 수 없는 경우, 심리학계의 송로버섯 탐지견들이 놓치는 경우가 많다는 결론을 내렸습니다.

일부 다른 학문 분야가 심리학보다 더 심리적 경향에 관심을 보였습니다. 적어도 심리학 교과서에서 설명한 내용으로 보면 그렇습니다. 가령 경제학자들은 오래전부터 고용주 관점에서 인센티브 유발 편향의 자연스러운 결과를 '대리인 비용'이라고 불렀죠.

명칭이 말해주듯 대다수 경제학자는 쥐들이 항상 곡물을 축내는 것처럼 고용주도 부적절하게 자신을 먼저 생각하는 직원들 때문에 항상 손해를 본다는 걸 알았습니다. 고용주들은 강력한 자체 감사 시스템과 적발된 비행에 대한 엄격한 공적 처벌에 더해, 비행 예방 절차와 현금등록기 같은 장치를 해결책으로 삼았습니다. 다른 한편, 직원 관점에서도 인센티브 유발 편향은 자연스럽게 노동 착취나 위험한 노동 여건 같은 고용주의 잘못을 초래합니다. 이런 나쁜 결과에 대한 해결책은 노조의 압력뿐 아니라 정부의 조치를 통해 도입됩니다. 임금 및 노동시간 관련 법, 노동 환경 안전 관련 법, 노조화 촉진 조치, 산재 보상 체계 같은 것이 거기에 해당하죠. 이처럼 인센티브 유발 편향이 노사 관계 양쪽에 모두 작용하면서 자연스럽게 발생하는 심리적 긴장을 고려하면 중국인들이 음양의 조화를 그토록 중시하는 건 당연합니다.

인센티브 유발 편향의 불가피한 보편성은 커다랗고도 일반적인 결과로 이어집니다. 가령 판매 수당만으로 생활하는 영업직은 압박감이 덜한 보상 체계를 적용받는 영업직보다 도덕성을 유지하기가 훨씬 어려울 것입니다. 다른 한편으로, 순전히 판매 수당만 지급하는 방식은 지출 영업 비용 대비 효율성이 높을 수 있습니다. 그래서 영업 부문의 보상 체계를 만드는 일은 트레이드오프와 관련된 어려운 결정을 수반하는 경우가 많습니다.

자본주의 자유시장경제는 경제 체제로서 엄청난 성공을 거두었습니다. 인센티브 유발 편향에 따른 여러 나쁜 효과를 방지한 덕분입니다. 자유시장경제 체제하 경제 활동의 방대한 구조 안에서 대다수 자본가 오너는 다른 오너와의 치열한 경쟁에서 살아남는 능력과 더불어 사업 운영상의 모든 낭비를 방지하는 강력한 인센티브를 설계하는 능력 덕분에 선택받은 것입니다. 결국 그들은 경쟁력 있는 가격과 전반적인 비용의 차이에 기반해 살아갑니다. 비용이 매출을 초과하면 그들의 사업은 망할 것입니다. 그런 오너를 월급 받는 공무원으로 대체하면 대개 전반적인 효율성이 크게 떨어질 겁니다. 오너를 대체하는 각각의 피고용인이 인센티브 유발 편향의 영향을 받을 것이기 때문입니다. 그들은 월급의 대가로 자신이 어느 정도 기여할지 판단합니다. 또 성과 평가 기준을 높이기를 원하지 않는 많은 동료 피고용인의 압박에 자신이 어느 정도 굴복할지도 판단합니다.

인센티브 유발 편향이 초래하는 또 다른 일반적인 결과가 있습니다. 인간은 모든 시스템을 조작하려는 경향이 있는데, 다른 사람에게 피해를 주면서 부당한 이익을 챙기는 일에 엄청난 창의성을 보여주죠. 그래서 거의 모든 시스템 설계에서 조작 방지 요소가 중대하고 필수적입니다.

시스템 설계에서 필요한 또 다른 요소는 쉽게 속일 수 있는 일에 대해 보상하는 것을 경계하고, 최대한 피해야 한다는 겁니다. 그러나 대개 명문대 출신의 많은 변호사를 포함해 미국의 국회의원과 판사는 흔히 이런 경고를 무시합니다. 그 결과, 사회는 행동과 효율성의 악화뿐 아니라 부당한 비용 발생 및 부의 이전으로 인해 큰 대가를 치릅니다. 심리적 현실을 더 잘 가르치고 이해하도록 교육을 개선하면, 의회와 법원에서 더 나은 시스템을 설계할 겁니다.

물론 현재 행동을 끌어내는 주된 보상은 돈입니다. 원숭이를 훈련하면 본질적으로 무가치한 토큰을 바라고, 또 그것을 얻으려고 노력하게 만들 수 있습니다. 토큰을 바나나로 계속 바꾸어주면 그게 바나나인 줄 아는 거죠. 인간도 돈을 얻으려고 노력합니다. 원숭이보다 더 많이 노력해요. 음식뿐 아니라 자신이 바라는 많은 것을 돈과 교환할 수 있으니까요. 또한 돈을 갖거나 쓰는 데서 대개 지위도 얻을 수 있습니다. 게다가 부자들은 대체로 습관적으로 더 많은 돈을 얻으려고 열심히 노력하거나 계획을 세웁니다. 사실 돈을 더 벌어야 할 필요가 거의 없어진 지 오래되었는데도 말이죠. 일반적으로 돈은 현대 문명의 주축입니다. 이는 다른 동물들의 행동에서는 유례를 찾기 힘듭니다. 금전적 보상은 또한 다른 형태의 보상과 얽혀 있습니다. 가령 지위를 얻기 위해 돈을 이용하는 사람도 있고, 돈을 얻기 위해 지위를 이용하는 사람도 있으며, 이 두 가지 일을 동시에 하는 사람도 있습니다.

돈은 여러 보상 중에서도 주된 동력원입니다. 그러나 효력을 지닌 유일한 보상은 아닙니다. 사람들은 섹스, 우정, 동료애, 지위 상승, 기타 비금전적 가치를 위해 행동과 인식을 바꾸기도 하니까요.

'할머니의 규칙'은 보상의 위력을 보여주는 또 다른 사례입니다. 그 효과가 실로 엄청나기 때문에 여기서 언급하지 않을 수 없습니다. 이 규칙을 토대로 여러분 자신의 행동을 성공적으로 바꿀 수 있습니다. 여러분이 이미 가진 것을 보상으로 활용한다고 해도 말입니다! 실제로 경영 자문 심리학 박사들은 경영진에게 할머니의 규칙을 일상에 적용해 보상 시스템을 개선하라고 권합니다.

할머니의 규칙은 구체적으로 말하면, 아이들이 디저트를 먹기 전에 먼저 당근을 먹여야 한다는 겁니다. 이 규칙의 기업 버전은 경영진이 매일 즐거운 업무를 하는 보상을 얻기 전에 즐겁지 않지만 필요한 업무를 먼저 하도록 요구합니다. 보상의 엄청난 힘을 고려할 때 이런 관행은 현명하고 타당합니다. 할머니의 규칙은 회사와 무관한 삶의 다른 부분에서도 활용할 수 있습니다. 컨설턴트들이 이런 관행을 매일 따르도록 강조하는 것은 우연이 아닙니다. 그들은 스키너의 가르침 이후, 즉각적인 보상이 가장 잘 통한다는 사실을 깨달았던 겁니다.

물론, 보상만큼 아주 유연하고 훌륭한 수준은 아니지만 처벌도 행동과 인식에 강한 영향을 미칩니다. 가령 미국의 경우, 벌금이 가벼울 때는 불법적인 가격 담합이 아주 만연했습니다. 그러다가 유명 경영인 몇 명이 높은 자리에서 쫓겨나 연방 감옥에 들어간 뒤로는 담합 건수가 큰 폭으로 감소했죠.

육군과 해군은 행동을 바꾸기 위해 극단적 수준으로 처벌을 활용하는 경우가 아주 많습니다. 그 이유는 아마도 극단적 행동을 하게 만들어야 할 필요성이 있기 때문일 겁니다. 카이사르의 시대에 한 유럽 부족은 집합 나팔을 불었을 때 지정된 장소에 가장 늦게 도착한 전사를 무조건 죽였습니다. 그래서 누구도 이 부족과 싸우기를 원치 않았습니다. 또한 조지 워싱턴은 탈영을 생각하는 다른 병사들에게 본을 보이려고 시골 출신 소년 탈영병을 12미터 높이에 목매달았습니다.

2
호감/애정 경향

갓 부화한 새끼 거위는 자신에게 잘 대해주는 첫 번째 대상을 좋아하고 따르도록 유전적으로 프로그래밍되어 있습니다. 물론 그 대상은 거의 언제나 어미죠. 그러나 부화했을 때 어미 대신 사람을 보게 되면 새끼 거위는 그 사람을 좋아하고 따릅니다. 일종의 대리 어미인 셈이죠.

이와 다소 비슷하게, 갓 태어난 아기도 정상적이거나 비정상적인 촉발 요인에 따라 다른 사람에 대한 호감과 애정을 품습니다. 사람이 타고나는 가장 강력한 애정 경향은 자식에 대한 어머니의 애정입니다. 이는 쉽게 촉발됩니다. 반면, 새끼를 사랑하는 쥐의 행동은 단 하나의 유전자를 삭제하면 제거할 수 있습니다. 이는 새끼 거위뿐 아니라 어미 쥐에게도 일종의 촉발 유전자가 있음을 시사합니다.

새끼 거위처럼 각각의 아이는 거의 확실하게 호감과 애정을 갖게 됩니다. 그 동력원은 성적 본능일 수도 있고, 사회적 집단일 수도 있죠. 사회적 집단은 혈연 가족 또는 입양 가족에 한정되지 않습니다. 현재의 매우 로맨틱한 사랑은 먼 과거에는 거의 없었을 게 확실합니다. 우리 조상은 분명 상당히 진부한 방식으로 짝짓기를 하는 유인원과 더 비슷했을 겁니다.

인간이 부모, 배우자, 자녀 외에 자연스레 좋아하고 사랑하게 되는 것이 있을까요? 그건 바로 자신이 사랑받는 대상이 되는 겁니다. 남다른 헌신을 보여주는 사람이 많은 구애 경쟁에서 승리할 것입니다. 또한 사람은 일반적으로 혈육이 아닌 많은 사람의 애정과 인정을 얻기 위해 평생 노력합니다.

호감/애정 경향의 매우 실용적인 측면 중 하나는 조건화 수단으로 기능한다는 겁니다. 어떤 대상에게 호감이나 애정을 품은 사람은 1) 그 대상의 잘못을 무시하거나 요청을 들어주고, 2) 뒤에서 살펴보겠지만 그 대상과 단순하게 연계된 사람, 제품, 행위를 선호하며, 3) 애정을 품기 위해 다른 사실을 왜곡하는 경향이 있습니다.

존경을 촉진하는 호감 및 애정 현상은 반대 방향으로 작용하기도 합니다. 즉, 존경 역시 호감이나 애정을 유발하거나 강화합니다. 이런 피드백 모드를 갖추면 흔히 극단적 결과가 나옵니다. 때로는 사랑하는 대상을 위해 의도적으로 자신을 파괴하기도 하죠.

피드백 모드에서 존경과 얽힌 호감 또는 애정은 흔히 성적 애착과 거리가 먼 영역에서 방대하고 실용적인 결과를 낳습니다. 가령 존경할 만한 사람과 사상을 특별히 강렬하게 사랑하는 성향을 지닌 사람은 삶에서 아주 큰 이점을 누립니다. 버핏과 저는 때로 같은 사람과 사상으로부터 이런 큰 축복을 받곤 했습니다. 우리 둘 모두에게 유익했던 사람은 워런의 삼촌 프레드 버핏입니다. 그는 한도 끝도 없는 식료품점 일을 쾌활하게 해냈습니다. 버핏과 저는 멀리서 그 모습을 바라보며 그를 존경하게 되었죠. 아주 많은 다른 사람을 알게 된 지금도 그보다 좋은 사람이 되는 게 가능한지 모르겠습니다. 그는 저를 더 좋은 방향으로 변화시켰습니다.

피드백 모드에서 서로를 북돋우며 깊은 애정과 존경을 끌어내는 사람들은 대개 놀랍도록 좋은 결과를 얻습니다. 이 사실은 정책 측면에서 큰 의미를 지닙니다. 가령 애정과 존경을 얻을 만한 사람을 교직으로 많이 끌어들이는 것은 분명히 바람직합니다.

3
미움/혐오 경향

호감/애정 경향과 상반되는 패턴도 존재합니다. 아기는 살아가는 동안 정상적이거나 비정상적인 촉발 요인에 따라 미움 및 혐오를 품기도 합니다. 대대수 유인원과 원숭이도 마찬가지죠. 그 결과 인류의 긴 역사는 전쟁으로 점철되었습니다. 대대수 미국 원주민 부족은 끝없이 전쟁을 벌였습니다. 일부 부족은 때로 포로를 여자들이 기다리는 마을로 끌고 오기도 했습니다. 모두가 포로를 고문해서 죽이는 재미를 볼 수 있도록 말이죠. 종교가 전파되고 선진 문명이 발달한 상황에서도 현대에 일어난 수많은 전쟁은 여전히 매우 야만적입니다. 반면, 현재의 스위스와 미국에서 관찰할 수 있는 또 다른 양상도 있습니다. 이 나라들의 경우, 개인 및 집단의 혐오와 미움을 살육과 상관없는 방향으로 유도하는 영리한 정치적 장치가 존재합니다. 선거도 거기에 포함되죠.

미움과 혐오는 결코 완전히 사라지지 않습니다. 사람이 타고나는 이 강력한 충동적 경향은 계속 강한 영향을 미칩니다. 그래서 "정치는 혐오를 다스리는 기술이다."라는 영국의 격언도 있습니다. 또 미국에서는 대단히 부정적인 정치 광고가 큰 인기를 끕니다.

가족 단위에서도 한 사람이 다른 형제자매를 싫어해서 형편만 되면 끝없이 고소하는 경우가 자주 있습니다. 실제로 버핏이라는 한 재담꾼은 제게 "부자와 빈자의 큰 차이점이 있는데, 부자는 가족을 고소하면서 평생을 보낼 수 있다는 것"이라고 말하곤 합니다. 저의 아버지가 오마하에서 운영한 법무법인은 가족이 서로 미워해서 제기한 송사로 넘쳐났죠. 제가 하버드 로스쿨에 들어갔을 때 교수들은 재산법을 가르치며 가족 사업에서 형제자매 사이의 경쟁을 언급하지 않았습니다. 그래서 저는 강단이 옛날 우유 마차를 끌던 말처럼 눈가리개를 한 교수들로 채워진, 현실과 유리된 곳이라고 평가하게 되었습니다. 제 추측으로는 아마 지금도 형제자매 사이의 경쟁을 재산법 강의에 반영하지 않았을 겁니다.

미움/혐오 경향은 조건화 수단으로 작용하기도 합니다. 그래서 누구를 미워하거나 혐오하는 사람은 1) 그 대상의 미덕을 무시하고, 2) 그 대상과 단순하게 연계된 사람, 제품, 행위를 싫어하며, 3) 미움을 품기 위해 다른 사실을 왜곡하는 경향이 있습니다.

4
의심-회피 경향

인간의 뇌는 어떤 결론에 도달함으로써 의심을 신속하게 제거하도록 프로그래밍되어 있습니다.

동물들이 오랜 세월에 걸쳐 의심을 재빨리 제거하는 방향으로 나아간 양상은 쉽게 이해할 수 있습니다. 결국 포식자에게 위협받는 피식자 입장에서 확실하게 비생산적인 한 가지 일은 무엇을 할지 결정하는 데 오랜 시간을 들이는 겁니다. 그래서 인간의 의심-회피 경향은 유인원 조상의 역사와 상당히 일치합니다.

어떤 결정에 도달함으로써 의심을 속히 제거하려는 경향은 매우 두드러집니다. 그래서 판사와 배심원에게는 이런 경향에 대응하는 행동이 요구됩니다. 즉, 판결하기 전에 강제로 지연시키고, 결정 시간까지 객관성의 '가면'을 쓰도록 처신해야 합니다. 이 가면은 진정한 객관성을 얻는 데 도움을 줍니다. 이에 대해서는 뒤에서 비일관성-회피 경향을 다룰 때 확인할 것입니다.

우리가 강한 의심-회피 경향을 지닌다는 사실을 알면, 적어도 일부 종교적 믿음은 이 같은 경향으로 인해 확산되었다고 여기는 것이 논리적입니다. 자신이 어떤 계시로 신앙을 갖게 된 데 만족한다 해도 여전히 다른 사람들이 다른 신앙을 믿는 이유를 이해해야 합니다. 사람의 의심-회피 경향은 거의 확실히 그 답의 큰 부분을 차지합니다.

의심-회피 경향을 촉발하는 요소는 무엇일까요? 딱히 아무것도 생각하지 않고 위협받지 않는 사람은 서둘러 어떤 결론을 내려 의심을 제거할 필요가 없습니다. 나중에 사회적 증거 경향과 스트레스 영향 경향을 다룰 때 살펴보겠지만, 대개 의심-회피 경향을 촉발하는 것은 1) 수수께끼와 2) 스트레스의 조합입니다. 이 두 가지 요소는 종교적 문제를 접할 때 자연히 발생합니다. 따라서 대다수 사람의 자연스러운 상태는 종교적 형태를 띱니다. 그리고 이는 우리가 관찰한 사실입니다.

5
비일관성-회피 경향

인간의 뇌는 변화를 주저함으로써 프로그래밍 공간을 보존합니다. 이는 비일관성-회피의 형태로 드러납니다. 건설적이거나 파괴적인 인간의 모든 습관에서 이런 경향을 확인할 수 있죠. 자신이 없앤 나쁜 습관을 많이 나열할 수 있는 사람은 드뭅니다. 심지어 하나도 찾을 수 없는 사람도 있죠. 사실상 모든 사람은 나쁘다는 걸 알면서도 수많은 나쁜 습관을 오랫동안 유지합니다.

이런 상황을 감안할 때 많은 경우, 일찍이 형성된 습관을 운명이라

말해도 지나치지 않습니다.《크리스마스 캐럴》에 나오는 말리의 불쌍한 유령은 "나는 내 삶에 스스로 족쇄를 채웠다."고 말합니다. 그가 말하는 족쇄는 나쁜 습관입니다. 이 족쇄는 처음에는 느낄 수 없을 만큼 가볍지만 나중에는 부술 수 없을 만큼 단단해집니다.

현명한 인생은 매우 드문데, 현명하게 사는 사람들은 좋은 습관을 많이 유지하고, 나쁜 습관을 많이 피하거나 바로잡습니다. 여기서 도움을 주는 훌륭한 원칙은 역시 프랭클린이 《가난한 리처드의 연감》에서 쓴 "1온스의 예방은 1파운드의 치료와 그 가치가 같다."입니다. 이 말의 부분적 의미는 비일관성-회피 경향 때문에, 습관을 바꾸는 것보다 처음부터 갖지 않는 게 훨씬 쉽다는 것입니다.

뇌가 변화를 꺼리는 경향은 또한 이전의 결론, 충성심, 평판에 따른 정체성, 약속, 사회적 역할 등을 그대로 유지시킵니다. 진화가 의심을 신속히 제거하는 경향과 더불어 변화를 꺼리는 모드를 인간의 뇌에 프로그래밍한 이유는 명확하지 않습니다. 저는 변화를 꺼리는 모드가 다음과 같은 요소의 조합 때문에 형성됐으리라 추측합니다.

1. 피식자이던 비인류 선조의 생존에 결정 속도가 중요할 때 더 빨리 결정하도록 도와줍니다.
2. 우리 선조가 집단적 협력을 통해 생존 측면의 이점을 얻도록 해줍니다. 모두가 대응 방식을 항상 바꾼다면 협력하기가 더 어려워졌을 겁니다.
3. 문자를 사용하기 시작한 후부터 오늘날의 복잡한 현대적 삶에 이르기까지, 한정된 수의 세대가 진화를 통해 얻을 수 있는 최선의 해결책이었습니다.

의심-회피 경향으로 촉발되어 신속히 도달한 결론은, 그 결론에 대한 모든 변화에 맞서려는 경향과 결합합니다. 이로써 현대인이 자연히 수많은 인지적 오류를 범하리라는 걸 쉽게 알 수 있습니다. 그 결과는 눈에 띄게 드러납니다. 우리 모두 부실한 결론에 매몰됐다고 정확하게 진단할 수 있는 사람들을 많이 상대합니다. 이런 결론은 그들이 일찍이 형성해 무덤까지 갖고 갈 사고 습관으로 유지됩니다.

비일관성-회피 경향이 나쁜 결정을 초래하는 문제는 대단히 심각합니다. 그래서 법원은 그에 맞서는 중요한 전략을 받아들였죠. 가령 판사와 배심원은 결정을 내리기 전에 길고 능숙한 변론을 들어야 합니다. 변론 시간에는 그들의 특정한 입장을 당연히 좋아하지 않을 쪽에서 증거와 주장을 제시합니다. 이는 첫 번째 결론 편향이 초래할 나쁜 판단을 방지해줍니다. 마찬가지로 요즘에는 다른 의사 결정자들도 흔히 여러 집단이 결정을 내리기 전에 능숙한 반론을 고려하도록 만듭니다.

적절한 교육은 높은 인지적 능력을 키우는 오랜 훈련을 거칩니다. 그 과정에서 변화에 저항하는 경향 때문에 유지되는 잘못된 생각을 깨트릴 만큼 우리의 지혜는 강력해집니다. 케인스는 세계 최고의 대학 중 하나에 소속된 지체 높은 지식인 집단의 문제를 지적한 바 있습니다. 그의 말에 따르면, 거기서 새로운 생각을 받아들이지 않는 것은 그 생각이 이해하기 어렵기 때문이 아니라, 이미 자리 잡은 오래된 생각과 일치하지 않기 때문입니다.

케인스는 인간의 뇌가 난자와 아주 비슷하게 작동한다고 말합니다. 난자에 정자 한 마리가 들어가면 자동으로 차단 장치가 작동합니다. 그래서 다른 정자들이 들어가지 못하죠. 인간의 뇌도 같은 결과를 추구하는 경향이 강합니다. 사람들은 재고하거나 바꾸지 않는 고정된 결론과 태도를 머릿속에 대량 축적하는 경향이 있습니다. 그것이 틀렸다는 좋은 증거들이 충분한데도 말입니다.

게다가 이런 일은 사회과학 분야에서만 일어나지 않습니다. 한때 칼텍 심리학과는 프로이트 심리학이 유일한 선택지여야 한다고 생각했습니다. 이런 오래된 오류를 고수하는 것은 빈도와 정도가 덜하기는 하지만 자연과학 분야에서도 일어납니다. 이 문제와 관련해서는 플랑크상수를 발견한 막스 플랑크가 가장 뛰어난 권위자입니다. 노벨상을 받은 그는 과학적 성과로 유명하지만, 물리학에서조차 기성 과학자들이 획기적인 생각을 진정으로 받아들이는 경우가 드물다고 토로한 것으로도 유명합니다. "진보는 이전의 결론으로 머리가 꽉 막히지 않은 새로운 세대를 통해 이루어진다."고 그는 말했습니다.

실제로 이런 종류의 막힘이 아인슈타인에게도 조금 있었습니다. 그는 지적 능력이 최고조일 때는 본인의 생각까지 잘 무너트렸습니다. 하지만 나이가 든 후에는 양자역학의 완전한 의미를 결단코 받아들이지 않았죠.

찰스 다윈은 첫 번째 결론 편향에 대한 해결책을 성공적으로 활용한 사람 중 한 명입니다. 그는 일찍이 자신의 가설에 반하는 증거를 진지하게 검토하는 훈련을 했습니다. 자신의 가설이 아주 좋다고 생각할 때는 더욱 그랬죠. 이런 다윈의 태도와 상반되는 것이 현재 비난 대상으로 떠오르고 있는 이른바 확증 편향입니다. 다윈의 관행은 비일관성-회피 경향에 따라 자연히 발생하는 인지적 과오를 날카롭게 인식한 결과입니다. 그는 역대 최고의 지적 성과를 진전시키는 데 심리학적 통찰이 올바르게 활용된 좋은 사례를 제공합니다.

비일관성-회피 경향은 문명에 좋은 영향을 많이 끼쳤습니다. 가령 대다수 사람은 공개적 약속 또는 새롭거나 오래된 공적公的 정체성 등과 어긋나게 행동하려 하지 않습니다. 그들은 사제, 의사, 시민, 군인, 배우자, 교사, 직원 등 자신이 삶에서 맡은 역할에 충실합니다.

비일관성-회피 경향의 한 가지 결과는, 새로운 정체성을 얻는 과정에서 큰 희생을 치른 사람은 거기에 더욱 헌신하게 된다는 것입니다. 가치 없는 대상을 위해 큰 희생을 치르는 것은 결국 상당히 비일관적인 행동이기 때문입니다. 그래서 문명은 고되고도 장엄한 통과의례를 많이 고안했습니다. 흔히 공개적으로 행해지는 이런 의식은 새로운 약속을 더욱 단단하게 굳힙니다.

고된 통과의례는 좋은 행동뿐 아니라 나쁜 행동도 강화할 수 있습니다. 새로운 정식 마피아 조직원의 충성심 또는 히틀러에 대한 피의 서약을 해야 하는 신임 장교의 충성심은 비일관성-회피 경향을 촉발함으로써 강화되었습니다.

게다가 이런 경향은 흔히 호구를 만들기도 합니다. 누군가를 조종해 자신에게 복종시키는 사람은 호구의 무의식적 비일관성-회피 경향을 촉발해 이익을 얻습니다. 벤저민 프랭클린보다 이 과정을 잘 보여준 사람은 드뭅니다. 그는 필라델피아에서 이름을 알리기 시작했을 때, 한 유력 인사에게 인정받고 싶었습니다. 그래서 자신에게 책을 빌려주는 것처럼 별로 대단치 않은 호의를 베풀도록 그를 조종했죠. 이후 그 유력 인사는 프랭클린을 더 존중하고 신뢰하게 되었습니다. 존중하지도 신뢰하지도 않는 사람에게 책을 빌려주는 것은 그 행위에 내포된 인정과 일치하지 않기 때문입니다.

한국전쟁 동안 이 기법은 중공군이 포로들에게 사용한 세뇌 시스템의 가장 중요한 요소였습니다. 이 기법을 단계별로 실행하면, 중공군을 대하는 포로의 인식을 바꾸는 데 고문보다 더 효과가 좋았다고 합니다.

자신을 호의적으로 대하도록 상대를 조종해 그 사람의 인정을 받는 방식은 반대의 경우에도 아주 잘 통합니다. 즉, 어떤 사람이 다른 사람을 의도적으로 해하게끔 조종하면 조종당한 사람은 피해자를 인정하지 않거나 심지어 싫어하게 됩니다. 비일관성-회피 경향에 따른 이 효과는 "사람은 묵은 감정을 묻은 곳을 절대 잊지 않는다."는 속담에 담긴 통찰을 설명해줍니다. 또한 교도관이 죄수를 갈수록 미워하고 혐오하면서 괴롭히는 이유도 설명해줍니다. 이런 태도는 동물처럼 취급받는 죄수들의 적개심에 적개심으로 맞대응한 결과입니다.

감옥에서 교도관과 죄수 사이의 적개심은 심리에 기반해 자연스럽게 형성됩니다. 따라서 1) 처음부터 죄수를 괴롭히지 못하도록 막고, 2) 그런 일이 시작되었을 때 즉시 중단시키기 위한 강력하고 지속적인 조치를 단행해야 합니다. 적개심은 그냥 놔두면 전염병처럼 스스로 증식하기 때문입니다. 이 주제에 관해 심리학적 측면에서 좀 더 예리한 관점을 취하고, 좀 더 통찰력 있는 가르침을 받으면 미 육군의 전반적인 효율성이 개선될 겁니다.

비일관성-회피 경향은 너무나 강력해서, 단지 어떤 정체성이나 습관 또는 결론을 가진 척하기만 해도 거기에 이끌리는 경우가 많습니다. 햄릿을 연기한 배우는 흔히 한동안 자기가 진짜 덴마크 왕자 햄릿이라고 믿죠. 또 많은 위선자가 선한 척하다 더 나은 사람이 됩니다. 많은 판사와 배심원이 객관적인 척하다 객관성을 획득합니다. 많은 소송 전문 변호사나 그 밖에 다른 변호사가 전에는 믿는 척했던 것을 실제로 믿게 됩니다.

비일관성-회피 경향은 현상 유지 편향과 더불어 합리적인 교육에 엄청난 해를 입히지만 많은 혜택을 안기기도 합니다. 스스로 사실이라고 믿지 않는 내용을 가르치는 것은 궁극적인 비일관성에 해당합니다. 그래서 임상의학 교육은 학습자가 '보고, 실행하고, 가르치도록' 요구합니다. 가르치는 일은 가르치는 사람의 머릿속에 학습 내용을 심어줍니다. 물론 그 사람의 인지에 영향을 미치는 가르침의 힘이 항상 사회에 도움을 주는 건 아닙니다. 그 힘이 정치적 복음주의나 사이비 종교로 흘러가면 나쁜 결과를 낳죠.

가령 어린 학생들은 의심스러운 정치관을 배우면, 그것을 다른 사람에게 열성적으로 퍼트립니다. 이런 경우 현대 교육의 폐해가 더 커집니다. 학생들의 주장이 다른 사람을 설득시키는 일은 드물죠. 그러나 자신이 주장하는 게 사고 습관으로 굳어져 학생들은 영구적인 피해를 봅니다. 이런 일이 일어나도록 여건을 조성하는 교육기관이 무책임하다고 생각합니다. 합리적인 사람으로서 완전한 잠재력을 발휘하는 수준 근처에 이르기 전에는 뇌에 족쇄를 채우지 않는 것이 중요합니다.

6
호기심 경향

포유동물은 많은 호기심을 타고납니다. 인간을 제외하면 유인원과 원숭이가 호기심이 가장 강합니다. 인간의 호기심은 이 친척들을 훨씬 앞지르고요.

인류 문명의 진전 과정에서 문화는 지식을 발전시키는 호기심의 효력을 크게 키워줍니다. 가령 식민지 알렉산드리아를 포함한 아테네인은 순수한 호기심을 토대로 수학과 과학을 급발전시켰습니다. 반면, 로마인은 수학이나 과학에 거의 기여하지 않았죠. 그 대신에 광산, 도로, 수로 등을 건설하는 '실용적인' 공학에 주의를 기울였습니다.

최선의 현대 교육으로 강화된 호기심은 다른 심리적 경향에 따른 나쁜 결과를 막거나 줄여줍니다. 다만, 그런 교육은 본질적으로 많은 지역에서 드물 수밖에 없습니다. 하지만 호기심은 정식 교육이 끝난 후에도 오랫동안 풍부한 재미와 지혜를 제공합니다.

7
칸트식 공정성 경향

칸트는 정언명령으로 유명합니다. 이는 일종의 황금률로서 특정한 행동 패턴을 따를 것을 요구합니다. 모든 사람이 그 규칙을 따르면, 인간적 시스템은 모두를 위해 최선의 기능을 합니다. 현대 문화에 동화된 사람은 칸트가 정의한 공정성을 많이 표출하며, 다른 사람들도 그렇게 하길 기대한다고 말해도 과언이 아니죠.

미국에서 일방통행 도로나 터널이 있는 작은 지역사회에서는 신호나 표지판이 없어도 서로를 배려하는 경우를 많이 볼 수 있습니다. 또한 저를 포함해 고속도로를 이용하는 많은 사람은 다른 운전자가 차선을 바꿀 때 앞에 끼어들도록 양보해줍니다. 입장이 바뀌었을 때 자신도 그런 배려를 바라기 때문입니다. 모두에게 선착순으로 차례가 오도록 서로 모르는 사람들이 줄을 서는 현대의 예절도 있습니다. 또한 서로 모르는 사람들이 흔히 예기치 못한, 자초하지 않은 행운과 불행을 자발적으로 동등하게 나누기도 합니다. 이런 공정한 나눔fair-sharing의 상반된 결과로서, 기대한 만큼 공정하게 분배되지 않으면 그 반동으로 심한 적대 행위가 발생하기도 하고요.

노예제가 아주 오랜 세월에 걸쳐 주요 종교와 공존하며 용인되다 지난 3세기 동안 대부분 폐지된 것은 흥미로운 일입니다. 제 생각에는 칸트식 공정성 경향이 그런 결과에 크게 기여한 것으로 보입니다.

8
시기/질투 경향

진화 과정을 거치면서 희귀한 음식을 원하도록 설계된 종이 있다고 가정합시다. 이 종의 구성원은 그 음식을 먼저 보면 자신이 차지하려는 경향이 강했을 것입니다. 이런 일이 자주 일어날 테고, 다른 구성원이 소유한 음식을 보면 갈등이 생겨날 것입니다. 아마도 이것이 인간의 본성에 아주 깊이 내재된 시기/질투 경향의 진화적 기원일 겁니다.

형제자매의 질투는 분명히 매우 강하게 작용합니다. 또한 대개 어른보다 아이들에게서 더 심하죠. 칸트식 공정성 경향이 거기에 영향을 미칠 수도 있습니다.

시기/질투는 신화, 종교, 문학에서 극단적 형태로 드러납니다. 수많은 이야기 속에서 증오를 유발하고 상처를 내죠. 예수 이전 시대의 유대인은 시기/질투가 대단히 치명적이라고 생각했습니다. 그래서 모세율법에서 여러 항목에 걸쳐 금지했죠. 심지어 모세는 이웃의 당나귀도 탐하지 말라고 경고했습니다.

시기/질투는 지금도 극심합니다. 가령 대학 공동체는 자산 운용 담당 직원이나 수술 전문 교수가 표준 급여의 몇 배에 달하는 급여를 받으면 난리를 칩니다. 투자은행이나 법무법인 등에서 시기/질투 효과는 대학에서보다 더 극심합니다. 많은 대형 법무법인은 시기/질투로 인한 분란을 염려해 오랫동안 수석 파트너들에게 동등하게 보상했습니다. 회사에 기여한 정도가 다르다 해도 말이죠. 저는 워런 버핏과 오랫동안 삶에 관한 이야기를 나누었는데, 그가 여러 번 "세상을 이끄는 건 탐욕이 아니라 시기"라고 현명하게 말하는 것을 들었습니다.

이 말은 대체로 옳습니다. 그렇다면 심리학 교과서에서 시기/질투를 광범위하게 다룰 것이라 기대하기 쉽습니다. 그러나 제가 읽은 세 권의 교과서에는 그런 내용이 없습니다. 심지어 '시기'와 '질투'라는 단어 자체가 색인에 없는 경우도 많았습니다.

시기/질투에 대한 논의는 심리학 교과서에만 부족한 게 아닙니다. 최근 어떤 사안에 대해 다수가 참여한 논의에서 어른들의 시기/질투를 논쟁의 원인으로 파악한 때가 있습니까? 그런 주장을 하는 것은 일반적으로 금기시되는 것 같습니다. 그렇다면 왜 그런 금기가 생겼을까요?

제 추측으로는 어떤 입장을 취하는 이유가 시기/질투 때문이라고 딱지 붙이는 게 지극히 모욕적이라는 인식이 널리 퍼져 있는 듯합니다. 그 진단이 틀렸을 때보다 맞았을 때 더욱 그렇죠. 그런 지적이 그 사람을 어린애 같은 정신이상자라고 부르는 것과 동일하게 취급된다면 보편적 금기가 생긴 이유를 충분히 이해할 수 있습니다. 그런데 그 금기를 심리학 교과서에도 적용해야 할까요? 폭넓게 퍼진 중요한 심리적 현상을 정확하게 설명하는 걸 막는데도요? 제 답은 '아니다'입니다.

9
호혜성 경향

은혜와 원수를 갚으려는 인간의 무의식적 경향이 유인원, 원숭이, 개 그리고 인지 능력이 덜한 많은 동물만큼이나 강하다는 게 오래전 입증되었습니다. 이런 경향은 분명 구성원을 위한 집단적 협력을 가능하게 만듭니다. 또 이런 측면은 사회적 곤충의 유전적 프로그래밍과 흡사합니다.

우리는 일부 전쟁에서 원수를 갚으려는 경향의 극치를 목도할 수 있습니다. 그 결과, 증오가 깊어져 잔혹한 행위가 벌어집니다. 역사상 많은 전쟁에서 투항하는 것조차 오랫동안 허용되지 않았습니다. 유일하게 받아들일 수 있는 적은 죽은 적뿐이었죠. 때로는 그것도 충분치 않았습니다. 칭기즈칸은 적을 죽인 것으로도 만족할 수 없어 시체를 난도질하라고 명령했습니다.

한 가지 흥미로운 지적 훈련은 칭기즈칸을 개미와 비교하는 것입니다. 칭기즈칸은 다른 인간을 상대로 극단적이고 치명적인 적대 행위를 저질렀습니다. 마찬가지로 개미도 같은 군체에 속하지 않은 다른 개미를 상대로 극단적이고 치명적인 적대 행위를 저지릅니다. 오히려 개미와 비교하면 칭기즈칸은 다정해 보일 정도입니다. 개미는 싸우려는 기질이 더 강하며, 싸울 때는 더 잔혹합니다. 실제로 E. O. 윌슨은 개미가 갑자기 핵폭탄을 갖게 된다면 18시간 안에 모조리 전멸할 것이라는 농담을 하기도 했습니다.

인간과 개미의 역사가 공공연히 시사하는 것은 1) 자연에는 같은 종에게 용서를 베푸는 행동으로써 생존 확률을 높이는 보편적 알고리즘이 없고, 2) 국가가 외부자에게 원수를 갚는 경향을 모두 버렸을 때 살아남을 확률이 높지 않으며, 3) 용서를 베푸는 행동이 국가가 외부자를 대하는 효과적인 방식이라면 유전적 본성에 반하는 행동을 촉진하기 위한 문화 차원의 노력이 필요하다는 점입니다.

이어서 전쟁보다는 한참 규모가 작은 복수에 관해 이야기해보겠습니다. 평화로운 시기에도 적개심이 상당히 극단적일 수 있습니다. 도로에서 보복 운전을 하거나, 경기장에서 분노를 터트려 부상자가 발생하는 것이 그런 사례죠. 과도한 적개심에 대한 일반적 해결책은 반응을 늦추도록 자신을 훈련하는 겁니다. 똑똑한 제 친구 톰 머피가 자주 말한 대로, 누구를 혼내는 게 정말로 좋은 대응이라면 항상 내일로 미뤄도 됩니다.

물론 은혜를 은혜로 갚으려는 경향도 상당히 강합니다. 때로는 원수 갚는 일을 그만두게 만들 정도죠. 때로 전쟁 중 기이하게 전투가 멈추기도 합니다. 한쪽이 사소한 예의나 호의를 표하고, 뒤이어 다른 쪽이 거기에 화답하면서 이뤄집니다. 제1차 세계대전 동안 긴 전선에 걸친 참호전에서 이런 일이 여러 번 벌어지는 바람에 장군들이 많이 당황했죠.

상업적 거래는 현대의 번영을 끌어낸 근본 요인입니다. 이는 호의를 갚으려는 인간의 타고난 경향 덕분에 거래가 활발해진 게 명백합니다. 거래에서는 계몽된 사익 추구가 호혜성 경향과 맞물려 건설적 행동으로 이어집니다. 결혼 생활의 일상적 교류도 호혜성 경향의 도움을 받습니다. 그게 없다면 결혼 생활의 매력이 크게 떨어질 것입니다.

호혜성 경향이 긍정적으로 작용할 경우 인센티브의 위력하고만 힘을 합치는 게 아닙니다. 그것은 또한 비일관성-회피 경향과 힘을 합쳐 1) 결혼식의 혼인 서약을 포함해 거래의 일환으로 이루어진 약속을 실천하고, 2) 사제, 구두장이, 의사를 비롯해 다른 모든 직업에 종사하는 사람에게 우리가 기대하는 올바른 행동을 하도록 도와줍니다.

은혜를 갚으려는 경향은 다른 심리적 경향 그리고 공중제비를 도는 능력과 마찬가지로 상당 부분 무의식중에 작용합니다. 이는 호혜성 경향을 강력한 힘으로 만들어줍니다. 그래서 때로는 다른 사람들을 오도하는 데 그 힘을 쓰기도 합니다. 이런 일은 항상 일어납니다. 가령 자동차 세일즈맨이 여러분을 공손하게 편안한 자리에 앉힌 다음 커피를 대접한다고 가정합시다. 여러분은 이런 사소한 예의에 넘어가서 500달러를 추가로 지불할 가능성이 큽니다. 이는 세일즈맨이 작은 호의를 베풀어서 영업에 성공한 가장 극단적인 사례와는 비교도 할 수 없겠죠. 그래도 차를 구입하면서 500달러를 추가로 지불하는 것은 손해입니다.

이런 잠재적 손실의 가능성을 인식하는 것이 어느 정도 여러분을 보호해줄 것입니다.

반대로, 여러분이 다른 사람, 가령 돈 많은 고용주를 위해 구매 대행을 한다고 가정합시다. 이 경우, 추가 비용을 지불하게 될까 봐 세일즈맨의 작은 호의도 마다하려는 저항이 약해집니다. 다른 사람이 그 비용을 지불하니까요. 이런 상황에서 세일즈맨은 이득을 극대화할 수 있습니다. 특히 정부가 구매자일 때 더욱 그렇습니다.

따라서 현명한 고용주는 구매 담당자의 호혜성 경향을 저지하려고 노력합니다. 이때 간단한 해결책이 가장 잘 통합니다. 그것은 바로 공급업체로부터 어떤 호의도 받지 못하게끔 만드는 겁니다.

이 절대 금지 아이디어에 동의한 월턴은 구매 담당자들이 공급업체로부터 핫도그 하나도 얻어먹지 못하게 했습니다. 호혜성 경향은 대부분 무의식적으로 작용합니다. 이런 점을 감안할 때 월턴의 정책은 매우 타당합니다. 제가 국방부를 통제하는 위치에 있다면 비슷한 정책을 쓸 겁니다.

치알디니는 유명한 심리학 실험으로 호혜성 경향을 촉발해 사람들을 오도할 수 있음을 명민하게 증명했습니다. 실험 내용은 연구진이 캠퍼스를 돌아다니다가 모르는 사람에게 동물원에 견학 가는 소년원생들을 감독해달라고 요청하는 것이었습니다. 실험 장소가 캠퍼스였기 때문에 대규모 표본에서 여섯 명 중 한 명은 실제로 그렇게 하는 데 동의했습니다. 치알디니는 이 통계치를 축적한 후 절차를 바꾸었습니다. 이번에는 2년 동안 매주 긴 시간을 할애해 소년원생들을 감독해달라고 요청한 것입니다. 이 말도 안 되는 요청은 100퍼센트 거부율을 기록했습니다. 다만, 연구진은 후속 질문을 준비해두었습니다. "그러면 동물원에 견학 가는 날 오후에 한 번만 감독해주실 수 있나요?" 이 방식은 여섯 명 중 한 명이던 이전의 수락률을 두 명 중 한 명으로 세 배나 높였습니다.

연구진이 한 일은 작은 양보였습니다. 그러자 상대편도 작은 양보로 화답했죠. 이런 무의식적 호혜는 실제로 피험자가 소년원생들을 데리고 동물원에 가달라는 비합리적인 요청을 수락할 확률을 크게 높였습니다. 이렇게 너무나 중요한 사실을 강력하게 증명하는 실험을 고안할 수 있는 교수는 세상에 널리 알려질 자격이 있습니다. 실제로 치알디니는 여러 대학에서 많은 것을 가르친 덕분에 그렇게 유명해지기도 했죠.

호혜성 경향은 왜 대단히 중요할까요? 로스쿨 졸업생이 세상에 나가 치알디니의 실험이 드러낸 무의식적 절차의 속성도 모른 채 협상에서 의뢰인을 대리한다고 생각해보세요. 얼마나 어리석은 일입니까? 그런데도 세상의 로스쿨에서는 수십 년 아니, 수 세대 동안 그런 어리석은 일이 만연했습니다. 그에 대한 정확한 명칭은 교육 과실educational malpractice입니다. 로스쿨은 월턴이 아주 잘 알았던 사실을 몰랐거나, 가르칠 생각이 없었던 겁니다.

치알디니의 설명에 따르면, 호혜성 경향의 중요성과 힘은 워터게이트 빌딩에 무단 침입하도록 승인한 미 법무부 장관의 어리석은 결정에서도 드러납니다. 당시 한 적극적인 부하 직원은 공화당을 돕기 위해 매춘부와 대형 요트를 동원해 공작을 벌이자는 극단적 제안을 했습니다. 이 말도 안 되는 요청이 거부되자 그 부하 직원은 점잖게 한발 물러서서 무단 침입만이라도 하게 해달라고 요청했습니다. 법무부 장관은 그 요청을 받아들였습니다. 치알디니는 무의식적 호혜성 경향이 워터게이트 사태로 미 대통령이 물러나게 된 중요한 요인이라고 생각합니다. 저도 그렇습니다. 호혜성 경향은 은밀하게, 그리고 거의 언제나, 극단적이고 위험한 결과를 초래합니다.

호혜성 경향에 대한 인간의 신념과 그에 뒤이은 오랜 실천은 종교적 측면에서 기이하고도 나쁜 일들을 유발했습니다. 페니키아와 아스텍에서 사람을 신의 제물로 바치기 위해 살인 의식을 행한 것이 특히 지독한 사례죠. 또한 가깝게는 포에니 전쟁에서도 문명화된 로마인들이 패배에 대한 두려움 때문에 인신공양을 했다는 사실을 잊어서는 안 됩니다. 다른 한편으로, 호혜성에 기반해 선한 행동을 하면 신의 도움을 얻을 수 있다는 종교적 사고는 아마도 매우 건설적인 효과를 냈을 것입니다.

전반적으로 보면, 호혜성 경향은 종교 내외부에서 건설적 기여를 훨씬 많이 한 게 분명합니다. 어떤 심리적 경향은 하나 이상의 다른 심리적 경향에서 기인한 나쁜 결과를 상쇄하거나 방지하는 데 활용되기도 합니다. 화학물질에 대한 의존을 끝내기 위한 개입이 그런 예입니다. 호혜성 경향은 대개 건전하고 유익한 성과로 이어졌습니다. 우리의 삶에서 최선의 성과는 아마도 서로가 기쁨을 얻기보다 주는 데 더 관심이 많은 애정 어린 관계일 것입니다. 이는 호혜성 경향을 드러내는 그리 드물지 않은 현상입니다.

호혜성 경향에 관한 이야기를 마치기 전에 마지막으로 살펴볼 현상이 있습니다. 바로 죄책감 때문에 인간이 겪는 비극이 만연하다는 것입니다. 죄책감에 진화적 기원이 있다면, 저는 호혜성 경향과 보상-과잉 반응 경향 사이의 정신적 갈등이 가장 타당한 기원이라고 믿습니다. 보상-과잉 반응 경향은 호혜성 경향과 달리 좋은 것을 100퍼센트까지 밀어붙이게 만들죠.

물론 인류의 문화는 죄책감에 시달리게 만드는 유전적 경향을 크게 강화하는 경우가 많습니다. 특히 종교 문화는 따르기 힘든 윤리적 기준과 헌신을 사람들에게 요구했습니다. 우리 동네의 매력적인 아일랜드계

가톨릭교 신부는 강한 억양으로 종종 이렇게 말합니다. "죄책감을 고안한 건 옛 유대인이지만 그걸 완벽하게 만든 건 우리 가톨릭교도입니다." 저와 이 신부는 죄책감이 평균적으로 해악보다 도움을 더 많이 준다고 믿습니다. 여러분도 그렇게 믿는다면, 죄책감이 아무리 불쾌하다 해도 저와 같이 호혜성 경향에 특별히 고마운 마음을 갖도록 합시다.

10
단순한 연계에 영향받는 경향

스키너가 연구한 세상에 매우 흔한 일반적인 조건반사에서, 새로운 습관을 형성하는 반응적 행동은 이전에 주어진 보상을 통해 직접 촉발됩니다. 어떤 사람이 브랜드 구두약을 사서 구두를 닦으며 만족스러운 경험을 했다고 가정합시다. 이 '보상' 때문에 그는 구두약이 필요할 때 같은 제품을 구입합니다.

반면, 단순한 연계가 반응을 촉발하는 다른 유형의 조건반사도 있습니다. 가령 과거의 경험을 바탕으로 훈련받은 결과, 살 수 있는 비슷한 제품이 여럿 있을 때 가장 비싼 게 가장 품질이 좋다고 믿는 사람이 많습니다. 이 사실을 아는 일부 기업은 평범한 공산품의 외양을 바꾸고 가격을 크게 올립니다. 품질을 중시하는 소비자가 제품과 높은 가격의 단순한 연계에 속아서 구매하기를 바라는 것이죠.

이런 산업적 관행이 매출을 늘리는 데 효과적인 경우가 많습니다. 심지어 이익을 더 많이 늘려주기도 하죠. 이 같은 관행은 고가 전동 공구 부문에서 오랫동안 대단히 잘 통했습니다. 또 유전 바닥에 설치하는 고가 펌프의 경우에는 더 잘 통할 것입니다. 명품 부문에서는 이 과정이 두드러집니다. 높은 가격을 지불하는 구매자는 고급 취향과 지불 능력을 과시함으로써 사회적 지위를 획득하기 때문입니다.

세심하게 계획하면 사소해 보이는 연계도 강력하고 특별한 구매 효과를 발휘할 수 있습니다. 구두약 제품의 타깃 고객은 예쁜 소녀를 좋아합니다. 그래서 구두약 통에 예쁜 소녀가 그려진 제품이나 그런 예쁜 소녀가 광고하는 제품을 구매하죠.

광고주들은 단순한 연계의 힘을 압니다. 코카콜라는 아동의 죽음과 관련된 광고를 내보내지 않습니다. 코카콜라의 광고는 현실보다 더 행복한 삶을 그립니다. 마찬가지로 군악대가 대단히 인상적인 음악을 연주하는 것은 단순한 우연이 아닙니다. 군 복무와 단순히 연계된 이런 음악은 신병을 모집하고 계속 복무하게 만드는 데 도움을 줍니다. 대다수 군대는 이런 단순한 연계를 성공적으로 활용하는 법을 배웠죠.

단순한 연계로 피해를 입기도 하는데, 큰 피해를 초래하는 오판은 광고나 음악에서 비롯되지 않습니다. 매우 중요한 오판은 과거의 성공이나 애호, 호감 또는 나쁜 소식에 대한 자연스러운 거부감 등 혐오나 미움과 우연히 연계되는 데서 나옵니다.

과거의 성공과 단순하게 연계되었다는 이유로 오판하는 일을 피하려면 이 단서를 활용하세요. 나폴레옹과 히틀러가 다른 지역에서 큰 승리를 거둔 후 러시아를 침공한 일을 생각해봅시다. 그들과 같은 결말을 맞은 진부한 사례는 아주 많습니다. 가령 어떤 사람이 어리석게도 카지노에서 도박으로 돈을 땄다고 칩시다. 이 현실성 낮은 상관관계는 그가 계속 카지노를 들락거리다 비참한 지경에 이르게 만듭니다. 재능 없는 친구가 이끄는 불리한 사업에 투자했다가 운 좋게 성공한 사람의 경우도 마찬가지입니다. 거기에 강한 영향을 받은 그는 과거에 통한 일을 다시 시도하다가 끔찍한 결말을 맞고 말지요.

과거의 성공 때문에 호구가 되는 일을 막는 적절한 해결책 중 하나는 그 성공을 세심하게 분석해, 우연적이고 비인과적인 요소를 찾아내는 것입니다. 이런 요소는 성공과 연계됩니다. 그래서 새로운 사업이 성공할 확률을 가늠할 때 오판하기 쉽습니다. 또 다른 해결책은 새로운 사업에서 지난번에 성공을 거두었을 때는 존재하지 않았던 리스크가 있는지 살피는 겁니다.

호감과 애정은 이성적 판단을 방해합니다. 소송 당사자의 아내로, 다른 면에서는 매우 존경스러운 여성이 명백한 허위 증언을 한 사례에서도 이 점이 드러납니다. 반대편의 유명한 변호사는 그 여성을 최대한 공격하지 않으려 하면서도 증언의 신뢰성을 무너트렸습니다. 그는 마무리 변론에서 마지막으로 그녀의 증언을 언급하고는 안타까운 표정으로 고개를 저으며 이렇게 말했습니다.

이런 증언을 어떻게 받아들여야 할까요? 그 답은 오래된 노랫말에 있습니다.
아내는 남편을 닮아가네.
그녀는 광대와 결혼했고,
그의 천박한 본성이 그녀를 끌어내렸네.

배심원들은 그녀의 증언을 믿지 않았습니다. 애정이 그녀의 인식에 미친 강한 악영향을 쉽게 파악할 수 있었기 때문입니다. 사람에 대한 애정이 이보다 더 강한 악영향을 미치는 사례는 흔히 볼 수 있습니다. 바로 아들이 명백히 죄를 저질렀는데도 그 어머니가 방송에 나와서 눈물을 흘리며 진심으로 아들의 무죄를 주장하는 경우입니다.

사람들은 애정이 어느 정도의 맹목성을 수반해야 하는지에 대해 이견을 보입니다. 프랭클린은 《가난한 리처드의 연감》에서 "결혼하기 전에는 눈을 크게 뜨고, 결혼한 후에는 반쯤 감아라." 하고 조언했죠. 어쩌면 눈을 반쯤 감는 이 해결책이 대략 옳을지도 모릅니다. 그러나 저는 그보다 강한 처방을 선호합니다. "있는 그대로 보고, 그래도 사랑하라."

미움과 혐오도 단순한 연계로 인한 오판의 원인입니다. 저는 기업계에서 자신이 싫어하는 경쟁자의 능력과 도덕성을 과소평가하는 사람을 흔히 봅니다. 이는 위험한 관행이지만, 무의식중에 이루어지기 때문에 잘 드러나지 않는 편입니다.

기분 나쁜 결과와 사람을 단순하게 연계하는 데서 생기는 또 다른 흔한 악영향 사례가 페르시아 전령 증후군입니다. 고대 페르시아인은 전투 패배 같은 나쁜 소식을 갖고 왔다는 이유만으로 전령을 죽였습니다. 전령 입장에서는 임무를 수행하기보다 달아나서 숨는 편이 더 안전했죠. 현명한 상사라면 전자의 경우를 원했을 겁니다.

페르시아 전령 증후군은 덜 치명적인 버전이기는 하지만 현대에도 건재합니다. 많은 분야에서 달갑지 않은 소식을 전하는 일은 실제로 위험하죠. 노조 협상 담당과 사측 대표는 대체로 이 사실을 알고 있는데, 이것이 노사 관계에서 많은 비극으로 이어집니다. 의뢰인이 받아들이기 힘들긴 해도 현명한 합의가 있습니다. 때로 변호사들은 이런 합의를 추천했을 때 의뢰인에게 미움을 받으리라는 걸 압니다. 그래서 파탄이 날 때까지 소송을 끌고 갑니다.

높은 인지적 능력으로 잘 알려진 곳에서도 페르시아 전령 증후군을 볼 때가 있습니다. 가령 오래전 대형 석유 기업 두 곳이 서반구 최대 유전 중 하나를 운영하는 데 따른 합의문의 모호한 구문을 두고 텍사스 법원에서 소송을 벌였습니다. 제 추측으로는 아마 법률 자문들이 강경한 CEO에게 나쁜 소식을 전하지 않으려 한 것이 소송의 원인일 겁니다.

전성기 후반에 CBS에서 페르시아 전령 증후군이 발생한 것은 잘 알려진 사실입니다. 그렇게 된 이유는 회장 페일리가 나쁜 소식을 가져오는 사람을 공격했기 때문입니다. 그 결과 페일리는 비현실적인 고치 안에서 살게 되었습니다. 그는 거기서 연이어 나쁜 거래를 했죠. 심지어 CBS의 상당수 지분을 곧 망할 기업과 교환하기도 했습니다.

이런 페르시아 전령 증후군과 그 악영향을 막는 적절한 해결책은 의지력을 발휘해 나쁜 소식을 환영하는 습관을 들이는 겁니다. 버크셔에서는 흔히 이렇게 주문합니다. "나쁜 소식은 항상 즉시 말해주세요. 좋은 소식은 뒤로 미뤄도 좋고요." 또 대단히 현명하고 정보에 밝은 사람이 되는 것도 바람직합니다. 그러면 사람들이 나쁜 소식을 전하는 걸 두려워하지 않습니다. 어차피 다른 곳에서 그 소식을 듣게 될 가능성이 아주 크니까요.

단순한 연계에 영향받는 경향은 놀라운 효과를 낳습니다. 이 효과는 호의를 갚으려는 정상적인 경향을 압도하죠. 때로 호의를 받는 사람은 가난, 질병, 종속 또는 그 밖의 다른 것 때문에 어려운 처지에 있습니다. 또 호의는 시기심에 이끌린 반감을 촉발하기도 합니다. 호의를 베푸는 사람은 그럴 수 있을 만큼 형편이 좋으니까요. 이런 상황에서 호의를 받는 사람은 호의를 베푸는 사람을 과거의 고통과 단순하게 연계시킵니다. 그게 부분적인 이유로 작용해 자신을 도와준 사람을 싫어할 뿐 아니라 해치려 들기도 합니다. 이런 양상은 확실치 않지만 헨리 포드가 했다고 알려진 유명한 말과 같은 반응을 초래합니다. "저 사람은 왜 나를 아주 미워하는 겁니까? 나는 저 사람을 위해 한 일이 하나도 없는데 말입니다."

제 친구는 호의를 베푸는 일과 관련해 재미있는 경험을 했습니다. 그 친구를 글로츠라고 부르겠습니다. 글로츠는 주거용 건물을 한 채 보유하고 있었습니다. 나중에 해당 부지를 다른 용도로 개발하려고 사둔 것이었죠. 그런 결과를 염두에 두었기에 그는 세입자들로부터 시세보다 낮은 임대료를 받았고, 그들을 아주 관대하게 대했습니다. 그러다가 마침내 건물을 철거하려는 글로츠의 제안과 관련한 공청회가 열렸습니다. 그 자리에서 월세가 많이 밀린 한 세입자가 특히 심한 분노와 적개심을 드러냈습니다. 그는 이렇게 말했습니다. "건물을 철거하는 건 말도 안 됩니다. 글로츠에겐 더 이상 돈이 필요하지 않아요. 제가 그 사실을 아는 이유는 그가 기부한 장학금으로 대학을 다녔기 때문입니다."

단순한 연계로 인한 나쁜 생각 중 마지막으로 다룰 심각한 유형은 흔히 활용되는 고정관념에 따른 분류입니다. 가령 피트는 조가 90세이며, 대다수 90세 노인은 사고 능력이 떨어진다는 걸 압니다. 그래서 늙은 조가 바보일 거라고 짐작하죠. 사실 늙은 조는 사고 능력이 여전히 아주 뛰어난데도 말이죠. 또한 피트는 고등수학을 잘하는 나이 든 여성은 없다는 걸 압니다. 그래서 백발 여성인 제인도 그럴 거라고 짐작합니다. 실제로는 수학 박사인데도 말이죠.

이런 유형의 잘못된 생각은 자연스럽고도 흔합니다. 그 해결책은 평균적으로 90세 노인이 40세 중년만큼 사고 능력이 뛰어나다거나, 수학 박사 중에는 여성이 남성만큼 많다고 믿는 것이 아닙니다. 그보다는 추세가 항상 운명을 정확하게 예측하는 것은 아니라는 사실을 배워야 합니다. 어떤 집단의 평균적 특성이 특정 구성원의 특성을 신뢰성 있게 알려주는 것은 아니라는 사실을 배워야 합니다. 그렇지 않으면 많은 오류를 저지를 것입니다. 평균 수심이 45센티미터밖에 안 되는 강에 빠져 죽은 사람처럼 말이죠.

11

단순한 고통 회피형 심리적 부인

이 현상은 제2차 세계대전 때 처음 제게 강렬하게 다가왔습니다. 당시 우리 가족과 가까운 사람의 아들이 대서양을 건너갔다가 다시는 돌아오지 못했습니다. 운동도, 공부도 모두 잘하던 청년이었습니다. 그의 어머니는 매우 이성적인 여성이었는데도 아들이 죽었다는 사실을 믿지 않으려 했습니다. 이는 단순한 고통 회피형 심리적 부인입니다. 현실이 너무나 고통스러워서 견딜 수 있을 때까지 사실을 왜곡하는 거죠. 우리는 모두 어느 정도 그런 경향이 있습니다. 그래서 흔히 끔찍한 문제를 일으키죠. 이런 경향이 초래하는 가장 극단적인 결과는 대개 사랑, 죽음, 화학물질 의존과 뒤섞여 나타납니다.

임종을 더 쉽게 맞이하기 위해 부인을 활용하는 경우는 거의 비판받지 않습니다. 누가 그런 상황에서 그와 같은 주변의 배려를 마다하겠습니까? 하지만 어떤 사람들은 "끈기를 발휘하기 위해 희망이 필요한 건 아니다."라는 철칙에 인생을 맡기려 합니다. 그렇게 할 수 있는 사람에게는 존경스러운 점이 있죠.

화학물질에 의존하는 경우는 대개 도덕이 끔찍하게 무너집니다. 의존증 환자는 자신이 아직 화학물질에 중독되지 않았으며 마음만 먹으면 화학물질을 끊을 수 있다고 믿는 경향이 있습니다. 그래서 갈수록 심하게 망가지는 와중에도 현실을 부정합니다. 제가 젊었을 때는 프로이트식 요법이 화학물질 의존증을 치료하는 데 완전히 실패했습니다. 하지만 요즘 알코올의존증 환자 모임은 중독에 맞서는 여러 심리적 경향을 촉발하는 방식으로 꾸준히 50퍼센트의 치유율을 달성합니다. 다만, 그 과정이 대개 힘들고 피곤합니다. 50퍼센트의 성공률은 50퍼센트의 실패율을 시사하기도 합니다. 따라서 화학물질에 의존하게 만들 가능성이 조금이라도 있는 모든 행동을 멀리해야 합니다. 피해가 너무나 클 수 있으므로 아주 약간의 가능성이라도 피해야 합니다.

12
과잉 자기 존중 경향

우리 주위엔 과도하게 자신을 존중하는 사람이 종종 있습니다. 그들은 대개 자신을 과대평가합니다. 자신의 운전 실력이 평균 이상이라고 생각하는 90퍼센트의 스웨덴 운전자들처럼 말이죠. 이런 과대평가는 중요한 '소유물'에도 적용됩니다. 사람들은 대개 배우자를 과대평가합니다. 자녀 역시 객관적으로 보지 못하고 좀 더 높게 평가하는 경향이 있습니다.

심지어 사람들은 사소한 소유물도 과대평가합니다. 일단 어떤 것을 소유하면 소유하지 않은 상태에서 지불할 가치보다 더 많은 가치를 급작스레 부여하죠. 심리학에는 소유물을 이렇게 과대평가하는 현상을 가리키는 용어가 있습니다. 바로 소유 효과endowment effect입니다. 가령 사람들은 일단 내린 결정에 대해서는 그 직전보다 더 나은 것으로 평가합니다.

과도한 자기 존중은 대개 자신과 비슷한 사람을 강하게 선호하게 만듭니다. 심리학 교수들은 분실 지갑 실험을 통해 이 효과를 증명하면서 재미를 많이 보았죠. 이 실험들은 한결같은 결과를 보여줍니다. 어떤 사람이 신분증이 들어 있는 지갑을 주웠을 때, 그 주인이 자신과 비슷할수록 돌려줄 가능성이 컸습니다. 이런 심리적 성향을 감안하면 비슷한 사람끼리 뭉치는 파벌 집단은 언제나 인류 문화의 매우 영향력 있는 요소가 될 것입니다. 그에 따른 최악의 영향을 완화하기 위해 현명하게 노력한 후에도 말이죠.

극단적인 파벌 집단은 현대적 삶에서 최악의 결과를 낳습니다. 그들은 과도한 자기 존중 경향에 지배되어 자신들과 비슷한 사람을 새로운 구성원으로 선택합니다. 그래서 명문대 영문학과가 지적으로 정체되거나 증권사 영업부가 상습적으로 부정을 저지른다면 이러한 문제는 갈수록 악화할 뿐 아니라 상황을 개선하려는 변화에 심하게 저항하는 자연스러운 경향을 지니게 됩니다. 대도시 교원 노조도 부패한 경찰관이나 교도관 또는 정치 집단 그리고 불의와 어리석음에 사로잡힌 다른 수많은 집단과 다를 바 없습니다. 그들은 문제 교사를 쫓아내지 못하게 함으로써 우리 아이들에게 해를 끼칩니다. 우리 사회에서 가장 쓸모 있는 구성원은 자신의 영향권에서 쓰레기를 발견했을 때, 기꺼이 청소하는 사람들입니다.

모든 형태의 과도한 자기 존중은 자연히 많은 오류를 초래합니다. 그러지 않을 수 있을까요?

도박과 관련한 어리석은 결정을 예로 들어봅시다. 복권의 경우, 번호를 스스로 고를 때보다 무작위로 배분할 때 훨씬 적게 팔립니다. 이는 상당히 비합리적입니다. 당첨 확률은 거의 같으며, 구매자에게 많이 불리한 것도 거의 같습니다. 그럼에도 사람들은 직접 번호를 고르는 방식을 비합리적으로 선호합니다. 주 정부는 복권을 발행할 때 이 점을 이용합니다. 그래서 사람들은 어리석게도 다른 경우보다 복권을 더 많이 삽니다.

소유 효과의 영향을 더하면 자신이 직접 내리는 결정에 대한 애정이 더욱 강해집니다. 선물거래소에서 돼지고기 삼겹살 선물을 매수한 사람은 자신의 투기적 베팅에 대한 어리석은 믿음을 더욱 강화합니다.

스포츠 애호가들이 하는 스포츠 베팅도 마찬가지입니다. 그들은 자신이 여러 팀의 상대적 장점을 잘 안다고 생각합니다. 그래서 스포츠 베팅은 경마보다 훨씬 중독성이 강합니다. 그 부분적인 이유는 사람들이 스스로 복잡한 과정을 거쳐 내린 결론을 무의식중에 과대평가하기 때문입니다.

극도로 비생산적인 또 다른 경향은 골프나 포커처럼 기술이 필요한 경기에서 명백히 더 뛰어난 사람에게 계속 맞서는 것입니다. 과도한 자기 존중 경향은 자신과 상대의 실력을 정확하게 평가하는 능력을 저해합니다.

그보다 더 비생산적인 경향도 있습니다. 그것은 사업가가 향후 자신이 사업에 기여할 수 있는 정도를 과도하게 평가하는 경향입니다. 이런 과대평가는 곧잘 재난을 불러옵니다.

과도한 자기 존중은 흔히 나쁜 채용 결정으로 이어집니다. 고용주가 자신의 판단 가치를 심하게 과대평가하기 때문입니다. 그 판단이 대면 접촉에서 받은 인상에 의존한 것인데도 말이죠. 이런 종류의 어리석음에 대한 올바른 해결책은 인상의 비중을 줄이고, 과거 실적의 비중을 늘리는 것입니다.

저는 어느 학술 연구위원회 위원장으로 일할 때 이런 방식을 선택했습니다. 추가 면접을 중단하고 그냥 다른 지원자들보다 훨씬 나은 성과를 낸 사람을 뽑자고 동료 위원들을 설득했죠. 그러자 '정당한 학문적 절차'를 거치지 않는다며 이의를 제기하더군요. 저는 오히려 저의 방식이 학문적 가치를 올바로 추구하는 거라고 대꾸했죠. 면접에서 느낀 인상은 예측적 가치가 떨어진다는 연구 결과를 따르려 했던 거니까요.

사람들은 면접에서 얻은 인상에 과도하게 영향받을 가능성이 큽니다. 면접은 본디 면접관이 적극적으로 참여해야 하니까요. 또 발표 능력이 뛰어난 지원자가 요즘의 경영자 채용 관행에서 큰 위험 요인인 경우도 많습니다. 제가 보기에 휼렛 패커드는 말 잘하고 활기찬 칼리 피오리나를 신임 CEO 후보로 면접할 때 바로 그런 위험에 직면했습니다. 저는 1) 피오리나를 선택한 것은 나쁜 결정이었고, 2) 휼렛 패커드가 심리학에 대해 더 많이 알아서 체계적으로 심사숙고했다면 그런 나쁜 결정을 하지 않았을 거라고 믿습니다.

톨스토이의 작품에는 과도한 자기 존중 경향의 힘을 조명하는 유명한 구절이 나옵니다. 거기에 따르면 최악의 범죄자도 자신을 그렇게 나쁜 사람으로 보지 않습니다. 그들은 1) 자신이 범죄를 저지르지 않았다고 믿거나, 2) 자신이 살면서 받은 압박과 불이익을 고려하면 그런 행동을 하고, 그런 사람이 된 것을 이해하고 용서할 수 있다고 믿습니다.

부실한 성과를 바로잡을 수 있음에도 그러지 않고 핑계를 대는 두 번째 경향은 엄청나게 중요합니다. 대다수 사람이 바로잡을 수 있는 부실한 성과에 대해 말도 안 되는 핑계를 아주 많이 대면서 대충 넘어가려 할 것이기 때문입니다. 그래서 개인과 조직 차원에서 이런 어리석음의 폐해를 막는 해결책을 마련하는 것이 아주 중요합니다.

개인적 차원에서는 두 가지 단순한 사실을 직시하려고 노력해야 합니다. 1) 부실한 성과를 바로잡을 수 있는데도 그러지 않는 것은 나쁜 행동입니다. 또 그런 식의 대응은 부실한 성과를 더 많이 만드는 경향이 있어 용인할 때마다 핑계로 모면한 사람에게 더 큰 피해를 끼칩니다. 2) 스포츠 팀이나 제너럴 일렉트릭처럼 많은 요구를 하는 곳에서 제대로 행동하지 않고 계속 핑계를 대다가는 결국 잘릴 게 거의 확실합니다.

톨스토이가 묘사한 현상을 조직 차원에서 해결할 방법은 1) 직원의 사기를 북돋는 공정하며 능력에 기반한 평가 방식과 직원의 분발을 요구하는 문화를 구축하고, 2) 가장 질 나쁜 구성원을 축출하는 것입니다.

물론 자녀처럼 쫓아낼 수 없는 대상이라면 최선을 다해 바로잡으려고 노력해야 합니다. 저는 어떤 아이가 50여 년이 지난 후에도 기억할 만큼 효과 좋은 훈육법에 대해 들은 적이 있습니다. 훗날 서던캘리포니아대학교 음악학교 학장이 된 그는 어린 시절 아버지에게 들었던 말을 제게 들려주었습니다. 당시 아버지가 일하던 가게에서 사탕을 훔치려다 들킨 그는 나중에 다시 채워 넣으려 했다고 핑계를 댔답니다. 그러자 아버지는 이렇게 말했다고 합니다. "아들아, 차라리 갖고 싶은 걸 다 가져가고, 그때마다 도둑질했다고 인정하는 게 더 낫단다."

과도한 자기 존중에 따른 어리석음을 방지하는 최선의 해결책이 있습니다. 그것은 바로 자신과 가족, 친구, 재산, 과거에 한 활동과 미래에 할 활동의 가치에 대해 생각할 때 좀 더 객관적인 관점을 취하도록 스스로 강제하는 것입니다. 그걸 잘하기는 쉽지 않고, 완벽하게 통하지도 않을 겁니다. 그래도 심리적 본성을 통제하지 않고 놔두는 것보다는 훨씬 잘 통할 겁니다.

과도한 자기 존중은 흔히 인지 능력에 비생산적 영향을 미칩니다. 그러나 다른 한편으로는 과도한 자신감에서 비롯된 이상한 성공을 우연히 이뤄내기도 합니다. 이런 측면은 "자신을 과대평가하는 사람을 절대 과소평가하지 마라."는 격언이 생긴 이유를 설명합니다.

물론 높은 자기 평가가 정확하며, 거짓된 겸손보다 더 유용한 경우도 있습니다. 게다가 일을 잘했거나 인생을 잘산 데 대한 정당한 자존심의 형태를 지니는 자기 존중은 매우 건설적인 힘으로 작용합니다. 그런 정당한 자존심이 없다면 훨씬 많은 비행기가 추락할 것입니다. '자존심'은 일반적으로 심리학 교과서에서 빠져 있는 또 다른 단어입니다. 이런 누락은 옳지 않습니다. 또 바리새인과 세리에[97] 관한 《성경》의 우화를 모든 자존심을 비난하는 것으로 받아들이는 것도 좋지 않습니다.

모든 형태의 유용한 자존심 중에서 아마도 가장 바람직한 것은 신뢰를 얻는 데서 나오는 정당한 자존심일 것입니다. 신뢰를 얻는 사람은 설령 자신이 선택한 길에서 불편을 겪는다 해도, 평균적으로 보면 신뢰를 덜 얻는 경우보다 나은 삶을 삽니다.

13
과잉 낙관 경향

예수 탄생 약 3세기 전에 가장 유명한 그리스 웅변가 데모스테네스는 이렇게 말했습니다. "사람은 바라는 것을 믿기도 한다."

이 말을 분석해보면, 사람은 단순히 고통을 피하기 위한 심리적 부인뿐 아니라 과도한 낙관도 드러낸다는 뜻입니다. 심지어 이미 잘하고 있을 때도 말입니다.

고통 또는 고통의 위협이 없을 때조차 과도한 낙관이 정상적 인간 조건이라는 데모스테네스의 말은 명백히 옳습니다. 행복한 사람들이 복권을 사는 걸 보세요. 또는 외상으로 물건을 배달해주는 식료품점이 현금을 지불하고 스스로 물건을 가져가는 매우 효율적인 다수의 슈퍼마켓을 몰아낼 거라 믿는 것을 보세요.

어리석은 낙관에 대한 한 가지 표준적인 해결책은 페르마와 파스칼의 단순한 확률론을 습관적으로 사용하는 훈련을 하는 겁니다. 우리 때는 고등학교 2학년생이 배우던 것이죠. 진화가 위험에 대처하라고 우리에게 부여한 정신적 경험칙은 적절하지 않습니다. 이는 골프 레슨을 받지 않고 진화에 따른 방식으로 골프채를 잡으면 제대로 스윙할 수 없는 것과 비슷합니다.

14
박탈 과잉 반응 경향

10달러의 이익으로 발생하는 쾌감의 양은 10달러의 손실로 발생하는 불쾌감의 양과 정확하게 일치하지 않습니다. 즉, 손실에 따른 고통은 이익이 안기는 기쁨보다 훨씬 큰 것처럼 보입니다. 게다가 사람은 간절히 바라던 것을 거의 손에 넣을 뻔하다가 마지막 순간에 놓치면, 마치 그것을 오랫동안 갖고 있다가 빼앗긴 것처럼 반응하죠. 저는 갖고 있던 것을 잃는 것과 거의 가질 뻔한 것을 가지지 못한 것, 이 두 가지 상실에 대한 자연스러운 인간적 반응을 박탈 과잉 반응이라는 하나의 경향으로 묶습니다.

우리는 이 경향을 드러낼 때 문제를 잘못 규정해 손해를 보는 경우가 많습니다. 또 실로 중요한 것이 아니라 가까이 있는 것에 연연하는 경우도 많습니다. 가령 증권사 계좌에 1천만 달러가 있는 사람이 지갑에 든 300달러 중 100달러를 분실한 것에 극도로 짜증을 냅니다.

우리 가족은 온순하고 착하지만 박탈 과잉 반응 경향을 가진 개를 기른 적이 있습니다. 그 개는 오직 한 가지 경우에만 사람을 뭅니다. 바로 자기 입에 있는 음식을 뺏으려 할 때입니다. 그런 경우 온순하고 착한 그 개도 어쩔 수가 없습니다. 개가 주인을 무는 것보다 어리석은 짓은 없지만, 그 개는 그럴 수밖에 없는 겁니다. 무의식적인 박탈 과잉 반응 경향을 타고났으니까요.

인간은 그 개와 비슷합니다. 그래서 대개 작은 손실이나 재산, 애정, 우정, 지배 영역, 기회, 지위 또는 다른 가치 있는 것을 잃을 위협에 처해서는 비합리적일 만큼 격렬하게 반응합니다. 그 자연스러운 결과로, 관료주의 조직 내부의 영역 다툼은 흔히 전체 조직에 엄청난 피해를 끼칩니다. 이는 무엇보다 잭 웰치가 제너럴 일렉트릭에서 관료적 폐해와 오랫동안 싸운 것이 지혜로운 일이었음을 말해줍니다. 그보다 현명한 투쟁을 벌인 기업계 리더는 드물죠.

박탈 과잉 반응 경향은 흔히 목소리 큰 비신자들에 대한 혐오와 미움을 촉발해 사상적·종교적 관점을 보호합니다. 비신자의 사상이 퍼지면 강력한 신념 유지 시스템을 비롯해 편안한 환경으로 뒷받침되는 관점의 영향력이 줄어들 것이기 때문입니다. 대학의 인문학과, 로스쿨, 기업은 모두 이런 사상 기반 집단 사고를 많이 드러냅니다. 그래서 그에 상충하는 모든 의견을 거부하죠. 또 목소리 큰 비판자가 이전에 같은 사상을 믿다가 비신자가 된 경우 적대감이 심해지는 경우가 많습니다. 그 요인은 1) 동료를 잃은 데 따른 추가적인 박탈 과잉 반응 경향으로 촉발되는 배신감, 2) 상충하는 시각을 내세우는 사람이 과거의 동료인 경우 그 설득력이 커질 것이라는 두려움 때문입니다.

이런 점들은 배교에 대한 과거의 생각을 이해하는 데 유용합니다. 그 생각은 수 세기 동안 배교자를 고문한 후 화형으로 죽이는 걸 정당화했습니다. 거의 모든 지역에서 극단적인 사상은 비신자에 대한 엄청난 반감으로 매우 강경하게 유지되었습니다. 그에 따라 극단적인 인지적 역기능이 초래되었고요. 저는 대개 두 가지 심리적 경향이 동시에 작용해 이런 슬픈 결과가 나왔다고 믿습니다. 그것은 1) 비일관성-회피 경향과 2) 박탈 과잉 반응 경향입니다.

집단 사고를 강경하게, 의도적으로 유지하지 못하게 하려면 예의를 지극히 중시하는 문화를 조성해야 합니다. 현재 미국 대법원 판사들처럼 사상적 차이에도 불구하고 서로 예의를 지키는 것이죠. 또 다른 해결책은 기존의 집단 사고를 유능하면서도 유창하게 반박할 수 있는 비신자를 의도적으로 영입하는 겁니다. 부정적인 집단 사고를 바로잡는

데 성공한 사례로는 데릭 복이 있습니다. 그는 하버드대학교 총장 시절, 사상을 토대로 로스쿨 교수에게 종신 교수직을 부여하는 걸 승인하지 않았습니다.

때로 시야가 180도에서 1도만 좁아져도 이웃을 적으로 만드는 박탈 과잉 반응 경향이 생길 수 있습니다. 저는 옛날에 집을 살 때 그런 모습을 본 적이 있습니다. 집주인은 새로 심은 작은 나무 한 그루 때문에 이웃과 척진 상태였습니다. 이 사례처럼 도시계획 공청회에서 거의 모든 주민이 사소한 문제 때문에 비합리적이고 극단적인 박탈 과잉 반응 경향을 드러내는 것은 그다지 보기 좋은 광경이 아닙니다. 도시계획 분야에 속한 일부 사람들은 그런 나쁜 행동에 이끌리죠. 저는 변호사 출신인 한 공예가에게서 골프 클럽을 구입한 적이 있습니다. 그에게 전문 분야가 무엇인지 물었습니다. 저는 이혼 전문이었을 거라고 예상했죠. 하지만 그는 도시계획 전문이었다고 대답했습니다.

박탈 과잉 반응 경향은 노사 관계에도 악영향을 끼칩니다. 제1차 세계대전 이전에 발생한 노사 분규에서 대부분의 사망 사고는 고용주가 임금을 낮추려고 시도하면서 발생했습니다. 요즘은 사망 사고가 줄었죠. 그 대신 회사 전체가 사라지는 일이 늘었습니다. 경쟁이 극심하다 보니 노조가 동의하는 양보안을 얻어내지 못하면 회사가 망하는 거죠. 노조가 양보하지 않는 주된 요인이 바로 박탈 과잉 반응 경향입니다. 문제는 노조 입장에서도 회사와 합의하는 게 이익이었을 경우가 많다는 겁니다.

노사 관계가 아닌 다른 맥락에서도 양보를 얻어내는 일은 쉽지 않습니다. 좀 더 합리적인 태도를 보이고 무의식적 차원에서 박탈 과잉 반응 경향을 덜 수용했다면, 많은 비극을 피할 수 있었을 겁니다.

박탈 과잉 반응 경향은 도박 충동에 따른 폐해에도 큰 영향을 미칩니다. 첫째, 도박꾼이 손실을 회복하려는 욕구를 갖게 만듭니다. 손실이 커지는 만큼 회복 욕구도 강해지는 겁니다. 둘째, 가장 중독성이 심한 형태의 도박은 아슬아슬하게 실패하는 경우를 많이 만듭니다. 이 각각의 경우가 박탈 과잉 반응 경향을 촉발하죠. 일부 슬롯머신 제조업체는 이런 인간적 약점을 악용합니다. 즉, '막대-막대-레몬'처럼 결국에는 의미 없는 결과가 많이 나오게 만듭니다. 이는 큰돈을 딸 뻔했다고 생각하는 바보들의 플레이 횟수를 크게 늘립니다.

박탈 과잉 반응 경향은 공개 호가 경매에서 피해를 숱하게 초래합니다. 다음으로 살펴볼 사회적 증거 경향은 다른 사람이 마지막으로 제시한 가격이 합리적이라고 생각하게 만드는 경향입니다. 뒤이어 박탈 과잉 반응 경향은 최종 가격보다 높은 가격을 부르도록 강하게 촉구합니다. 공개 호가 경매에서 과도한 가격을 지불하는 문제에 대한 최선의 해결책은 버핏의 단순한 원칙을 따르는 겁니다. 즉, 경매장에 가지 않는 거죠.

박탈 과잉 반응 경향과 비일관성-회피 경향은 흔히 같이 작용해 특정한 형태의 사업 실패를 초래합니다. 이 경우, 경영자는 실패한 대규모 신사업을 살리려는 헛된 시도를 하다가 모든 우량 자산을 점차 탕진합니다. 이런 어리석은 행동을 막는 최선의 해결책 중 하나는 어릴 때부터 포커를 잘 배우는 겁니다. 포커에서도 교훈을 얻을 수 있다는 사실은 학교에서만 효과적인 교육이 이루어지는 게 아님을 말해줍니다.

이른바 강연자로 이 자리에 선 저도 오래전 큰 실수를 저질렀습니다. 그 부분적인 이유는 박탈 과잉 반응 경향이 무의식적 차원에서 작용했기 때문입니다. 당시 한 친근한 브로커가 제게 전화를 걸어서 엄청나게 저평가되었고 거래량이 아주 적은 벨리지 오일 주식 300주를 주당 115달러에 사라고 권했습니다. 저는 갖고 있던 현금으로 그 주식을 매수했죠. 그는 다음 날, 같은 가격에 1,500주를 더 사라고 제안했습니다. 저는 그 제안을 거절했습니다. 17만 3천 달러를 만들려면 다른 주식을 팔거나 돈을 빌려야 했거든요.

이는 매우 비합리적인 결정이었습니다. 저는 빚이 없고 부유한 사람입니다. 또 손실이 날 위험도 없었습니다. 그런 기회가 다시 올 가능성은 작았죠. 그로부터 2년도 안 되어 벨리지 오일은 주당 약 3,700달러에 쉘에 매각되었습니다. 그때 제가 심리학적 지식을 갖고 있었다면 540만 달러를 벌 수 있었을 겁니다. 이 이야기가 말해주듯 심리학에 대한 무지 때문에 매우 값비싼 대가를 치를 수 있습니다.

어떤 사람들은 이익을 볼 기회를 아깝게 놓친 데 대한 반응까지 박탈 과잉 반응 경향에 포함하는 것에 이의를 제기할 수 있습니다. 많은 연구에서 드러난 슬롯머신 도박꾼들의 반응이 그런 예죠. 하지만 저는 제가 이 경향을 그다지 폭넓게 정의하지 않았다고 믿습니다.

그 이유는 제가 아는 많은 버크셔 해서웨이 주주들이 주가 상승으로 엄청난 이득을 본 후 단 한 주도 팔거나 양도하지 않았기 때문입니다. 이런 반응 중 일부는 합리적 계산에 따른 것이거나, 분명 1) 보상 과잉 반응, 2) 비일관성-회피 경향으로 인한 현상 유지 편향, 3) 과도한 자기 존중 경향으로 인한 보유 효과의 조합에 따른 것이기도 합니다. 그러나 저는 가장 강력하게 작용한 비합리적 요인이 일종의 박탈 과잉 반응 경향이라고 믿습니다. 그들 중 다수는 자신이 보유한 버크셔 해서웨이의 지분이 줄어든다는 생각을 견디지 못합니다. 그 부분적 이유는 자신의 정체성이 손상되는 걸 싫어하기 때문입니다. 그러나 주된 이유는 매도나 양도로 인해 미래에 얻을 수 있는 수익을 놓치는 걸 두려워하기 때문입니다.

15
사회적 증거 경향

다른 경우에는 복잡할 수 있는 인간의 행동이 많이 단순해질 때가 있습니다. 바로 주위 사람들이 생각하고 행동하는 모습을 관찰한 후 무의식적으로 따라 할 때입니다. 이런 추종은 흔히 잘 통합니다. 가령 중요한 풋볼 경기가 열리는 낯선 도시의 경기장을 찾아갈 때 군중을 따라 걷는 것보다 단순한 방법이 있을까요? 그런 이유로 진화는 인간에게 사회적 증거 경향을 남겨주었습니다. 주위 사람들이 생각하고 행동하는 모습을 보고 따라 하려는 경향이죠.

심리학 교수들은 사회적 증거 경향을 좋아합니다. 실험에서 웃기는 결과가 도출되기 때문입니다. 가령 한 실험에서 피험자는 10명의 연구진이 모두 조용히 뒤쪽을 보고 서 있는 엘리베이터에 탑니다. 이 경우, 피험자는 대부분 뒤돌아서서 같은 행동을 합니다. 또 사회적 증거 경향은 엄청나고 말도 안 되는 측정 오류를 저지르게 만들기도 합니다.

10대 자녀를 둔 부모는 대개 사회적 증거 경향에 따른 자녀의 인지적 오류에 대해, 원하는 수준보다 많이 알게 됩니다. 주디스 리치 해리스가[98] 근래 이 현상을 다룬 획기적인 연구 결과를 발표했습니다. 청소년이 부모나 다른 어른보다 또래를 엄청나게 존중한다는 사실을 증명한 겁니다. 이런 경향은 유전자로부터 상당한 영향을 받습니다. 따라서 부모는 자녀를 훈계하기보다 착한 아이들과 어울리도록 유도하는 것이 현명합니다. 이처럼 새로운 요인으로 뒷받침되는 수준 높고 유용한 통찰을 제공하는 해리스 같은 사람의 삶은 헛되지 않습니다.

기업계의 최고 직위에서도 10대와 비슷한 추종성을 보이는 리더를 드물지 않게 찾을 수 있습니다. 한 석유 기업이 광산을 매입하는 어리석은 행동을 하면, 다른 석유 기업들도 그 대열에 재빨리 합류합니다. 매입 대상 기업이 비료 제조업체인 경우도 마찬가집니다. 이 두 가지 매입 유행은 실제로 일어났으며, 나쁜 결과를 냈습니다.

물론 석유 기업의 현금 흐름을 활용하는 모든 가능한 방식을 파악하고 정확하게 계량하기는 어렵습니다. 그래서 석유 기업 임원들은 다른 모든 사람과 마찬가지로 의심에 따른 불편이 빠르게 촉발하는, 수많은 나쁜 결정을 한 겁니다. 다른 석유 기업들의 행동이 제공하는 사회적 증거에 동조하는 것은 이런 불편을 자연스럽게 해소하는 인지적 지름길입니다.

사회적 증거 경향은 언제 가장 쉽게 촉발될까요? 그 답은 많은 실험을 통해 명확하게 도출되었습니다. 그것은 수수께끼나 스트레스가 존재할 때입니다. 이 두 가지가 모두 존재할 때는 특히 더 그렇고요.

스트레스는 사회적 증거 경향을 강화합니다. 가령 학교 교사들에게 쓸모없는 늪지를 팔아먹는 질 나쁜 사기 조직은 피해자를 고립과 스트레스로 범벅된 상황에 빠트립니다. 이런 고립은 사기꾼과 앞선 다른 매수자들이 제공하는 사회적 증거의 영향력을 강화하죠. 또 피로로 가중된 스트레스는 사회적 증거에 대한 취약성을 키웁니다. 최악의 사이비 종교 집단은 이런 사기성 영업 기법을 모방합니다. 어떤 사이비 종교 집단은 포교 대상이 더 큰 스트레스를 받도록 방울뱀을 이용하기도 하죠.

나쁜 행동과 좋은 행동 모두 사회적 증거 경향으로 인해 전염됩니다. 따라서 사회가 1) 나쁜 행동이 전파되기 전에 차단하고 2) 좋은 행동을 촉진하고 드러내는 것이 매우 중요합니다.

제 아버지는 오마하에서 법무법인을 운영했습니다. 당시 아버지는 많은 사람과 함께 네브래스카에서 사우스다코타까지 꿩을 사냥하러 갔습니다. 사우스다코타에서는 사냥 허가증 발급 비용이 주민의 경우 2달러, 외부인의 경우 5달러였습니다. 모든 네브래스카 주민은 가짜 사우스다코타 주소를 대고 사냥 허가증을 신청했죠. 아버지는 자기 차례가 되었을 때 다른 사람들처럼 일종의 불법을 저지르려는 욕구를 간신히 참았다고 합니다.

모두가 나쁜 행동의 사회적 전염에 제 아버지처럼 저항하는 것은 아닙니다. 그래서 우리는 흔히 서피코 증후군에 걸립니다. 이 명칭은 형사 프랭크 서피코가 거의 완전히 부패한 뉴욕 경찰국에 합류한 후 벌어진 일 때문에 붙었습니다. 그는 소속 부서의 부패한 관행에 동조하지 않으려다가 총을 맞고 죽을 뻔했죠. 부패는 사회적 증거와 더불어 인센티브에 이끌립니다. 이 조합이 서피코 증후군을 만듭니다. 서피코의 이야기는 지금보다 더 많이 알려져야 합니다. 아주 지독한 악을 다룬 공포스럽고도 교훈적인 이야기이기 때문입니다. 이 악은 매우 중요한 힘인 사회적 증거에 크게 이끌립니다.

다른 사람의 행위뿐 아니라 무행위inaction도 사회적 증거 경향에 따라 우리를 오도합니다. 확실치 않은 상황에서 다른 사람의 무행위는 그것이 올바른 경로라는 사회적 증거로 작동합니다. 대다수 목격자의 무행위는 키티 제노비스가 죽은 유명한 사건(1963년 뉴욕주 퀸스에서 다수의 목격자가 방관하는 바람에 키티 제노비스라는 여성이 강도에게 살해당한 사건)으로 이어졌습니다. 이 사건은 심리학 개론 강의에서 많이 다루어집니다.

사회적 증거의 영향으로 인해 기업 이사회의 사외 이사들은 대개 무행위의 극치를 보여줍니다. 그들은 도끼 살인 수준에 한참 못 미치면 어떤 것에도 반대하지 않습니다. 그러다가 이사회가 대외적으로 창피를 당할 지경에 이르러서야 비로소 개입하죠. 제 친구 조 로젠필드는 "노스웨스트 벨 경영진은 이사가 되겠냐고 물었을 때 빼고는 한 번도 내 의견을 물은 적이 없어."라고 말한 적이 있습니다. 이는 전형적인 이

사회 문화를 잘 보여줍니다.

사회적 증거 경향은 광고와 판촉에서 상상할 수 있는 가장 강력한 요소입니다. "원숭이는 보는 대로 따라 한다."는, 단지 다른 사람들이 뭔가를 하거나 가졌다는 이유로 자신도 그걸 하거나 가지려는 욕구가 얼마나 강한지를 상기시키는 오랜 문구입니다. 그에 따른 흥미로운 결과 중 하나는 영화의 수프 먹는 장면에 자사 제품을 넣기 위해 광고주들이 큰돈을 지불하는 것입니다.

사회적 증거 경향은 흔히 시기/질투 경향 및 박탈 과잉 반응 경향과 왜곡된 상호작용을 일으킵니다. 그중 한 가지 사례는 오랫동안 우리 가족을 즐겁게 해주었습니다. 그것은 각각 네 살과 세 살이던 저와 사촌이 조약돌이 널린 곳에서 조약돌 하나를 놓고 다투었던 일입니다.

하지만 어른들의 경우 사상을 보존하려는 심리적 경향으로 강화된 비슷한 사례는 전혀 웃기지 않으며, 전체 사회를 무너트릴 수 있습니다. 현재 중동이 바로 그런 위협을 보여주고 있습니다. 지금까지 유대인과 아랍인 그리고 다른 모든 사람이 작은 분쟁 지역을 놓고 소모한 자원은 엄청납니다. 그걸 분쟁 당사자들이 자의적으로 나눠 가졌다면 모두의 사정이 나아졌을 겁니다. 핵전쟁을 비롯한 전쟁 위협의 감소에 따른 혜택을 고려하지 않더라도 말이죠.

지금은 가족 관계 외에는 심리적 경향의 영향을 고려해 분쟁을 해결하려고 노력하는 일이 드뭅니다. 그런 논의가 너무 순진하다는 말을 들을 수 있고, 현재 가르치는 심리학에 결함이 있다는 점을 감안하면 이는 당연한 결과일지도 모릅니다. 그러나 지금은 핵전쟁 가능성이 있는 데다 수십 년 동안 지속된 주요 협상들이 실패를 거듭했습니다. 그래서 저는 언젠가 어떤 방식으로든 심리학적 통찰을 더 많이 활용하면 결국에는 결과가 개선될 거라고 자주 생각합니다. 그렇다면 심리학을 정확하게 가르치는 일이 매우 중요해집니다. 나이 많은 심리학 교수들은 나이 많은 물리학 교수들보다 새로운 방식을 익힐 가능성이 작습니다. 이는 거의 분명해 보입니다. 그렇다면 막스 플랑크가 예견한 대로 다른 방식으로 생각하면서 자란 새로운 세대의 심리학 교수들이 필요할지도 모릅니다.

사회적 증거 경향과 관련한 일련의 교훈 중에서 자기 계발에 활용할 수 있는 것 하나를 고른다면, 저는 이것을 가장 좋아합니다, 즉 다른 사람이 틀렸을 때는 그들의 사례를 무시하는 법을 배우라는 겁니다. 이보다 가치 있는 능력은 별로 없습니다.

16
대비-오반응 경향

인간의 신경계는 어떤 것을 측정할 때 자연히 절대적인 과학적 단위를 활용하지 않습니다. 그래서 더 단순한 것에 의존해야 합니다. 시각은 가장 단순하고 효율적인 방식으로 프로그래밍되었습니다. 바로 눈에 보이는 대상들 사이에 대비되는 점을 포착하는 겁니다. 다른 감각들도 대개 시각과 비슷한 방식을 씁니다. 인지 역시 지각과 비슷하게 작동하죠. 그 결과가 인간의 대비-오반응 경향입니다.

정확한 사고를 이보다 더 많이 방해하는 심리적 경향은 드뭅니다. 소규모 피해는 6만 5천 달러짜리 차를 구입하는 사람이 단지 상대적으로 가격이 아주 낮다는 이유로 비싼 1천 달러짜리 가죽 대시보드 커버를 사는 것 같은 경우입니다. 대규모 피해는 흔히 인생을 망칩니다. 끔찍한 부모를 둔 훌륭한 여성이 오직 부모에 비해서만 만족스러운 남성과 결혼하는 경우가 그렇습니다. 또는 남성이 오직 전처에 비해서만 괜찮은 여성과 재혼하는 경우도 그렇습니다.

일부 부동산 중개업체에서는 특히 비난받을 만한 영업을 합니다. 가족과 함께 이사해야 하는 외지인이 시간이 촉박한 가운데 중개업체를 찾아옵니다. 중개사는 의도적으로 집값이 말도 안 되게 높은 형편없는 매물 세 개를 소개한 다음, 집값이 아주 조금 높고 상태가 안 좋은 매물을 보여줍니다. 그러면 집이 쉽게 팔리는 경우가 많죠.

대비-오반응 경향은 상품과 서비스를 구매하는 소비자에게 손해를 입히는 데 자주 활용됩니다. 판매업체는 일반적 수준의 가격이 저렴해 보이도록 만듭니다. 즉, 가격을 원래보다 훨씬 비싸게 인위적으로 높인 다음, 그 가격에서 크게 할인한 것처럼 광고합니다. 심지어 이런 조작 사실을 사람들이 알아채도 구매를 촉발하는 데 성공하는 경우가 많습니다. 다수의 신문 광고가 이런 현상을 이용하죠. 이는 심리적 속임수를 안다는 게 완벽한 방어책은 아님을 말해줍니다.

엄청난 재난을 향해 한 걸음씩 내딛고 있는데 보폭이 매우 작을 때, 대비-오반응 경향으로 인해 피할 수 없는 지경까지 너무 멀리 나아가고 맙니다. 각각의 걸음으로 나아간 거리가 이전 위치와 대비할 때 너무 짧기 때문입니다.

저는 브리지 게임 친구로부터 개구리를 아주 뜨거운 물에 넣으면 바로 튀어나오지만, 미지근한 물에 넣고 아주 천천히 온도를 높이면 결국 죽는다는 이야기를 들은 적이 있습니다. 저는 생리학적 지식이 미미하지만 이 말이 맞는지 의심스럽습니다. 그게 사실이든 아니든, 많은 기업이 제 친구가 말한 개구리와 같은 꼴이 됩니다. 이전과 크게 대비되지 않는 작은 변화를 인식하지 못해 운명과도 같은 추세를 놓치는 겁니다.

벤저민 프랭클린의 격언 중 가장 많이 기억되고 가장 유용한 것은

"작은 구멍이 큰 배를 침몰시킨다."입니다. 이 격언이 매우 유용한 이유는 우리의 뇌가 큰 배에 생긴 작은 구멍 같은 문제를 종종 놓치기 때문입니다.

17
스트레스-영향 경향

위협에서 비롯된 갑작스러운 스트레스가 아드레날린을 분비시켜 더 빠르고 극단적인 반응을 유발한다는 사실은 모두가 압니다. 또 심리학 개론 강의를 들은 모든 사람은 스트레스가 사회적 증거 경향을 더욱 강력하게 만든다는 사실도 압니다. 그보다는 덜하지만 여전히 널리 알려진 현상은 가벼운 스트레스가 시험 같은 것에서 성과를 약간 개선하는 반면, 심한 스트레스는 사고 기능을 저하시킨다는 겁니다.

하지만 정말로 심한 스트레스에 대해서는 우울증을 일으킬 수 있다는 사실 외에 더 많은 것을 아는 사람은 드뭅니다. 가령 대다수 사람은 '급성 스트레스 우울증'으로 인한 극단적인 비관주의는 사고 기능을 저해한다는 사실을 압니다. 이때 비관은 오래 지속되며, 일상생활이 어려워질 정도로 피곤해지죠. 다행히 대다수 사람이 역시 잘 아는 대로, 이런 우울증은 회복할 수 있는 질환입니다. 현대적인 약물이 나오기 이전에도 윈스턴 처칠이나 새뮤얼 존슨처럼 우울증에 시달리던 많은 사람이 위대한 성취를 이루었습니다.

사람들은 대부분 심한 스트레스 때문에 생긴 비우울성 신경쇠약에 대해 거의 아는 게 없습니다. 다만, 적어도 한 가지 예외는 있습니다. 파블로프가 70대와 80대에 실행한 실험과 관련된 내용입니다. 개를 이용해 소화의 생리를 밝힌 공로로 일찍이 노벨상을 받은 그는 이어 단순한 연계에 따라 개들이 보이는 반응을 정리해서 전 세계에 이름을 알렸습니다. 초기에는 개들이 침을 흘리는 반응을 활용했죠. 지금은 현대의 광고 효과와 비슷하게 단순한 연계로 행동 변화를 촉발하는 것을 '파블로프 조건화'라고 부르는 경우가 많습니다.

파블로프가 후기 연구를 시작한 계기는 특히 흥미롭습니다. 1920년대에 레닌그라드에 대홍수가 발생했습니다. 당시 파블로프는 사육장에서 개를 여러 마리 키우고 있었습니다. 그 개들의 습관은 파블로프 조건화와 표준적 보상 반응의 결합에 따라 특이한 패턴으로 변했습니다. 홍수로 사육장에 물이 차올라 개들의 코와 사육장 천장 사이에 숨 쉴 공간이 거의 없었습니다. 개들은 엄청난 스트레스를 받았습니다. 파블로프는 그 직후에 많은 개가 더 이상 이전처럼 행동하지 않는다는 사실을 알았습니다. 가령 이전에는 사육사를 좋아하던 개가 지금은 싫어하는 식이었죠.

이러한 결과는 현대의 인지 변화 사례 중 하나를 상기시킵니다. 그것은 어떤 사람이 갑작스레 사이비 종교에 빠진 후 부모에 대한 사랑이 순식간에 미움으로 바뀌는 것입니다. 우수한 실험 과학자라면 누구나 파블로프의 개들이 보인 예상치 못한 극단적 변화에 열광적으로 호기심을 보였을 겁니다. 실제로 그게 파블로프가 보인 반응이었고요. 하지만 그런 다음에 파블로프가 한 일을 해낼 과학자는 많지 않았을 겁니다. 그것은 긴 여생을 바쳐 개들에게 스트레스로 인한 신경쇠약을 안기는 일입니다. 그는 개들의 신경쇠약을 완화하려 시도하면서 세심하게 실험 내용을 기록했습니다.

그 결과 1) 개를 분류해 신경쇠약에 쉽게 걸릴지 여부를 예측할 수 있다는 것, 2) 신경쇠약에 잘 걸리지 않는 개는 이전 상태로 되돌리기도 어렵다는 것, 3)모든 개를 신경쇠약에 빠트릴 수 있다는 것, 4)다시 스트레스를 주는 방법 말고는 신경쇠약을 치료할 수 없다는 것을 알아냈습니다.

거의 모든 사람은 인간의 친구인 개를 대상으로 이런 실험을 했다는 사실에 반발합니다. 게다가 파블로프는 러시아인이며, 공산당 치하에서 마지막 연구를 했습니다. 아마도 이런 요인 때문에 현재 파블로프의 마지막 연구는 거의 모든 곳에서 주목받지 못하고 있습니다. 저는 오래전 프로이트주의 정신분석학자 두 명과 함께 그 연구를 주제로 토론해보려 했습니다. 하지만 그들은 해당 연구를 한 번도 들은 적이 없었습니다. 또 주요 의대 학장은 몇 년 전 제게 파블로프의 실험 중 다른 연구자들이 '재현할 수 있는' 게 있는지 물었습니다. 명백히 파블로프는 오늘날의 의학계에서 잊힌 영웅입니다.

저는 한 정신분석학자가 록펠러재단의 지원을 받아 쓴 인기 도서에서 파블로프의 마지막 연구 내용을 읽었습니다. 당시 저는 1)사이비 종교가 끔찍한 피해를 유발하는 이유, 2)사이비 종교에 세뇌당한 자녀들의 '재교육'을 위해 부모가 할 수 있는 일에 대한 법률적 견해를 파악하기 위해 애쓰고 있었습니다. 당연히 주류 법률가들은 부모가 세뇌당한 자녀를 강제로 붙잡아 재교육 스트레스를 가하는 데 반대했습니다. 설령 그것이 사이비 종교에 빠지는 과정에서 그들이 견딘 스트레스의 악영향을 제거하는 데 유용하다고 해도 말이죠.

저는 이 문제와 관련한 법률적 논쟁에 끼어들고 싶지는 않습니다. 다만, 파블로프의 마지막 연구가 시사하는 바를 고려하지 않고는 최대한 합리적으로 논쟁에 임할 수 없다는 결론을 내렸습니다. 그것은 우리가 상상할 수 있는 최악의 악행 중 하나로, 정신을 훔치는 행위를 바로잡는 유일한 수단이 강압적 스트레스일지도 모른다는 겁니다. 제가 이 논의에 파블로프 이야기를 포함한 이유는 1) 금기에 대한 일반적 반감, 2) 스트레스 관련 논의에 충실하기 위한 노력, 3) 청중 가운데 일부가 저의 탐구를 더욱 성공적으로 이어갈지 모른다는 희망 때문입니다.

18
가용성-오평가 경향

이 정신적 경향은 "나는 사랑하는 소녀가 곁에 없으면, 곁에 있는 소녀를 사랑하지."라는 노래 가사와 호응합니다. 인간의 뇌는 불완전하고 한정된 용량을 지녔죠. 그래서 쉽게 확보할 수 있는 걸 활용하는 방향으로 나아갑니다. 또 뇌는 기억할 수 없거나, 강하게 작용하는 한 가지 이상의 심리적 경향 때문에 인식할 수 없는 걸 활용하지 못합니다. 이는 곁에 있는 소녀에게 영향을 받는 것과 비슷합니다. 그래서 뇌는 쉽게 확보할 수 있는 것을 과하게 평가하며, 그에 따라 가용성-오평가 경향을 드러냅니다.

이 경향에 따른 실수를 막는 주된 해결책은 대개 절차를 수반합니다. 거기에는 거의 언제나 도움을 주는 체크리스트 활용이 포함됩니다. 또 다른 해결책은 반증을 강조한 다윈처럼 행동하는 것입니다. 즉, 수치화하기 어려운 요소를 특히 강조해야 합니다. 그런 수치를 내는 요소를 주로 또는 전적으로 고려하는 방향으로 나아가서는 안 됩니다. 또 한 가지 해결책은 사고의 폭이 넓고, 회의적인 태도를 지녔으며, 생각을 잘 표현하는 사람을 찾거나 고용해서 그에게 기성 관념에 반하는 생각을 옹호하는 역할을 맡기는 겁니다.

가용성-오평가 경향을 막으려면 대단히 인상적이어서 쉽게 떠올릴 수 있는 매우 선명한 증거의 가치를 의도적으로 낮춰야 하는 반면, 그보다 덜 선명한 증거의 가치는 높게 평가해야 합니다. 다만, 선명한 증거가 정신에 미치는 특별한 힘은 1) 다른 사람이 정확한 결론에 이르도록 설득하거나, 2) 잊고 싶지 않은 여러 항목에 차례로 선명한 이미지를 결부시켜서 기억력을 높일 때 건설적으로 활용할 수 있습니다. 실제로 이처럼 선명한 이미지를 활용해 기억력을 높이는 방법 덕분에 고대 그리스와 로마의 위대한 연설가들은 노트 없이도 길고 체계적인 연설을 할 수 있었습니다.

이 경향에 대처할 때 기억해야 할 훌륭한 알고리즘은 단순합니다. 그것은 단지 쉽게 확보할 수 있다고 해서 어떤 아이디어나 팩트가 더 많은 가치를 지니지는 않는다는 겁니다.

19
미활용-상실 경향

모든 기술은 활용하지 않으면 쇠퇴합니다. 저는 스무 살 때까지는 산술을 아주 잘 했습니다. 하지만 그 후로는 이 기술을 전혀 활용하지 않아서 곧 잃어버리고 말았습니다. 이런 상실을 막는 올바른 해결책은 조종 훈련에 쓰이는 항공기 시뮬레이터 역할을 하는 수단을 활용하는 것입니다. 항공기 시뮬레이터는 조종사들이 잊어버려서는 안 되는, 드물게 활용하는 모든 기술을 꾸준히 연습할 수 있도록 해줍니다.

현명한 사람은 유용하지만 드물게 쓰이는 자신의 모든 기술을 평생 연습합니다. 그 기술 중 다수가 자신의 분야를 벗어난 것이라 해도 자기 계발을 위한 일종의 의무로서 연습하는 것입니다. 연습하는 기술의 수를 줄이고, 그에 따라 자신이 유지하는 기술의 수가 줄면 자연히 망치 든 사람 경향에 따른 실수에 빠지겠죠. 새로운 경험을 이해하기 위한 틀로써 필요한 이론의 격자에 틈이 생기면 학습 능력도 떨어질 겁니다. 사고를 잘하려는 사람에게 또한 필수적인 일은 자신의 기술을 꾸준히 활용하는 체크리스트로 조합하는 것입니다. 다른 어떤 방식도 중요한 많은 것을 놓치게 만드니까요.

매우 고차원적인 기술은 매일 연습해야만 유지할 수 있습니다. 피아니스트 이그나치 얀 파데렙스키는 "하루를 연습하지 않으면 실력이 부실해졌음을 자신이 알고, 일주일을 연습하지 않으면 관중도 알게 된다."고 말한 적이 있습니다.

미활용-상실 경향의 엄격한 규칙은 근면한 사람에게는 덜 가혹합니다. 어떤 시험에 합격하기 위해 벼락치기를 하는 게 아니라 기술을 능숙한 수준까지 연마하면 1) 기술 쇠퇴 속도가 더 느려지고, 2) 새로운 학습으로 재충전하면 더 빨리 돌아옵니다. 이는 사소한 이점이 아닙니다. 중요한 기술을 익히려는 현명한 사람은 실로 능숙해질 때까지 멈추지 않습니다.

20
약물-악영향 경향

이 경향의 파괴력이 심각하다는 사실은 매우 널리 알려져 있습니다. 약물은 인지 능력과 삶에 비극적 결과를 자주 초래합니다. 그래서 '단순한 고통 회피형 심리적 부인'에서 언급한 내용을 여기서 보충할 필요는 없을 것 같습니다.

21
노화-악영향 경향

노년이 되면 자연히 인지 능력이 쇠퇴합니다. 쇠퇴가 시작되는 시기와 진행 속도는 사람마다 다릅니다. 사실상 누구도 나이가 많이 들면 복잡하고 새로운 기술을 잘 익히지 못합니다. 그래도 열심히 연습한 오랜 기술을 말년까지 잘 유지하는 사람이 있습니다. 많은 브리지 대회에서 그런 모습을 볼 수 있죠.

저 같은 노인은 애쓰지 않아도 노화를 숨기는 일에 아주 능숙합니다. 복장 같은 사회적 관습이 많은 부분을 가려주니까요. 즐거운 마음으로 계속 생각하고 배우는 것도 불가피한 일을 늦추는 데 다소 도움을 줍니다.

22
권위-악영향 경향

인간은 모든 조상이 그랬던 것처럼 위계 구조 안에서 살아갑니다. 그래서 대부분 리더를 따르는 경향을 타고납니다. 리더가 되는 사람은 소수에 불과하죠. 인간 사회도 위계 구조에 따라 조직됩니다. 문화는 리더를 따르는 자연스러운 경향을 강화합니다.

대다수 인간의 반응은 자동으로 이루어집니다. 리더를 따르는 경향도 예외가 아닙니다. 리더가 틀리거나, 리더의 생각이 바쁜 생활 속에서 제대로 전파되지 않아 오해가 생길 때 흔히 큰 고통이 발생합니다. 그래서 권위-악영향 경향으로 인해 잘못된 인식이 생기는 경우를 많이 볼 수 있죠.

일부 악영향은 치알디니가 설명한 사례처럼 흥미롭습니다. 이 사례에서 한 의사가 귓병 환자를 담당하는 간호사에게 '하루 두 번, 두 방울, 우측 귀r.ear'라는 처방을 써주었습니다. 그러자 그 간호사는 환자를 엎드리게 한 다음 귓병약을 항문('right ear/r.ear'를 'rear', 곧 '엉덩이'로 오해한 데서 생긴 해프닝)에 넣지요.

권위자의 지시를 오해한 다른 사례는 비극적입니다. 제2차 세계대전 때 한 신참 조종사가 모는 비행기의 부조종석에 장군이 탑승했습니다. 그는 상관에게 잘 보이고 싶어서 안달이 났죠. 그래서 장군이 자세를 조금 바꾸자 무리한 비행을 하라는 지시로 오인하고 말았습니다. 결국 비행기가 추락했고 조종사는 하반신이 마비되었습니다. 이런 사례는 자연히 버핏처럼 신중한 사람의 주의를 끌기 마련이죠. 그는 조종사 근처에 있을 때는 항상 아주 조용한 쥐처럼 조심스레 행동합니다.

부조종사에 대한 시뮬레이터 훈련에서도 이런 사례를 참고합니다. 그래서 상사인 조종사의 어리석은 지시를 무시하도록 가르칩니다. 조종사도 파국적인 실수를 저지르는 때가 있으니까요. 이런 훈련을 거친 후에도 부조종사들이 시뮬레이터에서 비행기를 추락하게 만드는 경우가 아주 많습니다. 조종사의 극단적이고 명백한 실수를 그냥 가만두는 거죠.

상등병이던 히틀러는 독일을 지배하는 자리에 오른 후, 신실한 루터교도와 가톨릭교도를 이끌며 대규모 학살과 파괴를 저질렀습니다. 이에 명민한 심리학 교수 스탠리 밀그램은 권위자가 일반적인 사람을 시켜서 얼마나 잘못된 행동을 저지르게 만들 수 있는지 확인하는 실험을 했습니다. 이 실험에서 권위자, 구체적으로는 정식 실험을 주재한 교수 역할을 맡은 사람은 아주 많은 정상적인 피험자들이 무고한 다른 피험자들에게 강한 전기 충격을 가하도록 만들 수 있었습니다. 물론 실제로 전기 충격을 가한 건 아니지만, 피험자들은 실제라고 믿으면서도 다른 피험자들을 심하게 고문했습니다. 이 실험은 권위-악영향 경향에 따른 끔찍한 결과를 보여줍니다. 그러나 다른 한편으로는 제2차 대전 직후 심리학 교수들의 극심한 무지도 드러냈죠.

똑똑한 사람이라면 거의 모두가 밀그램의 실험에 얼마나 많은 심리적 경향이 작용했는지 파악할 수 있습니다. 즉, 제가 제시하는 심리적 경향의 체크리스트를 훑어보기만 해도 약 여섯 가지 강력한 경향이 복합적으로 작용해 극단적 결과를 초래했음을 알 수 있습니다. 가령 밀그램의 실험에서 전기 충격 레버를 당긴 피험자는 아무런 행동도 하지 않는 방관자로부터 많은 사회적 증거를 얻었습니다. 방관자의 침묵을 그들의 행동을 용인하는 것으로 받아들였죠. 제가 밀그램의 실험에 대해 알기 전까지 1천여 편의 관련 논문이 나왔습니다. 그러나 그 모든 논문을 읽어도 밀그램의 실험이 지닌 의미를 완벽히 이해하기엔 부족했습니다. 즉, 이 강연에서 설명한 심리적 경향의 타당한 조합과 체크리스트 확인 절차를 통해 똑똑한 사람이 바로 이해할 수 있는 수준의 약 90퍼센트밖에 이해할 수 없었습니다. 오래전에 세상을 떠난 교수들의 부족한 역량을 드러내는 이러한 결과는 더 나은 설명을 요구합니다. 그래서 내키지는 않지만 여기에 대해선 나중에 따로 다루어보도록 하겠습니다.

다만, 과거의 심리학 교수들이 지금부터 제시할 사례에 나오는 낚시꾼만큼 덜떨어지지는 않았다는 사실은 다행입니다. 저는 코스타리카에 있는 콜로라도강으로 낚시 여행을 간 적이 있습니다. 그때 제 가이드가 타폰tarpon 낚시를 한 번도 한 적 없는 한 낚시꾼 이야기를 어이없다는 표정으로 들려주었습니다. 낚싯배를 몰고 낚시 조언을 하는 가이드는 궁극적인 권위자죠. 그는 모국어로 스페인어를 썼고, 낚시꾼은 영어를 썼습니다. 큰 타폰이 걸리자 가이드는 낚싯대를 올리거나, 내리거나, 줄을 감으라고 알려줬습니다. 마침내 낚싯대를 더 휘게 만들어 물고기를 강하게 압박해야 할 때가 되었습니다. 가이드는 영어로 "낚싯대를 줘요give him the rod."(낚싯대를 더 당기라는 뜻)라고 말했습니다. 그러자 낚시꾼은 비싼 낚싯대를 물고기에게 던졌습니다. 물고기는 콜로라도강을 따라 바다 쪽으로 사라졌죠. 이 사례는 권위자의 말을 따르려는 경향이 얼마나 강한지, 그 경향이 뇌를 어떻게 마비시키는지 보여줍니다.

마지막으로 살필 것은 기업계 사례입니다. 한 심리학 박사 학위 소지자가 대기업 CEO가 되었습니다. 그는 미처 날뛰며 외진 곳에 거액을 들여 본사를 새로 지었습니다. 아주 좋은 와인 저장고까지 갖춘 곳이었죠. 얼마 후 직원들이 자금 부족을 호소했습니다. CEO는 "감가상각 충당금을 갖다 써."라고 말했습니다. 하지만 그건 말처럼 쉬운 일이 아니었습니다. 감가상각 충당금은 부채 항목에 속하니까요. 그럼에도 권위를 지나치게 존중하는 경향이 너무나 강한 나머지, 이 CEO뿐 아니라 그보다 더 나쁜 수많은 경영자도 주요 기업을 오랫동안 경영할 수 있었습니다. 그런 경영자는 쫓아내야 마땅하다는 사실이 명백해진 후에도 말이죠.

이와 같은 사례가 말하는 바는 분명합니다. 권력을 부여받는 자리에 앉을 사람을 신중하게 골라야 합니다. 지배력을 가진 권위자는 권위-악영향 경향 때문에 내보내기 어렵기 때문입니다.

23
헛소리 남발 경향

인간은 언어 능력을 갖춘 사회적 동물입니다. 그래서 중요한 일을 시도할 때 쓸데없는 말을 하고 헛소리를 늘어놓아서 큰 피해를 자초하곤 합니다. 헛소리를 아주 많이 하는 사람도 있고, 거의 하지 않는 사람도 있죠.

한 흥미로운 실험에서, 꿀벌도 일종의 헛소리로 문제를 초래한다는 사실이 밝혀졌습니다. 꿀벌은 대개 밖에서 꽃꿀을 발견하면 집으로 돌아와 다른 꿀벌들에게 그 위치를 알려주는 춤을 춥니다. 그러면 다른 꿀벌들이 거기로 가서 꽃꿀을 채취하죠. 스키너처럼 명민한 어떤 과학자는 꿀벌이 난처한 상황에 얼마나 잘 대처하는지 알아보기로 했습니다. 그는 꽃꿀을 벌집 바로 위, 아주 높은 곳에 두었습니다. 자연에서는 바로 위 먼 곳에 꽃꿀이 있는 경우가 없죠. 실험 대상인 불쌍한 꿀벌은 그 정보를 적절하게 알릴 유전적 프로그램을 갖추지 못했습니다. 그래서 그 꿀벌이 집으로 돌아와 구석에 틀어박힐 거라고 예상할 수도 있습니다. 하지만 그러지 않았죠. 그 꿀벌은 집에 돌아가더니 마구잡이로 춤을 추었습니다.

저는 평생 그 꿀벌 같은 사람들을 상대해왔습니다. 헛소리를 늘어놓는 말 많은 사람을 중요한 일로부터 멀리 떼어놓는 것이 현명한 관리의 아주 중요한 부분입니다.

칼텍의 한 공학 교수는 눈치 없이 통찰력을 너무 많이 드러내 유명세를 치렀습니다. 그는 그걸 자신의 방식으로 이렇게 표현했습니다. "학사 행정의 주된 일은 중요치 않은 사람이 중요한 사람의 일에 간섭하지 않도록 막는 것입니다."

이 말을 인용한 이유는 제가 이 교수처럼 얘기했다가 오랜 반발에 시달렸기 때문입니다. 그나마 오랜 노력 끝에 말투를 약간 개선할 수 있었죠. 그래서 적어도 상대적으로 제가 더 눈치 있는 것처럼 보였으면 좋겠습니다.

24
이유-존중 경향

특히 선진 문화에 속한 사람들은 정확한 인식을 자연스레 사랑하며, 그 존재에 기뻐합니다. 그래서 낱말 풀이와 다른 퍼즐, 브리지와 체스를 비롯해 지적 능력이 필요한 모든 게임이 널리 인기를 끕니다.

이 경향은 명백한 영향을 미칩니다. 가령 아무런 이유 없이 권위적으로 어떤 것을 믿으라고 지시하기보다, 그것을 배워야 할 올바른 이유를 제시할 때 특히 학습이 잘 됩니다. 따라서 지시하기 전에 이유를 생각하고, 지시받는 사람에게 이를 설명하는 것은 더없이 현명한 관행이죠.

뛰어난 능력과 도덕성을 겸비하고 정유 시설을 설계한 칼 브라운보다 이 사실을 잘 알고 있는 사람은 없었습니다. 그는 게르만 스타일로 운영하던 자신의 대규모 기업에 아주 단순한 규칙을 적용했습니다. 바로 '누가, 무엇을, 어디서, 언제, 왜' 하는지 말해야 한다는 것이었습니다. 이유를 설명하지 않고 뭔가를 지시하는 사람은 해고당할 수도 있었습니다. 브라운은 이유를 상세하게 제시할 때 의도가 가장 잘 전달된다는 사실을 알고 있었습니다.

일반적으로 '왜?'라는 질문에 답하는 이론의 틀에 맞춰서 직간접적 경험을 평생에 걸쳐 꾸준히 배열할 때, 학습과 활용이 가장 잘 이루어집니다. 실로 '왜?'라는 질문은 정신적 삶의 중요한 잠재성을 열어주는 일종의 로제타석입니다.

안타깝게도 이유-존중 경향이 너무 강해서 무의미하고 부정확한 이유를 대도 지시나 요구를 따르는 경우가 많습니다. 이는 실험팀이 그럴 듯한 이유를 둘러대며 복사기 앞에서 새치기하는 데 성공한 심리학 실험에서도 드러납니다.

이런 이유-존중 경향의 안타까운 부산물은 일종의 조건반사이며, 이는 이유의 중요성에 대한 폭넓은 인식에 기반합니다. 당연히 광고 제작사와 사이비 종교 집단은 부당한 방식으로 목표를 이루기 위해 헛된 이유를 다채롭게 제시합니다.

25
롤라팔루자 경향
(특정한 결과에 유리하게 작용하는 여러 심리적 경향이 결합해 극단적 결과를 내는 경향)

이 경향은 제가 살펴본 어떤 심리학 교과서에서도 최소한 일관된 방식으로 다루지 않지만, 그래도 우리의 삶을 지배합니다. 또한 밀그램 실험에서 극단적 결과가 나오고, 일부 사이비 종교 집단이 극단적 성공을 거둔 이유이기도 합니다. 그들은 시행착오를 거치면서, 수많은 심리적 경향에 따른 압박이 포교 대상에게 동시에 작용하도록 만듭니다. 포교 대상은 파블로프가 만년에 실험 대상으로 쓴 개들처럼 취약함의 정도가 다릅니다. 그래도 일부 포교 대상은 압박을 받으면 바로 꺾어져 좀비처럼 되고 말죠. 실제로 한 사이비 종교 집단은 이를 '부러트리기snapping'라고 부릅니다.

과거 심리학 교과서 저자들의 심각한 무지를 어떻게 받아들여야 할까요? 물리학 개론이나 화학 개론을 배운 사람이 어떻게 여러 심리적 경향이 결합하는 양상과 그 효과를 고려하지 않을 수 있을까요? 서로 뒤얽힌 여러 심리적 경향과 관련한 복잡성을 건너뛰고 어떻게 심리학을 제대로 배웠다고 생각할 수 있을까요? 뇌가 과도하게 단순화한 알고리즘을 활용하는 경향의 인지적 악영향을 연구하는 교수가 과도하게 단순화된 개념을 활용하는 것보다 아이러니한 일이 있을까요?

지금부터 몇 가지 잠정적인 주장을 제시하고자 합니다. 어쩌면 오래전에 죽은 교수들은 협소하고 반복 가능한 유형의 심리학 실험을 기반으로 심리학 전체를 구성하고 싶었던 것인지도 모릅니다. 대학교 환경에서 실행할 수 있고, 한 번에 하나의 심리적 경향을 겨냥한 실험 말입니다. 그렇다면 그들은 자신의 학문에 대한 접근법을 크게 제한하는 엄청난 과오를 저지른 셈입니다. 이는 물리학이 연구실에서 실험할 수 없다는 이유로 천체물리학을 무시할 뿐 아니라 모든 복합적인 효과를 도외시하는 것과 같습니다.

초기 심리학 교수들이 자신의 학문에 대해 과도하게 제한적인 접근법을 취하게끔 만든 심리적 경향은 무엇일까요? 쉽게 통제할 수 있는 데이터를 선호하는 태도에 기반한 가용성-오평가 경향이 한 가지 요인일 수 있습니다. 그렇다면 제한적인 접근법은 결국 망치 든 사람 경향의 극단적 사례를 낳았을 겁니다. 시기/질투 경향이 또 다른 요인일 수 있죠. 초기 심리학 교수들은 이 경향으로 인해 잘못 이해한 물리학에 대해 기이한 형태의 선망을 드러냈습니다. 이 가능성은 강단 심리학에서 시기/질투를 배제하는 게 결코 좋은 생각이 아님을 증명합니다.

이제 이 모든 역사적 수수께끼를 저보다 뛰어난 사람들에게 맡기겠습니다.

이것으로 심리적 경향에 관한 저의 간략한 설명을 마치겠습니다.

자문자답

이제 앞서 약속한 대로 몇 가지 일반적인 질문에 답하겠습니다.

첫 번째 질문은 복합적입니다. 이 심리적 경향의 목록은 유클리드의 시스템과 비교할 때 다소 동어반복적이지 않습니까? 즉, 중복되는 부분이 있지 않나요? 약간 다른 방식을 통해서도 마찬가지로 타당하게 시스템을 제시할 수 있지 않을까요? 그 답은 모두 '그렇다'입니다. 다만, 이 문제는 크게 중요하지 않습니다. 이 경향들을 추가로 다듬는 일은 바람직합니다. 하지만 잠재적 유용성에는 한계가 있습니다. 심리학 같은 사회과학의 경우, 상당한 정도의 난잡함messiness을 바로잡을 수 없기 때문입니다.

두 번째 질문은 이것입니다. 즉, 저의 시스템은 복수의 심리적 경향이 타당하게 진단 가능한 방식으로 상호작용하는 양상을 보여주는데, 이 시스템을 활용하는 사례로서 밀그램 유형의 통제된 심리학 실험이 아니라 현실 세계의 모형을 제시할 수 있을까요? 그 답은 '그렇다'입니다. 제가 좋아하는 사례 중 하나는 맥도널 더글러스 여객기의 비상 탈출 테스트입니다.

정부는 신형 여객기를 판매하기 전에 비상 탈출 테스트를 통과할 것을 요구합니다. 즉, 만원 승객이 짧은 시간 안에 모두 빠져나갈 수 있어야 합니다. 정부는 또한 테스트가 현실적으로 실행되도록 지시합니다. 요컨대 20세 운동선수들만 참여하는 방식으로는 합격할 수 없습니다. 그래서 맥도널 더글러스는 어두운 격납고에서, 노인이 다수 포함된 승객들을 대상으로 테스트를 진행했습니다. 또 객실은 격납고의 콘크리트 바닥에서 약 6미터 높이에 설치했으며, 다소 조잡한 고무 슬라이드를 통해 비상 탈출을 하도록 했습니다. 오전에 진행한 첫 번째 테스트에서 약 20명의 중상자가 발생했습니다. 게다가 시간이 너무 많이 걸려서 불합격하고 말았습니다. 그다음에 맥도널 더글러스는 어떻게 했을까요? 그들은 오후에 테스트를 다시 진행했습니다. 이번에도 한 건의 영구 마비를 비롯해 약 20명의 중상자가 발생하면서 불합격했습니다.

어떤 심리적 경향이 이런 끔찍한 결과를 초래했을까요? 저의 목록을 체크리스트로 활용하면 다음과 같이 설명할 수 있습니다.

보상-과잉 반응 경향은 맥도널 더글러스가 빠르게 행동하도록 몰아붙였습니다. 테스트를 통과하기 전에는 여객기를 판매할 수 없으니까요. 그들을 몰아붙인 또 다른 요인은 의심-회피 경향이었습니다. 이 경향은 한번 결정하면 무조건 실행하려는 충동입니다. 또 현실적으로 테스트를 진행하라는 정부의 지시가 권위-악영향 경향을 촉발했습니다. 그래서 명백히 너무 위험한 테스트 방법을 활용하는 과잉 반응을 초래했습니다. 행동 경로를 결정한 다음에는 비일관성-회피 경향이 잘못된 계획을 고수하도록 만들었고요. 그에 따라 어두운 격납고의 콘크리트 바닥 위로 객실을 높게 설치했습니다. 거기에 노인들을 태우는 것 자체가 직원들을 매우 불안하게 만들었을 겁니다. 그러나 다른 직원과 간부진이 반발하지 않았습니다. 결국 사회적 증거 경향이 불안을 덮어버린 거죠. 이것이 계획대로 계속 행동하도록 허용했고, 이 과정에서 권위-악영향 경향이 다시 영향을 미쳤습니다.

오전 테스트에서 중상자까지 발생했음에도 맥도널 더글러스는 그 실패에 따른 강력한 반증을 무시했습니다. 강력한 박탈-과잉 반응 경향에서 촉발된 확증 편향으로 원래 계획을 고수하는 쪽을 선호했기 때문입니다. 이제 맥도널 더글러스가 빠진 박탈-과잉 반응 경향은 큰 손실을 본 후 본전 찾기에 혈안이 된 도박꾼이 마지막으로 거액의 베팅을 하게 만드는 것과 같은 수준에 이르렀습니다. 어차피 예정대로 테스트를 통과하지 못하면 큰 손실이 날 테니 말입니다.

아마도 심리학을 토대로 이보다 많은 설명이 가능할 것입니다. 그러나 앞의 설명은 저의 시스템을 체크리스트 모드로 활용하는 것이 얼마나 유용한지 증명하기에 충분합니다.

세 번째 질문 역시 복합적입니다. 즉, 이 심리적 경향의 목록에 기반한 사고 체계가 현실 세계에서 얼마나 도움을 줄까요? 이 심리적 경향들은 폭넓은 유전적·문화적 진화를 통해 인간의 뇌에 너무나 확고하게 프로그래밍되었습니다. 그래서 제거하는 것이 불가능하기에 실질적인 혜택을 볼 수 없지 않을까요?

그 답은 이 심리적 경향들이 아마도 해로운 측면보다 이로운 측면이 훨씬 클 거라는 것입니다. 그렇지 않다면 인간의 조건과 한정된 두뇌 용량을 감안할 때 존재할 이유가 없을 겁니다. 게다가 인간에게 도움이 되는 쪽으로 아주 잘 작용하기도 합니다. 그래서 이 심리적 경향들은 저절로 사라질 수 없으며, 그래서도 안 됩니다. 앞서 설명한 심리적 사고 체계를 적절하게 이해하고 활용해야 합니다. 그러면 지혜와 선행이 파급되고, 재난을 피할 수 있습니다. 어떤 경향이 항상 운명으로 굳어지는 것은 아닙니다. 경향과 그 해결책을 알고 있으면 그렇지 않은 경우에 생길 문제를 예방하는 데 도움이 됩니다.

다음은 기초적인 심리학적 지식이 지닌 뛰어난 효용을 상기시키는 사례의 짧은 목록입니다.

1. 칼 브라운의 의사소통 관행.

2. 조종 훈련의 시뮬레이터 활용.

3. 알코올의존증 환자 모임의 치료 체계.

4. 의대의 임상 훈련 방식.

5. 미국 헌법제정회의의 규칙: 완전한 비밀회의, 최종 투표까지 무기명 투표, 회의 종료 전까지 언제든 투표 취소 가능, 전체 헌법에 대한 한 번의 최종 투표. 이는 심리를 고려한 매우 현명한 규칙입니다. 우리의 엘리트 국부들이 다른 절차를 활용했다면 다양한 심리적 경향 탓에 다수가 비일관적이고 완고한 입장으로 내몰렸을 겁니다. 헌법이 간발의 차로 통과된 이유는 오로지 인간의 심리를 잘 이해했기 때문입니다.

6. 의무를 더 잘 이행하도록 유도하는 할머니의 인센티브 기반 규칙 활용.

7. 하버드 경영대학원의 의사 결정 분지도 중시: 저는 어리고 어리석었을 때 하버드 경영대학원을 비웃었습니다. "스물여덟 살짜리 학생들한테 고등학교 수학이 실제 현실에서 통한다고 가르쳐?"라고 말했죠. 하지만 나중에 더 현명해지고 나서는 그게 심리적 경향의 악영향에 맞서는 데 아주 중요하다는 걸 깨달았습니다. 아예 모르는 것보다 뒤늦게라도 아는 게 낫죠.

8. 존슨앤존슨의 해부식 분석법 활용: 대다수 기업에서 인수가 재앙으로 판명되면 그 어리석은 인수를 초래한 모든 사람, 서류 작업, 프레젠테이션은 빠르게 잊힙니다. 누구도 그걸 언급해서 나쁜 결과에 연루되고 싶어 하지 않거든요. 하지만 존슨앤존슨에서는 모두가 과거의 인수 사례를 다시 살펴서 예측과 결과를 비교해야 합니다. 이는 아주 영리한 규칙입니다.

9. 찰스 다윈이 확증 편향을 피한 훌륭한 사례: 그의 방식은 미국식 품의약국에서 신약 개발 과정에 권고하는 이중맹검법(약효를 검증할 때 실험자와 피험자 모두에게 실제 약과 위약이 무엇인지 알려주지 않는 방식)이라는 극단적인 반反확증 편향 연구법으로 진화했습니다.

10. 공개 호가 경매장에는 가지 않는다는 워런 버핏의 규칙.

네 번째 질문은 이것입니다. 앞의 목록을 통해 보여준 사고 체계는 일종의 특수한 지식인데, 여기에 내재하는 문제가 있나요?

한 가지 답은 역설입니다. 사회심리학 분야에서는 어떤 체계에 대해 아는 사람이 늘어날수록 그 체계를 따르는 사람이 줄어들고 따라서 효용성도 떨어집니다. 이 점은 나쁜 결과를 막고 좋은 결과를 촉진하는 수단으로서 그 심리 체계의 뛰어난 가치를 증명합니다. 이는 역설적인 사실이며, 기초 물리학과는 다른 부분입니다. 하지만 그게 무슨 상관인가요? 순수한 수학에서도 모든 역설을 제거할 수는 없습니다. 그렇다면 심리학이 일부 역설에 흔들릴 필요가 있을까요?

인지 변화와 관련한 역설도 존재합니다. 이 역설은 조종당하는 사람이 그 사실을 알 때조차 작용합니다. 이는 역설 속의 역설을 만듭니다. 하지만 그게 무슨 상관인가요?

과거 저는 그런 상황을 상당히 즐긴 적이 있습니다. 오래전 제가 주재한 만찬에서 아름다운 여성을 만났는데, 그녀는 로스앤젤레스 유력 인사의 부인이었습니다. 부인이 제 옆자리에 앉아 아름다운 얼굴로 저를 바라보며 이렇게 물었습니다. "선생님이 이룬 대단한 성공을 설명하는 하나의 단어는 무엇인가요?" 저는 제가 익숙한 방식대로 조종당하고 있다는 걸 알았지만, 그래도 좋았습니다. 그녀를 만날 때면 항상 약간 들떴거든요. 그건 그렇고, 저는 '합리성'이라고 대답했습니다. 그게 사실인지 여부는 여러분 스스로 판단해야 합니다. 어쩌면 저는 의도치 않게 심리적 경향을 드러내고 있는 것인지도 모릅니다.

다섯 번째 질문은 이것입니다. 심리학과 경제학 사이에 더 많은 조화가 필요하지 않나요? 맞습니다. 저는 약간 진전하고 있다고 생각합니다. 그런 사례를 들었거든요. 칼텍의 실험경제학자 콜린 캐머러는 흥미로운 실험을 고안했습니다. 그 내용은 지능지수가 높은 학생들이 실제 돈을 따기 위해 게임을 하도록 만드는 것이었는데, 실험 종료 후 A 금액으로 바꿀 수 있는 '증권'을 추가 금액 B를 더해 살 것을 제안하자 학생들은 기꺼이 A+B 금액을 지불했습니다. 그들이 이런 멍청한 행동을 한 데는 이유가 있습니다. 바로 실험이 끝나고 나서 유동적인 시장에서 증권을 거래할 수 있었기 때문입니다. 그리고 일부는 실험 종료 전에 다른 학생에게 더 높은 가격으로 증권을 팔 수 있기를 바라며 A+B 금액을 지불했습니다.

이제 저는 자신 있게 예측합니다. 캐머러의 실험 결과에도 불구하고, 완고한 효율적 시장 가설을 여전히 믿는 대다수 경제학 및 기업금융학 교수들은 원래의 신념을 고수할 것입니다. 그렇다면 이는 똑똑한 사람들이 심리적 경향의 영향을 받아 비합리적으로 행동하는 또 다른 양상을 보여줍니다.

여섯 번째 질문은 이렇습니다. 이 심리적 경향들에 대한 지식이 심사숙고해야 하는 도덕적 문제를 수반하지 않나요? 맞습니다. 가령 심리학적 지식은 설득력을 높여줍니다. 또한 다른 능력들처럼 좋게 쓰일 수도 있고, 나쁘게 쓰일 수도 있습니다. 쿡 선장은 선원들을 대상으로 심리학에 기반한 수완을 발휘했습니다. 그 덕분에 그들이 사우어크라우트를 먹게 만들어 괴혈병을 예방할 수 있었죠. 제 생각에 이는 의도적인 조작을 수반하기는 하지만 상황을 고려할 때 윤리적인 동시에 현명한 조치였습니다.

반면, 심리적 경향에 대한 지식을 이용해 신뢰를 얻어야 할 사람을 교묘하게 조종하는 것은 대개 비도덕적이고 신중하지 못한 행동입니다. 도덕적 과오는 명백합니다. 또 그것이 신중하지 못한 이유는 의도적 조종의 대상인 똑똑한 사람 중 다수는 상대의 속셈을 파악하고 분노할 가능성이 크기 때문입니다.

마지막 질문입니다. 사실 관계 및 추론 측면에서, 이 강연에 오류는 없나요? 맞습니다. 분명 오류가 있을 겁니다. 이 강연의 최종 버전은 여든한 살 노인이 기억에 의존해 약 50시간에 걸쳐 작성했습니다. 게다가 저는 심리학 강의를 들은 적이 없고, 발달심리학에 관한 한 권의 책 말고는 거의 15년 동안 어떤 심리학책도 읽지 않았습니다.

그럼에도 제 강연은 전체적으로 매우 유효하리라고 생각합니다. 저의 모든 후손과 친구들이 제가 말한 내용을 세심하게 고려하길 바랍니다. 나아가서 더 많은 심리학 교수들이 1) 뒤집기를 많이 활용하고, 2) 체크리스트가 더 잘 기능하도록 심리학적 체계를 완전히 설명하기 위해 노력하고, 3) 심리적 경향의 조합에 따른 효과를 특히 강조하는 일에 동참하길 바랍니다.

이것으로 제 강연은 끝났습니다. 이 강연 내용을 작성하면서 제가 누린 즐거움의 10퍼센트라도 얻는다면, 당신은 운 좋은 독자입니다.

11강을 다시 살펴보며

2000년에 처음 이 강연문을 쓸 때, 나는 많은 판매고를 기록한 주디스 리치 해리스의 《양육 가설》을 긍정적으로 평가했다. 여러분도 기억하겠지만 이 책은 흔히 인식하는 것보다 청소년이 받는 또래 압력이 훨씬 더 중요하며, 부모의 양육은 훨씬 덜 중요하다는 것을 증명했다.

이 책의 성공과 중대한 현실적 영향의 이면에는 흥미로운 이야기가 있다. 해리스는 이 책을 발간하기 오래전 하버드대학교 심리학 박사과정에서 쫓겨났다. 하버드대학교가 보기에 그녀는 심리학 연구에 이상적인 자질이 부족했기 때문이다. 이후 그녀는 불치성 자가면역질환 때문에 대부분의 시간 동안 집 안에 갇혀 지냈다. 그럼에도 질병과 무명의 어려움을 딛고 후속 저서의 토대가 될 논문을 발표했다. 그녀는 이 논문으로 명망 있는 상을 받았다. 그 상은 그녀가 하버드대학교에서 받은 해고 통지서에 서명한 사람의 이름을 딴 것으로, 미국심리학회가 매년 뛰어난 논문에 수여하는 것이었다.

나는 해리스의 인상적인 책을 읽고 이런 아이러니한 일이 벌어졌음을 알았다. 그때 나는 모교인 하버드대학교에 편지를 써서 알지도 못하는 사이인 해리스에게 명예박사 학위, 아니 실제 박사 학위를 수여하라고 촉구했다. 나는 옥스퍼드대학교의 사례를 인용했다. 이 훌륭한 대학은 최고의 학생인 새뮤얼 존슨이 학위 없이 학교를 떠나도록 만들었다. 그가 너무 가난해서 학비를 댈 수 없었기 때문이다. 이후 옥스퍼드대학교는 정중하게 잘못을 바로잡았다. 존슨이 질병을 극복하고 유명인이 된 후 박사 학위를 수여한 것이다. 그는 난관을 벗어나는 힘든 과정에 대해 이렇게 말했다. "느리게 상승하는 것은 가치가 있다. 가난에 짓눌려 있기 때문이다."

옥스퍼드처럼 하라고 하버드를 설득하려던 나의 노력은 완전히 실패했다. 그래도 하버드대학교는 이후 유명 심리학 교수 중 한 명으로, 해리스를 깊이 존경하는 스티븐 핑커를 MIT에서 영입했다. 이 초빙을 통해 하버드 인문학부가 대다수 다른 대학교의 인문학부보다 높이 평가받는 한 가지 이유를 알 수 있다. 하버드대학교 인문학부의 엄청난 깊이는 다른 곳에서는 아무렇게나 만연할 어리석은 잘못을 부분적으로 바로잡는 경우가 많다.

해리스는 2006년 불치성 질환에 계속 시달리는 가운데 또 다른 책 《개성의 탄생》을 펴냈다. 이는 적절한 제목〔원제는 '똑같은 사람은 없다No Two Alike'〕이었다. 그녀가 공략하는 중심 주제가 일란성쌍둥이의 성격이 중요한 측면에서 너무나 다른 이유였기 때문이다. 그녀는 끈질긴 호기심과 엄격한 태도로 이 주제를 다루었다. 그런 모습은 내게 다윈과 셜록 홈스를 모두 상기시켰다. 또한 그녀가 찾은 해답은 매우 타당했다. 그녀는 전문 문헌에 담긴 데이터를 수집하고 설명했다. 거기에는 일란성쌍둥이 중 한 명은 사업에 성공하고 단란한 가정을 꾸린 반면, 다른 한 명은 빈민가에서 살게 된 흥미로운 사례도 포함되었다.

여기서 해리스가 제시한 바람직한 수준의 포괄적인 답을 공개하지는 않겠다. 독자들이 먼저 그 답을 추측해보고 그녀의 책을 읽는 것이 더 낫기 때문이다. 내 생각대로 해리스의 관점이 대체로 맞는다면, 그녀는 매우 불리한 여건에서 아동 양육과 교육 그리고 다른 많은 것에 대해 커다란 현실적 중요성을 지닌 학문적 통찰을 두 번이나 제시한 셈이다.

어떻게 이처럼 드물고도 바람직한 결과가 나올 수 있었을까? 해리스 본인의 말에 따르면, 그녀는 "아이 때부터 당돌하고 회의적"이었다. 이런 자질에 더해 인내심과 결의로 다진 학문적 능력 덕분에 예순일곱 살까지 줄곧 진실을 추구했다. 자기 생각을 무너트리는 데 열성적인 점도 분명 유용했을 것이다. 이는 자신이 과거 교과서 저자로서 지금은 수정된, 잘못된 개념을 되풀이한 걸 인정하고 사과한 데서 알 수 있다.

이 강연에서 나는 극단적으로 보이는 메시지를 전달함으로써 나름의 당돌한 태도를 드러냈다. 이 메시지가 주장하는 바는 1) 강단 심리학이 매우 중요하고, 2) 그럼에도 심리학 박사 학위 소지자들이 대개 부실하게 생각하고 설명하며, 3) 심리학을 설명하는 나의 방식이 대다수 교과서와 비교할 때 실용적 효용 측면에서 더 우월하다는 것이다. 당연히 나는 이런 극단적 주장이 옳다고 믿는다. 결국 나는 영리한 개념을 알려서 이익을 얻는 것이 아니라 실용적 사고를 잘하려고 이 강연에 담긴 자료를 취합했기 때문이다.

내 말이 조금이라도 옳다면, 언젠가 세상은 대체로 이 강연에서 제시하는 형태로 더 많은 심리학적 논의를 접하게 될 것이다. 그렇다면 나는 그에 따른 관행 진화로 우리의 전반적인 판단 능력이 개선될 것이라고 자신 있게 예측한다.

이것으로, 더 보탤 말은 없다.

1강

1 시인, 철학자, 수사학자, 해학가 **마르
쿠스 톨리우스 키케로**(기원전 106~43)
는 로마의 뛰어난 웅변가 중 한 명이
기도 했다. 키케로는 공익을 위한 기
여를 로마 시민의 최고 의무로 여겼
다. 독재적 지도자에게 부당하게 고
발당한 사람들을 변호했으며, 부패
한 정권을 무너트렸다. 말년에는 마
르쿠스 안토니우스에게 맞서는 상원
의 투쟁을 이끌었으나 실패하는 바
람에 목숨을 잃었다.

2 영국의 저술가이자 당대의 선도적
인 문학가 및 평론가였던 **새뮤얼 존슨**
(1709~1784)은 명민하면서도 위트
넘치는 발언들로 칭송받았다. 존슨
에게 영원한 명성을 안긴 첫 번째 저
작은 《영어 사전》(1755)이다.

3 영국의 위대한 시인 중 한 명인 존밀
턴(1608~1674)은 서사시 《실낙원》
으로 가장 잘 알려져 있다. 그의 강
렬한 산문과 유려한 시는 특히 18세
기 문학에 엄청난 영향을 끼쳤다. 밀
턴은 또한 시민권과 종교의 자유를
옹호하는 팸플릿도 펴냈다. 새뮤얼
존슨이 밀턴의 글이 장황하다고 지
적한 이유를 말하자면, 《실낙원》은
총 12권에 달하며 수천 개의 연으로
구성되어 있다.

4 아이오와주 코닝에서 태어난 **조니 카
슨**(1925~2005)은 심야 코미디계의
제왕으로 유명했다. 오랫동안 오마하
에서 인기 라디오 방송을 진행했는
데, 오마하를 자신의 고향이라고 주
장하기도 했다. 1962년부터 1992년
까지 30년 동안 NBC의 '투나잇 쇼'
를 진행해 많은 사람에게 즐거움을
선사했다. '투나잇 쇼'에는 작가, 영
화감독, 배우, 가수가 다수 출연했다.
물론 이 무대를 통해 유명해진 스탠
드업 코미디언도 많았다.

5 막대한 부로 유명한 **크로이소스**(기원
전 620?~546?)는 기원전 585년 무
렵까지 리디아의 왕이었다. 그러나
기원전 546년경 리디아는 페르시아

와의 전쟁에서 패했고, 생포당한 그는 스스로 화장용 장작불에 몸을 던진 것으로 알려져 있다.

6 **아이작 뉴턴**(1642~1727)은 영국 링컨셔에서 태어날 당시 너무 작고 연약해서 오래 살지 못할 것 같았다. 그러나 여든 살이 넘게 장수했다. 뉴턴은 청년 시절 일반수학, 대수학, 기하학, 미적분학, 광학, 천체역학 분야에서 엄청난 발견을 이루었다. 그중에서 가장 유명한 것은 중력에 대한 설명이다. 1687년 펴낸《자연철학의 수학적 원리》는 창의적 경력의 정점으로 여겨진다.

7 **에픽테토스**(55~135)는 히에라폴리스에서 노예로 태어나 영구적인 신체 장애를 견디며 살았다. 그럼에도 모든 인간은 자신의 삶을 자유롭게 통제할 수 있으며, 자연과 조화롭게 살수 있다고 주장했다. 논리학, 물리학, 윤리학으로 구성된 전통적인 스토아학파의 교과목을 열심히 공부한 후 평생 철학을 가르쳤다. 또 매일 엄격하게 스스로를 성찰해야 한다고 촉구했다. 그는 결국 자유를 얻었지만 89년 도미티아누스에 의해 로마에서 추방당했다.

8 스코틀랜드 에든버러에서 태어난 **제임스 클러크 맥스웰**(1831~1879)은 아주 어릴 때부터 광학에 관심을 보였다. 그가 어린 시절 즐겨 하던 소일거리는 거울로 햇빛을 반사하는 것이었다. 특이한 복장 때문에 에든버러 아카데미에서 '멍청이'라는 별명을 얻었다. 그럼에도 수학을 아주 잘하는 똑똑한 학생이었다. 케임브리지대학교 졸업 후 강사진에 합류했다. 광학을 향한 관심은 색상과 천문학에 관한 공부로 그를 이끌었다. 그는 빛이 전자기 복사의 일종임을 최초로 주장한 것을 비롯해 전자기학 분야에서 중대한 기여를 했다.

9 **알베르트 아인슈타인**(1879~1955)은 스위스의 한 대학에서 교사 학위를 딴후 스위스 특허청에서 일하며 1904년 분자의 크기를 파악하는 방법에 관한 박사 논문을 썼다. 그리고 그해와 이듬해에 현대 물리학의 토대를 이룬 브라운 운동, 광전 효과, 특수상대성 등여러 편의 논문을 발표했다. 뒤이어 양자역학, 통계역학, 우주론의 발전에 기여한 공로로 1921년 노벨 물리학상을 받았다.

10 **찰스 다윈**(1809~1882)은 영국의 박물학자로, 자연선택에 의한 진화론을 주장해 생물학을 혁신했다. 그의 저서《종의 기원》은 출간 즉시 완판되었으며,《성경》에서 제시하는 창조론에 어긋난다는 이유로 맹렬한 공격을 받았다.

11 뉴욕에서 수학 교수의 아들로 태어난 **엘리후 루트**(1845~1937)는 미국 역사상 가장 명민한 행정가 중 한 사람으로 알려졌다. 서른 살에 기업 문제 전

문 변호사로 이름을 날린 후 전쟁부 장관, 국무부 장관, 상원의원, 러시아 대사 등의 공직을 맡으며 두각을 나타냈다. 특히 세계 평화를 위해 여러 중재 조약을 발안했으며, 그 공로로 1912년 노벨 평화상을 받았다.

2강

12 〈아웃스탠딩 인베스터 다이제스트〉의 편집인 겸 발행인 헨리 에머슨은 18년 동안 워런 버핏과 찰리 멍거를 비롯해 세계에서 가장 뛰어난 자산 운용역들과 대화를 나누었다. 투자자들에게 필수적이었던 그의 소식지는 "시간이 얼마나 걸리든 구독자에게 가장 귀중한 자료를 제공하는 것"을 목표로 삼았다. 그래서 모든 유형의 투자자들이 반드시 읽어야 한다.

13 수학자 피에르 드 페르마와 블레즈 파스칼은 17세기 중반 프랑스 귀족 슈발리에 드 메레에게 도박과 관련된 언쟁을 해결하도록 도와달라는 요청을 받았다. 두 사람은 이 일을 계기로 서신을 주고받으며 확률론의 토대를 쌓았다. 드 메레가 제기한 의문은 주사위를 네 번 굴리는 동안 적어도 한 번은 6이 나오는 경우의 베팅과 관련된 것이었다. 그는 이 게임에서 돈을 잃을 때보다 딸 때가 더 많다는 것을 경험으로 알고 있었다. 그래서 주사위 두 개를 24번 굴리는 동안 합이 12, 곧 6이 두 개 나오는 경우에 베팅하는 것으로 규칙을 바꾸었다. 새 게임은 기존 게임보다 승률이 적었는데, 그는 두 수학자에게 승률이 바뀐 이유를 밝혀달라고 요청했다.

14 석유화학 엔지니어링 및 건설 회사 C. F. 브라운은 20세기 초·중반 샌개이브 리얼 밸리에서 존재감을 드러내기 시작해 플루어, 벡텔, 파슨스 같은 경쟁사들과 함께 전 세계에서 수많은 공장을 설계하고 건설했다. 그러던 중 1980년대 초 유능한 경영자 에드 섀넌이 이끄는 센터페이 인터내셔널에 매각되었다.

15 아이오와주에서 태어났지만 와이오밍주에서 성장한 에드워즈 데밍(1900~1993)은 타르지를 붙인 방 네 칸짜리 오두막에서 살았다. 가난한 집안 사정에도 불구하고 성실하게 공부해 예일대학교에서 수리물리학 박사 학위를 받았다. 그 후 농업부에서 일하며 통계 분석에 관심을 가졌다. 제2차 세계대전 동안 나라에 도움이 되고 싶었던 데밍은 통계학을 제조업에 적용하려 애썼다. 그러나 미국 기업들은 그의 아이디어를 무시했다. 그는 전쟁이 끝난 후 일본으로 건너가 일본의 경영자, 엔지니어, 과학자에게 제조 과정에서의 품질 관리 요소 적용 방법을 가르쳤다. 그리고 1980년대에 일본의 제조 기술이 전 세계적으로 알려진 뒤에야 고국에서 명성을 얻었다. '데밍 품질상'은 일본에서 처음 수여했으나 지금은 국제적으로 인정받고 있다.

16 매사추세츠에서 존 프랜시스 웰치 주니어라는 이름으로 태어난 **잭 웰치**(1935~2020)는 화학공학 박사 학위를 딴 후 1960년 제너럴 일렉트릭에 입사했다. 그 후 맹렬하게 승진 가도를 달려 1980년 의장 겸 CEO 자리에 올랐다. 그는 제너럴 일렉트릭을 이끈 20년 동안 회사의 가치를 130억 달러에서 수천억 달러까지 끌어올렸다.

17 **이반 파블로프**(1849~1936)는 러시아 중부에서 태어나 신학교를 다녔다. 스물한 살 때 신학을 버리고 화학과 생리학을 공부했다. 1883년 의학 박사 학위를 딴 그는 생리학과 수술 기술에서 뛰어난 재능을 보였다. 소화 과정의 분비 작용을 연구한 결과, 최종적으로 조건반사 법칙을 만들었다. 그는 자신의 가장 유명한 실험에서, 개들이 실제로 음식을 입에 넣기 전에 침을 흘리는 경향이 있음을 보여주었다. 이는 음식을 주기 전 자극제를 조작하는 일련의 실험으로 이어졌고, 이를 토대로 이른바 '조건반사conditional reflexes'의 형성과 소멸에 관한 기본적인 법칙을 수립했다. 이 용어는 나중에 러시아 원어를 잘못 번역하는 바람에 'conditioned reflexes'로 알려졌다. 그는 1904년 소화액 분비에 관한 연구로 노벨상을 받았다.

18 **월마트**는 새뮤얼 월턴이 1962년 아칸소주 로저스에서 시작한 하나의 매장으로 출발했다. 이후 매장 수가 5년 만에 24개로 늘어났다. 1970년에는 물류센터와 본사를 현재 위치인 아칸소주 벤턴빌로 옮겼다. 그 후로 미국 전역과 해외에서 성장세가 지속되어 오늘날의 월마트에 이르렀다. 현재 월마트는 직원이 100만 명을 훌쩍 넘고, 매출은 2,500억 달러, 시가총액은 2천억 달러 이상이다. 월마트는 고객에게 저렴한 상품을 제공하는 데 몰두하는 것으로 잘 알려져 있다.

19 **존 하비 켈로그**와 그의 형제 윌리엄은 1894년 배틀크리크 요양소 환자들을 위한 새롭고 건강한 음식을 실험하고 있었다. 그들은 끓인 밀반죽을 롤러로 민 다음 구우면 시리얼 조각이 된다는 사실을 발견했다. 윌리엄은 결국 새로운 시리얼 제품을 생산하기 시작해, 1906년에는 하루 2,900통을 팔았다. 그는 계속 신제품을 개발하면서 켈로그를 아침 식사용 제품 제국으로 키웠다. 현재 켈로그의 연간 매출은 90억 달러가 넘는다.

20 **특허**: 개발자가 정해진 기간에 발명품을 독점적으로 만들고, 활용하고, 판매할 수 있도록 정부가 부여하는 권리.
등록상표: 공식적으로 등록하고, 법적으로 보유자 또는 제작자만 쓸 수 있도록 제한하는 제품의 이름이나 상징, 그 밖의 다른 인식 수단.
독점적 프랜차이즈: 어떤 기업의 제품

이나 서비스를 특정 지역에서 해당 기업의 등록상표, 상표명, 서비스명을 내세워 판매할 수 있도록 개인이나 집단에게 독점적으로 주어지는 권리 또는 라이선스. 여기에 해당 기업이 설계한 규칙과 절차, 수수료, 사용료 또는 다른 보상을 받고 제공하는 (광고에 따른) 서비스와 설비의 활용을 수반하는 경우도 많다. 앞서 설명한 권리 또는 라이선스를 부여받은 기업을 일컫기도 한다.

21 존 헨리 패터슨은 1884년 최초의 상업용 현금등록기 제조사 **내셔널 캐시 레지스터**를 세웠다. 20년 후 내셔널 캐시 레지스터는 전기 모터로 작동하는 최초의 현금등록기를 선보였다. 또한 1950년대 초에는 항공 및 기업 부문을 위한 컴퓨터 제조로 사업을 확장했다. 1990년대 말, 내셔널 캐시 레지스터는 하드웨어 제조사에서 전체 솔루션 비즈니스 자동화 회사로 바뀌었다.

22 **상금 배당 시스템**은 경마에서 우승마를 맞춘 사람들이 개별적으로 건 액수에 따라 운영비를 제한 전체 베팅액을 나눠 갖는 체계를 말한다.

23 예일대학교 학생이던 프레더릭 스미스는 1965년 대다수 항공사에서 활용하는 승객 수송 시스템에 관한 리포트를 썼다. 이때 그는 운송 시간이 중요한 화물에 맞춰서 별도로 설계한 시스템이 필요하다고 생각했다.

1971년 아칸소 에이비에이션 세일즈의 지배 지분을 사들인 그는 곧 소포나 다른 항공 화물을 하루나 이틀 안에 배송하는 일이 어렵다는 사실을 확인했다. 그래서 좀 더 효율적인 운송 시스템 구축 방법을 연구했다. 스미스가 설립한 **페더럴 익스프레스**는 1973년 멤피스 국제공항에 기반을 두고 14대의 소형 항공기로 공식 영업을 개시했다. 나중에는 본사도 멤피스로 이전했다. 1975년까지 수익을 내지 못하던 페더럴 익스프레스는 곧 주요 화물을 운송하는 대표 항공사로서 자신들이 만든 산업의 표준을 정할 수 있었다.

24 런던에서 태어난 **벤저민 그레이엄**(1894 ~1976)은 아주 어릴 때 가족과 함께 미국으로 이주했다. 아버지가 수입회사를 차렸지만 곧 망해버렸고, 그레이엄은 가난한 집안 사정에도 불구하고 컬럼비아대학교를 졸업했다. 이후 월가에 있는 뉴버거 헨더슨 앤드 러브에서 사환으로 일했다. 지능과 능력에서 두각을 드러내 스물다섯 살 때 파트너가 되었다. 1929년의 대공황 때 거의 망할 위기를 겪으면서 투자에 관해 귀중한 교훈을 얻은 그는 1930년대에 고전으로 자리 잡은 일련의 투자서를 발간했다. 그중 인상적인 책들로는 《증권 분석》과 《현명한 투자자》가 있다. 그레이엄은 내재 가치라는 개념과 해당 가치에서 할인된 가격에 매수하는 현명한 전략을 소개했다.

25 사망할 때까지 디즈니 컴퍼니의 회장을 지낸 **프랭크 웰스**(1932~1994)는 많은 존경을 받는 경영자였다. 그는 30년 동안 지갑에 "겸손은 삶의 본질이다."라고 적힌 쪽지를 넣고 다녔다.

26 영국 리즈에서 폴란드 이민자의 아들로 태어난 **사이먼 마크스**(1888~1964)는 아버지의 가게 마크스 앤드 스펜서를 돌아다니며 성장기를 보냈다. 엄격한 지역 인문학교(오늘날의 고등학교)를 졸업한 후 가업을 이어받은 그는 스물여덟 살에 대표가 되어 마크스 앤드 스펜서 컴퍼니를 수많은 유통 혁명과 상당한 재정적 성공으로 이끌었다. 기업 경영 외에 유대인 국가 재건을 위해 열정적으로 노력하기도 했다.

27 스틸슨 허친스는 1877년 **워싱턴 포스트**를 설립했다. 3년 후 〈워싱턴 포스트〉는 일주일에 일곱 번 발행하는 워싱턴 최초의 일간지가 되었다. 필립 그레이엄은 1946년 발행인이 되고, 1959년 회장 자리에 올랐다. 워싱턴 포스트는 1960년대 초 뉴스위크를 인수했으며, 로스앤젤레스 타임스와 합작 신문사를 만들었다.

28 철물 외판원이던 킹 질레트는 자신이 파는 제품의 성능을 개선하는 것에 관심이 많았고, 일찍이 교체형 제품이 잘 팔린다는 사실을 알았다. 1895년에는 작은 강판에 날을 세워서 저렴한 면도날을 만들 수 있다는

것을 깨달았다. 그러면 날이 무뎌졌을 때 버리고 새것으로 교체할 수 있었다. 1901년 질레트는 윌리엄 에머리 니커슨과 함께 아메리칸 세이프티 레이저 컴퍼니(얼마 후 **질레트**로 이름을 바꿈)를 세웠다. 이 회사는 최초로 여러 개의 면도날을 묶어서 팔았는데, 면도기는 한 번만 구입하면 되었다. 제품 생산은 1903년에 시작했고, 그 이듬해에 자사 제품에 대한 특허를 획득했다.

29 레오 굿윈과 릴리언 굿윈은 대공황이 한창이던 1936년 공무원 보험사 **가이코**를 설립했다. 다이렉트 마케팅 전략을 활용한 그들은 다른 보험사보다 보험료를 낮추고도 수익을 낼 수 있었다. 가이코는 애초 연방 공무원과 군인에게 초점을 맞추었음에도 빠르게 성장했다. 이어서 일반인까지 대상으로 삼아 시장을 넓혔다. 워런 버핏은 1951년 처음으로 가이코의 지분을 사들였으며, 이후로도 계속 지분을 늘렸다. 그 결과 가이코는 1996년 버크셔 해서웨이가 전체 지분을 보유한 자회사가 되었다.

30 아리스토텔레스는 밀레투스의 **탈레스**(기원전 620년대~546)를 물질의 기본 요소를 탐구한 최초의 인물, 곧 자연철학의 창설자로 소개한다. 탈레스는 철학, 역사학, 과학, 수학, 공학, 지리학, 정치학 등 거의 모든 분야에 관심을 가졌다. 또 자연계에서 일어나는 여러 가지 일과 변화의 원

인을 설명하는 이론을 제시했다. 천
상의 현상을 탐구해 그리스 천문학
의 시작을 알렸으며, 자연철학 분야
에서 밀레투스학파를 창시하고 과학
적 방식을 개발했다.

3강

31 스코틀랜드의 작은 마을에서 태어난
애덤 스미스(1723~1790)는 재능이
탁월해 열네 살 때 글래스고대학교
에 입학했다. 이후 옥스퍼드대학교
에서 공부를 마치고 글래스고로 돌아
와 논리학과 도덕철학 분야를 탐구하
며 학자 경력을 시작했다. 역저《국부
론》은 현대 경제학적 사고의 원천으
로 남아 있다. 합리적 사익 추구가 자
유시장경제를 추동하는 양상에 관한
스미스의 설명은 당대의 사상가와 경
제학자 그리고 뒤이은 세대에 큰 영
향을 미쳤다. 아울러 그의 연구는 고
전경제학의 토대를 이루었다.

32 《리틀 레드 헌》은 중요한 것들과 관련
해 자립의 가치를 가르치는 고전 동
화다. 독학에 관한 찰리의 조언은
"학교 교육이 나의 배움을 방해하도
록 만든 적이 없다."라는 마크 트웨
인의 고전적인 발언을 상기시킨다.

33 펜실베이니아주 중부 시골 마을에서
자라 정규 교육을 거의 받지 못한 **밀
턴 허쉬(1857~1945)**는 미국 최고의
부자 중 한 명이었다. 그는 1876년
사탕 회사인 랭캐스터 캐러멜 컴퍼

니를 만들었으나, 6년 만에 망하고
말았다. 하지만 굴하지 않고 다시
사업을 시도해 대성공을 거두었다.
1893년에는 초콜릿 제조 기술을 익
혀서 허쉬 초콜릿 컴퍼니를 만들었
다. 이후 다른 식품으로 사업 영역을
확대함에 따라 허쉬는 펜실베이니아
에 자신의 이름이 붙은 도시를 건설
하기 시작했다. 허쉬의 유토피아적
구상과 원칙은 지금도 그의 회사와
도시에 영향을 미치고 있다.

34 **밸류 라인**의 사명은 "투자자들이 어떤
형식으로든 가장 정확하고 독립적으
로 제작된 리서치 정보를 얻도록 도
와주고, 그들의 재정적 목표를 달성
하는 데 활용하는 방법을 가르치는
것"이다. 1931년부터 서비스를 시작
한 밸류 라인은 신뢰성, 객관성, 독
립성, 정확성 측면에서 탄탄한 명성
을 쌓았다. 밸류 라인은 10여 종의
인쇄물 및 온라인 리서치 상품을 발
간하는데, 그중 〈밸류 라인 인베스트
먼트 서베이〉가 가장 유명하다.

35 원래 식료품점을 운영하던 스튜어트
는 1899년 비교적 새로운 증발 공정
을 기반으로 워싱턴주에서 퍼시픽
코스트 컨덴스트 밀크 컴퍼니라는
유업 회사를 공동 설립해, 지역 담배
판매점 이름인 **카네이션**을 새로운 우
유 제품의 브랜드로 만들었다. 카네
이션은 공정에 집중하고 영리한 마케
팅을 바탕으로 '안락한 젖소'와 양질
의 우유 제품을 연계시켰다. 1985년

네슬레가 이 회사를 인수했다.

36 1954년 몬트리올에서 태어난 **스티븐 핑커**는 맥길대학교에서 실험심리학 석사 학위를 받은 후 하버드대학교에서 박사 학위를 받았다. 하버드대학교와 MIT에서 다양한 시기에 걸쳐 학생들을 가르쳤고, 지금은 하버드대학교 심리학과의 존스턴 가문 후원 교수로 재직 중이다. 언어와 정신에 관심이 있으며, 여기엔 형태를 상상하고 얼굴 및 대상을 알아보는 능력을 포괄하는 시각적 인식이 포함된다. 아동의 언어 발달을 전문적으로 연구해 해당 주제 및 그 밖의 여러 분야에 관해 수많은 논문과 책을 집필했다.

37 영국에서 대장장이의 아들로 태어난 **마이클 패러데이**(1791~1867)는 열네 살 때 책 제본사 겸 서점 주인 밑에서 도제로 일했다. 왕성한 독서가였으며, 특히 제본 일을 하며 배운 화학에서 뛰어난 재능을 드러냈다. 이후 벤젠을 발견하고, 최초로 염소와 탄소의 합성을 설명했다. 또한 자기장과 전기에 관한 실험을 함으로써 전류를 활용해 계속 회전하는 장치를 만들었다. 이는 전기 모터를 개발하는 데 필요한 전 단계였다. 이 밖에 전자기 유도, 전기분해, 전기량계를 활용한 전하 측정법을 발견하기도 했다.

38 1933년 뉴욕에서 태어난 **스탠리 밀그램**은 나치의 잔혹성이 전 세계에 드러난 제2차 세계대전 시기에 유년 시절을 보냈다. 퀸스 칼리지에서 정치학 석사 학위를 받고 하버드대학교에서 사회학 박사 학위를 딴 그는 예일대학교 교수로 재직하는 동안 피험자의 도덕적 신념을 권위자의 요구와 상충시키는 고전적인 실험을 수행했다. 이 실험에서 뉴헤이븐의 평범한 주민들인 피험자 65퍼센트는 단지 과학적 권위를 지닌 사람이 명령했다는 이유로 불쌍하게 애원하는 피해자에게 해로워 보이는 전기 충격을 가했다. 피해자들이 처벌받을 만한 일을 전혀 하지 않았는데도 말이다. 이 실험 결과는 제2차 세계대전 당시 독일군이 저지른 잔학 행위에 대한 부분적 설명으로 활용되고 있다.

39 펜실베이니아주에서 변호사로 일하는 아버지와 강인하고 지적인 어머니 사이에서 태어난 **스키너**(1904~1990)는 학교를 좋아하고 공부도 잘해서 대학에 들어갔다. 졸업 후에는 그린위치 빌리지에 살면서 노동 문제에 관한 신문 기사를 쓰기도 했다. 보헤미안식 라이프스타일을 즐기던 그는 이내 싫증이 나서 하버드대학교에 입학해 심리학 박사 학위를 땄다. 그가 심리학에 크게 기여한 부분은 조작적 조건화에 관한 실험과 행동주의다. 조작적 조건화는 다음과 같은 말로 요약할 수 있다. "행동은 결과를 따르며, 결과의 성격은 유기

체가 미래에 해당 행동을 반복하려는 경향을 바꾼다."

40 영국 마튼에서 태어난 **제임스 쿡**(1728~1779)은 어릴 때부터 바다에 매료되었으며, 작도법을 독학했다. 왕립 해군에서 복무한 그는 퀘벡시 포위 작전에 참전했을 당시, 측량과 작도법 재능을 발휘해 세인트로렌스강 하구 대부분 지역의 지도를 만들었다. 나중에는 뉴펀들랜드 해안 지도를 제작해 왕립학회의 주목을 받았다. 이후 왕립학회는 쿡이 수행한 대항해를 다수 후원했다. 쿡은 1급 작도법과 더불어 탁월한 항해술을 습득했으며, 위험한 지역을 탐험하는 걸 서슴지 않았다. 그의 항해 이야기는 여러 책에 기록되어 있는데, 이 책들은 당대에 엄청난 인기를 끌었고, 지금도 여전히 사랑받고 있다.

41 〈서피코〉(1973)는 저널리스트 피터 매스의 책을 토대로 시드니 루멧이 만든 인기 영화다. 사복 경찰인 프랭크 서피코가 부패한 부서에서 일하면서도 온갖 범죄자, 특히 마약 판매상을 잡기 위해 최선을 다하는 이야기를 담고 있다. 뇌물을 거부해온 그는 부정한 동료들에게 경악한 나머지 그들에게 불리한 증언을 하고, 그 결과 곤경에 처한다. 이 작품은 아카데미 각본상 후보에 올랐으며, 주인공 알 파치노는 주연상 후보에 올랐다.

42 헝가리 부다페스트에서 안드라스 그로프라는 이름으로 태어난 **앤디(앤드류) 그로브**(1936~2016)는 뉴욕시립대학교에서 화학공학 학사 학위, 캘리포니아대학교 버클리 캠퍼스에서 박사 학위를 받았다. 페어차일드 반도체에서 근무한 그는 신생 기업 인텔의 4호 직원으로 채용되었고 1979년에 사장, 1987년에 CEO, 1997년에 의장 겸 CEO로 승진했다. 여러 권의 학문적 도서와 일반인 대상 도서를 집필했으며, 그중 찰리의 추천 도서 목록에도 들어 있는 《편집광만이 살아남는다》는 아주 큰 인기를 끌었다.

43 **자가 촉매 반응**은 화학 반응의 산물 자체가 촉매로 작용할 때 발생한다. 가령 주석 페스트는 주석의 자가 촉매 반응으로 만들어지며, 낮은 온도에서 주석을 약화한다. 대기 오존층 파괴는 자가 촉매 반응의 또 다른 사례다.

44 애플 컴퓨터는 1976년 스티브 잡스와 스티븐 워즈니악이 애플 1을 출시하면서 탄생했다. 이후 애플은 일련의 개선과 혁신을 통해 시장에서 품질과 사용자 친화적 컴퓨터로 명성을 구축했다. 그러나 1990년대 초부터 인텔을 비롯한 윈도우 기반 컴퓨터에 시장 점유율을 잃기 시작했다. 많은 논평가는 애플이 기술과 성능이 더 뛰어나다고 주장했다. 그럼에도 애플은 윈도우 기반 제품보다 뒤처진 마케팅 때문에 거의 잊힐 지경에 이르렀다. 그러다가 1990년대

말 아이맥과 파워북 제품을 통해 인상적인 부활을 시작했다.

45 살로몬 브라더스의 CEO 겸 의장 존 굿프로인드(1929~2016)는 회사의 비행을 보고받고도 아무런 조치를 하지 않아 큰 대가를 치렀다. 1991년 살로몬의 한 트레이더가 미 국채에 대해 32억 달러 규모의 불법 입찰을 넣었고, 이 거래는 며칠 후 최고 경영진에게 보고되었다. 그러나 경고를 무시한 굿프로인드는 3개월 넘게 관계 당국에 이 사실을 보고하지 않았다. 그는 언론에 늑장 보고 관련 기사가 실리자마자 38년에 걸친 살로몬에서의 경력이 끝장났음을 알았다. 그는 살로몬의 외부 이사 중 한 명인 워런 버핏에게 회사를 구하고 평판을 되살리는 일을 맡겼다. 버핏은 이 복잡한 프로젝트를 노련하게 처리했고, 그 덕분에 살로몬은 어려움을 딛고 번영을 구가했다. 이후 트래블러스가 90억 달러에 살로몬을 인수했다.

46 프랑스 황제 나폴레옹 보나파르트(1769~1821)는 정복과 연합을 통해 서유럽 및 중유럽 대부분 지역에 대한 지배권을 획득했다. 그러나 1813년 라이프치히 근방에서 벌어진 연합군과의 전투에서 패해 황제 자리에서 물러났다. 이후 권력을 되찾아 이른바 '백일천하'를 누렸으나 1815년 워털루 전투에서 또다시 패해 지중해의 외딴 섬 세인트헬레나에 유배되었다.

47 **현대 다윈주의와 현대 다윈주의 종합 이론**은 1930년대 말과 1940년대에 유전학과 박물학 분야의 발견을 통합한 이론을 말하는 것으로, 유전자 변화가 생물 다양성 진화에 미치는 영향을 설명한다.

48 독일에서 태어난 **막스 플랑크**(1858~1947)는 스물한 살 때 박사 학위를 땄다. 아버지는 법학 교수였다. 열역학에 관한 그의 초기 연구는 복사radiation를 향한 관심으로 진화했고, 이것이 복사 스펙트럼에서의 에너지 분포 연구로 이어졌다. 에너지 방출에 관한 그의 연구는 물리학 분야에 꼭 필요한 것이었으며, 양자론으로 널리 알려졌다. 1918년 노벨 물리학상을 받았다.

49 그리스의 수학자, 물리학자, 공학자, 천문학자, 철학자인 **아르키메데스**(기원전 287~212)는 가장 뛰어난 고대 지식인 중 한 명이다. 그는 밀도, 부력, 광학 그리고 가장 유명하게는 지렛대의 원리를 발견했다. 그는 지렛대의 원리와 관련해 "충분히 긴 지렛대와 그걸 놓을 지렛목만 내게 준다면 지구도 움직일 수 있다."고 말했다.

4강

50 이탈리아 피사 인근에서 태어난 **갈릴레오 갈릴레이**(1564~1642)는 어린 시절 수도회에 들어가려고 생각했다. 그러나 궁극적으로 그의 관심과

공부는 수학과 의학 분야로 향했다. 그는 진자, 중력, 궤도 그리고 다른 수많은 주제에서 근본적인 발견을 한 것으로 평가받는다. 또한 최초의 천체망원경을 만들어 목성의 위성과 은하수를 관측했다. 1633년 로마에서 종교재판을 받아 평생 가택연금에 처했으며, 코페르니쿠스의 지동설에 관한 믿음을 철회해야 했다. 어려운 여건에도 불구하고《새로운 두 과학에 관한 담론과 수학적 증명》을 집필해 1638년에 완성했다. 이탈리아에서 몰래 원고를 반출해 네덜란드에서 출간한 이 책은 갈릴레오의 물리학 연구 대부분을 담고 있다.

51 이오니아(그리스)의 수학자이자 철학자 **피타고라스**(기원전 582~496)는 '수학의 아버지'로 알려져 있으며, 흔히 무리수를 발견한 공로를 인정받는다. 그러나 이는 제자들의 공로일 가능성이 더 크다. 피타고라스학파는 2의 제곱근이 무리성을 지닌다는 것을 증명했다. 반면, 숫자는 절대성을 지닌다고 믿은 피타고라스는 무리수를 배척했으며, 이단적 주장을 제기한 주창자에게 익사형을 선고하기도 했다. 일반적으로 무리수는 실수 중에서 a/b의 꼴로 나타낼 수 없는 수를 말한다. 이때 a와 b는 정수이며, b는 0이 아니다. 무리수의 경우 어떤 진법(십진법, 이진법 등)이든 무한하게 전개되며, 절대 주기적 패턴을 띠지 않는다.

52 이 책의 모델은 물론 벤저민 프랭클린이 쓴 《가난한 리처드의 연감》이다. 프랭클린은 많이 알려진 대로 박식가였다. 보스턴에서 태어나 미국 독립운동의 리더가 된 그는 저널리스트, 출판인, 저술가, 자선가, 노예제 폐지론자, 공직자, 과학자, 도서관학자, 사서, 외교관, 발명가였다. 1733년부터 1758년까지 '가난한 리처드'라는 가명으로 연감을 펴냈는데, 그 내용은 인구에 회자되는 격언뿐 아니라 달력, 날씨 예보, 천문학 정보, 점성술 데이터 등 다양했다. 이 연감은 초기 식민지 지역에서 큰 인기를 끌어 해마다 약 1만 부씩 팔렸다.

53 **드라크마**는 원래 고대 그리스의 화폐 단위였다. 어원은 '잡다'라는 동사다. 드라크마는 기원전 3세기 이후 고대 로마에서도 사용되었다. 대다수 역사학자는 1드라크마가 오늘날의 노동자 일당에 해당한다고 말한다.

54 그리스 식민지 스타기라에서 태어난 **아리스토텔레스**(기원전 384~322)는 마케도니아 왕실 의사의 아들이었다. 아테네의 아카데미에 들어가 20년 동안 플라톤 밑에서 공부했다. 그러나 결국에는 플라톤의 그늘에서 벗어나 자신의 학교인 리시움을 만들었다. 알렉산드로스 대왕 사후 그의 통치 체제가 전복되자 불경죄로 몰려 도피했고, 망명지에서 사망했다. 물리학, 형이상학, 수사학, 윤리학 등에 대한 다수의 논문을 썼다. 또한 현대 생물학의 토대가 된 자연

과 물리적 세계에 대한 기록들로도 유명하다.

55 뉴저지주에서 태어난 **리처드 탈러**(1945~)는 로체스터대학교에서 박사 학위를 땄다. 이후 코넬대학교와 MIT에서 행동경제학 및 결정 연구 부문 교수로 일한 후 1995년 시카고 대학교 교수가 되었다. 그는 행동경제학과 행동금융학에 관한 연구에 더해 의사 결정의 심리학에 초점을 맞춘다.

5강

56 영국 글루체스터셔에서 태어난 **윌리엄 틴들**(1495~1536)은 옥스퍼드대학교에서 학위를 딴 후 사제가 되었다. 하지만 영국이 자신의 믿음에 적대적임을 알고 독일과 벨기에에서 지내며, 거기서 자신의 신념을 확장하고 마르틴 루터의 가르침을 전파했다. 자신의 책들이 소각되고, 지속적인 적대 행위의 표적이 되었음에도 불구하고 《성경》 번역본과 다른 책들을 계속 펴냈다. 몇 달 동안 투옥된 후 이단죄로 몰려 교살당했으며, 유해는 공개적으로 화장되었다. 그의 번역은 훗날 왕실에서 최초로 인증한 영역 《성경》의 토대가 되었으며, 영어의 발전에 큰 영향을 미쳤다.

57 영국의 철학자이자 수학자 **앨프리드 노스 화이트헤드**(1861~1947)는 논리학, 수학, 과학철학, 형이상학을 연구

했다. 우주의 근본적인 요소는 경험의 계기들이라는 관점을 지닌 과정 철학을 주창한 것으로 널리 알려졌다. 이 관점에 따르면 구체적인 대상은 사실 이런 경험의 계기들의 연속체에 해당한다. 경험의 계기들을 한데 묶으면 인간 같은 복잡한 대상을 정의할 수 있다. 화이트헤드의 이러한 견해는 신을 이해하는 하나의 방식인 과정신학으로 진화했다. 가장 잘 알려진 그의 수학 연구서는 버트런드 러셀과 함께 쓴 《수학 원리》다.

58 **라이너스 폴링**(1901~1994)의 부모는 그가 과학에 관심을 가지도록 북돋았다. 오리건주 포틀랜드에서 어려서부터 두각을 나타낸 폴링은 오리건 주립대학에 장학생으로 입학했고, 칼텍에서 화학 박사 학위를 딴 후 그곳에서 학생들을 가르치며 대부분의 연구 경력을 이어갔다. 양자역학과 파동이론을 화학에 적용한 것을 비롯해 자신의 전문 분야에 기여했다. 또 항체 생성과 단백질의 원자 구조 분야에서도 진전을 이루었다. 찰리가 20세기의 가장 위대한 화학자일 것이라고 믿는 폴링은 노벨 화학상(1954)과 노벨 평화상(1962)을 받았다. 말년에는 질병과 싸우는 데 영양소가 어떤 역할을 하는지에 대한 글을 쓰고, 비타민 C를 섭취해 감기를 물리칠 것을 권장하기도 했다.

59 프랑스의 수학자이자 천문학자, 철학자인 **피에르-시몽 라플라스**(1749~

1827)는 귀납적 추론과 확률, 천체 운동, 인과적 결정론에 관한 여러 핵심적인 개념을 발견했다. 그는 뛰어난 저서 《확률에 관한 철학적 에세이》에서 자신의 핵심 사상 중 하나를 다음과 같이 제시한다. "우리는 우주의 현재 상태를 과거의 결과이자 미래의 원인이라고 여긴다. 특정한 순간에 자연을 움직이는 모든 힘과 자연을 구성하는 모든 항목의 모든 위치를 아는 지성이 있다면, 이 지성이 또한 이런 데이터를 분석할 수 있을 만큼 방대하다면, 우주에 있는 가장 큰 천체들과 가장 작은 원자들의 움직임을 하나의 방정식으로 담아낼 것이다. 이런 지성에게는 어떤 것도 불확실하지 않으며, 미래는 과거처럼 눈앞에 존재할 것이다."

60 로저 피셔(1922~2012)는 1948년 하버드대학교에서 법학 학위를 딴 후 로스쿨에서 교수로 재직했다. 1980년에는 하버드 협상 프로젝트의 책임자가 되었다. 협상 및 분쟁 조정 전문가로서 윌리엄 유리와 함께 윈윈 협상 기법에 관한 고전 《Yes를 이끌어내는 협상법》을 쓰기도 했다.

61 리처드 파인먼(1918~1988)은 뉴욕주 파로커웨이에서 태어났다. MIT에서 학사 학위를 받은 데 이어 프린스턴대학교에서 박사 학위를 땄고, 맨해튼 프로젝트에 참여해 핵폭탄 개발에 중대한 역할을 했다. 1951년까지 코넬대학교에서 교수로 일하다가

칼텍에 정착했다. 물리학에 대한 그의 주요 기여는 양자 전기역학, 전자기 방사와 원자 그리고 좀 더 근원적인 입자의 상호작용에 관한 연구를 통해 이루어졌다. 1965년 노벨 물리학상을 공동 수상했고, 말년에는 챌린저 우주왕복선 폭발 사고를 조사하는 위원회에 참여했다. 이때 낮은 기온이 고무 오링에 미치는 영향을 증명했으며, 그에 따른 수축 때문에 뜨거운 가스가 새어나가 폭발이 일어났음을 보여주었다.

6강

62 존 아규(1932~2002)는 사업과 자선 활동을 병행했다. 오랫동안 로스앤젤레스의 법무법인 아규 피어슨 하비슨 앤드 마이어스의 수석 파트너를 지냈으며, 로스앤젤레스가 1982년 올림픽 개최권을 따는 데 중요한 역할을 했다. 또한 서던캘리포니아대학교 신탁위원으로 활동했고, 2000년에는 위원장에 선임되었다.

63 튀르키예에서 태어난 버니 콘펠드(1927~1995)는 1950년대에 미국으로 건너와 뮤추얼 펀드 세일즈맨으로 일하다, 1960년대부터 스위스에서 설립한 IOS를 통해 자신의 뮤추얼 펀드를 팔기 시작했다. 이 법인에 채용된 수천 명의 영업 인력은 유럽, 특히 독일에서 가정 방문을 통해 펀드를 팔았다. IOS는 이렇게 해서 25억 달러의 자금을 모았고, 콘펠드는 호화

로운 소비를 일삼았다.

64 헤지펀드 회사 **롱텀 캐피털 매니지먼트**는 1994년 명망 높은 월가 채권 트레이더와 두 명의 노벨 경제학상 수상자가 설립했다. 그들은 차익 거래에서 이득을 보기 위해 복잡한 수학적 모형을 개발했다. 그러나 1998년 기준으로 약 1,250억 달러의 많은 부채를 떠안은 상태에서 포지션을 잘못 잡는 바람에 2개월 연속 마이너스 실적을 기록했다. 게다가 살로몬 브라더스가 차익 거래 사업에서 발을 빼고, 해외 금융 위기까지 발생했다. 결국 몇 개월 만에 거의 20억 달러의 손실이 났고, 이에 경제 전반에 걸쳐 유동성 요구의 연쇄 반응이 일어나지 않도록 연준이 구제책을 마련해야 했다. 이 사태는 금융계에 유동성 리스크의 잠재적 심각성을 상기시켰다. 이 과정을 다룬 중요한 책 《천재들의 머니게임》은 여러 나라의 언어로 번역되었다.

65 **로버트 우드러프**(1889~1985)는 조지아주에서 태어났다. 아버지는 대규모 신탁회사의 대표였다. 학업 성적이 뛰어나지는 못했지만, 직장 생활을 시작한 후로는 빠르게 성공했다. 자동차 영업 사원으로 출발해 서른세 살에 코카콜라의 사장이 되었고, 소규모 음료 제조업체이자 병입업체이던 코카콜라를 세계적인 대기업으로 일궈냈다. 자선 사업에 매우 열성적이어서 자신의 이름을 딴 대형

재단을 설립하기도 했다. 우드러프의 개인적 신조는 긴 생애를 사는 동안 그가 어떻게 그토록 많은 것을 이루었는지 잘 보여준다. "누가 공로를 인정받는지 개의치 않는 사람이 할 수 있는 일과 갈 수 있는 곳에는 한계가 없다."

66 오스트리아에서 태어난 **피터 드러커**(1909~2005)는 오스트리아와 영국에서 공부했고, 독일에서 신문기자로 일하는 동안 공법 및 국제법 박사 학위를 땄다. 이후 런던 은행에서 경제학자로 일하다가 1937년 미국으로 건너왔다. 베닝턴 칼리지와 뉴욕 대학교 교수를 거쳐 1971년부터는 클레어몬트 대학원 교수로 재직했으며, 클레어몬트 경영대학원은 그의 이름을 달고 있다. 수십 년 동안 기업과 비영리 조직에 자문을 제공하고, 경영과 자선을 비롯한 여러 주제에 관해 30여 권의 책을 썼다. 현대 조직에 관한 뛰어난 사상가, 저술가, 교육자로 인정받고 있으며, 2002년 대통령자유훈장을 받았다.

7강

67 1970년대에 워싱턴 D.C.에서 설립된 **자선원탁회의**는 개인과 지역사회에 도움을 주는 개인적이고 자발적인 접근법을 촉진하려는 기부자들의 비공식 모임이다. 현재 600여 명의 회원이 있다.

68 케임브리지대학교 강사와 사회개혁가로 일하는 부모 사이에서 태어난 **존 메이너드 케인스**(1883~1946)는 위대한 경제학자이자 정치 사상가가 될 운명을 타고난 듯했다. 1936년에 발간해 현대 거시경제학의 토대를 이룬《고용, 이자, 화폐의 일반 이론》에서 실업률이 높을 때는 정부가 공공사업 지출 등을 통해 수요를 진작해야 한다고 주장했다.

69 캐나다 온타리오주에서 태어난 **존 케네스 갤브레이스**(1908~2006)는 온타리오농과대학를 졸업한 후, 캘리포니아대학교 버클리 캠퍼스에서 박사 학위를 땄고, 1949년부터 하버드대학교 경제학 교수진에 합류했다. 존 F. 케네디 대통령의 친구였던 그는 1961년부터 1963년까지 인도 주재 미국 대사직을 맡기도 했다. 경제학자로서는 진보적 가치관을 견지했으며, 경제 이론이 실제 삶과 항상 맞물리지는 않는 양상을 설명하는 접근성 높은 책들을 썼다. 잘 알려진 저서로는《미국의 자본주의: 대항적 권력의 개념》(1952),《부유한 사회》(1958),《새로운 산업 국가》(1967) 등이 있다.

8강

70 **소포클레스**(기원전 496~406)는 그리스 3대 비극 작가 중 한 명으로 가장 잘 알려져 있다. (나머지 두 사람은 경연에서 그와 자주 경쟁하던 아이스킬로스와 에우리피데스다.) 100여 편의 희곡을 썼으며, 아리스토텔레스를 위시한 많은 학자가 그를 고대 그리스 희곡계의 가장 뛰어난 극작가로 여겼다. 지금까지 남은 작품 가운데 가장 유명한 것은《오이디푸스 왕》과《안티고네》다.

71 **현대적 금융공학**의 유명한 사례 중 하나는 1919년 보스턴에서 시작된 폰지 사기다. 카를로 '찰스' 폰지는 국제우편 쿠폰 거래에서 누구도 예측하지 못한 차익을 거둘 수 있다고 주장하며, 90일 후에 50퍼센트의 이자를 준다고 홍보하면서 수천 명의 투자자를 끌어들였다. 그는 신뢰를 구축하기 위해 최근 투자자들에게 받은 돈으로 앞선 투자자들에게 수익금을 주었다. 이는 전형적인 피라미드식 사기 수법이었다. 그렇게 폰지는 얼마 지나지 않아 수백만 명을 속였다. 〈보스턴 포스트〉는 1920년 폰지의 관행에 의문을 제기하는 기사를 실었고, 외부 감사를 통해 그의 사기 행각이 드러났다. 돈을 돌려달라고 요구한 투자자들은 투자금의 평균 37퍼센트만 돌려받을 수 있었다. 감옥에서 몇 년을 보낸 폰지는 반성은커녕 1920년대 후반 다시 나타나 플로리다주의 쓸모없는 토지를 파는 사기를 저질렀다.

9강

72 **볼츠만상수**라는 명칭은 오스트리아

물리학자 루트비히 볼츠만(1844~
1906)의 이름에서 따온 것이다. 볼
츠만상수는 이상기체의 각 분자에
담긴 운동에너지와 절대온도 사이의
관계를 정의한다. 일반적으로 기체
분자의 에너지는 절대온도와 직접적
으로 비례한다. 온도가 상승하면 분
자당 운동에너지도 증가한다. 또한
기체가 뜨거워지면 분자는 더 빠르
게 움직인다. 이 운동은 기체가 일정
한 부피의 공간에 갇혀 있으면 압력
을 높이고, 반대로 압력이 일정한 경
우 부피를 늘린다.

73 그레고리 맨큐(1958~)는 프린스턴대
학교에서 경제학을 공부하고, MIT
에서 박사 학위를 땄다. 현재 하버드
대학교 교수로 재직 중이다. 2003년
에는 경제자문위원회위원장으로 임
명되었다.

74 댈러스에서 태어난 개릿 하딘(1915~
2003)은 미국 중서부에서 어린 시절
을 보냈다. 시카고대학교에서 학사
학위를 받았으며, 스탠퍼드대학교에
서 생물학 박사 학위를 땄다. 1946년
에는 캘리포니아대학교 샌타바버라
캠퍼스 교수가 되었다. 그가 쓴 〈공
유지의 비극〉은 생태적 사고의 주요
논문으로 인정받고 있다. 그의 철학
적·정치적 견해는 낙태, 이민, 해외
원조를 비롯한 여러 사안과 관련된
논쟁에 오랫동안 영향을 끼쳤다.

75 뉴욕시에서 태어난 조지 슐츠(1920~

2021)는 프린스턴대학교에서 경제
학 학사 학위, MIT에서 산업경제
학 박사 학위를 받았다. 여러 해 동
안 MIT 교수로 일한 후 시카고대학
교로 옮겨갔다. 리처드 닉슨 대통령
이 사임하기 전까지 2년 동안 재무
부 장관을 지냈고, 로널드 레이건 대
통령은 1982년 그를 국무부 장관으
로 임명했다. 이후 두 번에 걸친 레
이건의 임기 동안 장관으로 일했다.
후버연구소, 벡텔, 길리어드 사이언
스, 찰스 슈왑 앤드 컴퍼니 이사회의
일원이었으며, 아널드 슈워제네거가
2003년 그레이 데이비스 후임으로
캘리포니아 주지사 자리에 도전해
당선했을 때 선거 캠프 자문으로 일
하기도 했다.

76 멍거는 그냥 '손을 뻗어서 금덩이
를 줍는' 접근법을 선호한다. 사금 채
취placer mining 방식은 이보다 훨
씬 비효율적이다. 이는 노천광에서
수압이나 채굴 장비를 동원해 대량
의 흙에서 아주 적은 양의 귀금속
을 채취하는 것이다. 이 명칭은 '모
래톱'을 뜻하는 스페인어 '플라세
르placser'에서 나왔다. 플라세르는
충적토에서 발견되는 귀금속(특히
금과 보석) 매장물을 가리킨다.

77 조지프 러디어드 키플링(1865~1936)
은 인도 뭄바이에서 태어났다. 아버
지는 지역 예술학교 교사였다. 영국
에서 기숙학교를 다닌 후, 인도로 돌
아와 특파원으로 인도 전역을 여행

했다. 《정글북》(1894), 《용감한 선
장들》(1897) 등의 소설과 시 〈군가
딘〉(1892)을 발표했으며, 1907년 노
벨 문학상을 받았다.

78 레슬리 슈왑(1917~2007)은 오리건주
벤드에서 태어났다. 제2차 세계대전
당시에는 공군 교련단에서 복무했
다. 제대 후 오리건주로 돌아온 그는
오케이 러버 웰더스라는 작은 타이
어 매장을 인수해 연 3만 2천 달러
에 불과하던 매출을 15만 달러로 늘
렸다. 1950년대에는 북서부 지역으
로 사업을 확장하기 시작했다. 수익
공유, '슈퍼마켓식' 제품 구비, 타이
어 제조사로부터의 독립 같은 혁신
덕분에 현재 이 회사는 300여 개 매
장에서 연 10억 달러 이상의 매출을
올리고 있다.

79 런던 태생 데이비드 리카도(1772~
1823)는 열네 살 때 아버지와 함께
런던증권거래소에서 일하기 시작했
다. 돈을 많이 벌어 젊은 나이에 은
퇴한 뒤에는 국회의원이 되기도 했
다. 애덤 스미스의 《국부론》을 읽고
경제학에 흥미를 갖게 되었으며, 이
후 경제학에 중대한 기여를 했다. 흔
히 비교우위 이론을 제창한 공로를
인정받는다. 이 이론은 두 개의 국가
중 한 국가가 다른 국가보다 모든 상
품을 더 저렴하게 생산할 수 있다 해
도 다른 국가와 교역하는 것이 더 이
득인 이유를 설명한다. 이러한 개념
은 1815년 로버트 토렌스가 쓴 밀

무역에 관한 논문에서 처음 제기되
었는데, 리카도는 이를 1817년에 출
간한 《정치경제학과 과세의 원리》에
서 한층 명확하게 설명했다.

80 애덤 스미스는 《국부론》(1776)에 자
신이 핀 공장에서 관찰한 내용을 기록
했다. 그는 10명의 노동자가 분업 및
전문화를 통해 하루에 4만 8천 개의
핀을 생산할 수 있다는 사실을 확인
했다. 각각의 노동자가 핀을 만드는
데 필요한 모든 단계를 혼자 처리할
경우 하루에 20개밖에 만들지 못한
다. 그러면 공장 전체의 생산량은 하
루 200개에 불과하다. 스미스는 핀
공장이 전문화를 통해 생산성을 크
게 늘리고 경제적 진전을 이룬 양상
을 파악하고 이를 예찬했다.

81 런던 교외에서 태어난 로널드 코스
(1910~2013)는 열두 살 때 중학교를
졸업한 지 2년 만에 런던대학교에
입학했다. 그곳에서 법학, 경제학 학
위를 받고 거래 비용에 관한 연구를
시작했다. 1951년에는 버팔로대학교
에서 학자 경력을 쌓기 위해 미국으
로 건너왔다. 1964년 시카고대학교
로 옮긴 후 그곳에서 명예교수로 남
았다. 그의 논문 〈기업의 본질〉(1937)
은 1991년 노벨 경제학상을 받는 데
크게 기여한 것으로 알려졌다.

82 빅터 니더호퍼(1943~)는 통계학과 경
제학을 공부했다. 하버드대학교에서
학사 학위, 시카고대학교에서 박사

학위를 땄다. 5년 동안 캘리포니아 대학교 버클리 캠퍼스에서 학생들을 가르치는 한편, 민간 기업을 공기업에 매각하는 니더호퍼 크로스 앤드 젝하우저를 운영했다. 1970년대 말에는 선물과 옵션 트레이딩을 시작했다. 1980년에는 트레이딩 회사 니더호퍼 인베스트먼츠를 설립해 기관 고객들에게 재무 관리 서비스를 제공했다. 그는 다년간 스쿼시 전국 챔피언이기도 했다.

83 흔히 자유무역을 통한 **비교우위**의 혜택을 간과하곤 한다. 잘 알려진 대로 데이비드 리카도는 《정치경제학과 과세의 원리》(1817)에서 이렇게 그 혜택을 묘사했다. "포르투갈은 영국보다 적은 노동으로 와인과 옷을 모두 생산할 수 있다. 그러나 두 나라에서 이 두 상품을 생산하는 상대적 비용은 다르다. 영국에서는 와인을 생산하는 게 아주 어렵지만 옷을 생산하는 것은 조금만 어렵다. 반면, 포르투갈에서는 두 상품을 모두 쉽게 생산할 수 있다. 따라서 영국이 아니라 포르투갈에서 옷을 생산하는 것이 더 저렴하지만, 포르투갈 입장에서는 잉여 와인을 생산한 다음 영국 옷과 교환하는 편이 더 저렴하다. 다른 한편, 영국은 이 무역에서 혜택을 얻는다. 옷을 생산하는 비용은 바뀌지 않지만 이제는 옷 생산 비용과 비슷한 비용으로 와인을 구할 수 있기 때문이다." 이와 관련해 자주 간과하는 사실은 여러 국가 사이에 과

제를 위임함으로써 비교우위를 얻는 방식은 기업 경영에서도 업무 위임을 통해 마찬가지로 적용할 수 있다는 것이다. 경영자가 직접 모든 업무를 더 잘할 수 있다고 해도, 여러 사람에게 일을 나누어주는 것이 여전히 서로에게 더 이득이 된다.

84 **프라 루카 데 파치올리**(1445~1518)는 1494년에 펴낸 주요 저서 《산술, 기하, 비례, 비례성에 관한 총론》의 한 단락에서 복식부기 회계라는 새로운 개념을 설명했다. 이는 사업 관행에 혁신을 일으켰고, 그를 일약 유명인으로 만들었다. 그의 책은 구텐베르크 인쇄기로 제작한 초기의 책 중 하나다.

85 **남해회사 버블**은 영국에서 발생한 주식 투기 광풍을 말한다. 이로 인해 1720년 한 해 동안 남해회사의 주가가 급등했다. 1월에 128파운드이던 주가가 8월 1천 파운드의 고점을 찍고 9월에 150파운드까지 떨어졌다. 남해회사는 스페인령 남미에서 독점적 교역권을 얻었다. 그러나 실적이 변변치 않자 공채를 활용한 속임수로 이익을 부풀렸다. 회사 경영진과 다른 주주들도 미래의 수익을 과장해 투기 광풍을 조장했다. 속임수가 드러난 후 대중은 격렬하게 항의했다. 그 결과 1720년 상장사에 칙허장을 받게끔 요구하는 버블법이 시행되었다.

86 철학자이자 풍자 작가 버나드 맨더빌(1670~1733)은 1705년 정치 풍자 시집 《꿀벌의 우화: 또는 사적 악덕, 공적 혜택》을 펴냈다. 맨더빌의 철학은 이타주의가 국가와 그 지적 진보에 해를 끼치며, 이기적 악덕이 진보를 이끄는 진정한 동력이라고 주장한다. 그래서 "사적 악덕이 공적 혜택을 안긴다."는 역설에 도달한다.

87 쿠르트 괴델(1906~1978)은 오스트리아-헝가리 출신 논리학자, 수학자, 수학철학자다. 그의 박사 학위 논문은 유명하면서도 다소 모호한 불완전성 정리를 담고 있다. 제1정리는 수학적 체계를 활용해 해당 시스템 내에서는 증명도 부정도 할 수 없는 명제를 구성할 수 있다는 것이다. 제1정리를 증명함으로써 도달한 제2정리는 어떤 일관된 체계도 그 자체의 일관성을 증명하는 데 활용할 수 없다는 것이다.

88 1978년 캘리포니아 유권자의 대략 3분의 2가 주민 발의 13에 찬성했다. 그 내용은 부동산세를 시장 가치의 1퍼센트로 제한하고, 부동산을 매각하지 않는 이상 매년 평가액 상승률도 2퍼센트로 제한하는 것이었다. 이전까지는 세율이나 평가액 상승률에 실질적인 상한이 없었다. 주민 발의 13은 폭넓은 납세자 반란의 토대를 제공해 1980년 레이건의 대통령 당선에 기여했다. 워런 버핏은 2003년 주지사 소환 선거에서, 주지사에 당선된 아널드 슈워제네거의 자문을 맡았다. 이때 그는 많은 주택 보유자 사이에서 여전히 인기가 많은 주민 발의 13을 폐지하거나 변경하라고 제안했다. 그 목적은 주 재정의 균형을 맞추는 데 있었다. 그의 이러한 제안은 정치적으로 상당한 긴장감을 초래했다.

10강

89 공자(기원전 551~479)의 사상에서 효, 즉 부모와 조상에 대한 애정과 공경은 함양해야 할 미덕이다. 폭넓은 관점에서 효는 부모를 돌보는 것을 뜻한다. 즉, 반항하지 않고, 애정과 존경심을 보이고, 잘 모시고, 예의 있게 대하고, 대를 이어나가고, 형제자매와 우애 있게 지내고, 현명하게 조언하고, 부모의 실수를 감추고, 부모의 질병과 죽음에 슬퍼하고, 부모가 돌아가신 후에는 제사를 지내야 한다. 공자는 자식 된 도리를 다하는 법을 익히면 사회와 정부에서 맡은 역할을 더 잘 수행할 수 있다고 믿었다. 그에게 효는 너무나 근본적인 가치로서 법률마저 초월한 것이었다. 실제로 한나라 때에는 효도의 계율에 따라 조상을 공경하지 않는 자를 태형에 처했다.

90 윌리엄 서머싯 몸의 자전 소설 《인간의 굴레》(1915)는 그의 걸작으로 잘 알려져 있다. 주인공 필립은 런던의 웨이트리스 밀드레드를 만나 사랑

에 빠진다. 하지만 그녀는 그를 무시하고, 필립은 자신의 어리석음을 깨닫고 자기 자신을 혐오한다. 그는 그녀에게 돈을 주고, 그녀는 경멸과 수치로 대갚음한다. 몸은 둘의 관계를 이렇게 묘사한다. "사랑은 그의 다리 안에 박혀 생기를 빨아먹으며 혐오를 키워가는 기생충과 같았다. 사랑은 그의 존재를 너무나 강하게 사로잡았기에, 그는 다른 어떤 것에서도 즐거움을 얻지 못했다."

91 **조지프 미라**는 로스앤젤레스에 있는 시더스-사이나이 메디컬센터 병리학 및 진단검사의학부의 관절·연조직 병리학자다. 주된 연구 관심사는 관절병리학으로, 이 주제에 관해 150여 편의 논문을 발표하고, 16챕터의 글을 썼으며, 두 권의 책을 편집했다. 해부병리학 및 임상병리학 전문의 자격증을 보유한 그는 인기 많은 방문교수로서 국내외에서 관절병리학 강연을 하며 학생들을 가르치고, 관절암 병리학 관련 여러 심포지엄에도 참석하고 있다.

92 **algebra(대수학)**라는 단어는 아랍어 'al-jabr'에서 파생했다. 이 단어는 페르시아 수학자 무함마드 이븐 무사 알콰리즈미가 쓴 《이항과 동류항 삭제에 의한 계산 요약본》(820)에 나온다. 일차방정식과 이차방정식에 대한 체계적 해를 제공하는 책이다.

93 **모차르트**가 경제적으로 쪼들렸다고

알려진 주된 이유는 같은 프리메이슨 단원인 미하엘 푸흐베르크에게 1788년부터 1791년까지 편지를 보내 돈을 빌려달라고 부탁했기 때문이다. 다른 증거는 모차르트의 수입이 상당히 들쭉날쭉하기는 해도 음악가로서는 이례적으로 높다는 것을 말해준다. 어떤 해에는 모든 빈 주민 가운데 상위 10퍼센트에 들어갈 정도였다. 반면, 경제학자 윌리엄 보몰과 힐다 보몰이 계산한 바에 따르면, 생의 마지막 10년 동안 모차르트의 수입은 연 3천~4천 플로린으로 중산층 수준이었다. 1990년 기준으로 환산하면 약 3만~4만 달러다.

그렇다면 모차르트가 번 돈은 어디로 간 걸까? 그의 병약한 아내 콘스탄체는 부자들만 이용하는 온천에서 정기적으로 온천욕을 해야 했다. 모차르트 부부는 쪼들리는 시기에도 계속 익숙한 방식대로 생활하느라 금전 문제에 시달렸다. 게다가 넉넉한 시기에 한 푼도 모으지 않은 데다 1791년 카를 리히노프스키 공작이 제기한 소송에서 지는 바람에 상황이 더욱 나빠졌다. 일부 학자들은 모차르트가 당구와 카드 도박을 했다는 증거도 언급한다.

94 **토머스 찰스 멍거**(1861~1941)는 남북전쟁 직전 오하이오주 플레처에서 태어났다. 떠돌이 농민이자 교사였던 그의 부모는 너무나 가난했다. 그래서 멍거 판사가 회고한 바에 따르면, 그는 어린 시절 5센트를 주머니

에 넣고 정육점에 가서 가장 싼 부위를 사곤 했다. 이처럼 불운한 환경에서 삶을 시작했으나 부모의 노력과 자신의 독학 정신 덕분에 탁월한 학업적 성취를 이루었다. 1907년에는 시어도어 루스벨트 대통령으로부터 지방법원 판사로 임명되었으며, 근면한 법학 연구와 명확하면서도 간결한 판결로 유명세를 얻었다.

95 존 버니언이 쓴 《천로역정》(1678)은 영국 문학의 가장 중요한 작품 중 하나로, 화자가 꿈 이야기를 들려주는 형식을 띠고 있다. 크리스천이라는 사람이 절망의 수렁, 미궁, 굴욕의 골짜기, 죽음의 어두운 골짜기, 허영의 시장, 의심의 성 등 일련의 우화적 공간을 지나 자신이 찾던 천상의 도시에 이르는 여정을 따라간다는 내용이다. '진리의 용사'는 검을 휘두르는 강인한 순례자로서 여정 마지막에 공격자 세 명을 혼자 물리치고 크리스천의 동반자로 합류한다.

11강

96 앤드류 카네기(1835~1919)는 무일푼 이민자로 시작해 세상에서 가장 부유한 사람이 되었다. 철강 왕국을 5억 달러에 매각한 후 수많은 학교를 세우고, 평화 기금을 조성하고, 뉴욕의 카네기 홀과 2,811개의 무료 공립 도서관을 만들었다. 또 7,689대의 교회 오르간을 매입하고 설치하는 비용을 댔다. 그의 비전은 "소수

가 가진 여분의 부가 최선의 의미에서 다수의 자산이 되는 이상적인 국가"를 만드는 것이었다.

97 〈누가복음〉 18장 9~14절: 또 자기를 의롭다고 믿고 다른 사람을 멸시하는 자들에게 이 비유로 말씀하시되, 두 사람이 기도하러 성전에 올라가니 하나는 바리새인이요 하나는 세리라. 바리새인은 서서 따로 기도하여 이르되, "하느님이여, 나는 다른 사람들 곧 토색, 불의, 간음을 하는 자들과 같지 아니하고, 이 세리와도 같지 아니함을 감사하나이다. 나는 이레에 두 번씩 금식하고 또 소득의 십일조를 드리나이다." 하고, 세리는 멀리 서서 감히 눈을 들어 하늘을 쳐다보지도 못하고 다만 가슴을 치며 이르되, "하느님이여, 불쌍히 여기소서. 나는 죄인이로소이다." 하였느니라. 내가 너희에게 이르노니 이에 저 바리새인이 아니고 이 사람이 의롭다 하심을 받고, 그의 집으로 내려갔느니라. 무릇 자기를 높이는 자는 낮아지고, 자기를 낮추는 자는 높아지리라, 하시니라.

98 주디스 리치 해리스(1938~2018)는 독립적인 연구자이자 저술가였다. 주요 성과로는 시각적 표현에 대한 수학적 모형과 발달심리학에 관한 교과서 그리고 영향력 있는 많은 논문이 있다. 가장 잘 알려진 저서는 《양육 가설》(1998)과 《개성의 탄생》(2006)이다.

멍거가 추천한 책들

론 처노 《부의 제국 록펠러》 Ron Chernow, *Titan: The Life of John D. Rockefeller, Sr.* (New York: Random House, 1998)

로버트 치알디니 《설득의 심리학》 Robert B. Cialdini, *Influence, New and Expanded: The Psychology of Persuasion* (New York: HarperCollins, 2021)

리처드 도킨스 《이기적 유전자》 Richard Dawkins, *The Selfish Gene* (Oxford: Oxford University Press, 2016)

재레드 다이아몬드 《총 균 쇠》 Jared M. Diamond, *Guns, Germs, and Steel: The Fates of Human Societies* (New York: W. W. Norton, 2017)

재레드 다이아몬드 《제3의 침팬지》 Jared M. Diamond, *The Third Chimpanzee: The Evolution and Future of the Human Animal* (New York: HarperCollins, 1992)

하비 파이어스톤·새뮤얼 크라우더 《인간과 고무》 Harvey S. Firestone, Samuel Crowther, *Men and Rubber: The Story of Business* (New York: Doubleday, Page & Company, 1926)

로저 피셔·윌리엄 유리·브루스 패튼 《Yes를 이끌어내는 협상법》 Roger Fisher, William Ury, Bruce Patton, *Getting to Yes: Negotiating Agreement without Giving In* (London: Random House Business Books, 2003)

벤저민 프랭클린 《프랭클린 자서전》 Benjamin Franklin, *The Autobiography of Benjamin Franklin* (North Carolina: IAP, 2019)

존 그리빈 《딥 심플리시티》 John Gribbin, *Deep Simplicity: Bringing Order to Chaos and Complexity* (London: Penguin Books Limited, 2009)

존 그리빈·메리 그리빈 《빙하기》 John Gribbin, Mary Gribbin, *Ice Age* (London: Allen Lane/Penguin Press, 2001)

앤드류 그로브 《편집광만이 살아남는다》 Andrew S. Grove, *Only the Paranoid Survive: How to*

Exploit the Crisis Points that Challenge Every Company and Career (New York: Currency Doubleday, 1996)

로버트 해그스트롬 《워런 버핏 포트폴리오》 Robert G. Hagstrom, *The Warren Buffett Portfolio: Mastering the Power of the Focus Investment Strategy* (New Jersey: Wiley, 2000)

개릿 하딘 《한계 내에서 살기》 Garrett Hardin, *Living within Limits: Ecology, Economics, and Population Taboos* (Oxford: Oxford University Press, 1995)

아서 허먼 《스코틀랜드인들은 어떻게 현대 세계를 발명했는가》 Arthur Herman, *How the Scots Invented the Modern World: The True Story of How Western Europe's Poorest Nation Created Our World and Everything in It* (New York: Crown, 2001)

데이비드 랜즈 《국가의 부와 빈곤》 David S. Landes, *The Wealth and Poverty of Nations: Why Some Are So Rich and Some So Poor* (New York: W. W. Norton, 1999)

프랭크 파트노이 《FIASCO: 파생 금융 상품 세일즈맨의 고백》 Frank Partnoy, *Fiasco: The Inside Story of a Wall Street Trader* (London: Penguin Publishing Group, 1999)

매트 리들리 《게놈》 Matt Ridley, *Genome: The Autobiography of a Species in 23 Chapters* (New York: HarperCollins Publishers, 2005)

레스 슈왑 《성과에 대한 레스 슈왑의 자부심》 Les Schwab, *Les Schwab Pride in Performance: Keep It Going* (Oregon: Pacific Northwest Books, 1986)

지노 세그레 《온도의 문제》 Gino Segre, *A Matter of Degrees: What Temperature Reveals about the Past and Future of Our Species, Planet, and Universe* (London: Penguin Publishing Group, 2003)

허버트 사이먼 《내 삶의 모범들》 Herbert A. Simon, *Models of My Life* (London: MIT Press, 1996)

어빙 스톤 《나의 산들에 맞먹는 사람들》 Irving Stone, *Men to Match My Mountains: The Opening of the Far West, 1840–1900* (New York: Berkley, 1982)

조셉 프래지어 월 《앤드류 카네기》 Joseph Frazier Wall, *Andrew Carnegie* (Oxford: Oxford University Press, 1970)

로버트 라이트 《3인의 과학자와 그들의 신》 Robert Wright, *Three Scientists and Their Gods: Looking for Meaning in an Age of Information* (New York: Times Books, 1988)

감사의 말

이 책은 찰리 멍거라는 인물, 그의 배움과 의사 결정, 투자에 대한 접근법, 화법, 재치 있는 말 그리고 더 많은 것들을 탐구한 결과물이다. 이 책을 탄생시킨 동력은 많은 이들에게서 나왔다. 그들은 오랫동안 이런 책이 나왔으면 좋겠다고 말했다. 그들의 요구는 버크셔와 웨스코의 주주총회, 디너파티, 인터넷 게시판 그리고 다른 많은 곳에서 갈수록 거세졌다. 편집자인 피터 코프먼은 그 요구를 접하고 워런 버핏에게 책의 출간을 제안했고, 버핏은 직접 해보라고 북돋아주었다.

캐리커처 화가 에드 웩슬러가 삽화를 그렸다. 제작팀 구성원은 찰스 벨서, 데비 보서넥, 마이클 브로기, 칼 푸트, 트래비스 갤럽, 폴 하트먼, 에릭 하트먼-버지, 마커스 코프먼, 피터 코프먼, 파멜라 코크, 캐럴 루미스, 스티브 멀, 도어스 오버트, 스콧 룰, 휘트니 틸슨, 드와이트 톰킨스, 에드 웩슬러다.

우리는 이 책을 만들면서 많은 즐거움을 얻었다. 여러분이 이 책을 읽으며 그 절반의 즐거움이라도 얻는다면, 우리의 노력이 뚜렷하게 성공했다고 여길 것이다. 우리는 모든 측면에서, 특히 찰리, 그의 가족, 그의 수많은 친구 및 지인과 소통하는 과정에서 고요한 하늘과 순풍을 얻는 특혜를 누렸다. 우리의 노력이 훌륭하고 존경스러운 찰리 멍거라는 인물만큼의 가치를 지니길 바란다.

2023년 스트라이프 프레스 편집부

POOR CHARLIE'S ALMANACK

가난한 찰리의 연감
읽는 방법

김영사

투자의 밀림에서
이정표를 세우는 방법

김한진

김한진

신영증권 리서치센터장, 삼성자산운용 리서치본부장을 거쳐 흥국증권 리서치센터장, 피데스자산운용 부사장을 역임했다. 2021년 증권사 은퇴 후 유튜브 '삼프로TV'와 여러 경제 채널에 출연하고 있으며 〈한겨레신문〉에서 '김한진의 자산전략'을 연재했다. 매경, 한경, 조선일보 등이 주관하는 베스트 애널리스트 시상에서 경제 분석 부문 최다 수상 기록을 가지고 있다. 저서로 《머니스톰》《변화와 생존》《주식의 시대, 투자의 자세》《코로나 투자 전쟁》 등이 있다.

마법의 투자 전략은 없다, 노력이라는 마법이 있을 뿐

찰리 멍거는 워런 버핏과 함께 버크셔 해서웨이를 성공적으로 이끈 투자자이자 사업가로 그의 철학과 통찰력은 많은 투자자에게 실전적 영감을 주고 있다. 다소 베일에 가려진 찰리 멍거의 조용한 삶의 진면모를 가까이 접할 수 있어 개인적으로 너무나 기뻤다. 페이지를 한 장 한 장 넘길 때마다 마치 찰리 멍거의 육성을 직접 듣는 듯한 느낌을 받았고 그의 투자 철학을 곱씹어 볼 수 있어서 좋았다.

찰리는 궁극적으로 복잡한 투자 전략을 피했는데 이는 그의 역사와 자연에 대한 깊은 사고와 장기적 안목에서 나왔다. 마치 멋진 예술 작품이 겉으로는 너무 쉽고 단조로워 보이지만 그 이면에 예술가의 깊은 고뇌와 철학이 숨어 있는 것과 같다. 사람들은 이런 대가들의 발자취를 좇으면서 뭔가 새로운 투자 비법을 찾기 원한다.

사실 우리는 돈벼락을 맞을 수 있는 마법의 공식이나 바로 따라 하기 쉬운 실전적 노하우에 훨씬 구미가 당긴다. 하지만 찰리 멍거는 그런 것을 가르쳐주지 않는다. 알다시피 그가 평생 일군 탁월한 투자 성과가 그런 마법 같은 공식이나 경영대학원식 시스템에서 나온 게 아니기 때문이다. 그는 세상의 운행 이치를 엿보는 데 심취했고 그러기에 그의 투자 족적은 사회과학보다는 물리학에 가까우며, 전혀 기계적이지 않다.

이 거장의 생각을 따라가면서 우리는 현대 투자의 밀림에서 어떤 이정표를 세우고 정진해야 할지를 자연스레 배우게 된다. 그가 평생 추구해온 투자의 자세는 한마디로 '진실됨'이 아닌가 싶다. 그는 '더 잘 생각하는 법에 대한 부단한 노력'을 통해 사실 누구나 따라 할 수 있는 투자 전략을 제시했다. 그 진정성은 투자의 세계를 단지 돈을 캐는 마당이 아닌 자연의 생태계의 일환으로 인식하는 데서 출발한다.

이 책에 담긴 찰리의 투자 원칙이 이런 배경에서 나왔음을 놓친다면 이 책을 잘못 접근하는 것이며 따라서 얻는 것도 별로 없을 것이다. 단순하면서도 우리가 무심코 놓치기 쉬운 이 위대한 투자 철학자의 지혜를 실전 투자자 관점에서 감히 몇 가지만 재해석해본다면 다음과 같다.

복잡한 것을 단순하게 프로세스화하라

첫째, 앞에서도 언급했듯이, 그는 '단순함'을 지향했다. 오해는 마시라. 그는 철저한 분석과 놀라운 수준의 준비와 폭넓은 조사 과정을 즐겼다. 또 그는 평면적 사고를 지양했는데 가령 재무 정보를 사용할 때도 수치 하나하나를 개별로 평가하지 않고 통합적으로 봤다. 즉 그는 기업을 둘러싼 전체 환경을 파악하길 원했고 논리나 직관, 본능, 그 무엇이 됐든 투자 의사 결정을 내리기 위해 다면적이고 신중한 태도를 취했다. 건축으로 치자면 좋은 자재를 고르는 데 매우 공을 들이고 신중했지만 전체 조화를 중시했고, 그 과정은 복잡했으나 최종 설계 도면(전략)은 심플했다.

그의 투자 프로세스는 복잡성complexity을 단순함simplicity으로 바꾸는 과정이었다. 그는 시장에 대해서는 다 알 수 없다는 겸손한 자세로 자신이 이해할 수 있는 회사를 선택하길 원했다. 또 경영자는 어느 정도 예측 가능한 변수라는 생각에 '대단한 경영자가 있는 대단한 기업에 투자하기'를 즐겼다. 코카콜라가 그 대표적 예다. 지금 우리도 그의 '단순함'을 모방한다면 실전 투자에서 매번 마주치는 불필요한 위험을 줄일 수 있다. 오늘 당장 단순한 사업 모델을 가진 기업들 가운데 대단한 경영자가 있는 기업을 찾아봐야겠다.

내재 가치라는 핵심에 집중하라

둘째, 찰리는 기업의 내재 가치를 해부하고, 현재 시장 가격이 그 가치보다 낮을 때에만 투자하는 '가치투자' 철학을 중시했다. 그는 시장이 장기로는 효율적이나 단기로는 비효율적인 생태계적 특징이 있음을 간파했다. 현 주가가 내재 가치보다 낮다면 시장의 초단기 변동성에 흔들리지 않고 장기 가치의 과녁을 정조준해 나아갔다. 가치가 저평가된 기업은 조금 비싸게 사도 무방하다는 뜻이다.

내재 가치에만 집중했기에 찰리는 자연스레 시장의 변동성이나 잡음에 반응하지 않을 수 있었고 성장 잠재력이 높은 기업을 찾은 다음엔 충분한 기다릴 수 있었다. 그는 생존 확률이 높은 기업을 찾으려고 노력했고 경쟁적 파괴와 경제적 해자垓子(경쟁력) 등 자본주의 경제의 역동적 생태계를 파고들었다.

우리도 시장에 무분별하게 휩쓸리지 않으려면 그의 투자 스타일을 벤치마킹할 필요가 있다. 맞출 수 없는 시장의 단기 시황에서 과감히 벗어나 전체 사업의 실질 가치를 계산해 적절한 주당 가치를 파악하고 이를 시장 가격과 비교하는 접근이 옳다. 이때 내재 가치는 성장성을 포함한 좀 더 폭넓은 개념의 내재 가치이면 더욱 좋다. 이 저울(천칭)이 균형을 이룰 때까지 기다린다면 매일 밤 잠을 설치지 않으면서도 궁극적으로 높은 투자 수익을 얻을 수 있을 것이다.

군중에 동조하지 말고 역발상하라

셋째, 찰리는 많은 투자 구루들과 마찬가지로 역발상 사고contrarian thinking를 좋아했다. 그는 군중심리에 휩쓸리지 않고, '남들이 탐욕스러울 때 두려워하고, 남들이 두려워할 때 탐욕스워지라'는 심리전의 제1원칙을 따랐다. 다른 사람들의 생각에 무작정 동조하는 것은 투자의 생태계에서 편안한 길을 걷는 축에 속하고, 그런 편한 길 위에서는 초과 수익을 거두기 어렵다는 것을 그는 잘 알고 있었다. 우리도 자신만의 적절한 사고의 독립성을 지키려는 태도가 필요하다.

군중과 일정 거리를 두려면 실전에서 이러한 역발상 사고를 의식적으로 연습하고 훈련해야 한다. 역발상 사고는 '무조건 남들과 거꾸로 하기'나 자신의 좁은 세계에 갇힌 외골수와는 다르며, 조금 다르게 생각하는 것이다. 애당초 모든 대중이 높은 수익을 얻을 수 없도록 설계된 이 투자의 정글에서 자신을 지키는 무기는 과감하게 객관적이고 과감하게 균형적이며 필요에 따라 인내하는 것이다.

시장이 과열돼 있을 때 자기 자리를 지키고, 시장이 침체되고 공포에 질려 있을 때 저평가 우량주에 투자한다는 기본 원칙만 지켜도 성공 투자의 절반 이상은 이미 따놓은 당상이다.

나무가 아닌 숲을 보라

넷째, 그는 생각의 유연함과 끝없는 학습, 인내심을 투자에 녹여냈다. 그는 스스로 모든 것을 알 수 없다는 점을 인정하고 항상 배움의 자세를 취했다. 그는 미래를 파악하는 데 역사보다 나은 교과서는 없다고 말했다. 찰리 멍거는 1994년 4월 서던캘리포니아대학교 마셜 경영대학원 연설에서 모두에게는 자기 역량의 범위가 있고 이를 넓히는 건 쉽지 않다면서 자신은 하이테크 분야에 우위가 없다고 말했다.

그렇다고 찰리 멍거가 여러 분야의 다양한 지식을 쌓는 것을 게을리한 것은 결코 아니었다. 그는 투자의 세계는 끊임없이 변하기에 새로운 정보를 부단히 습득하고 잘못된 결정을 내렸을 때는 이를 인정하고 수정할 수 있어야 한다고 믿었다. 행동하기 전 충분히 학습하고 생각하는 시간을 넉넉히 가졌기에 그는 진실과 잡음을 좀 더 명확히 구별할 수 있었고 그래서 인내할 수 있었다. 그는 투자 종목 하나만 독립적으로 학습한 게 아니라 세상의 통합적인 흐름을 공부했다.

찰리의 이러한 유연한 태도는 불필요한 실수를 줄이는 힘이 됐다. 때로는 자신의 역량과 거리가 너무 먼 분야는 포기할 줄 아는 용기도 유연함의 일종이고 자신의 생각이 틀렸다는 것을 빠르게 알아차리는 것도 일종의 유연성일 것이다. 이런 사고의 유연성은 타고난 직관에서 나오기도 하지만 그 직관도 쉬지 않고 학습하는 자에게 주어지는 보상이 아닐까 싶다.

합리적인 리스크를 즐겨라

마지막으로는 위험에 대한 인식과 관리다. 찰리 멍거는 적절한 안전 마진 확보와 감당하는 위험에 대해 적절한 보상을 추구하는 합리적인 위험 방식을 즐겼다. 그는 큰 손실을 피하는 게 성공 투자의 중요한 요소임을 알았다. 그는 투자 포트폴리오를 적절히 분산하고 위험이 큰 주식이나 산업에 과도하게 베팅하지 않는 등 누구나 다 아는 기본적인 위험 관리 원칙을 지켰다. 그는 경영진의 아이큐가 160이나 되는데도 높은 레버리지 투자 기법을 과신하는 바람에 한순간에 무너진 롱텀 캐피털 매니지먼트LTCM 사례를 들면서 위험의 발톱을 숨긴 시장의 냉혹함을 강조했다.

극단적으로 복잡한 시스템에 의존하기보다는 이해할 수 있고 지속 가능한 방식의 투자를 해야 한다고 믿었다. 그것이 겸손한 투자 자세다. 일확천금을 노리는 투자보다는 자신이 이해하는 범주의 위험과 기대수익에 기반해 뚜벅뚜벅 수익을 쌓아나가는 투자를 기본 원칙으로 삼은 것이다. 길고 긴 투자의 마라톤 레이스에서 복리로 합리적인 수익을 보상받으려면 빨리 돈을 벌고자 하는 조급함에서 벗어나야 하는지도 모른다.

가능성의 세계에서
늘 이기는 사람

홍춘욱

홍춘욱

한국금융연구원을 시작으로 국민연금 기금운용 본부 투자운용팀장, KB국민은행 수석 이코노미스트, 키움증권 투자전략팀장(이사) 등을 거쳐 현재는 프리즘 투자자문 대표로 일하고 있다. 세계 경제에 관한 첨예한 통찰을 바탕으로 다양한 미디어를 통해 거시경제, 금융, 주식, 부동산을 아우르는 전방위 경제 지식을 전해왔다. 저서로 《인구와 투자의 미래(확장판)》《대한민국 돈의 역사》《투자에도 순서가 있다》《돈의 역사는 되풀이된다》《50대 사건으로 보는 돈의 역사》《처음 시작하는 돈 공부》외 다수가 있다.

압도적 성과, 압도적 위치

전설적인 투자자 워런 버핏에게는 찰리 멍거라는 한 명의 '절친'이 있었습니다. 찰리 멍거는 1978년부터 버크셔 해서웨이에 참여해, 2023년 세상을 떠날 때까지의 그의 곁에 있었죠. 참고로, 버크셔 해서웨이란 워런 버핏이 1965년 인수한 섬유회사에 기원을 둔, 일종의 지주회사입니다. 워런 버핏과 찰리 멍거는 버크셔를 경영하면서 누구도 따라잡기 힘든 위업을 달성했습니다.

〈그림1〉은 미국 주식을 대상으로 투자하는 주식형 펀드와 버크셔의 성과를 '정보비율'로 비교한 것입니다. 정보비율IR이란, '연평균 수익률'과 '트레킹 에러'의 상대적인 비율을 뜻합니다. 여기서 트레킹 에러TE란 시장을 대표하는 주가지수(=S&P500)에 비해 얼마나 차이가 나는지 측정한 것입니다.

즉 시장 대표 지수와 펀드 구성 종목의 차이가 크면 위험을 더 감수한다는 뜻이니, TE가 높을수록 수익률도 높아지는 게 맞습니다. 그래서 수익률을 위험(=TE)으로 나눠, 감당한 위험에 비해 얼마나 큰 성과를 기록했는지 측정하는 게 정보비율입니다. 설명이 길었네요. 아래 수익률 분포의 오른쪽 끝이 바로 버크셔입니다. 워런 버핏과 찰리 멍거가 이끄는 버크셔 해서웨이는 모든 위험을 감안하고도 압도적인 성과를 기록했음을 알 수 있습니다.

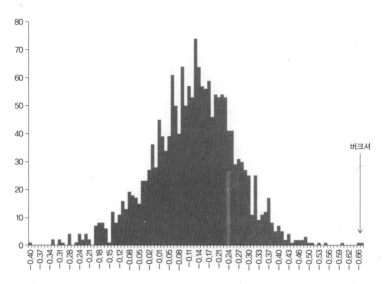

〈그림1〉 주식형 펀드와 버크셔 해셔웨이의 성과 비교(정보비율 기준)
출처: "Buffett's Alpha"

망치 든 사람은 저평가된 주식을 찾을 수 없다

그렇다면 어떻게 버크셔는 놀라운 성과를 거둘 수 있었을까요? 그 해답은 찰리 멍거와 워런 버핏의 평생에 걸친 동업 관계에 있었습니다. 워런 버핏은 벤저민 그레이엄의 수제자로, 어떤 주식을 매수함에 있어 순자산 가치와 보유 현금에 주목하는 경향이 있었습니다. 1965년 섬유회사 버크셔를 인수한 이유도 이 때문이었습니다.

그러나 워런 버핏의 투자는 큰 어려움에 봉착합니다. 버핏의 실수는 바로 '경쟁력'의 약화를 놓친 데 있었습니다. 한국과 대만을 비롯한 동아시아 수출 국가들이 저렴한 인건비를 무기로 섬유 시장에 뛰어들

때, 버크셔는 금방 경쟁력을 잃어버린 것입니다. 이때 찰리 멍거가 버크셔에 가세하죠. 멍거는 "망치를 가진 사람에게는 모든 문제가 못처럼 보이기 마련"이라고 지적하며, 사고의 틀을 바꾸라고 조언합니다.

1930년대 벤저민 그레이엄은 주식 가격이 폭락한 상황에서 절대적으로 저평가된 기업들을 매수함으로써 큰 성과를 올렸습니다. 그러나 동일한 잣대로 제2차 세계대전 이후에 투자하는 것은 문제가 될 수 있다는 게 멍거의 지적이었습니다.

멍거가 이런 통찰력을 가질 수 있었던 것은 그의 타고난 능력뿐만 아니라 뼈아픈 경험 덕분이었습니다. 그가 세운 투자회사 휠러 멍거는 1973~1974년의 불황에 큰 손실을 기록하고 말았습니다. 〈그림2〉는 찰리 멍거 회사의 성과를 보여주는데, 1962년부터 1975년까지 연평균 24.3%라는 놀라운 성과를 기록한 것을 발견할 수 있습니다.

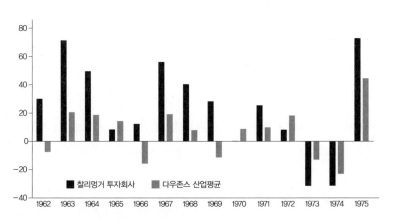

━━ 〈그림2〉 **찰리 멍거 투자회사의 성과**(수익률)
　　　 출처: 《워렌 버핏 투자법》(2000, 청림출판)

그러나 1973~1974년 연속 30% 이상의 손실을 경험하면서 사업을 접게 됩니다. 멍거가 종목을 고르는 능력은 탁월했지만, 부채를 짊어진 것이 문제가 되었습니다. 1차 석유 위기가 발생하면서 금리가 급등한 데다, 경기가 가파르게 식으면서 우량 기업조차 큰 손실을 보았기 때문입니다. 즉, 돈을 빌려 투자했다 불경기에 혹독한 손실을 입었던 셈입니다.

멍거의 조언은 1972년 시즈 캔디See's Candies 인수 때부터 영향을 미치기 시작했습니다. 당시 버크셔는 2,500만 달러에 시즈 캔디를 인수했는데, 순자산 가치가 800만 달러였으므로 워런 버핏의 기존 투자 철학과 맞지 않았습니다. 그러나 당시 멍거는 "아주 좋은 기업을 적당한 가격에 사는 것이 적당한 기업을 아주 좋은 가격에 사는 것보다 낫다."는 조언을 함으로써, 투자의 새로운 국면을 열었습니다.

10년 뒤인 1983년 주주 서한에서 워런 버핏은 시즈 캔디의 순자산 가치가 1,100만 달러에 불과하지만, 2,700만 달러의 세전 이익을 기록했다고 자랑했습니다. 이게 가능한 이유는 끊임없이 가격을 인상했음에도 판매량이 줄지 않았기 때문입니다.

실제로 〈그림3〉을 보면, 검정색으로 표시된 1972년 이후 버크셔의 투자 성과가 대단히 가파르게 증가한 것을 발견할 수 있죠. 특히 멍거가 큰 타격을 받았던 1973~1974년에도 순자산 가치가 증가한 것에 놀라게 됩니다. 강력한 침체장 속에서도 성과를 개선시킬 수 있었던 것은 강력한 이익 성장을 지속하는 우량 기업을 자회사로 거느리고 있었기 때문일 것입니다.

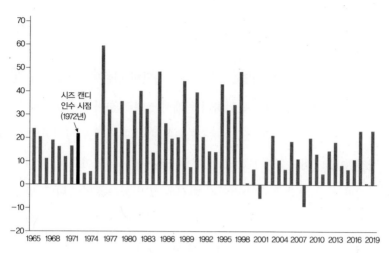

시즈 캔디
인수 시점
(1972년)

──── 〈그림3〉 버크셔 해서웨이 주당 순자산 가치BPS 변화
출처: 블룸버그, 프리즘 투자자문 작성

강력한 경쟁 우위를 점할 것

이제 한발 더 나아가, 멍거의 투자 철학을 살펴보도록 하겠습니다. 그는 기본적으로 기업의 경쟁 우위와 지속성에 초점을 맞춥니다. 이에 가장 반대되는 사례가 항공산업입니다. 항공산업은 해외여행의 증가로 엄청난 여객수의 증가를 기록하지만, 사우스웨스트항공LUV 같은 저가 항공사의 가격 인하 공세에 시달리는 한편 신형 여객기를 도입하기 위해 막대한 투자를 끊임없이 진행해야 하니까 말입니다. 반면 시즈 캔디나 코카콜라KO 같은 기업들은 강력한 경쟁 우위를 꾸준히 유지한다는 점에 차이가 있습니다.

그는 기업의 경쟁 우위를 '해자垓子'로 묘사하는데, 해자는 적의 습격을 막는 깊은 수로처럼 경쟁자의 진입을 억제하는 역할을 한다는 뜻입니다. 우월한 기업의 해자는 날이 갈수록 넓어지는 특성이 있다고 합니다. 물론 이런 기업을 찾는 것은 대단히 힘들며, 또 찾았다 하더라도 적정한 가격인지 판단하기 위해서는 여러 준비가 필요합니다.

이 부분에서 멍거의 조언이 큰 도움을 줍니다. 가장 인상적인 것은 적절한 안전 마진을 확보하라는 조언이었습니다. 기업이 지니고 있는 가치와 시장 가격의 차이인 안전 마진은 크면 클수록 좋습니다. 만에 하나 금융 시장이 붕괴되는 일이 벌어지더라도 투자 포지션을 유지하면서 수익을 올릴 수 있을 것이기 때문입니다.

안전 마진에 대한 추구에 못지않게 중요한 조언은 (투자 판단 과정에서의) 독립성을 지키라는 것입니다. "황제들은 동화 속에서나 자신이 발가벗었다는 소리를 듣는다."는 경구가 잘 설명하듯, 객관적인 투자 판단을 위해서는 독립성을 필요로 한다는 지적입니다. 대중을 흉내 내는 것은 그저 그런 실적으로 회귀하는 일에 불과하다는 이야기가 되겠습니다.

늘 이기는 여우처럼

세 번째로 인상적인 조언은 준비성에 대한 것이었습니다. 오랫동안 열심히 책을 읽음으로써, 호기심을 키우고 매일 조금 더 현명해지도록 노력하라는 이야기는 저 같은 '책벌레' 입장에서 아주 힘이 되는 것 같습니다. 특히 다양한 학문을 접하고 '사고 모형'을 개발하라고 주장합니다.

마지막으로 지적 겸손을 가지라는 조언도 인상에 남았습니다. "모른다는 사실을 인정하는 것이 지혜의 여명이다."라는 경고가 잘 지적하듯, 명확하게 정의된 능력 범위 안에 머무르라고 조언합니다. 특히 어떤 주장에 대한 반증을 파악하고 경청하며, 조바심을 물리치는 게 올바른 투자 판단을 위해 필수적이라고 이야기하는 부분은 참 인상적이었습니다.

이 대목에서 저는 세계적인 사회학자, 테틀록 교수의 전문가 분류법이 떠올랐습니다(필립 E. 테틀록(2017), 《슈퍼예측》, 112~115쪽).

〔예측력〕 차이를 만든 중요한 요인은 바로 '그들이 생각하는 방식'이었다. 한 그룹은 빅 아이디어에 대한 자신들의 생각을 체계화하는 경향이 있었다. 그중에는 환경적 비관론자도 있었고, 풍요로운 운명론자도 있었고, 심지어 규제를 최소화해야 한다고 주장하는 자유시장 근본주의자도 있었다.

이데올로기는 달랐지만, 매우 이데올로기적인 사고를 한다는 점에서 모두가 일치된 모습을 보였다. 그들은 문제가 복잡할 경우 문제를 마음에 드는 인과관계의 틀에 억지로 밀어넣은 다음, 틀에 맞지 않는 것은 모두 부적절한 방해물로 간주했다. 〔…〕

다른 부류는 좀 더 실용주의적이었다. 〔…〕 그들은 가능한 한 많은 곳에서 많은 정보를 수집했다. 그들은 생각하는 도중 사고의 변속기를 자주 바꾸었고 '그러나' '하지만' '그럼에도 불구하고' 등의 연결사를 자주 사용했다. 특히 확실성이 아니라 가능성이나 확률이라는 단어를 즐겨

사용했다. 〔…〕

2,500년 전 그리스의 아르킬로코스는 다음과 같은 시를 지은 바 있다. "여우는 많은 것을 알지만, 고슴도치는 중요한 것 한 가지를 안다." 아르킬로코스가 여우 편이었는지 고슴도치 편인지는 알 수 없지만, 〔…〕 이기는 쪽은 늘 여우다. 〔…〕 여우들은 정말로 예지력이 있었고, 고슴도 치에게는 그것이 없었다.

여우에 대한 묘사를 보면서 저는 멍거가 여기에 딱 부합한다는 생 각을 갖게 되었습니다. 멍거는 자신의 원칙에 맞는 기업을 신중하게 고르는 데에서 끝나는 게 아니라, 자신이 혹시 틀린다면 어떤 부분에 서 틀릴지 늘 점검했습니다. 자신이 잘못 알고 있는 것이 있는지, 그리 고 다른 이들의 비판을 아예 듣지 않은 것은 아닌지 말입니다. 부디 많은 독자들이 멍거의 조언을 새겨들음으로써 성공적인 투자 생활을 누릴 수 있기를 간절하게 바라 마지않습니다. 물론 저도 항상 멍거처 럼 여우 같은 투자자가 되기 위해 노력할 계획입니다.

찰리가 말하는 인생과
투자의 심리학

김태훈

김태훈

고려대학교 심리학과와 동 대학원을 졸업한 후 미국 오하이오주립대학교 심리학과에서 박사 학위를 받았다. 인간 움직임의 기저와 적용 가능성을 연구하였으며, 현재 메타인지, 인지적 편향 등 인간의 사고 과정에 관한 연구를 주로 진행하고 있다. 경남대학교 심리학과에 재직 중이다. 저서로 《깊은 생각의 비밀》《인지심리학은 처음이지?》《이그노벨상 읽어드립니다》, 역서로 《프레임의 힘》《전망하는 인간, 호모 프로스펙투스》《혁신의 도구》등이 있다.

심리학 교수가 서 있는 강단이 현실과 유리된 곳이라는 찰리 멍거의 일갈은 심리학의 아픈 곳을 직격하는 느낌이었습니다. 인간의 마음을 설명하겠다면서 인간의 마음속으로만 들어가서 마음의 구성 요소 하나하나를 분리해서 들여다본 측면이 있었기 때문입니다. 서로 연결되지 않고 세상과 분리된 인간의 마음이란 건 없으니까요.

찰리가 언급한 것처럼 물리학 선망과 같은 것이 심리학에도 있습니다. 인간의 모든 생각과 행동을 세포 수준으로 환원하여 설명하려는 시도입니다. 물론 모든 심리학자가 그런 건 아닙니다. 그러나 세상의 원리를 철저하게 세분화하여 탐구하는 물리학처럼 심리학도 인간 마음의 원리를 지독하리만큼 세세하고 정교하게 나누어 연구해온 것은 분명합니다. 개념을 정밀하게 정의하고 통제된 실험으로 마음의 개별 구성 요소를 설명해왔습니다. 그러다 보니 연구실에서 연구자가 관심을 가질 수 있는 아주 작은 개념에만 천착하는 모습도 있었죠. 그렇게 각자의 연구실에서 구체적인 부분에만 집중하다 보니 송로버섯 탐지견과 같은 모습을 보여왔는지도 모르겠습니다.

왜 그랬을까요?

심리학은 너무나 주관적인 마음의 원리를 탐구하다 보니 객관성을 확보하기 위해 스스로에게 엄청난 채찍질을 가해왔습니다. 그래서 세상에 명백하게 존재하는, 심리학이 풀어야 하는 문제라고 해도 반복

가능한 실험으로 증명하지 못하는 것이라면 심리학자, 특히 필자와 같은 인지심리학자의 관심에서 벗어나 있었습니다. 찰리는 심리학이 놓친 세상과의 호흡을 뼈아프게 지적하고 있습니다. 심리학자에게 그간의 모습을 되돌아보고, 세상과 대화해야 한다는 숙제를 던져준 것이죠.

숙제의 출발점은 찰리가 제시한 25개의 판단 경향입니다. 그래서 심리학자의 관점에서 찰리의 생각과 연결해보려고 합니다. 지면의 제약상 25개 모두를 다루기는 어려워 조금 더 살펴볼 내용을 지극히 주관적인 관점에서 선택해보았습니다.

보상/처벌 과잉 반응 경향

보상과 처벌을 모르는 사람은 없지만 그 효과에 대해서는 대개 단편적으로 접근합니다. 하지만 찰리는 인센티브 유발 편향이라는 개념으로 인간이 인센티브를 얻기 위해서 부정적인 일도 저지를 수 있으며 심지어 시스템을 조작할 수도 있다고 주장합니다. 인센티브가 소위 악의적 창의성malevolent creativity을 발현시킬 수 있음에도 불구하고 우리는 그동안 너무 단편적으로 접근해왔습니다. 그래서 인센티브의 실체를 제대로 볼 필요가 있습니다.

인센티브의 영향은 개인을 넘어서서 사회문화적으로 접근해야 합니다. 예를 들면, 경제 수준이 낮을 수록 금전적 보상이 심리적 보상보다 중요하다고 생각하는 사람이 많습니다. 저개발 국가 출신 노동자에게 금전적 보상을 함으로써 모든 걸 해결하려는 모습이 종종 보도

되기도 하고요. 그런데 이에 관한 시카고대학교 경영학부의 다닐라 메드베데프 등의 연구 결과가 무척 흥미롭습니다(Medvedev, D., Davenport, D., Talhelm, T., & Li, Y.(2024). *The motivating effect of monetary over psychological incentives is stronger in WEIRD cultures.* Nature Human Behavior 8, 456－470).

이들은 미국, 영국, 중국, 인도, 멕시코, 남아프리카공화국에서 금전적 보상과 심리적 보상의 효과를 비교해보았습니다. 놀랍게도 소위 WEIRDwestern, educated, industrialized, rich and democratic 문화권인 미국과 영국에서 금전적 보상의 효과가 더 크게 나타났다는 것이죠. 심지어 인도어-영어 이중 화자가 인도어를 사용할 때보다 영어를 사용할 때 금전적 보상의 영향이 더 크게 나타났습니다.

그간의 통념에 반하는 결과죠. 이러한 결과는 심리적 보상과 금전적 보상에 대한 주관적 가치의 차이가 문화권에 따라 다르기 때문에 나타났다고 볼 수 있습니다. 이렇게 개인이 매기는 가치의 측정을 넘어서서 조직이나 문화의 연관성과 영향을 살펴봐야 인센티브를 제대로 이해할 수 있습니다. 바로 여기가 심리학이 다른 학문이나 세상과 호흡해야 하는 필요성을 보여주는 지점이 아닐까요?

의심-회피 경향과 비일관성-회피 경향

한때 즉문즉답이 유행했던 적이 있습니다. 전문성에 대한 존중과 더불어 효율성에 대한 환상이 복합적으로 작용한 사례가 아닐까 합니다. 특히 한국에서는 속도와 효율성에 집착하다 보니 즉각적인 결정에 대한 환상까지는 아니더라도 이를 무척 선호하는 경향이 있는 것은 분명합니다. 게다가 구성원의 불안을 낮추는 효과도 있어서 이를 선호하는 리더도 존재하죠. 이는 찰리가 제시하는 의심-회피 경향과 비일관성-회피 경향이 맞물린 결과인 것으로 보입니다.

의심-회피 경향과 비일관성-회피 경향은 변화를 꺼리는 인간의 본성과 맞닿아 있습니다. 인간은 원래 보던 것만 보려고 하고 늘 같은 방식으로 일을 처리하려고 하죠. 속도도 무척 빠르고 예상 범위 내에 있으며 무난한 결과를 도출해내기 때문에 안전하게 보이기도 합니다. 그리고 긍정적인 피드백으로 작용해서 늘 하던 방식을 고집하게 만들기도 합니다. 누구보다도 먼저 도태될 위험에 빠져 있다는 건 모른 체 말이죠.

이 두 가지 경향은 호모 사피엔스가 지구를 지배하게 해준 전망prospection이라는 능력에 반합니다. 인간은 여러 가지 가능성을 살펴보고 시뮬레이션하여 전망한 덕분에 필요한 곳에 적절한 투자를 하고 미래를 준비할 수 있었습니다. 그런데 여러 가능성을 생각해보기는커녕 의심부터 제거하는 이런 방식을 습관처럼 사용한다면, 아마도 뻔한 생각과 뻔한 결과로 이어질 것입니다.

이에 더해 미래의 가치를 과소평가하는 시간 할인temporal discounting 경향도 가속화되고 있습니다. 역동적인 우리나라에서는 미래에 대한 불안감으로 인해 이런 경향이 더 심하게 나타납니다. 당장의 5만 원과 1년 후 6만 원이라는 선택지 중에서 우리나라 사람 대부분은 당장의 5만 원을 선택하는 경향을 보입니다. 무려 20%의 이자를 포기하는 셈이죠.

불안감은 그냥 두면 우리를 〈인사이드 아웃 2〉의 '불안이'처럼 만들 수도 있습니다. 미래를 통째로 생각하면 특히 그렇습니다. 현시점부터 1년 후의 미래를 하나의 단위로 생각하면 불안감으로 인해 판단을 정교하게 하지 못한다는 것이죠. 심리학 연구 결과를 보면 참조점을 많이 만들수록 거리 판단이 정확해집니다. 마찬가지로 미래도 세분화해서 작은 계획을 세워 이어나간다면 불안감에 휘둘리지 않고 오히려 차근차근 앞으로 나아갈 수 있습니다.

단순한 연계에 영향받는 경향과 단순한 고통 회피형 심리적 부인

인간은 복잡한 것을 별로 좋아하지 않습니다. 안 그래도 생각해야할 것이 많기 때문에 단순한 것을 선호하고 복잡한 것은 피하려고 하죠. 그래서 예산을 정하거나 계획을 세울 때도 크고 복잡한 것보다 작고 단순한 것에 대해 훨씬 더 격한 논쟁이 벌어지곤 합니다. 인간은 본인이 생각할 수 있는 것을 생각하려는 경향을 가지고 있기 때문입니다.

그래서 단순한 연계도 단순한 고통 회피도 인간의 판단과 결정에 미치는 영향을 무시하기 어렵습니다. 찰리가 90세 노인의 예를 들어 언급하는 고정관념은 판단 과정에서 나타나는 대표성 휴리스틱representative heuristics과 무척 유사합니다. 겉으로 드러나는 몇 개의 특징만 보고 쉽게 결정에 이르는 경향을 말하는데요. 그러다 보니 주식 시장에서 소위 테마주 열풍이 불며 '묻지마 투자'를 하시는 분들이 많아졌습니다. 바이오나 반도체 열풍 수준이 아니라 정치인과 연계된 것으로 추정되는 기업의 주가가 천정부지로 오르는 일이 허다하니까요.

고통 회피형 심리적 부인 현상도 마찬가지입니다. 투자를 하다 보면 성공할 때도 실패할 때도 있습니다. 그런데 카너먼이 말한 손실 회피 현상으로 인해 실패는 더 크게 다가올 수밖에 없습니다. 이럴 때 마음에 생긴 생채기로 고통스럽지만 실패를 그대로 직시하고 그간의 투자 과정을 복기해야만 같은 실패를 반복하지 않는다는 것은 상식입니다.

하지만 대부분 애써 외면해버립니다. 어차피 인간의 감정은 시간이 지나면서 점차 무뎌지거든요. 그렇게 회피하고 부인하게 되면 큰 손실을 본 주식은 어느새 나와 오랜 시간을 함께 하는 반려 주식이 되어 있기도 합니다. 그로 인한 고생담은 덤이고요.

시장에 피가 낭자할 때, 그게 설령 나의 피라고 해도 그때 투자해야 한다는 격언은 복기의 중요성을 다시금 생각하게 만듭니다. 결국 그 힘든 복기를 묵묵히 해나간 바둑 기사가 정상의 반열에 오르는 것처럼 투자도 그러할 수밖에 없을 테니까요.

사회적 증거 경향

전 세계에 큰 반향을 일으킨 깨진 유리창 실험은 인간이 사회적 증거에 얼마나 민감한지를 보여주는 반증이기도 합니다. 특히 사회가 점점 복잡해지면서 사회적 증거를 확인하려는 경향이 더 강하게 나타나고 있는 것으로 보입니다. 인간은 집단의 압력에 굴복해서 동조하기도

하지만 정보가 부족해서 잘 모를 때도 집단의 결정을 추종하기 때문인데요. 수수께끼가 많을 때 사회적 증거 경향이 더 크게 나타난다는 찰리의 언급과 맥을 같이 하죠. 세상은 우리가 제대로 알기에는 너무 복잡합니다. 그래서 다수가 움직이는 방향으로 같이 가는 것이 안전하다고 생각합니다.

찰리는 수수께끼에 더해 스트레스도 언급하고 있는데, 우리가 놓치지 않아야 하는 지점입니다. 스트레스의 폐해를 설명하자는 것이 아닙니다. 우리는 스트레스를 받게 되면 그에 대처하기 위해 에너지를 과도하게 사용하게 되고 그래서 지치게 됩니다. 이렇게 에너지가 바닥나면 어떻게 될까요?

인간이 판단하고 결정하기 위해서는 뇌를 사용해야 하고 당연히 엄청난 에너지를 소모하게 됩니다. 그런데 스트레스로 인해 에너지가 남아 있지 않다면, 당연하게도 판단과 결정의 품질에 문제가 생길 수밖에 없습니다. 이에 관한 수많은 연구 결과는, 중요한 결정을 앞두고 있다면 푹 쉬고 충분히 에너지를 비축해야 한다고 일관되게 말하고 있습니다. 중요한 결정은 절대로 연이어 하면 안 된다는 것도 같은 맥락입니다.

그런데 우리는 어떻게 하고 있을까요? 여전히 성실을 강조하면서 살인적인 일정을 소화하고 있는 건 아닐까요? 집단의 결정을 따른다고 해도 최소한 그러한 방향에 대해 충분히 고민하는 시간이 필요하지는 않을까요? 나에게 결정을 위한 충분한 에너지가 있는지 그리고 에너지를 보충하는 방법을 알고 있는지 지금 당장 확인해보아야 합니다.

필자가 언급한 경향 이외에도 놓치지 말아야 할, 찰리의 말대로 인간을 오판으로 이끌 수 있는 여러 가지 경향은 이 책을 읽고 나서도 다시 한번 들여다봐야 할 중요한 부분입니다. 《가난한 찰리의 연감》은 심리학이 그간의 연구 성과를 토대로 과잉 자기 존중에 빠져 있을지도 모른다는 성찰을 하게 만드는 계기가 되었습니다. 그리고 심리학은 다른 학문의 원칙과 결합할 때 가장 강력해진다는 찰리의 말은, 필자와 같은 심리학자뿐만 아니라 모든 사람이 함께 고민해보았으면 좋겠습니다.

POOR CHARLIE'S ALMANACK

The Essential Wit & Wisdom of Charles T. Munger